DEPENDÊNCIA, QUESTÃO AGRÁRIA E MUDANÇAS SOCIAIS NA AMÉRICA LATINA

Renata Couto Moreira
Luiz Jorge Vasconcellos Pessoa de Mendonça
(Orgs.)

DEPENDÊNCIA, QUESTÃO AGRÁRIA E MUDANÇAS SOCIAIS NA AMÉRICA LATINA

1ª edição
Expressão Popular
São Paulo – 2022

Produção editorial: Aline Piva
Revisão: Luiza Trocolli, Dulcineia Pavan, Cecília Luedemann
Projeto gráfico e diagramação: *ZAP Design*
Capa: *Gabrielle Sodré*
Impressão e acabamento: *Assahi Gráfica e Editora Ltda*

Dados Internacionais de Catalogação-na-Publicação (CIP)

D419 Dependência, questão agrária e mudanças sociais na América Latina / Renata Couto Moreira, Luiz Jorge Vasconcellos Pessoa de Mendonça (org.) -- 1.ed.-- São Paulo : Expressão Popular, 2022.
409 p. : il.

ISBN 978-65-5891-054-1

1. Questão Agrária – América Latina. 2. Lutas sociais – América Latina. 3. Teoria marxista da dependência. I. Moreira, Renata Couto. II. Mendonça, Luiz Jorge Vasconcellos Pessoa de. III. Título.

CDU 333.013.6(8=6)

Catalogação na Publicação: Eliane M. S. Jovanovich - CRB 9/1250

1ª edição: setembro de 2022

EDITORA EXPRESSÃO POPULAR
Rua Abolição, 197 – Bela Vista
CEP 01319-010 – São Paulo – SP
Tel: (11) 3112-0941 / 3105-9500
livraria@expressaopopular.com.br
www.expressaopopular.com.br
ed.expressaopopular
editoraexpressaopopular

SUMÁRIO

APRESENTAÇÃO

RENATA COUTO MOREIRA

A atualidade da práxis e a práxis na atualidade

Após a Segunda Guerra Mundial, duas vertentes principais de interpretação dos problemas do subdesenvolvimento enfrentados pelos países latino-americanos deram a tônica às críticas ao debate internacional e aos planos e modelos neoclássicos que tratavam o crescimento econômico como sinônimo de desenvolvimento para a América Latina e Caribe (Bambirra, 1977).[1] De um lado estava a crítica marxista, base de sustentação das teses de muitos partidos comunistas da época, e, de outro, a crítica estruturalista, cujas pesquisas tomaram corpo a partir do estabelecimento da Comissão Econômica para América Latina e Caribe (Cepal) em 1948 no Chile, pela Organização das Nações Unidas (ONU). Apesar de corpos teóricos e análises bastante distintas, ambas se alinhavam na possibilidade de um desenvolvimento nacional e autônomo por parte dos países latino-americanos, e isto sem que houvesse uma ruptura sistêmica *a priori*. A primeira vertente supunha tal avanço a partir da aliança de classes entre trabalhadores e burgueses em defesa de um projeto nacionalista autônomo de revolução burguesa. A segunda, por seu turno, defendia o

---

[1] Bambirra, Vânia. *Teoria de la dependencia*: una anticrítica. México: Coletivo Amauta, 1977.

"desenvolvimento" pela burguesia industrial e por políticas desenvolvimentistas de industrialização, guiadas pelo Estado via planejamento nacional.

Desse modo, dado o contexto posterior nos anos 1960, de crise estrutural do capitalismo, nesse período – que se manifestou em suas várias dimensões, econômica, política e social – a crítica marxista latino-americana a estas vertentes, por meio da teorização das relações de dependência, coloca em xeque justamente a possibilidade de desenvolvimento autônomo ou de uma revolução burguesa na América Latina. Por um lado, os primeiros estudos partiram das teses sobre o imperialismo como fase superior do capitalismo, retomando debates de Lenin, Rosa Luxemburgo, Hilferding e Bukharin. Por outro, tais estudos também incorporaram reflexões sobre a situação colonial abordada por Marx e Engels posteriormente à obra *O capital*. A partir da concepção constituída sobre o desenvolvimento desigual e combinado do capitalismo em sua totalidade, o texto seminal de Andre Gunder Frank (1967)[2] propõe uma inversão na interpretação do subdesenvolvimento como etapa anterior para o desenvolvimento econômico. Para o autor, o subdesenvolvimento dos países da América Latina se reproduzia, ao contrário das perspectivas teóricas anteriores, não em razão da falta e/ou da necessidade de desenvolver os mercados e a indústria capitalista em tais países; ele era de fato decorrente deste desenvolvimento no plano mundial.

Gunder Frank (1967) fundamenta sua argumentação na relação de "desenvolvimento do subdesenvolvimento". Nessa perspectiva, o subdesenvolvimento da América Latina passaria a ser explicado como uma condição/forma de ser no contexto

---

2 Frank, Andre Gunder. "El desarrollo del subdesarrollo". *Pensamiento Crítico*, Habana, n. 7, p. 158-172, agosto de 1967.

da economia mundial, que se mantém justamente em função do processo de reprodução capitalista, desigual e combinado. A dependência das economias latino-americanas constitui, nessa perspectiva, a base econômica do "desenvolvimento desigual e combinado", consubstanciando-se por meio do domínio dos países latino-americanos. Além disso, com o processo de disputa econômica e geopolítica entre os Estados Unidos da América (EUA) e a União das Repúblicas Socialistas Soviéticas (URSS) no pós-Segunda Guerra, conforme indicado por Bambirra (1977), um novo padrão de acumulação do capital se estabelece no mundo. Os investimentos estrangeiros diretos das empresas multinacionais nos países subdesenvolvidos tornam-se cada vez mais centrais para a acumulação mundial de capital, e esses, subordinados e reproduzindo esta divisão internacional do trabalho.

É importante observar que, associado a esse processo, intensificou-se o fluxo de capitais e de financiamentos em decorrência do aumento da liquidez internacional durante os anos 1970. Os empréstimos e financiamentos se multiplicavam por meio das instituições internacionais, tais como o Banco Interamericano de Investimento (BID), o Banco Mundial (Bird) e o Fundo Monetário Internacional (FMI). Esse período, não à toa, consistiu no auge dos milagres econômicos e da formulação da ideologia nacionalista nos países latino-americanos. No Brasil, como exemplo, se configuraram, desde o governo Kubitschek, a partir da influência dos estudos do Instituto Superior de Estudos Brasileiros (Iseb). Como se percebe, esse auge veio acompanhado de um novo modelo de acumulação de capital, pouco compatível com uma democracia liberal burguesa. No contexto da América Latina, com os avanços do imperialismo dos EUA sobre o continente e a polarização da Guerra Fria nos anos 1970 e 1980, intelectuais da esquerda latina, como

Ruy Mauro Marini, Theotonio dos Santos e Vânia Bambirra – tornaram-se leituras fundamentais nos processos de formação política de militantes de muitas organizações revolucionárias e movimentos socialistas.

No final do século XX, o mundo viu o desenvolvimento do capitalismo se ampliar – por meio da globalização comercial, produtiva e financeira. Esse novo momento da economia mundial foi demarcado pela intensificação do comércio de bens e serviços, pela maior participação internacional das operações produtivas das empresas transnacionais – e pela intensa circulação do capital internacional. Esse último aspecto pode ser considerado a principal característica da nova dinâmica do capitalismo mundial. Diante da globalização, os países passam a criar condições econômicas internas para aumentar o grau de abertura externa de suas economias e de desregulamentação de seus mercados, com redução da participação estatal na concepção de Estado Mínimo, a despeito das necessidades básicas não satisfeitas de um enorme contingente da população. Dessa forma, políticas neoliberais foram implementadas em diversos países, buscando efetivamente desmontar o Estado de Bem-Estar Social e Democrático de Direitos em nome da idílica e pretensa concorrência perfeita do livre mercado.

A partir da abertura comercial e financeira, permite-se a livre mobilidade dos bens e serviços e do fluxo de capital entre as diversas economias. Essa nova dinâmica econômica, consubstanciada na primazia das ditas "leis de mercado", apresenta-se como condição necessária para o desenvolvimento econômico, sobretudo em economias dependentes. Tal leitura, claramente neoclássica, interpreta a dependência apenas como um tipo de "subdesenvolvimento", que poderia ser suplantado pelo ideário neoliberal de intensificação da desregulamentação do mercado da maioria das economias mundiais. No entanto, essas medidas liberalizantes apenas potencializam os fluxos internacionais de capitais e o crescimento de uma forma específica do capital portador de juros: o capital fictício.[3] Essa internacionalização financeira ficou conhecida como globalização financeira ou mundialização financeira (Chesnais, 1999). Cabe frisar que, após anos de aplicação desses princípios econômicos, os países latino-americanos não conheceram quaisquer melhorias nas condições de produção e reprodução econômica e social. Ao contrário, só aprofundaram a crise. As condições impostas pelas agências internacionais se alteram substancialmente, tendo em vista os objetivos de estabilização da inflação, o aumento sem precedentes da taxa de juros internacional e a premissa de necessidade de controle dos gastos públicos. Usam, assim, o balanço de pagamentos e a proteção jurídica como forma de dar segurança aos investimentos estrangeiros.

A incorporação dos mercados de economias dependentes no processo de desenvolvimento da globalização financeira ocorreu, na prática, por meio da disseminação e da implementação dos princípios das políticas econômicas neoliberais. A partir do Consenso de Washington em 1989, tais políticas e os seus respectivos ajustes econômicos passaram a ser impostas aos países dependentes latino-americanos, como forma exclusiva e suficiente para a resolução de superação da crise econômica iniciada na década de 1980. Isso, entretanto, a despeito dos efeitos deletérios para os trabalhadores, tanto em termos de

---

[3] Para Nakatani (2000, p. 214), "esse conjunto de fontes produziu um crescimento sem precedentes de capital monetário descolado da acumulação real, que busca valorizar-se em uma forma específica do capital portador de juros: o capital fictício. Essa forma do capital tem como característica fundamental seu comportamento especulativo e como objetivo a obtenção de renda sem produção de riqueza material; o que o caracteriza como parasitário". Este, sim, se alimenta sem nada produzir, como um vampiro parasita.

condições gerais de trabalho e emprego, quanto da remuneração recebida. Efeitos esses que por si sós requerem e justificam uma contraposição teórica e prática contundente.

Portanto, é a partir da perspectiva de práxis revolucionária que compreendemos as ideias dos intelectuais citados. Trata-se de debates e interpretações construídas em um contexto sociopolítico e econômico concreto, e por isso, são um marco importante para a história dos movimentos sociais em nossa região. Reafirmamos o materialismo histórico dialético como práxis revolucionária, que articula necessariamente o debate das categorias aos processos reais e atuais de polarização entre as classes e forças sociais do continente latino-americano. Acrescentam-se, ainda, reflexões a respeito de processos e tendências antidemocráticas e fascistas, e também sobre os processos bolivarianos de construção de alternativas socialistas ao longo do século XXI. Dentre eles, destacamos as lutas sociais no Brasil, México e Chile.

Consideramos, no entanto, que a particularidade desses casos reside no fato de que as políticas ditas neoliberais que se impuseram nos países latino-americanos nessa época – já estavam em vigor desde meados dos anos 1970. Isto é, mais do que alterações dos princípios que regem as políticas sociais contemporâneas na América Latina a partir dos anos 1990, representam um aprofundamento e expansão das políticas sociais aplicadas a partir dos golpes de Estado dos anos 1960 e 1970.

Ou seja, os casos chileno, mexicano e brasileiro demonstram como as políticas sociais focalizadas, tão difundidas sob a égide do neoliberalismo a partir dos anos 1990 na América Latina, correspondem muito mais à incapacidade/impossibilidade de construção de uma sociedade mais igualitária e justa, do que propriamente um avanço qualitativo no trato das questões sociais no continente. Mesmo os avanços quantitativos, em termos dos recursos destinados às políticas sociais, representaram muito mais uma resposta ao agravamento da questão social do que um avanço ou melhoria das condições de vida das classes menos favorecidas.

Portanto, pontuamos a necessidade de revitalizar algumas categorias de análise, em especial a superexploração da força de trabalho. Isso significa evidenciar o desenvolvimento do capital, assim como suas contradições e crises, na conformação de um novo padrão de acumulação e de dependência sob o jugo do capital fictício, do sistema financeiro e das políticas neoliberais. Consideramos ainda que a hegemonia do capital fictício e o processo de alienação humana se desenvolveram em escala global, enquanto a perspectiva socialista custava a renascer após o desmoronamento do bloco soviético, do muro de Berlim e das crises nas revoluções socialistas. Tal situação dificulta e impõe barreiras à ampliação e disseminação da organização dos trabalhadores como classe em si e classe para si, e nos requer uma práxis reflexiva, crítica e transformadora, que desnude os processos específicos dos movimentos sociais na América Latina.

A organização dos capítulos deste livro passa por dois eixos, que têm como objetivo analisar a realidade latino-americana a partir de recortes teóricos e práticos específicos das ações do Grupo de Estudos Marxistas da Dependência – Coletivo Anatália de Melo, junto ao Grupo de Trabalho sobre a Teoria Marxista da Dependência da Sociedade Brasileira de Economia Política (SEP) e do Grupo de Trabalho Crise e Economia Mundial do Conselho Latino-americano de Ciências Sociais (Clacso). O primeiro eixo, "Teoria marxista da dependência: história, categorias e revolução socialista", visa tratar a questão sob o ponto de vista da práxis reflexiva e de forma a demonstrar a pertinência desse referencial teórico para a análise de aspectos que constituem e singularizam a forma de manifestação do processo de produção e reprodução capitalista e da luta de classes latino-americana. Tais capítulos representam uma síntese crítica da controvérsia contemporânea a partir da categoria da superexploração da força de trabalho, em termos analíticos e concretos.

Desse modo, os textos que compõem esse primeiro eixo têm como objeto explicitar a categoria "superexploração do trabalho" e sua atualidade para a análise da produção e reprodução do capitalismo na América Latina. Demonstra-se assim a pertinência desta categoria para a análise concreta das condições específicas de produção e reprodução econômica e sua relação com a questão agrária nos países latino-americanos, conforme exposto por Moreira no primeiro texto deste livro, intitulado "Dependência, superexploração e a questão da terra na América Latina", e também no segundo texto, de autoria de Santos, "A superexploração da força de trabalho enquanto categoria específica da acumulação e apriação de riqueza nos países dependentes". Em nível teórico, os textos de Pereira e de Silva Amaral ressaltam a especificidade e atualidade dessa categoria para a necessária apreensão do processo de reprodução econômica no continente latino-americano. Nesse eixo, encontra-se ainda a análise sobre a especificidade da situação da mulher latino-americana, tanto em termos de sua condição no contexto da produção e reprodução dependente, conforme explicitado em "A trabalhadora rural no capitalismo dependente", texto de Prates do Amaral, quanto da perspectiva revolucionária de superação da condição de dependência, presentes em "Feminismo e revolução socialista na América Latina" de autoria de Moreira.

O segundo eixo gira em torno do tema "Movimentos sociais e revolução na América Latina". Apresenta-se o debate a partir de perspectivas e práticas presentes na atuação dos movimentos sociais contemporâneos. Nesse sentido, o sétimo artigo, de Borges *et al.*, ressalta no nível teórico a atualidade, a pertinência e a especificidade desta categoria para a compreensão do processo contemporâneo da produção e reprodução capitalista latino-americano contemporâneo. O oitavo texto , "Dependência no século XXI e o saque aos tesouros das terras latinas", de Moreira, versa sobre a questão agrária e a aquisição de terras por estrangeiros na América Latina. O nono texto , "Políticas neoliberais, dependência e reforma agrária no Brasil" de Moreira *et al.*, constitui uma análise da reforma agrária no Brasil no contexto neoliberal e dependente. Assim como no texto "Mulheres Sem Terra e a construção do feminismo camponês popular na América Latina", Moreira e Amaral destacam a importância das famílias e das mulheres camponesas no Movimento dos Trabalhadores Rurais Sem Terra (MST) e nas experiências protagonizadas pelas camponesas na construção do feminismo. Em seguida, no capítulo décimo primeiro, "Políticas sociais no Chile: uma perspectiva histórica das políticas liberais e seus limites", Mendonça faz uma análise das políticas neoliberais no Chile, políticas estas que foram pioneiras e importantes para o estabelecimento do neoliberalismo radical, imposto por uma das ditaduras mais perversas da América Latina. Demonstra-se, assim, o quanto a evolução e alterações institucionais estão mais ligadas ao aspecto político do que a questões técnicas, econômicas e jurídicas. O décimo segundo e último texto deste eixo, "Arquipélagos de politização na América Latina: o zapatismo mexicano e suas ressonâncias", de autoria de Míllan, trata do movimento zapatista. Movimento insurgente, anticapitalista e anticolonial e, portanto, radicalmente transformador e criador das condições de alteração das condições de sociabilidade latino-americanas determinadas pelo capital. Por fim, destacamos que os leitores encontrarão o uso de diferentes terminologias para o mesmo conceito, o que é consequência da escolha de cada autor, visto que cada capítulo é independente e optamos por manter a forma como os conceitos foram tratados originalmente pelos autores, refletindo cada momento da história e seu desenvolvimento teórico.

EIXO 1: A TEORIA MARXISTA DA DEPENDÊNCIA: HISTÓRIA, CATEGORIAS E REVOLUÇÃO SOCIALISTA

DEPENDÊNCIA, SUPEREXPLORAÇÃO E A QUESTÃO DA TERRA NA AMÉRICA LATINA

RENATA COUTO MOREIRA

O DEBATE TEÓRICO EM TORNO DA dependência surge na década de 1960, no bojo das indagações sobre as razões do desenvolvimento dos países em geral e do subdesenvolvimento da América Latina em especial. As agendas de pesquisa começaram a se colocar de forma mais sistemática por teóricos preocupados com a essência desse fenômeno em contraposição às teses fundadas na "falta de desenvolvimento" ou no "atraso". O subdesenvolvimento defendido em uma perspectiva de "atraso relativo" de certas economias nacionais passa então a ser questionado pelos teóricos críticos à ideia de continuidade, de etapas a serem alcançadas, que a visão hegemônica clássica de Rostow (1978) exibia. Rompiam também com o subdesenvolvimento tratado como na ideia de Lewis (1954) do dualismo entre uma sociedade de subsistência e sua transição a uma sociedade capitalista desenvolvida, naturalizada como o "auge" da sociedade humana. A crítica se estendeu às teses apoiadas na identidade entre desenvolvimento econômico e as modernas teorias do crescimento, pautadas no modelo matemático de Solow (Moreira, 2009).

A Teoria Marxista da Dependência (TMD) se estabeleceu a partir de um arcabouço teórico e empírico de análise, com objetivo de superar as limitações de duas grandes vertentes de interpretação do desenvolvimento da América Latina que se desdobram a partir das primeiras críticas à visão do subdesenvolvimento e do desenvolvimento como etapas distintas de um mesmo processo (Bambirra, 1977). Tratava-se das teorizações que passavam a afirmar o desenvolvimento como algo além do mero crescimento econômico. De um lado estava a crítica dos marxistas, que darão bases de sustentação para as teses de muitos partidos comunistas da época, e de outro, a crítica dos estruturalistas, cujas pesquisas tomarão corpo com o estabelecimento da Comissão Econômica para América Latina e Caribe (Cepal) em 1948 pela Organização das Nações Unidas (ONU). Ambas, no entanto, se alinhavam na possibilidade de um desenvolvimento nacional e autônomo para os países da América Latina. A primeira, pela aliança de classes entre trabalhadores e burgueses em defesa de um projeto nacionalista, e a segunda, pela burguesia industrial e as políticas desenvolvimentistas guiadas pelo Estado via planejamento nacional.

Em um contexto de crise estrutural na América Latina dos anos 1960, manifesta em suas várias dimensões – econômica, política e social – a crítica marxista do subdesenvolvimento e dependência, que terá como antecedentes teóricos as teses sobre o imperialismo de Lenin, Rosa Luxemburgo, Hilferding e Bukharin, assim como sobre a situação colonial, de Marx e Engels. A partir do desenvolvimento desigual e combinado do capitalismo em sua totalidade, o texto seminal de Gunder Frank (1967) propunha uma inversão na lógica da relação entre o subdesenvolvimento e o desenvolvimento econômico. Para o autor, o subdesenvolvimento dos países da América Latina, ao contrário das perspectivas anteriores, era justamente determinado pelo desenvolvimento do capitalismo mundial, e não pela falta ou por uma deformação dele.

Gunder Frank (1967) fundamenta sua argumentação na ideia primeira de "desenvolvimento do subdesenvolvimento" por meio do estabelecimento das relações de dependência, de forma que o desenvolvimento do capitalismo acaba, em última instância, por aprofundar o controle e domínio do capital estrangeiro nas economias subdesenvolvidas, em uma associação com a burguesia nacional submetida como uma "sócia menor". O subdesenvolvimento passa, assim, a ser explicado como forma de ser da economia dependente, parte constituinte do capitalismo global, do processo real de produção e reprodução do capital nos países latino-americanos. O capitalismo dependente na periferia do sistema, nessa perspectiva, está na própria base econômica de sustentação do desenvolvimento capitalista como um todo e da dominação imperialista do centro hegemônico.

Com os golpes militares no continente e o rompimento do desenvolvimento capitalista sob a democracia burguesa durante as ditaduras latino-americanas, estabelece-se a crise do caráter da dependência. Dividida entre os processos revolucionários e as intervenções militares ditatoriais nos anos 1960 e 1970 na América Latina, a Revolução Cubana de 1959 surge para os intelectuais como um grande exemplo de esperança de viabilidade do socialismo. Em um contexto de ruptura econômica entre os Estados Unidos da América (EUA) e a União das Repúblicas Socialistas Soviéticas (URSS) e conflitos da Guerra Fria, Bambirra (1977) atenta para o novo padrão de acumulação do capital que se estabelece no mundo em geral e nos regimes de exceção no continente.

O novo ciclo de acumulação imperialista passa então pelos investimentos estrangeiros diretos das empresas multinacionais nos países subdesenvolvidos, pela exportação de bens intermediários e de capital, visando a incorporação dessas economias à sociedade industrial, assim como a exportação direta de capitais e de financiamentos por meio do Fundo Monetário Internacional (FMI), vinculados a condicionantes que visavam conter a inflação e dar segurança aos investimentos estrangeiros. Esse período se consistiu no auge da formulação da ideologia nacionalista em outros países latino-americanos e também no Brasil, desde o governo Kubitschek, com os aportes do Instituto Superior de Estudos Brasileiros (Iseb). Ao mesmo tempo, também significou um novo modelo de acumulação de capital incompatível com a democracia.

Os professores Ruy Mauro Marini, Theotonio dos Santos, Vânia Bambirra, Luís Fernando Victor, Teodoro Lamounier, Albertino Rodriguez e Perseu Abramo organizaram seus primeiros estudos sobre a Teoria da Dependência (TD) em Brasília no início dos anos 1960, em um curso permanente de leitura d'*O capital*, como resgata Nogueira (2012). Assim, aplicavam o método para a análise do desenvolvimento histórico e transformação da realidade latino-americana. Com o exílio de muitos intelectuais latino-americanos no Chile, propiciou-se um intercâmbio intelectual em meio ao governo da Unidade Popular (UP) de Salvador Allende (1970-1973). Foi um momento de intenso debate e constituição de instituições para desenvolver um pensamento latino-americano, como a Cepal e o Instituto Latino-americano e do Caribe de Planificação Econômica e Social (Ilpes) da Organização das Nações Unidas (ONU), assim como outros centros universitários, como a faculdade de economia da Universidade do Chile, no Centro de Estudos Socioeconômicos (Ceso).

As novas experiências político-sociais vividas no cerne das mudanças estruturais promovidas no Chile, como a reforma agrária e as novas relações com o capital estrangeiro via exploração do cobre, frutificavam os estudos e análises a partir das necessidades concretas apresentadas pela dinâmica complexa do curso da transição pacífica ao socialismo experimentada nos primeiros anos do governo Allende. Nesse bojo, destacamos o conjunto de seminários e pesquisas sobre imperialismo e dependência dirigidos por Theotonio dos Santos no Ceso, que geraram um fecundo ambiente de diálogo, ainda mais enriquecido com a chegada de Gunder Frank e Marini (Bambirra, 1977). Foi um momento marcado pela intensa relação entre os teóricos da dependência e o programa da Unidade Popular para o Chile.

Este fundamentava-se em três eixos principais da leitura da dependência e seus desdobramentos no plano das ações políticas, quais sejam: terminar com a dominação oligárquico-imperialista que exprimia a aliança entre as burguesias estrangeiras e nacionais pró-imperialistas; nacionalizar as grandes empresas monopólicas industriais mineradoras e agrícolas; e reafirmar o projeto socialista como viabilidade no enfrentamento da dominação imperialista. A relação da TMD com a luta de classes na América Latina já nasce assim, imbricada, desde sua origem, no seio da contradição capital-trabalho e com sua forma-conteúdo determinada pela relação de dependência.

Com a dispersão do grupo após o golpe militar no Chile, em 1973, viriam muitos dos autores a se reencontrar no México, onde o auge da TMD ainda teria um maior desenvolvimento entre os professores exilados na Universidad Nacional Autónoma de México (Unam), foco de resistência do pensamento livre, científico e crítico. Perguntando ao professor Theotonio dos Santos como eles conseguiam criar um pensamento tão genuinamente latino-americano, nos surpreendemos, como militantes políticos, com sua resposta de que essa "era nossa única opção, as condições do momento nos forçaram". O cenário da América Latina era devastador, com os avanços do imperialismo e a polarização da Guerra Fria. Esses intelectuais tornavam-se leituras fundamentais nos processos de formação política de militantes de muitas organizações e movimentos sociais, como a Frente Sandinista de Libertação Nacional (FSLN). Assim expressa Gioconda Belli na passagem de seu livro *O país sob minha pele: memórias de amor e guerra,* em suas recordações de Manágua, em 1973:

> Ler, estudar, era uma exigência militante na qual me empenhava. Devorava a literatura rebelde da América Latina nessa época: livros do Che, os tupamaros, a teoria da dependência de Ruy Mauro Marini, e também Lukács e suas teses sobre a ética, os debates sobre o compromisso da arte, as propostas de Freire sobre educação para a libertação. (Belli, 2002, p. 89)

É nessa perspectiva, não somente teórica, mas da práxis revolucionária, que resgatamos as ideias da Teoria Marxista da Dependência (TMD) no contexto sociopolítico e econômico de seu surgimento, momento importante da história das ideias da nossa região, como afirma Nogueira (2012). Também fazemos esse resgate a partir da dialética e do desenvolvimento do próprio método na agenda da TMD, trazendo o debate das categorias nos processos atuais, com a retomada da polarização entre as classes e forças sociais no continente, dos golpes de Estado e dos processos bolivarianos de revoluções.

Pontuamos ainda a necessidade de uma revitalização das categorias de análise dos processos durante a crise dos anos 1980 até a mundialização financeira do capitalismo, no estabelecimento de um novo padrão de acumulação e de dependência sob o jugo da ideologia neoliberal. No entanto, diferente dos anos 1960, a hegemonia do capital e o processo de alienação hoje encontram-se globalizados, e a utopia socialista, vencida com o desmoronamento do bloco soviético, do muro de Berlim e as crises nas revoluções cubana e chinesa. Esse novo contexto impõe barreiras ainda maiores à organização dos trabalhadores como classe revolucionária, e amplia a necessidade de uma práxis autorreflexiva e crítica que desnude os processos específicos da luta de classes na América Latina.

América Latina, superexploração e especialização agrária exportadora

Como o próprio método materialista histórico-dialético nos propõe, tudo está em movimento, em desenvolvimento e em mudança, inclusive o próprio método e suas categorias de análise. Em meio a um contexto com possibilidades não somente teóricas, mas de real concreção de nossas elaborações, nos reportamos aos estudos da TMD sobre a superexploração da força de trabalho e a luta de classes na América Latina, ontem e hoje. Defendemos a necessidade e atualidade da mobilização da categoria de *superexploração* – entendida como tal por Ruy Mauro Marini (2005) – na apreensão da realidade em um nível mais concreto do processo de acumulação capitalista latino-americano.

É preciso destacar, a partir das considerações de Marini (2005), que não se trata de substituir o fato concreto pelo conceito abstrato, ou de incorrer em questões apresentadas por muitas análises que terminaram por romper a relação entre a dialética *concreto-abstrato*, ou por se perder em descrições empíricas que se desenvolveram completamente em paralelo ao discurso teórico. Tampouco buscamos a adulteração do conceito frente a uma realidade "rebelde" na qual vários enfoques metodológicos e teóricos se misturam, caindo em um ecletismo e em uma falta de rigor conceitual. Ao contrário, a proposição dos autores da TMD em torno da dialética subdesenvolvimento-dependência-superexploração se alinha no sentido de enriquecer o marxismo, e não de negá-lo como método ou de negar o capitalismo como modo de produção hegemônico. Trata-se, ao mesmo tempo, de reconhecer suas possibilidades de desenvolvimento e desdobramentos a partir da sua aplicação nas diversas realidades, também em movimento permanente.

Nesta perspectiva de análise, portanto, o subdesenvolvimento da América Latina não se apresenta como um conjunto de "insuficiências" ou "deformações", e sim como uma forma *sui generis* de desenvolvimento do moderno capitalismo industrial na região. A categoria superexploração, por sua vez, só faz sentido se considerada em seu rigor conceitual como a forma-conteúdo das determinações do processo de produção, acumulação e apropriação de valor, concreta e historicamente determinada na América Latina. Isto é, constitui, da mesma forma, uma relação social *sui generis* no processo de apropriação e acumulação, cuja principal característica é a compensação das transferências de valores da periferia ao centro do capitalismo mundial por meio do pagamento da força de trabalho sistematicamente abaixo de seu valor de produção e reprodução, e a isso se articulada a depressão permanente deste valor ao longo do tempo de vida cada vez mais curto do trabalhador. Portanto, como categoria, carrega uma mudança qualitativa na relação social de produção estruturada, e não apenas quantitativa no grau de exploração. Ela combina os mecanismos de extração da mais-valia pelo prolongamento e intensificação da jornada de trabalho, e a expropriação de parte do trabalho socialmente necessário para a reprodução dos trabalhadores como classe (Marini, 2005). Mais do que uma simples oscilação conjuntural dos preços de uma mercadoria em torno de seu valor, a superexploração produz uma situação na qual o preço permanece, para um amplo conjunto de trabalhadores, sistematicamente abaixo do valor de produção e reprodução da força de trabalho, negando a própria existência humana.

É importante salientar que, para nós, não se trata de transgredir a lei do valor, mas sim de reconhecer que no capitalismo ela se impõe por meio da oscilação dos preços em torno do próprio valor e do trabalho socialmente necessário, de modo que esse valor total seja igual ao acréscimo decorrente da utilização da força de trabalho expressado no somatório dos preços das mercadorias. Portanto, a tradição marxista da TD respondeu e responde de forma crítica às teses progressistas e liberais colocadas em debate desde aqueles tempos remotos, e que se reproduzem nos discursos neoliberais atuais. Em ambos os momentos, nossa América Latina se encontra convulsionada e em busca de caminhos próprios. Nessa perspectiva, não é possível compreender a categoria superexploração da força de trabalho dissociada do momento específico que estamos recortando. Nele, as nações latino-americanas estão inseridas em processos de lutas independentes, porém articulados às exigências de cada reconfiguração do padrão de acumulação do capitalismo global e da divisão internacional do trabalho no pós-Segunda Guerra Mundial. Ao mesmo tempo, essas nações também guardam relações de dependência e subordinação com os centros capitalistas, sob a hegemonia do imperialismo dos EUA.

Portanto, concordamos com Bambirra (1977) ao destacar a TMD com o *status* de teoria, tanto na coerência e sistematização que atinge na formulação teórica e empírica, como no compromisso que estabelece vínculo umbilical com a transformação da realidade. Essa proposição deixa claro também que não se trata de um novo modo de produção do tipo "capitalista dependente", mas sim da teorização das formações socioeconômicas capitalistas dependentes, da aplicação do método marxista à realidade latino-americana. Articulando o pensamento autorreflexivo a esse nível de abstração mais baixo, desnudamos os mecanismos da dialética dependência/superexploração e, ao mesmo tempo, desenvolvemos o próprio método em sua própria dinâmica materialista-histórico-dialética.

A práxis revolucionária como apreensão da coincidência entre a alteração das circunstâncias e a atividade humana tem como finalidade última não a interpretação dessa realidade, mas a transformação do mundo. Os homens aparecem como produtores de suas representações, como homens reais em seu processo histórico real de vida, como discutem Marx e Engels (2009) na polêmica entre o materialismo e o idealismo na ideologia alemã. Na concepção filosófica da ciência defendida pelos autores, são os homens que desenvolvem sua produção material de vida e, ao mesmo tempo, são determinados por ela. Ao mudarem a sua realidade material, mudam também seu pensamento e os produtos do seu pensamento, sublimações também necessárias ao processo de vida material.

Portanto, destacamos as conclusões dos autores em oposição à filosofia alemã: "Não é a consciência que determina a vida, é a vida que determina a consciência" (Marx; Engels, 2009, p. 32). Nessa perspectiva, o ser humano, enquanto produto social, tem determinação que vem de uma forma de sociedade e do conjunto de suas relações sociais – ao contrário da compreensão da essência humana apenas como uma generalidade interna, que une muitos indivíduos abstratos, isolados, de um modo "natural", como pressuposto no materialismo contemplativo, alvo de crítica dos autores.

As contradições entre a essência e a aparência dos processos necessariamente apreendida em sua totalidade devem ser desnudadas pelo materialismo histórico dialético, segundo o qual o ponto de partida se coloca na sociedade burguesa real, e o ponto de chegada está posto na "humanidade socializada" (Marx; Engels, 2009, p. 126). Nessa perspectiva, a aplicação do método marxista na realidade da América Latina implica necessariamente o comprometimento com a transformação dessa realidade, e com a superação da dialética do desenvolvimento-subdesenvolvimento e da dependência-superexploração, do desenvolvimento desigual e combinado da generalização e financeirização do capitalismo mundial – assim como de suas especificidades na expropriação dos territórios e da força de trabalho dos povos latino-americanos.

É a partir da dependência que passamos a entender o curso do subdesenvolvimento de toda região em relação dialética com o desenvolvimento das outras regiões. A dialética subdesenvolvimento-dependência é entendida, assim, dentro dos marcos do desenvolvimento das forças produtivas (e das relações sociais de produção) contidas nos limites para assegurar a reprodução ampliada do capital em sua totalidade, e da própria dependência em sua especificidade. O mecanismo da dependência (que só pode gerar mais dependência) e da dialética desenvolvimento-subdesenvolvimento, em diálogo com Andre Gunder Frank (1967), conduz a implicações políticas importantes e mudanças qualitativas específicas nos processos econômicos e na luta de classes na América Latina.

A partir dessas bases, apontamos a atualidade da TMD na compreensão das funções econômicas que cumpre a América Latina no mercado mundial e seus desdobramentos nos planos político e da luta pela transformação social.

Marini (2005) retoma o processo da revolução industrial na Europa, no século XIX, para demonstrar sua relação com a independência política de diversas colônias latino-americanas. O autor aponta que o estabelecimento dos laços de dependência econômica com o imperialismo inglês esteve na determinação das lutas pela independência no continente e a formação social do capitalismo nesses países. Estes, ao serem incorporados ao mercado mundial, funcionaram, em última instância, para o aumento dos fluxos de mercadorias, de capitais financeiros para a América Latina. Marini (2005, p. 141) define a dependência como uma "relação de subordinação entre nações formalmente independentes", de modo que as relações de produção são recriadas para assegurar a reprodução ampliada da dependência. Dessa forma, o autor diferencia a situação colonial da dependência, distinguindo sua concepção da de Gunder Frank. Marini considera que há uma continuidade entre os dois processos, mas que não são homogêneos, pois a situação de dependência apresenta uma mudança de qualidade na forma de acumulação do capital.

Com isso, o autor destaca a função da América Latina na oferta mundial de alimentos e matérias-primas industriais – fundamentais para a reprodução do capitalismo nos países centrais –, e revela o caráter contraditório dessa dependência. Isso pode ser observado, por exemplo, no fato de que, como uma resposta ao acirramento da luta de classes nos países desenvolvidos, há uma intensificação da superexploração dos trabalhadores latino-americanos. Tal ocorre porque essa mudança qualitativa também viabiliza o aumento do grau de exploração dos trabalhadores europeus e estadunidenses, por meio da mais-valia relativa, ou seja, pela desvalorização real da força de trabalho nos países centrais.

Na América Latina, a exportação de bens primários é evidenciada como o centro vital do processo de acumulação, mesmo durante os processos de industrialização por substituição de importações. Assim, ao contrário das teses da falta, ou insuficiência do desenvolvimento do capitalismo nos países da região, os estudos em torno da TMD expõem as especificidades de um padrão de produção – baseado na superexploração – e de um modo de circulação próprios do subdesenvolvimento e da dependência. Para Marini (2005), o ciclo do capital na economia dependente separa dois momentos fundamentais: a produção e a circulação das mercadorias. Ao deslocar a realização das mercadorias para o mercado externo, a especialização primário-exportadora das economias latino-americanas separa o produtor do consumidor. O consumo individual dos trabalhadores não aparece nessa situação, como elemento decisivo para o fluxo da circulação e demanda das mercadorias, a partir de que o autor compreende como a superexploração do trabalhador na América Latina em uma relação dialética com a essência da dependência.

Nesse sentido, a industrialização e o desenvolvimento do subdesenvolvimento nas economias latino-americanas não criam sua própria demanda, nascendo para atender uma demanda já existente nos países imperialistas. O valor das manufaturas produzidas pela industrialização dependente, portanto, não determina o valor da força de trabalho, uma vez que esse tipo de industrialização está calcada principalmente nos setores que produzem bens de consumo duráveis, restritos ao consumo das camadas médias e altas da burguesia nacional. A produção se dará, portanto, independente das condições de salário dos trabalhadores, o que abre caminho para a depreciação crescente da força de trabalho e aumento da mais-valia pela superexploração (Marini, 2005).

Theotonio dos Santos (2012) relacionou ainda a superexploração aos mecanismos de transferência de valor da periferia ao centro, constituídos pelos investimentos estrangeiros diretos nos países dependentes. As remessas de lucros e pagamento de juros da conta de capital do balanço de pagamentos de economias dependentes da América Latina estão na conta do livre controle e estímulo dos investimentos das empresas multinacionais, e hoje das grandes corporações oligopolizadas sobre seus territórios. Em seu pensamento, a economia submetida perde ainda o controle sobre suas decisões na produção, sobre grandes setores estratégicos e sobre suas fontes de recursos naturais. Cria, em consequência, um *deficit* estrutural cada vez mais insustentável em seu balanço de pagamentos, que tenta resolver ampliando a quantidade de exportações de produtos primários e minerais, aprofundando assim a sua própria dependência nas esferas tecnológica, comercial e financeira.

A questão da terra e a luta de classes na América Latina

O afluxo de investimentos diretos estrangeiros nos países dependentes se estabelece assim como eficiente mecanismo de compensação das quedas nas taxas de lucro do capital em suas crises globais. A saída que o capitalismo contemporâneo vem adotando para a crise acaba por aprofundar sua própria crise existencial. Restabelece, desse modo, os lucros do capital concentrando e centralizando-os cada vez mais na esfera financeira, com dominância parasitária dos capitais fictícios, como vimos. Para tanto, o sistema precisa aprofundar os processos de superexploração da classe trabalhadora latino-americana, que se dá concomitantemente à ampliação da concentração de terras e depredação dos recursos naturais.

As consequências do desenvolvimento do capitalismo agrário exportador em um país subdesenvolvido, examinadas por Astarita (2010), mostram como a produção de cereais e oleaginosas da Argentina no século XXI aprofundou o desenvolvimento das relações capitalistas de produção na agricultura, tendo como consequências a proletarização crescente dos camponeses e a polarização entre as classes sociais. Destacamos que o desenvolvimento capitalista e da classe trabalhadora assalariada nos países subdesenvolvidos, como discutido pelo autor, é compreendido não como produto de uma ofensiva recolonizadora ou do fortalecimento de uma velha oligarquia.

Ao contrário, como a própria generalização das relações capitalistas em âmbito mundial, traz novamente para o foco o papel primário exportador que cumprem os países da América Latina na divisão internacional do trabalho. O autor relaciona assim a expressão das relações de subordinação e dependência com o fluxo transnacional de capitais e o estoque de investimentos estrangeiros diretos no país, com destaque à crescente aquisição de terras por empresas estrangeiras desde a crise dos anos 1980.

Nessa análise da questão agrária com foco na carteira de investimentos de grandes empresas transnacionais com atuação nos mercados de *commodities* agrícolas e minerais, Astarita (2010) evidencia as aquisições e fusões de empresas nos complexos agroalimentares, e de grandes fundos de investimentos em terras cultivadas nos países latino-americanos. Mostrando o movimento dos grandes investidores internacionais que compram cada vez mais ativos físicos – de terras a refinarias –, o autor associa a realização de parte dos lucros pela especulação nos mercados financeiros em derivativos da produção e na própria determinação dos preços das *commodities* na ciranda das bolsas de valores.

Dados organizados pela Grain (organização internacional de apoio a pequenos agricultores e movimentos sociais), em 2012, evidenciam a expansão da aquisição de terras por estrangeiros no Brasil. Pelo relatório, soma-se um total de 2,9 milhões de hectares (ha) de terra no Brasil adquiridos por pessoas jurídicas estrangeiras nesse período. Dessas terras, 65,4% foram adquiridas por empresas do agronegócio e agroindústria, e 30,9% por empresas do setor financeiro, somando um total de 907 mil ha. Evidencia-se, assim, uma imbricação direta entre os capitais aplicados nos setores financeiro e primário-exportador. As maiores aquisições de terras do setor financeiro, publicadas no relatório, foram realizadas pelo Teachers Insurance and Annuity Association College Retirement Equities Fund (TIAA-CREF), fundo de pensão dos EUA, que adquiriu 424 mil ha de terras agrícolas brasileiras para a produção de soja e cana-de-açúcar pelo montante de US$ 1,24 bilhão. Os investimentos em terras desse fundo são realizados por meio de uma malha bastante complexa de relações entre e intra companhias (neste caso por meio de uma companhia de conglomerados chamada Mansilla, que investe por intermédio do fundo Radar Propriedades Agrícolas, comprando terras para conversão em canaviais e plantações de soja, ou mesmo para especulação).

O TIAA-CREF possui 81,1% de propriedade do fundo Radar. No entanto, o relatório da Grain (2012) deixa claro que o controle principal é da Cosan, empresa brasileira proprietária de todas as ações restantes, a maior produtora de açúcar no Brasil e uma das principais do mundo. Pelas informações de 2015 do Ministério da Agricultura Pecuária e Abastecimento sobre as principais empresas que controlam a agricultura no Brasil, estima-se que menos de 50 grandes corporações transnacionais detenham o controle majoritário da produção de sementes, insumos, produção e distribuição de alimentos no mundo. A Cosan aparece no *ranking* como a terceira maior empresa em termos de receita líquida, avaliada em 39 bilhões de reais, e com lucro líquido de 292 milhões de reais ao ano. Desde o final de 2010 comprando terras no Brasil, o fundo Radar projeta ainda a aquisição de mais terras na América Latina e demonstra publicamente seu interesse em aumentar a participação da Cosan na companhia, principalmente depois da sua importante aliança na produção de etanol com a Shell, no setor estratégico de energia.

A crise do capital financeiro e da lógica da especulação sobre as terras e os recursos naturais está na base de todo o movimento do capital no campo e das reformas neoliberais: nas leis das terras, Lei n. 13.465/2017 (Brasil, 2017) e da aquisição de terras por estrangeiros no Brasil, PL n. 4.059/2012, (Brasília, 2012), assim como nos seus reflexos nas políticas agrárias e na dotação orçamentária dos recursos do Estado. Entendemos esse movimento a partir da crise no sistema financeiro, na qual os grandes capitais acumulados são transferidos para investimentos mais seguros, em ativos reais da riqueza produzida no modo capitalista. É nessa articulação que a terra, e tudo que se pode explorar e produzir nela, de lucros a rendas fundiárias, desponta como alternativa à tendência de queda nas taxas de lucro do capital e instabilidades no sistema financeiro mundial.

Além dos ganhos com a especulação sobre os preços das terras, os capitais estrangeiros investidos ganham também com a exploração de seus recursos naturais, apropriando-se da renda da terra e dos lucros produzidos nos setores primário-exportadores. Garantem, ainda, a produção dos alimentos e matérias-primas de que necessitam, a baixos custos de produção, com base na superexploração da força de trabalho e depredação dos recursos naturais. Em um cenário de crise dos investimentos em carteira, desemprego e falências nos países capitalistas do centro do sistema – sobretudo EUA e Europa Ocidental –, e crise ambiental dada a destruição acelerada da natureza, que intensifica as mudanças climáticas, os países que ainda têm terras e recursos humanos e naturais em abundância continuam na mira dos novos investimentos e planos de expansão das taxas de lucro.

Assim entendemos os embates que se dão pela terra e suas riquezas naturais na América Latina. Dessa forma, podemos compreender o movimento contraditório e subalterno das classes dominantes nos países dependentes quando se organizam para eliminar qualquer barreira legal ao fluxo estrangeiro de capitais via investimentos em terras agrícolas e setores estratégicos da economia, tais como os de energia e mineração, mesmo que aguçando ainda mais, com isso, a dialética da dependência. Essa dinâmica leva às últimas consequências as contradições inerentes ao desenvolvimento desigual e combinado do capitalismo global que, ao aprofundar a concorrência, tira do jogo os produtores mais débeis e aumenta a concentração de capital e terras sob o controle de fundos financeiros e grandes oligopólios internacionais.

A criação decadente de "valor novo" é dada pelo declínio relativo do trabalho vivo colocado em movimento com a concentração e centralização do capital. Essa polarização com acumulação de capital na esfera financeira parasitária, por seu turno, destrói as próprias bases de reprodução social do capital como um todo. Estabelecemos a análise do avanço dos grandes capitais internacionais sobre os países dependentes e o aprofundamento da dependência em sua essência, concretizando-se na questão da terra e na superexploração do trabalhador e da trabalhadora na América Latina.

Encerra-se assim o dilema da luta de classes na América Latina e sua relação dialética com a luta pela terra. Esta deixa de apresentar um caráter reformista das reformas agrárias clássicas implementadas nos processos de revolução burguesa, passando a ter um forte caráter revolucionário de contraposição aos mecanismos de poder e exploração estabelecidos no capitalismo dependente. Frente à resistência sociopática a mudanças das classes dominantes, bem caracterizada por Florestan Fernandes (1972), coloca-se uma muralha para os processos autônomos de desenvolvimento do capitalismo dependente dentro da ordem burguesa. Dado o desinteresse das classes dominantes de completarem essa via de mudanças, em negação às expectativas dos partidos comunistas e nacional-

-desenvolvimentistas, assim como de qualquer alteração do *status quo* em que se inserem relativamente de forma privilegiada, resta ainda a possibilidade de soluções do tipo socialista. Para tanto, as transformações necessárias se dariam, ainda segundo o autor, nos marcos da combinação tática de ações que esgotem todos os limites dos movimentos da revolução dentro da ordem burguesa, com ações de subversão da revolução contra a ordem, como estratégia de emancipação e desafio para a classe trabalhadora.

Referências

ASTARITA, Rolando. *Economía política de la dependência y el subdesarrollo;* tipo de cambio y renta agraria en la Argentina. Bernal: Universidad Nacional de Quilmes, 2010.

BAMBIRRA, Vânia. *La teoria de la dependencia:* uma anticrítica. México: Coletivo Amauta, 1977.

BELLI, Gioconda. *O país sob minha pele:* memórias de amor e guerra. Rio de Janeiro: Record, 2002.

BRASIL. Presidência da República. Secretaria Geral. Subchefia para Assuntos Jurídicos. Lei n. 13.465 de 11/7/2017. Dispõe sobre a regularização fundiária rural e urbana, sobre a liquidação de créditos concedidos aos assentados da reforma agrária e sobre a regularização fundiária no âmbito da Amazônia Legal; institui mecanismos para aprimorar a eficiência dos procedimentos de alienaçao de imóveis da União. Disponível em: http://www.planalto.gov.br/ccivil_03/_ato2015-2018/2017/lei/l13465.htm. Acesso em 25 jun. 2021.

BRASÍLIA. Câmara dos Deputados. Projeto de Lei n. 4.059 de 13/6/2012. Regulamenta o art. 190, da Constituição Federal, altera o art. 1º, da Lei n. 4.131, de 3 de setembro de 1962, o art. 1º da Lei n. 5.868, de 12 de dezembro de 1972 e o art. 6º Lei n. 9.393, de 19 de dezembro de 1996 e dá outras providências. Critérios de aquisição de áreas rurais e suas utilizações, por pessoas físicas e jurídicas estrangeiras. Disponível em: https://www.camara.leg.br/proposicoesWeb/fichadetramitacao?idProposicao=548018. Acesso em: 25 jun. 2021.

DOS SANTOS, Theotonio. *Imperialismo y dependencia.* Caracas: Biblioteca Ayacucho de Clásicos Políticos da América Latina; Banco Central de Venezuela, 2012.

FERNANDES, Florestan. *Sociedade de classes e subdesenvolvimento.* Rio de Janeiro: Zahar Editores, 1972.

FRANK, Andre Gunder. El desarrollo del subdesarrollo. *Pensamiento Crítico*, Habana, n. 7, p. 158-172, agosto 1967.

MARINI, Ruy Mauro. Dialética da dependência. *In:* TRASPADINI, Roberta; STEDILE, João Pedro (org.). *Ruy Mauro Marini – vida e obra.* São Paulo: Expressão Popular, 2005, p. 137-180.

MARX, Karl; ENGELS, Friedrich. *A ideologia alemã.* São Paulo: Expressão Popular, 2009.

MOREIRA, Renata C. *Desigualdade, crescimento econômico e armadilhas da pobreza no Brasil: 1996 a 2007.* Tese de doutorado em Economia Aplicada, Departamento de Economia Rural, Universidade Federal de Viçosa, 2009.

ROSTOW, W. W. *Etapas do desenvolvimento econômico*: um manifesto não comunista. 6a ed. Rio de Janeiro: Zahar Editores, 1978.

A SUPEREXPLORAÇÃO DA FORÇA DE TRABALHO ENQUANTO CATEGORIA ESPECÍFICA DA ACUMULAÇÃO E APROPRIAÇÃO DE RIQUEZA NOS PAÍSES DEPENDENTES

CAMILLA DOS SANTOS NOGUEIRA

Introdução

Neste trabalho apresentaremos a seguinte reflexão: em que medida o desenvolvimento teórico da categoria superexploração, ao longo das obras de Ruy Mauro Marini, aparece como fenômeno específico do capitalismo dependente, e quais são as dimensões dessa mesma categoria que podem aparecer como expressão da exploração da força de trabalho nos países do capitalismo central.

Buscar-se-á, dessa forma, nos meandros da construção teórica da superexploração, as distinções necessárias para o entendimento rigoroso do que essa categoria oferece para a interpretação de realidades concretas tão diversas. Devido à atual conjuntura internacional de crise econômica e tendência decrescente da taxa de lucro, a superexploração parece fenomenicamente estar disseminada em todo o mundo. Torna-se necessário, portanto, entender quais especificidades serão contempladas pela categoria superexploração.

A superexploração da força de trabalho na obra de Ruy Mauro Marini

Marx utilizou o método histórico-dialético para explicar as mudanças importantes ocorridas na história da humanidade ao longo dos tempos. Ao estudar determinado fato histórico, o autor investigou suas contradições, procurando encontrar os elementos responsáveis pela transformação deste em um novo fato, dando continuidade ao processo histórico.

Assim sendo, Marx (2017) afirma que o modo pelo qual a produção material de uma sociedade é realizada constitui o fator determinante de sua organização política, sem negar que a política também reverberará sobre o econômico. O autor considera que essa realidade não é estática, mas dialética, pois está em transformação pelas contradições de suas unidades. Dessa forma, Marx considera que a totalidade está constituída pela dinâmica de inúmeras unidades dialéticas.

De acordo com Mao Tse-tung (1975), a dialética materialista não pode, de fato, ser definida como um método de experimentação científico ou método científico, mas sim como uma lógica científica, fundamentada na generalização das leis de funcionamento do universo. Igualmente, a lógica subjacente à dialética materialista compreende a diversidade qualitativa dos fenômenos, bem como a transformação de uma qualidade em outra.

O materialismo dialético, portanto, como lógica científica, se fundamenta nos princípios gerais da unidade dinâmica, que é composta por vetores contrários e sempre presentes em todos os fenômenos. É, assim, um método fundamentado principalmente na identificação dos componentes contraditórios presentes em qualquer unidade dialética.

Nesse sentido, partindo do entendimento das unidades dialéticas, existentes na reprodução do capital em economias dependentes, buscar-se-á fazer a construção da categoria superexploração da força de trabalho na elaboração teórica de Ruy Mauro Marini. Esta é uma unidade dialética, e faz parte do movimento do capital em economias dependentes.

As relações existentes entre a superexploração da força de trabalho e as unidades dialéticas, transferência de mais-valor e ruptura do ciclo do capital, são específicas da reprodução do capital em economias dependentes e ocorrem em um movimento de tendência. A totalidade da reprodução dessas relações constitui a dialética da dependência (Marini, 2005). Vejamos detalhadamente como estas relações se manifestam na realidade concreta e imediata.

Transferência de mais-valor e superexploração da força de trabalho

A independência política dos países latino-americanos, no início do século XIX, foi o determinante histórico da dependência, na medida em que possibilitou a formação da relação direta entre as novas repúblicas[1] e o mercado mundial.[2] Os países latino-americanos, ao iniciarem a formação dos Estados independentes, rompem com o domínio ibero-lusitano e iniciam, nos marcos da divisão internacional do trabalho, uma relação

---

1 Para conhecimento do processo de formação das novas repúblicas na América Latina, ver: Wasserman, Claudia. A formação do Estado Nacional na América Latina: as emancipações políticas e o intricado ordenamento dos novos países. *In*: Wasserman, Claudia (coord.). *História da América Latina*: cinco séculos. Porto Alegre: Editora da UFRGS, 2010, p. 176-213.

2 Marini foca a problemática política da formalização do Estado sem perder de vista que a América Latina estava inserida no sistema mundial desde o século XVI, pois as colônias foram fundamentais na acumulação primitiva. Para Luce (2018, p. 88), "O que Marini está dizendo é que a produção capitalista na América Latina teve origem a partir da extensão da circulação do capitalismo dominante, em um processo em que o externo internalizou-se para logo se exteriorizar, isto é, desdobrar-se em novas tendências objetivas".

de dependência e subordinação agora sob o jugo do capital britânico. Segundo Marini (2005), será o rearranjo das relações econômicas internacionais que permitirá o dinamismo da revolução industrial na Europa.

Durante a primeira fase da revolução industrial na Europa, além de servir como fornecedora de matérias-primas para a produção de produtos manufaturados que crescia juntamente ao fervor da produção industrial, impulsionada pelo aumento da produtividade do trabalho, a América Latina cumpria a função de fornecedora de bens alimentícios à classe trabalhadora inglesa.[3] Assim, as nações latino-americanas cumpriram um papel relevante para a produção industrial, que se organizava a pleno vigor na Europa.

Marini (2005) ressalta que o resultado da integração da América Latina ao mercado mundial, especializando-se no fornecimento de matérias-primas e alimentos, contribuiu para que a Europa, em especial a Inglaterra, mudasse o eixo de acumulação de capital, passando do mais-valor absoluto para o mais-valor relativo.[4] O mais-valor relativo tem vínculo direto com a desva-

---

3 Sobre a diversificação da produção agrícola na América Latina, que era exportada para os países centrais, Bulmer- Thomas (2010, p. 80, tradução nossa) afirma que: "No restante da América Latina as novas exportações foram dominadas por produtos agrícolas. Algumas como a borracha (Brasil, Peru) e a lã (Argentina, Uruguai), eram indispensáveis para as fábricas da Europa e Estados Unidos. Outras, como o henequen do México, que se expandiram em resposta às novas tecnologias usadas nas pradarias da América do Norte. Muitas, como os cereais e a carne, eram necessárias para satisfazer as necessidades alimentícias da revolução industrial. O aumento da renda na Europa e América do Norte criou também uma demanda de produtos 'suntuários' tropicais, como o café, o cacau e a banana; aumentou da mesma forma a demanda de produtos da selva tropical, como a quinina, o extrato de quebracho e o bálsamo peruano, necessários para fins medicinais ou como matérias-primas industriais".

4 Em Luce (2018, p. 90), consta uma excelente descrição dos tipos de mercadorias que predominavam na pauta de exportação das economias latino-americanas entre 1850 e a primeira década do século XX. O autor demonstra o peso dos

lorização dos bens salários, e a participação da América Latina no mercado mundial contribuiu para a produção dessa forma de valorização do capital, por meio da produção de alimentos, para a redução do valor real da força de trabalho nos países industrializados.[5] Dessa forma, o eixo da acumulação na Europa passa a depender do aumento da produtividade do trabalho e da redução do trabalho necessário.

A produtividade do trabalho na produção industrial exige o aumento do consumo de matérias-primas, que incorre, com o tempo, em um processo contraditório. A contradição ocorre porque o aumento da produtividade, quando acompanhado pelo crescimento da mais-valia relativa, implica em diminuição do capital variável em relação ao capital constante. O aumento da composição orgânica do capital, por sua vez, devido ao aumento do capital constante, resulta em queda da taxa de lucro.

Diante das contradições da acumulação de capital existentes no seio do capitalismo central, as soluções encontradas para contra-arrestar a queda da taxa de lucro envolvem a redução do capital constante e o aumento da oferta mundial de

---

produtos alimentícios nestas economias, demonstrando a forma como foram incorporadas ao mercado mundial, como fornecedora de alimentos para os países centrais.

5 Para Marini, a América Latina contribui para a redução do valor real da força de trabalho nos países industrializados: "A oferta mundial de alimentos que a América Latina contribuiu para criar, e que alcançou seu auge na segunda metade do século XIX, será um elemento decisivo para que os países industriais confiem ao comércio exterior a atenção de suas necessidades de meios de subsistência. O efeito dessa oferta (ampliado pela depressão de preços dos produtos primários no mercado mundial, tema a que voltaremos adiante) será o de reduzir o valor real da força de trabalho nos países industriais, permitindo assim que o incremento da produtividade se traduza ali em taxas de mais-valia cada vez mais elevadas" (Marini, 2005, p. 147).

matérias-primas para as indústrias.[6] Nesse sentido, busca-se obter lucros por meio do diferencial de composição orgânica do capital e da oferta mundial de alimentos. Portanto, o mercado mundial será o lócus para suplantar os efeitos contraditórios da acumulação de capital.[7]

Novamente, nos marcos da divisão internacional do trabalho, os países dependentes contribuem para mitigar as contradições próprias da acumulação de capital à medida que aumentam a oferta no mercado mundial de produtos com baixa composição orgânica. No caso da América Latina, a região não apenas alimentou a expansão quantitativa da produção capitalista industrial, como ajudou que fossem superadas as contradições que surgiram no próprio processo de acumulação capitalista.

Outro aspecto relevante destacado por Marini se refere ao aumento da oferta de alimentos acompanhado pelo declínio dos preços desses produtos em relação ao preço das manufaturas, que em geral são mais estáveis. Portanto, a queda dos preços dos produtos primários reflete na depreciação dos bens primários em relação aos bens manufaturados. Todas essas perdas econômicas decorrentes do papel ocupado pelos países dependentes na divisão internacional do trabalho, então, são expressões da forma como esses países transferem valores produzidos em seus territórios para os países centrais.

---

6 Há muitos autores que atualmente destacam o comportamento da taxa de lucro como fundamental. Para conhecimento, ver: Salama, Pierre. Estado e capital. O Estado capitalista como abstração real. *Estudos Cebrap*, São Paulo, n. 26, 1980.

7 Marx apresenta cinco fatores que considera os mais importantes para contra-arrestar a queda da taxa de lucro, quais sejam: aumentar o grau de exploração do trabalho, a compressão salarial abaixo do seu valor, ou redução dos elementos do capital constante, o excedente relativo, além da expansão comércio exterior, desfavorável para as colônias (Marx, 2015).

A formulação teórica de Marini (2005) propõe contrapor a interpretação cepalina da deterioração dos termos de troca,[8] oferecendo uma análise a partir da transferência de mais-valor. O autor dedicou-se ao estudo desta via troca desigual, para explicar a raiz do processo de dependência. Partindo do esquema marxiano, Marini explica como se formula o "segredo da troca desigual", que é o resultado da forma de inserção dos países dependentes no mercado mundial. Assim, Marini expõe os mecanismos de transferência de mais-valor, garantidos pela diferença de produtividades entre os países operantes no mercado mundial, e a capacidade de monopólio da produção que favorece a atuação de alguns desses países no jogo das trocas internacionais.

Para o teórico, na concorrência intrassetorial, ocorre a aplicação específica das leis de intercâmbio. Por ter maior produtividade do trabalho, uma nação pode possuir preços de produção inferiores aos de seus concorrentes, e com isso se favorecer com os lucros extraordinários. Essa forma de concorrência se dará com maior frequência entre nações industriais, devido ao avanço das leis capitalistas de troca. Já a concorrência intersetorial sucede pelo fato de alguns países produzirem bens que os outros não produzem, o que lhes permite fixar preços acima do seu valor, configurando um intercâmbio desigual por meio do monopólio da produção e da transferência de mais-valor.

As empresas de baixa composição orgânica e baixa produtividade (características próprias de empresas de países periféricos), além de não conseguirem criar uma demanda interna para

8 Os teóricos cepalinos restringem suas análises à dimensão dos preços e aos efeitos deletérios da circulação de mercadorias com baixa incorporação tecnológica.

realizar a venda de seus produtos, têm os preços depreciados e desvalorizados, em decorrência do processo de concorrência intra e intersetorial. Por conseguinte, a deterioração dos termos de troca indica outro aspecto das trocas desiguais, à medida que se trocam mais horas de trabalho por menos horas de trabalho, o que, para Marini (2005, p. 149), "Trata-se do fato suficientemente conhecido de que o aumento da oferta mundial de alimentos e matérias-primas tem sido acompanhado da queda dos preços desses produtos relativamente aos preços alcançados pelas manufaturas".

A concorrência intrassetorial reduzirá a massa de mais-valia absoluta dos setores de bens-salários, gerada em função de ampliações na produtividade e na concorrência intersetorial para esse setor específico de produção. Portanto, para o setor de bens-salários, existem aspectos das concorrências intrassetorial e intersetorial que determinam que seus preços sejam fixados abaixo do valor de suas mercadorias, sendo estes decisivos para entender a maneira como os países periféricos estão inseridos no comércio internacional.

Essa forma específica que o capitalismo assume na periferia, uma espécie de "capitalismo incompleto", que Marini denomina *sui generis* (2005, p. 138), ocorre porque parte do excedente gerado nesses países é enviada para o centro, devido à troca desigual,[9] na forma de lucros, juros, patentes e *royalties*, não sendo, portanto, realizada internamente. Portanto, a recorrente transferência de mais-valor, na qual o mais-valor produzido nos

[9] Marini afirma que não é necessária a existência do intercâmbio desigual para que os mecanismos de extração de mais-valia operem. A simples vinculação ao mercado mundial já desencadeia a busca incessante por lucros e pela transformação de valor de uso em valor de troca. Isso explica porque, em alguns momentos históricos nos quais o intercâmbio desigual não acontece, os mecanismos de extração de mais-valia continuam existindo.

países dependentes, apropriado e acumulado no centro, impede a acumulação interna de capital nesses países.[10]

Desvendar a transferência de mais-valor como *modus operandi* do mercado mundial conduz Marini a refletir sobre quais são as motivações que induzem a inserção e permanência dos países dependentes nesse jogo das trocas internacionais, as quais, em geral, operam em desfavor deles. Somente quando chega à identificação do mecanismo de compensação dessa lógica de transferência de mais-valor é que Marini oferece o que consideramos ser uma de suas grandes contribuições teóricas: a categoria superexploração da força de trabalho.

Para o autor, a transferência de mais-valor será acompanhada por mecanismos de compensação que implicam em agudizar a exploração da força de trabalho. Nas palavras dele, "trata-se do recurso ao incremento de valor trocado, por parte da nação desfavorecida: sem impedir a transferência operada pelos mecanismos já descritos, isso permite neutralizá-la total ou parcialmente mediante o aumento do valor realizado" (Marini, 2005, p. 152). A partir dessa constatação, revela-se o ponto crucial da relação existente entre as unidades dialéticas, transferência de valor e superexploração da força de trabalho, como forma de reprodução do capital nas economias dependentes. Essa relação ocorre de forma contraditória e complementar.

As nações desfavorecidas pela transferência de mais-valor, expressa no intercâmbio desigual de mercadorias, não corrigem o desequilíbrio entre os preços e o valor de suas mercadorias – entre os preços de mercado e o valor real da produção –, o que deveria ser feito por meio do aumento da produtividade. Assim

---

10 Outras interpretações marxistas sobre a deterioração dos termos de troca e as trocas desiguais foram formuladas, muitas vezes, em paralelo, ou em sequência. Esses esforços representaram contribuições críticas ao paradigma político e ao tipo de desenvolvimento nacional que foi proposto nos anos 1960 e 1970.

sendo, as economias latino-americanas não buscam contra-arrestar os efeitos negativos do intercâmbio desigual, mas sim compensá-los no plano da produção interna.

Os países dependentes compensam as perdas durante as trocas estabelecidas no mercado mundial, não no próprio mercado, senão por meio da superexploração da força de trabalho. Nesse sentido, a reprodução do capital nas economias dependentes se concentra exclusivamente na exploração do trabalho, e não no desenvolvimento de sua capacidade produtiva.

Para nós, será a partir da relação existente entre as unidades dialéticas – transferência de mais-valor e superexploração da força de trabalho – que esta última se desvela como característica específica dos países dependentes. Entretanto, o desvelamento das contradições da categoria superexploração da força de trabalho somente pode ser entendido no nível de análise concreta das relações do mercado mundial, portanto, nas trocas de bens, serviços e capitais, e na forma como a reprodução da força de trabalho ocorre nos países que participam em posição desvantajosa neste mercado.

A superexploração da força de trabalho e ruptura do ciclo do capital

Ao analisar o ciclo do capital na economia dependente, Marini (2005) aponta para a importância da separação existente entre a produção e a circulação de mercadorias. O avanço da análise sobre o ciclo de reprodução e circulação do capital nas economias dependentes irá compor a noção de padrão de reprodução do capital (Marini, 1979b; 1982).[11] Trata-se da

---

[11] Jaime Osorio, no texto "La noción de reproducción del capital" (2016), avança na fundamentação teórica iniciada por Marini. Esse texto é um excelente guia para o aprofundamento dessa categoria.

combinação entre os ciclos de reprodução do capital e os esquemas de reprodução do Livro II d'*O capital*,[12] relacionando o processo de valorização do capital e os valores de uso específicos, expressados em meios de produção e meios de consumo. Portanto, se estabelece um vínculo entre o valor e o valor de uso, fundamental na análise marxista, para o entendimento das especificidades da reprodução do capital em economias dependentes.

Para Marini, nos países dependentes a realização da produção ocorre no mercado externo, sendo que o consumo do trabalhador não interfere na realização do produto.[13] Não se pode perder de vista que as economias estão constituídas por capitais nacionais e estrangeiros. Dessa forma, as características das economias nacionais são determinadas por limitações de ordem interna, conjugadas às determinações do capital internacional. Assim, ainda que possa haver ruptura em capitais

---

[12] O ciclo de valorização do capital é o processo que passa pelas esferas da produção e da circulação, e que se repete e se reproduz constantemente, em um movimento de metamorfose. Nesse ciclo, o capital passará por fases e assumirá formas, e será a unidade do ciclo o que caracteriza a produção capitalista.

[13] Luce (2018) afirma que, no caso das economias latino-americanas, a ruptura do ciclo do capital, por ele denominada *cisão* do ciclo do capital, aconteceu em dois momentos históricos diferentes. Uma que se concentrou no período primário-exportador e outra que se inicia com o processo de industrialização. O autor apresenta as formas em que a cisão do capital acontece, que são: cisão entre esferas do mercado externo e do mercado interno, cisão entre esfera alta e baixa do consumo, não generalização da mais-valia relativa para o conjunto dos ramos e setores da produção, fixação da mais-valia extraordinária no subsetor II b, produtor de bens suntuários; integração subordinada dos sistemas de produção e industrialização que não é orgânica (Luce, 2018, p. 133). Para conhecer como o autor desenvolve o tema, ver o capítulo 2: "A cisão nas fases do ciclo do capital (ou divórcio entre a estrutura produtiva e as necessidades das massas)" (Luce, 2018).

particulares, a forma geral do capital se mantém constantemente reproduzindo.

Nas economias dependentes, a estratificação do mercado interno, juntamente com a realização da produção no mercado externo, será também motivo para que ocorra a ruptura do ciclo do capital na segunda fase de sua circulação. A conformação do mercado interno em estratos se revela pela separação entre esfera alta e esfera baixa da circulação.[14]

Para Marini (2005), a causa da interrupção do ciclo do capital será o aumento da superexploração da força de trabalho, tendo em vista que a redução do fundo de consumo do trabalhador, que compõe a esfera baixa da circulação, impossibilita a participação desse estrato do mercado interno na realização das mercadorias.[15] Considerando que o mercado externo é o lócus da circulação de mercadorias e da realização delas, a condição de superexploração da força de trabalho e a restrição de consumo do trabalhador não são um obstáculo para acumulação de capital nas economias dependentes.

---

14 Marini (2005, p. 171) esclarece que: "[...] já não é a dissociação entre a produção e a circulação de mercadorias em função do mercado mundial o que opera, mas a separação entre a esfera alta e a esfera baixa da circulação no interior mesmo da economia, separação que, ao não ser contraposta pelos fatores que atuam na economia capitalista clássica, adquire um caráter muito mais radical".

15 Para Marini (2005, p. 172-173), "[...] adaptações na economia industrial dependente [...] mudança qualitativa na base da acumulação de capital, permitindo ao consumo individual do operário modificar sua composição e incluir bens manufaturados. Se agisse sozinho, levaria ao deslocamento do eixo da acumulação, da exploração do trabalhador para o aumento da capacidade produtiva do trabalho. Entretanto, é parcialmente neutralizado pela ampliação do consumo dos setores médios: esse supõe, de fato, o incremento das rendas que recebem ditos setores, rendas que, como sabemos, são derivadas da mais-valia e, em consequência, da compressão do nível salarial dos trabalhadores".

A relação entre interrupção do ciclo do capital e o aumento da superexploração da força de trabalho se expressa nas seguintes condições de acumulação do capital:[16]

a) os valores das manufaturas não determinam o valor da força de trabalho, porque esse não é um elemento essencial do consumo individual do trabalhador;
b) a desvalorização das manufaturas não influencia a taxa de mais-valor;
c) o industrial não se preocupa com o aumento da produtividade para reduzir o valor do produto e, consequentemente, reduzir o valor da força de trabalho;
d) o industrial busca aumentar o mais-valor por meio da maior exploração do trabalhador.

Na obra *Subdesenvolvimento e revolução* (2012), Marini relaciona a política subimperialista – empreendida pelo Estado brasileiro durante o período da ditadura militar – com as restrições existentes no mercado interno do país. Aparentemente, o autor afirma que este, restrito pela superexploração da força de trabalho, seria um entrave, um elemento contraditório que limitaria a realização de valores nas economias dependentes e que a impulsionaria em busca de mercados externos como forma de compensar essa limitação.

---

[16] Segundo Marini (2005, p. 184), "Haveria de se considerar, ademais, que a ênfase nos problemas de realização somente seria censurável caso se fizesse em detrimento do que cabe às condições em que se realiza a produção e não contribuísse para explicá-las. Portanto, ao constatar o divórcio que se verifica entre produção e circulação na economia dependente (e sublinhar as formas particulares que assume esse divórcio nas distintas fases de seu desenvolvimento) se insistiu: a) no fato de que esse divórcio se gera a partir das condições peculiares que adquirem a exploração do trabalho em dita economia – as que denominei superexploração; e b) na maneira como essas condições fazem brotar, permanentemente, desde o seio mesmo da produção, os fatores que agravam o divórcio e o levam, ao se configurar a economia industrial a desembocar em graves problemas de realização".

Essa relação, ainda que seja pertinente, não é o ponto central da formulação teórica de Marini. Nesse sentido, reduzir a análise do subimperialismo às limitações do mercado interno seria reduzir esse fenômeno à lógica da circulação,[17] perdendo de vista os determinantes imprescindíveis da produção, dados pela superexploração da força de trabalho, além da dimensão das decisões geopolíticas.

Para nós, a explicitação da relação existente entre as unidades dialéticas ruptura do ciclo do capital e superexploração da força de trabalho oferece, também, à categoria superexploração dimensões específicas às realidades de economias dependentes por meio de um movimento de tendência. Essa particularidade, em geral, não se revela em países centrais, nos quais o consumo individual dos trabalhadores é imprescindível no ciclo de produção e reprodução do capital.

No caso do Brasil, é preciso analisar qual o peso do mercado interno no Produto Interno Bruto (PIB) e como ocorre a distribuição do consumo entre as esferas baixa e alta. Faz-se necessário, portanto, um estudo que indique as determinações da relação existente entre as unidades dialéticas superexploração da força de trabalho e ruptura do ciclo do capital.

Superexploração da força de trabalho como mecanismo de remuneração abaixo do valor necessário para sua reprodução

A superexploração da força de trabalho constitui, na sua remuneração, em um preço abaixo do valor necessário para a sua plena reprodução. Essa será a forma como o capital se

[17] Esse ponto é fundamental na obra de Marini, e centro da crítica de Fernando Henrique Cardoso e José Serra (1978) à sua obra.

reproduz nos países dependentes, compensando as perdas de mais-valor que ocorrem nas transferências.

Para Marini (2005), existe um conjunto de mecanismos que, por meio da superexploração, negam ao trabalhador as condições mínimas para repor o desgaste de sua força de trabalho, quais sejam: expropriação de parte do trabalho necessário para repor a força de trabalho; prolongação da jornada de trabalho e intensificação do trabalho.[18]

Esses mecanismos de superexploração da força de trabalho são descritos por Marini (2005) de forma conjunta, e não como formas separadas de extração de mais-valor. O aumento da intensidade e a prolongação da jornada de trabalho indicam que a superexploração ocorre de maneira indireta, implicando em maior dispêndio da força de trabalho e levando ao esgotamento prematuro do trabalhador. O aumento do desgaste da força de trabalho implicará no crescimento do mais-valor necessário para o trabalhador repor sua força de trabalho. Na medida em que este necessita de mais bens para garantir a reprodução de sua força de trabalho, e o salário não acompanhar o valor acrescido, o trabalhador estará sendo superexplorado.

A superexploração de maneira direta, por sua vez, ocorrerá quando o fundo de consumo do trabalhador for apropriado

---

[18] Osorio (2012, p. 59) considera a organização da produção também um mecanismo de superexploração da força de trabalho, "[...] porque desvela diversos procedimentos para produzir e incrementar a mais-valia, assim como para a organização laboral". Já Amaral e Carcanholo incluem a ampliação do valor da força de trabalho sem que seja pago o montante necessário para tal, também como forma de superexplorar a força de trabalho. Segundo os autores, a relação entre a ampliação do valor da superexploração da força de trabalho "[...] está relacionada à ideia de que a determinação do valor da força de trabalho é histórico-social e, com o avanço das forças produtivas, e portanto das necessidades humanas, esse valor sobe e, se não é pago integralmente, temos uma nova forma de superexploração do trabalho" (2012, p. 100).

pelo capitalista e se tornar parte do seu fundo de acumulação. Com a redução do fundo de consumo, o trabalhador não alcança consumir sequer o indispensável para conservar sua força de trabalho.

Para Marini (2005), a contradição da dependência latino-americana ocorre porque a região é chamada a "coadjuvar" na acumulação do capital, mas o faz mediante uma acumulação fundada na superexploração da força de trabalho. Dessa forma, o autor esclarece como o trabalhador será remunerado abaixo de seu valor, incorrendo em superexploração da força de trabalho.

Como explicado anteriormente, os países periféricos, nos quais o setor produtor de bens-salários é predominante, compensarão a perda do mais-valor por meio da superexploração da força de trabalho. Sem embargo, faz-se necessário apreender algumas distinções relevantes.

Marx (2015), quando formula a categoria mais-valor, destaca que o trabalho é o processo de consumo do valor de uso da força de trabalho, enquanto que a força de trabalho é a capacidade de trabalhar. Portanto, o trabalhador vende ao capitalista sua força de trabalho – e não o seu trabalho – mas sim sua capacidade de trabalhar. Essa distinção esclarece a relação da superexploração com a força de trabalho, e não com o trabalho em sentido restrito. Em suas obras, Marini não estabelece essa distinção, não porque o autor desconhecesse a importância, mas talvez devido à opção de simplificar o uso do termo.

É sabido também que esses mecanismos que conformam a superexploração podem se reproduzir em realidades de economias com alto grau de desenvolvimento. Portanto, não estão restritos às economias dependentes. Alguns estudos como o de Carvalho e Oliveira (2008) apresentam as atuais condições de trabalho na Europa, e indicam aumento da precarização das condições de trabalho.[19]

A generalização da superexploração e sua extensão aos países centrais, no contexto da crise econômica, são atualmente o centro das controvérsias em torno das categorias da teoria marxista da dependência. Essa problemática, ao redor da qual giram os debates atuais sobre a superexploração da força de trabalho, questiona as especificidades da superexploração como categoria que expressa as particularidades de países dependentes.[20]

Para Valencia (2012), a generalização da superexploração da força de trabalho se expressa, em diversos países e regiões, na queda dos salários médios, redução do tempo de trabalho necessário e expansão do trabalho excedente, e se configura em um processo de longo prazo, não representando apenas uma problemática conjuntural. Contudo, o autor faz algumas ressalvas sobre a diferença entre a forma que assume a superexploração nas economias do capitalismo central e nas economias do capitalismo dependente, que se configura no dilema da produção de mais-valor relativo.

Recuperando Marini (2005), Valencia (2012) destaca que, nos países dependentes, a superexploração será a forma de ele-

---

[19] Faz-se necessário um estudo que indique as determinações que influenciam o aumento da exploração do trabalho na Europa. Entretanto, esse trabalho não avançará nesta pesquisa devido à falta de condições para fazê-la de forma precisa. Para conhecimento, ver: Castells, Robert. *El ascenso de las incertidumbres: trabajo, protecciones, estatuto del individuo*. Buenos Aires: Fondo de Cultura Económica, 2010. Ver também: Beynon, Huw, "A destruição da classe operária inglesa?". São Paulo, *Revista Brasileira de Ciências Sociais*, v. 10, n. 27, fev. 1995.

[20] Alguns dos teóricos que apresentam proposições sobre a generalização da superexploração são: Marini (2007b), Valencia (2009; 2012; 2016), Osorio (2009; 2013), Carcanholo (2017).

vação de valor diante da não produção de mais-valor relativo. Essa característica se deve às limitações da capacidade produtiva e da formação do mercado consumidor interno. Isso posto, o autor ressalta que a expropriação do fundo de consumo da força de trabalho por meio do pagamento dos salários abaixo do valor de reprodução será, portanto, a característica específica na exploração nos países dependentes.

Nos países centrais, o desenvolvimento das forças produtivas e o consequente aumento da produtividade do trabalho criam outras condições para a produção de mais-valor. Valencia (2012, p. 185) afirma que, nessas economias, a produção de mais-valor relativo será a expressão da superexploração.[21] Assim, o autor afirma que essa é a essência para o entendimento das distinções da superexploração nos países centrais e nos países dependentes, e propõe que a superexploração possa ser dividida entre "superexploração constitutiva" e "superexploração operativa" (p. 165). A primeira é própria do capitalismo dependente, a segunda, do capitalismo central.

No seio da controvérsia em torno da generalização da superexploração, Carcanholo (2017) afirma que há "(im)precisões" contidas nos escritos de Marini, que não distingue o que seria 'correspondência' e 'definição'".[22] Essas dificuldades criam possibilidades para a ideia de generalização da superexploração e sua extensão aos países centrais.

O autor indica que a "(im)precisão" se revela na obra de Marin,i pois ele não estabelece uma distinção clara entre o que

[21] Essa distinção, se não bem entendida, leva-nos à compreensão de que a superexploração nos países dependentes trata-se apenas de produção de mais-valia absoluta, como a crítica de Cardoso e Serra (1978).

[22] Para Carcanholo (2017, p.109, tradução nossa): "Não se pode dizer que *correspondência* significa *definição,* mas, minimamente, melhor esclarecimento por parte do autor teria sido necessário, e isso não foi feito".

seria sua essência e seus mecanismos. Dessa forma, Carcanholo afirma que falta em Marini a diferença entre superexploração como categoria, que atua compensando a transferência de mais-valor, e superexploração como mecanismos de elevação da exploração da força de trabalho por meio da remuneração abaixo do valor. Para Carcanholo, é necessário analisar a superexploração a partir da distinção entre o que seria sua essência e seus mecanismos, ou formas de manifestação. Somente assim é que se pode problematizar a generalização da superexploração e sua extensão aos países do capitalismo central. Desse modo, para Carcanholo, a superexploração pode se manifestar nos países centrais como mecanismo de elevação de mais-valor. Porém, como categoria, que atua compensando a transferência de mais-valor, a superexploração é específica dos países dependentes. Essa especificidade consiste na elevação da exploração sem aumento da produtividade, o que, para o autor, é a forma como ocorre a reprodução do capital em economias dependentes.

Nesse debate, há outros inúmeros posicionamentos e reafirmações sobre essa polêmica,[23] o que demonstra que ela não só está na ordem do dia, mas também que ainda é a grande polêmica da teoria marxista da dependência. Assim, podemos considerá-la como a grande querela atual da dependência.

É de conhecimento geral que o próprio Marini (2007) indicou a possibilidade de existência de superexploração da força de trabalho em países do capitalismo central. Ao explicar as implicações do aumento das inovações tecnológicas

---

[23] Diversas interpretações já foram elaboradas por autores como Martins (2011), Amaral e Duarte (2013), Massa (2013), Bueno (2016) e Franklin (2015) sobre a polêmica da generalização da superexploração e sua extensão a países centrais.

e do processo globalizatório, Marini afirma que a supressão de barreiras, a difusão tecnológica e a homogeneização dos processos produtivos tendencialmente colaboram para a redução dos preços. Dessa forma, para o autor, a lógica da globalização está centrada na busca incessante por lucros extraordinários.

A corrida por lucros extraordinários tem como objetivo a recuperação de ganhos por meio dos diferenciais de produtividade, melhorando as condições de concorrência. Nesse contexto, para Marini (2005), a superexploração, diante da corrida por lucros extraordinários, torna-se ponto crucial para atração de capitais para regiões onde essa forma de geração de mais-valor é predominante: os países dependentes.

Contudo, Marini aponta que a superexploração da força de trabalho também se manifestará nos países centrais, como mecanismos de aumento da produção de mais-valor. Para o autor, com a superexploração da força de trabalho, há crescimento da massa de trabalho não pago, reduzindo custos e ganhando competitividade via preço, num contexto de "nivelamento dos valores" e dificuldades de geração de lucros extraordinários. Assim, o autor afirma que:

> De fato, é próprio do capitalismo privilegiar a massa do trabalho não pago, independentemente de seus portadores reais, isto é, os trabalhadores que a proporcionam; sua tendência natural, então, é buscar a maximização dessa massa pelo menor custo que possa representar. Para isso, utiliza tanto do aumento da jornada de trabalho e da intensificação do trabalho quanto, de maneira mais brutal, da redução de salários, sem respeitar o valor real da força de trabalho. Dessa forma, generaliza-se para todo o sistema, incluindo os centros avançados, o que foi uma característica distintiva – embora não exclusiva – da economia dependente: a superexploração generalizada do trabalho. Sua consequência – que foi sua causa – é aumentar a massa de trabalhadores excedentes e piorar seu empobrecimento, no exato momento em que o desenvolvimento

> das forças produtivas abre perspectivas ilimitadas de bem-estar material e espiritual para os povos. (2007b, p. 249, tradução nossa)

Entretanto, faz-se necessário relativizar em que medida a exacerbação da exploração da força de trabalho em economias centrais está restrita à ordem conjuntural, localizada em períodos de crise. Diferentemente, nos países dependentes, os mecanismos de superexploração se reproduzem de forma continuada, sendo a forma de ser da extração de mais-valor, portanto, um fenômeno estrutural.

Para nós, a superexploração, quando analisada por meio de seus mecanismos, pode acontecer em países centrais, dado que a exploração da força trabalho e extração de mais-valor ocorrem no modo de produção capitalista, onde quer que ele exista. Nesse sentido, pode-se inferir que a superexploração como conjunto de mecanismos, que induzem o trabalhador a viver abaixo de suas condições mínimas de reprodução, pode estender-se às economias centrais, tornando-se a realidade da força de trabalho também nesses territórios.

Porém, as relações existentes entre as unidades dialéticas transferência de mais-valor e superexploração da força de trabalho e ruptura do ciclo do capital e superexploração da força de trabalho são específicas da reprodução do capital em economias dependentes.

A transferência de mais-valor representa a forma como a riqueza produzida nos países dependentes é enviada para o exterior sem contrapartida. No caso da economia brasileira, a remessa de lucros, dividendos e juros, no contexto da mundialização financeira, expressa a transferência de mais-valor e a dependência do país em relação ao movimento de capitais estrangeiros. A desacumulação da economia brasileira, portanto, será recuperada via superexploração da força de trabalho em um movimento tendencial.

Considerações finais

A partir da controvérsia sobre a generalização da superexploração da força de trabalho e sua extensão aos países centrais, surgiu a necessidade de desvelar aspectos da categoria para evidenciar as contradições que esse debate suscita. Esse esforço de retomada das categorias teóricas desenvolvidas por Ruy Mauro Marini em seus estudos é de grande valia para a recuperação do pensamento marxista latino-americano, por meio dos elementos da teoria do valor e à luz das especificidades das economias dependentes e da reprodução do capital nesses territórios.

Com o desvelamento das contradições da superexploração da força de trabalho, podemos concluir que a categoria pode ser analisada em três dimensões diferentes: a primeira, quando se conecta à transferência de mais-valor, como forma de compensar o envio de riqueza para o exterior; a segunda, quando se relaciona com a ruptura do ciclo do capital, ou seja, quando a superexploração demonstra a dificuldade de realização deste no âmbito interno das economias dependentes. Finalmente, as formas de manifestação da categoria, mediante remuneração da força de trabalho abaixo do seu valor, aumento do mais-valor absoluto e aumento da intensidade do trabalho.

Desse modo, com o recorrido pela categoria superexploração, e partindo da problemática sobre a sua generalização, podemos inferir que: do ponto de vista da relação entre a superexploração e as unidades dialéticas transferência de mais-valor e ruptura do ciclo do capital, a superexploração é específica dos países dependentes, e demonstra a forma de acumulação nesses territórios. Como mecanismo da elevação da exploração, porém, pode ser estendida aos países centrais, no contexto das crises econômicas.

Referências

AMARAL, Marisa Silva; CARCANHOLO, Marcelo Dias. Superexploração da força de trabalho e transferência de valor: fundamentos da reprodução do capitalismo dependente. *In:* FERREIRA, Carla; OSORIO, Jaime; LUCE, Mathias (org.). *Padrão de reprodução do capital:* contribuições da teoria marxista da dependência. v. 1. São Paulo: Boitempo Editorial, 2012. p. 87-102.

AMARAL, Marisa Silva; DUARTE, Pedro Henrique Evangelista. Para uma crítica à utilização da categoria "superexploração da força de trabalho" como manifestação da globalização nos países centrais. *In: Colóquio Internacional Marx e o marxismo* (NIEP-MARX), Niterói, 2013. Disponível em: http://www.niepmarx.blog.br/MManteriores/MM2013/Trabalhos/Amc464.pdf. Acesso em: 10 mai. 2018.

BEYNON, Huw. *A destruição da classe operária inglesa?* São Paulo, *Revista Brasileira de Ciências Sociais,* v. 10, n. 27, fev. 1995. Disponível em: http://www.anpocs.org.br/portal/publicacoes/rbcs_00_27/rbcs27_01.htm. Acesso em: 10 jan. 2019.

BUENO, Fábio Marvulle. *A superexploração do trabalho*: polêmicas em torno do conceito na obra de Ruy Mauro Marini e a vigência na década de 2000. Tese (Doutorado em Sociologia), Universidade de Brasília, Brasília, 2016.

BULMER-THOMAS, Victor. *La historia económica de América Latina desde la independencia.* 2. ed. México: FCE, 2010.

CARCANHOLO, Marcelo Dias. *Dependencia, superexplotación del trabajo y crisis*: una interpretación desde Marx. Madri: Maia Ediciones, 2017

CARDOSO, Fernando Henrique; SERRA, José. As desventuras da dialética da dependência. *In: Estudos Cebrap*, n. 23, São Paulo, 1978.

CARVALHO, Helena; OLIVEIRA, Luísa. A precarização do emprego na Europa. Dados – *Revista de Ciências Sociais*, Rio de Janeiro, v. 51, n. 3, p. 541-567, 2008.

CASTELLS, Robert. *El ascenso de las incertidumbres*: trabajo, protecciones, estatuto del individuo. Buenos Aires: Fondo de Cultura Económica, 2010.

FRANKLIN, Rodrigo Straessli Pinto. *Teoria da Dependência*: categorias para uma análise do mercado mundial. Tese (Doutorado em Economia), Faculdade de Ciências Econômicas, Universidade Federal do Rio Grande do Sul, Porto Alegre, 2015.

LUCE, Mathias Seibel. *Teoria Marxista da Dependência*: problemas e categorias. Uma visão histórica. São Paulo: Expressão Popular, 2018.

MAO TSE-TUNG. Sobre a contradição. *In: Obras Escolhidas de Mao Tse-tung*, 1975. Tomo I, p. 525-586. Disponível em: https://www.marxists.org/portugues/mao/1937/08/contra.htm. Acesso em: 13 jan. 2019.

MARINI, Ruy Mauro. El ciclo del capital en la economía dependiente. *In:* OSWALD, Úrsula (coord.). *Mercado y dependencia.* México: Nueva Imagen, 1979b. p. 37-55. Disponível em: http://www.marini-escritos.unam.mx/. Acesso em: 14 out. 2018.

MARINI, Ruy Mauro. Sobre el patrón de reproducción de capital en Chile. *Cuadernos Cidamo*. Cidade do México, n. 7, 1982. Disponível em: http://www.marini-escritos.unam.mx/. Acesso em: 14 dez. 2018.

MARINI, Ruy Mauro. Dialética da dependência. *In:* TRASPADINI, Roberta; STEDILE, João Pedro (orgs.). *Ruy Mauro Marini. Vida e obra*. São Paulo: Expressão Popular, 2005. p. 137-180.

MARINI, Ruy Mauro. Sobre a Dialética da Dependência. *In:* TRASPADINI, Roberta; STEDILE, João Pedro (orgs.). *Ruy Mauro Marini. Vida e obra*. São Paulo: Expressão Popular, 2005, p.181-194.

MARINI, Ruy Mauro. Las razones del neodesarrollismo (respuesta a F.H. Cardoso y J. Serra). *In:* MARTINS, Carlos Eduardo. *América Latina*: dependencia y globalización. Buenos Aires: Clacso – Prometeo Libros, 2007a. p. 149-209.

MARINI, Ruy Mauro. Proceso y tendencias de la globalización capitalista. *In:* MARTINS, Carlos Eduardo. *América Latina*: dependencia y globalización. Buenos Aires: Clacso – Prometeo Libros, 2007b. p. 231-252.

MARINI, Ruy Mauro. *Subdesenvolvimento e revolução*. Florianópolis: Insular/Iela, 2012.

MARTINS, Carlos Eduardo. *Globalização, dependência e neoliberalismo na América Latina*. São Paulo: Boitempo, 2011.

MASSA, Andrei Chikhani. *Superexploração da força de trabalho, uma categoria em disputa*. Dissertação (Mestrado em Ciências Sociais) – Escola de Filosofia, Letras e Ciências Humanas, Universidade Federal de São Paulo, Guarulhos, 2013.

MARX, Karl. *O capital*. Livro I. São Paulo: Boitempo, 2015.

MARX, Karl. *O capital*. Livro III. São Paulo: Boitempo, 2017.

OSORIO, Jaime. *Explotación redoblada y actualidad de la revolución*. Cidade do México: Itaca; Universidad Autónoma Metropolitana, Unidad Xochimilco, 2009.

OSORIO, Jaime. Padrão de reprodução do capital: uma proposta teórica. *In:* FERREIRA, Carla; OSORIO, Jaime; LUCE, Mathias Seibel (orgs.). *Padrão de reprodução do capital*: contribuições da teoria marxista da dependência. São Paulo: Boitempo, 2012. p. 37-86.

OSORIO, Jaime. Fundamentos de la superexplotación. *Razón y Revolución*. Buenos Aires, v. 25, p. 9-34, 1 nov. 2013.

OSORIO, Jaime. *Teoría Marxista de la Dependencia*. Cidade do México: Itaca; Universidad Autónoma Metropolitana, Unidad Xochimilco, 2016.

SALAMA, Pierre. Estado e capital: o Estado capitalista como abstração real. *Estudos Cebrap*, São Paulo, n. 26, 1980.

VALENCIA, Adrián Sotelo. *A reestruturação do mundo do trabalho*: superexploração e novos paradigmas da organização do trabalho. Uberlândia: Edufu, 2009.

VALENCIA, Adrián Sotelo. *Los rumbos del trabajo*: superexplotación y precariedade social en el siglo XXI. Cidade do México: Editoral Miguel Ágel Porra – FCPyS-Unam, 2012.

VALENCIA, Adrián Sotelo. Hipótese a respeito da extensão da superexploração do trabalho no capitalismo avançado desde a perspectiva da teoria marxista da dependência. *Cadernos Cemarx*, Campinas, n. 9, p. 34-47, 2016.

WASSERMAN, Claudia. A formação do Estado nacional na América Latina: as emancipações políticas e o intricado ordenamento dos novos países. *In:* WASSERMAN, Claudia (coord.). *História da América Latina*: cinco séculos. Porto Alegre: Editora da UFRGS, 2010. p. 176-213

TROCA DESIGUAL, DEPENDÊNCIA E SUPEREXPLORAÇÃO: FUNDAMENTOS HISTÓRICOS E TEÓRICOS

VINÍCIUS VIEIRA PEREIRA

Nos estudos sobre a dependência, a partir do enfoque marxista, as expressões *troca desigual* e *superexploração do trabalho* surgem como ponto de partida teórico da análise. A primeira delas foi intensamente debatida por diversos autores, a partir de meados do século XX,[1] período no qual grande parte das preocupações dos teóricos da economia, da sociologia, da história, da geografia se voltou para a questão do subdesenvolvimento.[2] Afinal, a própria dinâmica do comércio mundial parecia ocultar um mecanismo que aprofundava as diferenças das condições de vida entre as populações dos países industrializados, denominados desenvolvidos, e as daqueles cuja estrutura da produção concentrava-se no setor primário, produzindo alimentos e matérias-primas e, via de regra, chamados de subdesenvolvidos, ou atrasados.

Já a expressão *superexploração do trabalho* emerge como base fundamental da teoria da dependência, de Ruy Mauro

---

1 Para um detalhamento maior sobre a teoria da troca desigual a partir das contribuições de seus principais estudiosos nos anos 1960, ver o terceiro capítulo de Pereira (2015).

2 Sobre a variada gama de autores que se debruçaram sobre a temática do desenvolvimento econômico a partir das primeiras décadas do século XX, ver o segundo capítulo de Pereira (2015); a introdução de Agarwala e Singh (1969).

Marini, no final dos anos 1960, e torna-se o eixo a partir do qual se desenvolve todo um debate acerca do mecanismo de exploração do trabalho posto em prática nas economias atrasadas, ou periféricas, e que sustentaria a reprodução da troca desigual no comércio mundial.

Portanto, ao longo deste capítulo, buscar-se-á desenvolver os principais fundamentos do intercâmbio que se opera no comércio internacional e que não apenas reproduz, mas aprofunda o fosso que separa o nível de desenvolvimento econômico e social dos países centrais em relação ao observado nos países periféricos no capitalismo mundial. O objetivo é o de esclarecer como o conceito de troca desigual se interconecta com o de superexploração do trabalho, e de que forma ambos realimentam, numa interação dialética, a condição dependente e subordinada dos países subdesenvolvidos frente aos desenvolvidos no comércio mundial.

Para efeito deste trabalho serão usadas as expressões *intercâmbio desigual* e *troca desigual* como sinônimas e plenamente intercambiáveis. Tal explicação se faz necessária, pois, como adverte Borges Neto (2011, p. 92), após a década de 1970 alguns autores começaram a diferenciá-las, sendo a primeira usada para se referir às perdas e ganhos no comércio mundial, em virtude da relação de troca entre países que apresentam pronunciados desníveis tecnológicos em sua produção e, por extensão, discrepantes índices de produtividade do trabalho; já a segunda era reservada para os casos nos quais a troca se efetivava a despeito da diferença entre preço e valor, ou seja, quando o preço de venda da mercadoria ou do serviço no comércio internacional não estabelecia qualquer correspondência com sua massa de valor. Como as relações de comércio, alvo da teoria da troca desigual, se referem em essência àquelas efetuadas entre países com destacados desníveis tecnológicos, achamos desnecessária tal distinção, além do que a discussão sobre a alegada correspondência entre valor e preço das mercadorias e serviços no comércio mundial ampliaria em muito o nível de abstração teórica aqui pretendido.

O contexto histórico da chamada escola da troca desigual

Inicialmente, importa frisar que a análise aqui empreendida resguarda, como em geral ocorre nas interpretações sobre influência da teoria marxiana, um importante aspecto metodológico, qual seja: a economia mundial é tratada como a unidade de análise e, nesse escopo, advoga-se a interdependência dinâmica entre os processos de desenvolvimento e subdesenvolvimento das diferentes economias nacionais – ou seja, a existência do primeiro deve-se, necessariamente, à condição do segundo. Assim, rejeita-se por completo qualquer percepção do subdesenvolvimento econômico como etapa ou estágio, anterior ao desenvolvimento, bem como qualquer defesa de que essa transição possa se efetivar dentro da estrutura de relações de produção do modo de produção capitalista.

Isso posto, considera-se imprescindível para a apreensão da temática aqui proposta que se faça uma breve contextualização histórica do arcabouço teórico que originou o debate sobre a existência de uma troca desigual no comércio mundial. Destaca-se que a expressão não será usada entre aspas, como frequentemente aparece nos textos de teóricos como Bettelheim (1973) e Palloix (1972) e, por vezes, Emmanuel (1973), Amin (1976) e Frank (1980), por razão que se entenderá logo adiante e tem explicação na forma de interpretação do fenômeno em si.

Durante as três décadas que se seguiram ao fim da Segunda Guerra Mundial, os debates na arena acadêmica e política giraram preponderantemente em torno da problemática do desenvolvimento econômico. Ao mesmo tempo que diferentes aspectos eram apontados como entraves para o crescimento econômico das regiões atrasadas do globo e uma variada gama de modelos matemáticos indicava possíveis soluções para o subdesenvolvimento, discutia-se, por outro lado, a possibilidade, ou não, de superação do subdesenvolvimento nos marcos do capitalismo.

Nessa última vertente, surge uma corrente de caráter crítico, apoiada no método e nas categorias marxianas, formada, ao longo de algumas décadas, por autores como Paul Baran, Paul Sweezy, Ernest Mandel, Andre Gunder Frank, Charles Bettelheim, Samir Amin, Arghiri Emmanuel, Theotonio dos Santos, Ruy Mauro Marini, entre outros, e cujas pesquisas procuravam investigar as causas que impediam os países pobres do capitalismo mundial de se alçarem como sociedades desenvolvidas no que diz respeito à vida material. Assim, voltam à tona, nos círculos acadêmicos e políticos, expressões como imperialismo, dominação, desigualdade das trocas, dependência e subordinação, que, por sua vez, refletiam a preocupação desses teóricos com o antagonismo de interesses que se estabelecia no intercâmbio de mercadorias e serviços entre as nações.

Ele percebiam que o comércio internacional, de modo particular, e o próprio desenvolvimento do capitalismo em escala mundial, de modo geral, ao contrário do que exaltavam os economistas liberais, ampliavam as desigualdades econômicas e sociais entre os países. Apesar da aceleração do crescimento econômico apresentada pelas nações desenvolvidas no período subsequente à Segunda Guerra Mundial, muitos teóricos da economia política notavam que as classes proletárias do mundo não se integravam de forma homogênea às novas relações de produção capitalistas, algumas sequer chegando a se integrarem a esse sistema em escala mundial.

É importante salientar que as teses que sustentavam a teoria clássica do comércio internacional na vertente ortodoxa do pensamento econômico – baseadas na especialização, nas vantagens comparativas das trocas e na divisão internacional do trabalho – estavam, naquele momento, sendo questionadas e criticadas a partir, entre outros, dos trabalhos de Prebisch, de 1949, de modo particular, e da Comissão Econômica para a América Latina e Caribe (Cepal),[3] nas décadas subsequentes, de modo geral. A constatação empírica de um processo de deterioração histórica dos termos de intercâmbio derrubava a até então inquestionável hipótese teórica de que os preços dos produtos industrializados barateavam-se mais rapidamente do que os bens primários.[4] Tal hipótese clássica apoiava-se na ideia de David Ricardo de que a inserção do progresso técnico na produção de manufaturados se dava de modo mais intenso do que a produção de bens primários, o que, por sua vez, garantiria uma vantagem relativa nos termos de troca em favor dos países mais pobres. Assim, para a escola da Cepal, a solução para os países periféricos parecia intuitiva: romper com a divisão internacional do trabalho e iniciar processos nacionais

---

[3] A Cepal, uma das cinco comissões regionais da Organização das Nações Unidas (ONU), foi estabelecida pela resolução 106 do Conselho Econômico e Social da entidade em 25 de fevereiro de 1948, tendo iniciado seus trabalhos no mesmo ano. Somente em 27 de julho de 1984, por meio da resolução 1984/67, é incorporada em sua denominação a região caribenha, passando a se chamar Comissão Econômica para a América Latina e Caribe, cuja sede situa-se em Santiago, capital do Chile.

[4] Prebisch analisa o estudo do Conselho Econômico e Social das Nações Unidas, de fevereiro de 1949, intitulado "Postwar Price Relations in Trade Between Under-developed and Industrialized Countries" que apresenta uma relação de preços referente ao período compreendido entre 1876 e 1947. O autor constata, então, que o poder de compra de artigos industriais, representado por uma determinada quantidade de bens primários, havia decrescido quase 37% de 1860 a 1930, o que indicava considerável deterioração na relação de preços entre países industrializados e produtores de primários, prejudicial para estes (Prebisch, 2000).

autônomos de industrialização com o objetivo de conquistar espaço junto às economias desenvolvidas.

A tese da deterioração dos termos de troca em prejuízo dos países da periferia do sistema capitalista dominou boa parte dos debates críticos nos anos 1950 e 1960. Apontando, entre outros motivos, para um problema de baixa elasticidade-renda da demanda de bens primários por parte das populações dos países desenvolvidos, Prebisch (2000) afirmava que o crescimento da demanda destes bens por parte dos países centrais se dava numa proporção menor do que a elevação da renda *per capita* média nesses mesmos países. Enquanto isso, o oposto ocorreria em relação aos bens industrializados e de alto teor tecnológico, os quais cresciam em ritmo maior do que a elevação da renda em virtude da elevada elasticidade-renda da demanda desses bens. O resultado era uma absorção mundial de bens primários num ritmo menor do que a de produtos manufaturados. Isso levava à necessidade de um esforço produtivo e de exportação crescente de bens primários por parte da periferia do sistema para manter os níveis de importação de manufaturados. Ampliava-se assim a produção de primários e sua oferta, o que levava à queda de seus preços, e uma deterioração dos termos de intercâmbio em detrimento dos países mais pobres.

No entanto, teóricos marxistas, como aqueles anteriormente nominados, denunciavam, cada um a seu modo, que o problema ia bem além do que apenas uma deterioração dos preços dos bens primários no comércio mundial em virtude da baixa elasticidade-renda da demanda de bens primários, conforme apontado por Raúl Prebisch. Nas relações internacionais de comércio entre capitalistas de países centrais e periféricos estaria ocorrendo, historicamente, uma transferência de valor em favor dos primeiros, o que levava os últimos, na percepção de Emmanuel (1973), primeiro autor a tratar em profundidade a questão, a trocarem mais trabalho nacional por menos trabalho estrangeiro.

Para Bettelheim (1973), professor orientador de Arghiri Emmanuel e seu principal debatedor, a tese da desigualdade que pautava o intercâmbio mundial de mercadorias deveria ser vista apenas como forma aparente, uma vez que se dava na esfera da circulação, de uma desigualdade econômica estrutural da sociedade burguesa que operava, em essência, na esfera da produção. Nesse sentido, para o autor, o termo "troca desigual", usado por ele sempre entre aspas, induzia a um grande erro, o de se crer que um problema cuja raiz está nas relações de produção fosse tomado como fenômeno mercantil apenas, ou de exploração comercial.

Outros autores passaram a colaborar com o debate, como Christian Palloix e Samir Amin, e a abordagem da troca desigual passou a ocupar lugar de destaque nos debates da economia política dos anos 1970. Imperialismo econômico, político e militar, diferenças na composição orgânica do capital e superioridade tecnológica, centralização de capitais e monopólio internacional, exploração do trabalhador e organização precária da força de trabalho, excesso de oferta de mão de obra, bloqueio comercial ao desenvolvimento industrial da periferia do capitalismo, cooptação das burguesias nacionais dos países atrasados, entre outras, se alternavam ente as possíveis causas trazidas para explicar, à luz do pensamento de Marx, que a transferência de mais-valia da periferia para o centro, que ocorria simultaneamente às trocas internacionais, garantia que o processo de subdesenvolvimento fosse retroalimentado pelo próprio desenvolvimento do capitalismo nessas regiões pobres do mundo.

Além disso, após uma fase de expansão econômica mundial que se seguiu à Segunda Guerra Mundial, o final dos anos 1960 marcou o início de uma nova grande crise do capital, uma crise que se manifestava pela queda dos indicadores de produção e das taxas de lucro, redução do nível de investimento em capital fixo, aumento do desemprego e da inflação. Para Mendonça (1990) e Carcanholo (2017), tratava-se de mais uma crise de sobreacumulação de capital, evidenciada pela queda da taxa de lucro. Entre as estratégias imperialistas adotadas como contratendência à crise, a exportação de capital para a periferia do sistema despontava como essencial.

Para Frank (1970, p. 270), a revolução tecnológica da qual se beneficiou a metrópole do capitalismo mundial forneceu novas fontes de poder de monopólio às empresas multinacionais sobre a indústria latino-americana, além de transferir, para a última, via exportação de capital, a maquinaria já obsoleta, processo que permitiu, a partir da elevação do diferencial de nível técnico, a continuação da chamada revolução tecnológica na metrópole.

A crescente exportação de capitais para a periferia do sistema reforçava a necessidade de importações cada vez maiores por parte desta, mantidas por vultosos empréstimos públicos junto às instituições financeiras e de crédito dos países imperialistas, bem como levava, simultaneamente, ao fortalecimento da burguesia internacional e a dificuldades crescentes no balanço de pagamentos dos países periféricos devidas à volatilidade do câmbio e ao elevado coeficiente de importações (Frank, 1980). Desse modo, a estrutura econômica e de classes na América Latina se transformava, moldando-se em funçao dos interesses da alta burguesia internacional e realimentando o processo de dependência e subordinação da periferia. Além disso, asseverava o mesmo autor que a dependência à metrópole era de interesse da própria burguesia nacional, segundo suas palavras, "um sócio minoritário da burguesia internacional" (Frank, 1970, p. 280). Por isso, o desenvolvimento capitalista autônomo dos países atrasados estaria seriamente comprometido, e qualquer tentativa de escapar do subdesenvolvimento, segundo Frank (1977), passava, necessariamente, pela transição ao socialismo.

No Brasil, durante a década de 1960, autores como Prado Júnior (1977) e Florestan Fernandes (2006), além de apresentarem uma forte crítica aos modelos de industrialização da Cepal, denunciavam o mecanismo de exportação de capitais para a periferia subdesenvolvida como estratégia imperialista dos grandes capitalistas internacionais em busca de maiores taxas de lucro. Expressões como dependência, subordinação, transferência de valor da periferia para o centro, domínio das empresas multinacionais e do capital internacional começam a aparecer mais frequentemente na literatura da economia política crítica. No Brasil, esse esforço resultou num intenso debate sobre a necessidade, a viabilidade e as condições para uma revolução brasileira, que fosse capaz de pôr fim à dependência subordinada do país frente às grandes forças do capitalismo mundial.

Enquanto isso, na França, Arghiri Emmanuel tornava-se o primeiro autor a construir uma teoria sobre a troca desigual e a inseri-la na agenda de debates. A primeira versão de seu artigo "*Èchange inégal*", data de 1962.[5] Estudioso da teoria marxiana e tomando sua experiência de vida como comerciante no Congo Belga, Emmanuel passa a se preocupar com um aspecto que muito lhe chamava a atenção na realidade daquele país, qual seja, a relação do nível dos salários com a etnia dos trabalhadores – se belgas ou não, europeus ou africanos,

[5] De acordo com Brolin (2006, p. 250), a primeira versão do artigo de Arghiri Emmanuel sobre a troca desigual, em 1962, já veio acompanhada dos comentários críticos do seu diretor e tutor, o professor Charles Bettelheim.

e suas consequências tanto sobre os preços internacionais das mercadorias, quanto sobre a solidariedade e a unidade da classe trabalhadora (Emmanuel, 1972). Surgia, assim, uma linha de pesquisa dedicada a investigar profundamente o fenômeno econômico mundial do intercâmbio desigual.

Descartando, peremptoriamente, as teses que se apoiavam na deterioração dos preços relativos dos bens primários, como eram os casos dos trabalhos de Raúl Prebisch e Hans Singer,[6] negava-se a defesa da ideia de que estaria na natureza do produto – agrícola ou industrial, ou mesmo na alegada baixa elasticidade da demanda dos bens primários – a chave para a compreensão do segredo que operava por trás do intercâmbio desigual. Se assim fosse, afirma Emmanuel (1973, p. 46), como explicar que os produtos primários dos países ricos, como o carvão, da Inglaterra, o *whisky*, da Escócia, o vinho, da França, a madeira, da Suécia e do Canadá, o petróleo, dos EUA e do Canadá, não sofriam a mesma maldição que recaía sobre os bens primários dos países pobres? E mais, nesses países, os mesmos produtos primários conseguiam remunerar a classe trabalhadora num nível relativamente maior em comparação com os países pobres.

Conclamando a necessidade de se trazer de volta a teoria do valor-trabalho para tentar entender, em sua essência, o fenômeno da troca desigual, Emmanuel afirma que seria imprescindível inverter a lógica da observação presente em Prebisch e Singer, ou seja, perceber que são as condições da

[6] A tese defendida pelo economista alemão Hans Singer, dada a época que foi lançada, 1950 - muito próxima da de Prebisch -, e dado o conteúdo teórico - cujas conclusões levavam à deterioração dos termos de troca para os países produtores de primários -, acabou, posteriormente, por ser chamada de Hipótese Prebisch-Singer, respeitando-se então os méritos de ambos os economistas. Cf. Pereira (2015, p. 103).

produção, e não da procura, que determinam as trocas e os preços das mercadorias envolvidas nessas trocas. Para Emmanuel, as condições sócio-históricas envolvidas no desenvolvimento das forças produtivas do capitalismo em cada país, na ausência de concorrência internacional do fator trabalho, estabeleceriam diferenças estruturais consideráveis e perenes nas taxas de salários, o que impediria qualquer igualação mundial dos rendimentos do trabalho. Para Emmanuel, independentemente da evolução dos preços no setor exportador, isso em nada afetaria o nível de salários no país cuja indústria tivesse quem lhe fornecesse trabalhadores, na quantidade que ela necessitasse, a salários extremamente baixos, por mais produtiva que ela fosse – tese muito próxima à da oferta ilimitada do fator trabalho, de William Arthur Lewis.[7]

Segundo o autor, esse era o grande problema a ser resolvido pelos países periféricos, em geral, de base econômica agrícola. Os aumentos de produtividade só serviam para ampliar os ganhos dos compradores estrangeiros, o que significava que nem mesmo os capitalistas do setor exportador desses países seriam os beneficiários diretos dessa vantagem, pois teriam seus lucros mantidos na média estabelecida pela taxa de lucro geral do capital.

Baseando-se na fórmula marxiana da transformação do valor em preço de produção, e tratando o último como preços de equilíbrio, ele chega à conclusão de que, por não se conjugarem proporcionalmente em todos os ramos da produção, os fatores capital e trabalho acabam por gerar composições orgânicas distintas para os diferentes capitais que operam em cada indústria. Logo, o cálculo do valor de troca pelas quantidades relativas de fatores deixa de ser possível, restando

[7] Sobre o assunto, ver Lewis (1969).

assim a variável "remuneração dos fatores" como aquela capaz de ponderar o valor de troca, haja vista as taxas de remuneração do capital e do trabalho se constituírem no denominador comum entre eles.

A partir daí, Emmanuel deposita sua ênfase nas remunerações dos fatores, retornando o problema para a esfera dos preços relativos e da circulação, e propondo, como alternativa aos países atrasados, o aumento unilateral de suas taxas de salários nacionais. Tal artifício revelava-se um grave problema da tese de Emmanuel – tema ao qual não nos dedicaremos aqui, e que seria alvo de duras críticas, não somente por parte de seu orientador de doutorado, Charles Bettelheim, como também da parte de vários teóricos marxistas.[8]

No calor desses debates, que se estenderam ao longo dos anos 1960, Marini (2000) procurou construir uma teoria que desse conta de explicar por que a expansão do capitalismo em escala mundial, por meio do comércio internacional, tendia a produzir um tipo de desenvolvimento capitalista *sui generis*. Alinhado às contribuições de Gunder Frank, o autor afirmava que quanto mais se desenvolvessem as relações capitalistas nesses países, marcados pela troca desigual e pela superexploração do trabalho, mais forte se manifestariam as características do subdesenvolvimento, entre elas, a pobreza das massas populares, o analfabetismo, a baixa qualificação da mão de obra, os baixos salários, a violência, a miséria, os conflitos distributivos, a desigualdade na distribuição da renda, a urbanização desordenada. E a explicação para esse fenômeno, segundo ele, residia

8 Para aprofundar nesse debate teórico, ver Pereira (2016); os capítulos 3 e 4 de Pereira (2015); bem como as críticas de Samir Amin, Christian Palloix e Bettelheim, e a resposta de Emmanuel a Bettelheim, em Emmanuel (1973).

na troca desigual e na superexploração do trabalho, temática à qual nos dedicaremos a partir de agora.

O intercâmbio desigual e a teoria marxista da dependência

À época dos trabalhos de Ruy Mauro Marini, a ditadura militar impunha o modelo burguês de crescimento econômico ao Brasil, assim como aconteceu, posteriormente, em outros países latino-americanos, a exemplo do Chile, 1973, e Argentina, 1976. Fortemente aliado aos EUA e ao grande capital financeiro e industrial internacional, o país aprofundava sua posição dependente e subordinada, uma vez refém dos empréstimos internacionais, públicos e privados, para fazer frente aos vultosos empreendimentos e dar conta de manter o equilíbrio do balanço de pagamentos frente a um elevado coeficiente de importação, condição mantida com base em um intercâmbio desigual. O câmbio e a taxa de juros, na periferia, tornavam-se, assim, variáveis constantemente voláteis.

Mas a análise da dependência, nas teses de Marini, inicia-se no final do século XIX, momento em que, de acordo com o autor, uma nova forma de dependência tomava corpo. Diferentemente do sentido de dependência colonial, no qual os saldos das trocas mercantis são sempre deficitários, essa nova dependência se moldava quando as economias primário-exportadoras da América Latina começavam a produzir saldos comerciais crescentemente positivos, mas suas dívidas externas cresciam mais do que o proporcional às suas exportações, e a remessa de lucros e juros ao exterior passaram a funcionar como mecanismo de transferência de excedente, ou transferência de valor, para as metrópoles europeias. Era uma nova fase do intercâmbio mundial de mercadorias, o início da nova dependência da periferia em relação ao centro. Dependência, no sentido mais evidente de subordinação (Marini, 2000).

Logo, de colônias fornecedoras de produtos tropicais, alimentos e metais preciosos – os quais garantiam aos países da Europa os meios de pagamento necessários para sustentarem os fluxos crescentes de mercadorias – as nações recém-independentes tornaram-se, após o advento da indústria, economias cuja função era a de garantir a transferência crescente de excedente ao centro do capitalismo mundial. E tal função se materializava via comércio internacional. Se antes os empréstimos externos serviam para garantir a importação de produtos industrializados oriundos da Inglaterra – a "oficina mecânica" do mundo – a partir do final do século XIX, as dívidas externas passaram a ter a função de financiar a transferência de parte do excedente produzido nas economias latino-americanas para o centro do capitalismo mundial, sob a forma de remessa de lucros e juros aos grandes capitalistas das multinacionais e ao sistema financeiro internacional.

Na era do capitalismo industrial em escala mundial, as funções de fornecedoras de alimentos e matérias-primas baratas por parte das nações periféricas garantiam o funcionamento dinâmico e os seguidos aumentos de produtividade por parte da indústria do centro. Isso permitiu, segundo Marini (2000, p. 113), que a acumulação de capital passasse a depender mais do aumento da capacidade produtiva do trabalho do que da exploração direta do trabalhador, argumento teoricamente interpretado, no arcabouço marxiano, como substituição da mais-valia absoluta pela relativa.

Assim, elevava-se o tempo de trabalho excedente – parte da jornada de trabalho durante a qual o operário produz a mais-valia – a partir da diminuição do tempo de trabalho necessário – parte da jornada de trabalho durante a qual o operário reproduz o valor de sua força de trabalho –, mantendo-se constantes o tempo total da jornada e a intensidade do trabalho. Algo possível apenas mediante a inserção do progresso técnico nos setores produtores de bens de consumo da classe trabalhadora.

É nesse momento que a teoria da troca desigual assume importância fundamental para a teoria da dependência. Segundo Marini (2000), no intercâmbio entre países que produzem bens similares, como o que se dá entre países industrializados, a transferência de valor e a possibilidade de obtenção de lucro extraordinário ocorrem devido ao fato de a nação favorecida apresentar preços de produção inferiores aos seus concorrentes, mas sem baixar seus preços de mercado na proporção que as condições tecnológicas permitiriam fazê-lo. Nesse caso, ao haver a troca, há apropriação de valor, por parte do setor ou empresa, de maior composição orgânica, processo que apenas corrobora as leis específicas do intercâmbio de mercadorias quando analisadas sob a ótica da teoria do valor de Marx.

Mas, no intercâmbio entre países que trocam produtos de distintas esferas de produção, como é o caso do comércio entre países produtores de manufaturados e países produtores de bens primários, ao contrário, ocorre o que se poderia chamar de uma transgressão da lei do valor, pois os capitalistas das economias centrais, no caso, produtoras de manufaturados, utilizam-se da própria superioridade técnica que a estrutura mais desenvolvida da produção capitalista lhes garante para impor um "intercâmbio desigual" à nação desfavorecida.

> Teoricamente, o intercâmbio de mercadorias expressa a troca de equivalentes, cujo valor se determina pela quantidade de trabalho socialmente necessário que as mercadorias incorporam. Na prática, observam-se diferentes mecanismos que permitem realizar transferências de valor, passando por cima das leis da troca, e que se expressam na forma como se fixam os preços de mercado e os preços de produção das mercadorias. [...] o mero fato de que umas produzam bens que as outras não produzem, ou não o fazem com a mesma facilidade, permite que as primeiras eludam

> a lei do valor, isto é, vendam seus produtos a preços superiores ao seu valor, configurando assim uma troca desigual. (Marini, 2000a, p. 120-121)

A própria divisão internacional do trabalho e a impossibilidade de os países subdesenvolvidos concorrerem pela produção de bens similares aos dos países industrializados, seja devido ao desnível da aplicação do progresso técnico às forças produtivas e à maior produtividade do trabalho, seja pelo fato de os países industrializados deterem o monopólio do progresso técnico sobre determinada produção, garantem aos capitalistas dos países do centro manter indefinidamente seus preços de monopólio, ainda que o aumento substancial de produtividade, historicamente observado nesses países, permitisse o inverso. Os países da periferia, desse modo, cediam, para os países do centro, uma considerável parte do valor que produziam.

Vejamos mais acuradamente. Quando, na arena do comércio mundial, se operam trocas de mercadorias entre um país central e outro periférico, parte da massa de valor gerada na produção das mercadorias do país atrasado transfere-se para o capitalista do país desenvolvido graças à superioridade da composição orgânica do capital deste sobre a daquele, o que corrobora a lei do valor. Mas, adicionalmente, uma parte extra também se transfere para o capitalista do centro dada a recusa deste em deixar seu preço cair proporcionalmente à produtividade do trabalho empregado, uma vez que sua posição imperialista lhe garante poder de monopólio sobre o produto em questão. Desse modo, uma massa de valor originada na periferia do sistema é apropriada pelos capitais do centro, gerando-lhe uma taxa de lucro acima da média e transgredindo, assim, a lei do valor. Destaca-se que a expressão transgressão, aqui, é usada com reservas, apenas no nível abstrato, pois, para

Marx, o poder de monopólio é adotado invariavelmente pelos capitalistas sempre que tal mecanismo se lhes torna possível.

Mas vejamos o resultado disso na economia periférica. Para que esse processo se complete, a apropriação adicional de valor por parte do capitalista internacional obrigará o capitalista da periferia a compensar essa massa de valor perdida, o que o levará a remunerar seus trabalhadores com uma taxa de salário que não cobre a correspondente massa de valor necessária a reproduzir, em condições satisfatórias, a classe trabalhadora. Isso significa que, para contra-arrestar a perda de mais-valia, o capitalista da periferia acaba por pagar um salário que, teoricamente, está abaixo do valor correspondente ao trabalho necessário.

Em suma, para garantir a troca desigual, que obriga os capitalistas dos países da periferia a transferirem considerável parcela do mais-trabalho para os capitalistas dos países centrais, aqueles se viam obrigados a compensar, na produção, essa transferência extraordinária de mais-valia que ocorria ao nível da circulação. E essa compensação exigia dos capitalistas das nações subdesenvolvidas que lançassem mão de um artifício, a superexploração dos trabalhadores, argumento originalmente forjado por Marini (2000, p. 124 e ss.) e elemento fulcral de sua tese sobre a dependência. Assim, a mais-valia transferida, via mercado ou na esfera da circulação, para os países centrais, era compensada, na periferia, por meio do aumento da intensidade do trabalho no momento da produção, ou seja, ampliava-se a mais-valia produzida por meio de uma maior exploração do trabalhador sem, contudo, incrementar a capacidade produtiva do trabalho na periferia do sistema em igual proporção.

Parte-se do pressuposto de que, a depender do nível de desenvolvimento das forças produtivas, a extração de excedente do trabalhador pode ser aumentada de duas formas: ampliando-se a exploração do trabalhador ou a capacidade produtiva deste. Os capitalistas das nações atrasadas recorreriam, via de regra, à primeira opção. Por sua vez, restringindo-se a essa opção, para aumentar a exploração do trabalhador, o capitalista pode fazê-lo de três formas: aumentando a intensidade do trabalho para cada operário, aumentando a duração da jornada de trabalho, ou reduzindo o consumo do trabalhador ao nível mínimo necessário a sua subsistência, por meio da queda do salário abaixo do nível médio. Na periferia do sistema, os três mecanismos tomam forma de existência. Logo, o trabalho se intensifica, o que permite obter-se, com um mesmo número de horas trabalhadas, uma massa maior de valor; o trabalho se prolonga para além da jornada normal de trabalho, configurando-se nesse caso, e no anterior, a extração de mais-valia absoluta; e o capitalista, ao remunerar seu trabalhador com um salário que não o permite repor, integral e satisfatoriamente, sua força vital, acaba por se apropriar de uma parcela do trabalho necessário, aquela parte da jornada de trabalho na qual o trabalhador produziria valor correspondente ao seu salário. Este, então, se vê remunerado abaixo de seu valor, pois sequer recebe, em contrapartida, o correspondente ao trabalho necessário. Para Marini, consubstancia-se, assim, a chamada superexploração do trabalho.

Por isso, teóricos da dependência como Theotonio dos Santos e Ruy Mauro Marini faziam questão de afirmar que tal mecanismo seria mantido, na periferia, a qualquer custo, dados os interesses econômicos imperialistas do grande capital estrangeiro. Tal percepção levou-os a considerar que a ação das forças armadas no Brasil, a partir do golpe militar de 1964, "não era simplesmente um golpe militar reacionário, e sim uma nova etapa da dominação do grande capital internacional sobre nossa economia" (Santos, 1972, p. 2, tradução nossa). Ou, como afirmava Marini em suas "Memórias" (2005, p. 76): "mais do que uma simples quartelada, [...] um dos propósitos da ditadura era desenvolver no Brasil uma indústria [...] importante como base da política expansionista do capital estrangeiro". A troca desigual seria o artifício que estaria na base da geração de superlucros na periferia para apropriação dos capitalistas do centro e, portanto, deveria ser perenizada.

Ainda que a composição da importação dos países periféricos se alterasse ao longo das décadas, isto é, mesmo que de importadoras de bens de consumo passassem a importadores de bens de capital – produtos semielaborados para a indústria e novas tecnologias vindas dos países centrais –, tal movimento apenas perpetuaria a condição dependente, pois, segundo Marini (2000), seria apenas um novo anel da espiral, porém mantendo-se as mesmas relações e o mesmo intercâmbio desigual. Na medida em que o ritmo do progresso técnico acelerava-se, reduzia-se nos países centrais o prazo de reposição do capital fixo, em alguns casos, praticamente à metade. Colocou-se, portanto, para esses países industrializados, a necessidade de exportar para a periferia os equipamentos e o maquinário já obsoletos, antes que tivessem sido amortizados totalmente. Resumindo, era do interesse dos capitalistas dos países industrializados a industrialização dos países da periferia, tanto para a criação do mercado voltado à indústria pesada dos primeiros, como para a obtenção pelos países periféricos dos equipamentos já defasados no centro e para a produção de bens intermediários superiores a baixo custo voltada à alimentação do processo de desenvolvimento no centro do capitalismo mundial.

Uma teoria da troca desigual à luz da teoria marxiana

Cabe agora fazer uma análise sobre o fenômeno das trocas internacionais, em especial no que tange ao fenômeno do intercâmbio desigual, à luz da teoria de Marx. Afinal, como entender uma alegada desvantagem nas trocas se, em princípio, toda troca ocorre apenas quando ambas as partes creem trocar valores equivalentes? Para elucidar esse ponto, será necessária uma pequena digressão teórica tendo como base a lei do valor. O intuito aqui é estabelecer os limites dentro dos quais, em nossa interpretação, a expressão troca desigual deve ser usada.

De acordo com Marx (1983a, p. 80), para aquele que tem uma mercadoria e deseja trocá-la por outra, "toda mercadoria alheia funciona como equivalente particular de sua mercadoria". Portanto, toda troca é, aparentemente, entre equivalentes e, assim sendo, não haveria motivo para se alegar desigualdade. Mas apesar do valor de uma mercadoria ser determinado pela quantidade de "substância constituidora de valor" (p. 47) que ela possui, ou seja, de trabalho humano abstrato despendido em sua produção – *quantum* esse que é medido em termos de tempo socialmente necessário de trabalho –, nessa relação, o valor de troca se desprende do valor e torna-se independente deste. Assim, a *forma valor*, ou o valor de troca, bem como seus desenvolvimentos posteriores até a *forma dinheiro*, acaba por ocultar, na relação de troca das mercadorias, o *valor* imanente da mercadoria.

O fato de toda mercadoria possuir um valor imanente, o tempo de trabalho humano abstrato, possibilita a sua manifestação sob a forma dinheiro como medida de valor, o que significa que a representação de sua quantidade constituidora de valor, tempo de trabalho, ou sua exteriorização, se dá pela forma aparente do dinheiro. Mas, como o dinheiro também é mercadoria, ele somente pode expressar seu valor relativamente em termos de outra mercadoria. E o preço, "denominação monetária do trabalho objetivado na mercadoria" (Marx, 1983a), será, simultaneamente, o expoente da grandeza de valor da mercadoria e o expoente da relação de troca desta com o dinheiro. Por isso, Marx afirma que a transformação da grandeza de valor imanente da mercadoria em preço é uma relação necessária para que ocorra a relação de troca de uma mercadoria com a mercadoria monetária que existe *exterior* a ela. Daí que, se o preço coincidir ou não com essa grandeza de valor contida na mercadoria, será apenas um fato circunstancial que em nada alterará o hábito e a prática das trocas mercantis.

Dado o exposto, Marx assevera que:

> A possibilidade de uma incongruência quantitativa entre o preço e a grandeza de valor ou da divergência entre o preço e a grandeza do valor é, portanto, inerente à própria forma preço. Isso não é um defeito dessa forma, mas torna-a, ao contrário, a forma adequada a um modo de produção em que a regra somente pode impor-se como lei cega da média à falta de qualquer regra. (Marx, 1983a, p. 92)

E complementa:

> A forma preço, porém, não só admite a possibilidade de incongruência quantitativa entre grandeza de valor e preço, isto é, entre a grandeza de valor e sua própria expressão monetária, mas pode encerrar uma contradição qualitativa, de modo que o preço deixa de todo de ser expressão de valor, embora dinheiro seja apenas a forma valor das mercadorias. (Marx, 1983a, p. 93)

Importante relembrar, neste momento, a ressalva que fizemos no início deste capítulo, de que não adotaríamos, neste trabalho, a noção de desigualdade das trocas quando o preço não coincide com o valor, uma vez que tal coincidência é, por sua vez, a exceção da regra, ocorrendo apenas de modo incidental e fortuito, pois, na concretude do mercado, como vimos na citação anterior, preço e valor se diferenciarão quantitativa e qualitativamente. Isso significa que, na prática, não se deve buscar qualquer pretensa igualdade entre valor e preço. De outro modo, se assim defendêssemos, poderíamos afirmar que toda troca é desigual.

Continuando com nossa análise, dado que a forma preço é a representação do valor na esfera da circulação, ou no espaço mercantil, a sociedade burguesa se satisfaz assim, dando base de sustentação à ideologia da troca de produtos por seus equivalentes, da igualdade, da reciprocidade. Sobre isso, Marx assim se manifesta:

> É exatamente essa forma acabada – a forma dinheiro – do mundo das mercadorias que objetivamente vela, em vez de revelar, o caráter social dos trabalhos privados e, portanto, as relações sociais entre os produtores privados. [...] Tais formas constituem pois as categorias da economia burguesa. São formas de pensamento válidas e, portanto, objetivas para as condições de produção desse modo social de produção, historicamente determinado, a produção de mercadorias. (Marx, 1983a, p. 73)

Como no mercado, seja interno, seja o relativo ao intercâmbio mundial, as mercadorias não são trocadas pelos seus valores, mas pelos seus preços; na troca mercantil, cada capitalista pode, ou não, se apropriar da mais-valia produzida por seus trabalhadores, uma vez que, na concorrência intercapitalista, a busca por uma taxa de lucro médio conduz ao fato de que capitais com composições orgânicas mais elevadas se apropriam de uma parcela da mais-valia gerada pelos trabalhadores dos setores, ou capitais, cuja composição orgânica encontra-se abaixo da média. Teoricamente, portanto, somente os capitais com composição orgânica média igualarão os valores aos preços de produção. Assim, para Marx (1984a, p. 138), "o valor é apenas o centro de gravitação em torno do qual giram seus preços".

Isso significa que capitais cujas forças produtivas estejam mais desenvolvidas se apropriarão de parte do mais-trabalho produzido pelos capitais cujas forças produtivas estejam em estágios preliminares. Esse mecanismo, por si só, já poderia ser apontado como uma primeira desigualdade das trocas, uma vez que vender uma mercadoria por um preço menor que seu valor seria, nesses termos, uma troca desigual, afinal, há uma transferência de valor do vendedor para o comprador, apesar de se tratar de procedimento ordinário e imanente ao desenvolvimento capitalista. Mas, como já salientamos, essa lógica corrobora a lei do valor, em especial, no que diz respeito à transformação deste em preço de produção e de seus desdobramentos até o preço de mercado. Portanto, não será aqui que depositaremos nossa preocupação.

Por sua vez, nem mesmo será no âmbito dos *preços de produção* – categoria teórica que representa o resultado da lei do valor quando esta opera concretamente no modo de produção mercantil do tipo capitalista plenamente desenvolvido – que as mercadorias serão necessariamente trocadas. De acordo com o desenvolvimento da teoria de Marx, outros importantes conceitos surgem, como os de *valor individual e de mercado*, *preço de mercado*, *superlucro* etc., com o objetivo de decifrar a ocultação da lei do no mundo das trocas, um mundo no qual várias forças sociais atuam simultaneamente e, dessa forma, se torna possível fazer a transição entre o abstrato e o concreto.

Para finalidade deste estudo, é importante lembrar a distinção entre o valor individual de uma mercadoria – ou o tempo de trabalho abstrato necessário para seu produtor produzi-la – e um valor social para essa mercadoria – ou um tempo de trabalho abstrato socialmente necessário para produzi-la, um tempo que, em média, ou nas condições médias daquele setor, os produtores necessitam para produzi-la. Como as proporções entre capital constante e variável se diferenciam de produtor para produtor, de ramo para ramo e de nação para nação, há, portanto, a necessidade de se diferenciar o *valor de mercado*, ou *valor social*, daquele *valor individual* das mercadorias produzidas isoladamente por cada produtor particular. O valor de mercado torna-se, então, um valor médio das mercadorias produzidas em cada esfera, ou o valor da mercadoria produzida nas condições médias de cada um dos ramos, o que não impede o valor individual das mercadorias de estar abaixo, acima ou no mesmo nível do valor médio do mercado para aquele ramo.

Diante do exposto, o valor de mercado poderá ser tanto o valor médio das mercadorias produzidas naquele ramo, como poderá ser igual ao valor individual da mercadoria produzida em piores condições ou, ainda, igual ao valor da mercadoria produzida nas melhores condições. Pode-se concluir, então, que as empresas que apresentarem níveis de produtividade superiores, portanto acima das condições socialmente dominantes, produzirão, mesmo sem a necessidade da utilização de trabalho complexo, somente com trabalho simples, mais valor e uma mais-valia superior à média.

Daí que o valor individual de algumas mercadorias poderá lhes garantir um superlucro, realizando uma parte extraordinária de mais-valia – porquanto acima daquela gerada em seu processo de produção – ou lhes custar a transferência de parte de sua mais-valia para outros capitais. Tudo isso sem levar em conta outras forças que podem influir na determinação dos valores e dos preços de mercado, tais como o grau de concentração e centralização do capital em cada ramo, mecanismos oriundos de forças políticas e institucionais, a oferta e a procura sociais etc., os quais podem garantir, para além dos preços de mercado, um preço de monopólio. Assim, os preços vigentes no mercado serão os preços empíricos, que flutuam, em última instância, ao redor dos preços de produção. Aqui reside o argumento no qual nos baseamos para defender a existência de um intercâmbio desigual.

Tomando de empréstimo Bettelheim (1973), na dimensão das trocas, na qual a economia burguesa procura assentar sua base teórica e ideológica, atuam a concorrência entre compradores, a procura e a oferta do mercado, as condições de monopólio, as taxas de lucro médio vigentes, enfim, uma série de variáveis que se encontra no espaço da circulação de mercadorias e da concorrência entre capitais e entre compradores. Tais variáveis dependem, entre outros, da maior ou menor mobilidade dos fatores de produção entre setores, ou mesmo entre países – como é o caso do mercado internacional, dado que tal mobilidade altera os custos e, por extensão, os preços desses fatores, tornando-se fundamentais para que as desigualdades maiores e menores entre seus preços se equalize. Em outras palavras, seria necessário que capital e mão de obra migrassem o mais rápido possível de uma esfera para outra, ou de um país para outro, para que os capitalistas pudessem extrair a máxima vantagem de uma conjuntura que, por exemplo, lhes permita uma taxa de lucro acima da média. E tal fato não opera na realidade concreta.

No espaço das trocas, o intercâmbio de mercadorias significa uma transferência constante de trabalho excedente entre capitais, seja no âmbito nacional ou internacional. Segundo Marx (1983b, p. 145-148), no mercado mundial, diante da ausência de uma média mundial de intensidade de trabalho que sirva de padrão para a medida de valor em tempo de trabalho, ocorre o estabelecimento de uma escala das médias de cada país, da qual se extrai uma unidade média do trabalho universal. Assim, em alguns países, onde os trabalhos são mais intensivos, potenciados, os trabalhadores conseguem criar mais valor e mais mais-valia num mesmo *quantum* de tempo de trabalho. O valor de mercado de cada mercadoria torna-se um valor internacional, em torno do qual os países trocarão suas mercadorias. Como a comercialização de um produto se dará a um único preço, seja ele produzido pelos capitalistas de um país atrasado ou por aqueles de uma nação industrialmente avançada, no momento do intercâmbio mundial, os capitais dos países mais produtivos conseguirão trocar menos trabalho por mais trabalho, por extensão, menos valor por mais valor, apropriando-se da mais-valia produzida pelos trabalhadores dos países atrasados. Seria essa uma troca desigual?

Primeiramente, assim como Bettelheim (1973, p. 29), acreditamos que no sistema capitalista desenvolvido, a ação da lei do valor não implica que as mercadorias sejam trocadas por quantidades iguais ou desiguais de trabalho. Essa preocupação em buscar uma possível igualdade reside sim, no mundo das trocas, na esfera da circulação, na qual a *forma do valor* toma a dianteira do *valor* em si, cuja expressão monetária do *valor*, os *preços*, e por extensão os *salários*, buscam estabelecer, na aparência da sociedade burguesa, uma alegada "justiça" nos atos de troca. E se isso ocorre, o faz em completa independência, e à revelia, com a lei do valor, pois o espaço da representação da sociedade mercantil burguesa oculta o fato de que o valor resulta da ação da lei do valor e que não cabe a esta regular uma suposta troca de quantidades iguais de trabalho.

No entanto, em um nível menor de abstração, seguimos com Marini, quando este afirma que

> na prática, observam-se diferentes mecanismos que permitem realizar transferências de valor, passando por cima das leis da troca, e que se expressam na forma como se fixam os preços de mercado e os preços de produção das mercadorias. (Marini, 2000, p. 132)

O que significa que, segundo o principal teórico da dependência, no caso do intercâmbio entre nações que trocam diferentes classes de produtos, especialmente manufaturas contra bens primários,

> o mero fato de que umas produzam bens que as outras não produzem, ou não o fazem com a mesma facilidade, permite que as primeiras eludam a lei do valor, isto é, vendam seus produtos a preços superiores a seu valor, configurando assim uma troca desigual. (Marini, 2000, p. 134)

Portanto, nesse tipo de intercâmbio, as nações desfavorecidas cedem, ou transferem parte do valor de forma acentuada para o país mais desenvolvido, pois este vende sua mercadoria, no mercado mundial, a um preço abaixo do que a nação periférica estaria em condição de concorrer – porém acima do preço que seu nível de produtividade lhe permitiria ofertar. Isso explica a expressão usada por Marini, "preços superiores ao seu valor". Tal estratégia, numa análise teórica, permite, ao capitalista do país favorecido "eludir" a lei do valor, ou seja, esquivar-se ou escapar dela; evitá-la, nas palavras de Marini. Na prática, o fenômeno se consubstancia na venda para o país subdesenvolvido a um preço abaixo do que o capitalista da periferia seria capaz de produzir, porém acima do preço de mercado potencial no país desenvolvido. Tudo isso em virtude da maior produtividade, condição que se cristaliza e se pereniza em torno de uma situação de preponderância na inserção do progresso técnico em relações de tipo imperialistas.

Justamente por esse motivo é que, segundo Marini, a transferência de valor é dupla, parte pela maior produtividade, parte pelo monopólio tecnológico que se estabelece na relação intercapitalista. E esse mecanismo ocorre no momento da troca, na esfera do comércio e da circulação, apesar de sua potência, de sua base de sustentação, ter sido gerada, fundamentalmente, no momento da produção, dado o diferencial de disponibilidade, inserção e utilização do progresso técnico. Cabe ao capitalista do país periférico, então, lançar mão de um mecanismo que aprofunda a exploração do trabalho no momento da produção, quando o capitalista nacional se vê obrigado, para garantir sua cota na mais-valia gerada, a entregar ao seu trabalhador, sob a forma de salário, uma massa de valor menor àquela gerada na parte da jornada de trabalho que deveria ser dedicada ao trabalho necessário.

Marini alerta sobre o cuidado que se deve tomar ao trazer o preço de monopólio como variável importante na explicação da troca desigual. Sabemos que, no mercado mundial, operam forças extraeconômicas de cunho imperialista, pressões políticas, diplomáticas e militares supranacionais que subordinam os governos das nações periféricas, acordos políticos e institucionais que garantem vantagens ao grande capital estrangeiro dentro das fronteiras dos países periféricos; a cooptação da burguesia dos países subdesenvolvidos que passa a atuar contra os interesses das demais classes nacionais, a chantagem econômica e financeira que impõe perdas substanciais em relação aos direitos e aos ganhos das classes trabalhadoras dos países subdesenvolvidos, a pressão financeira internacional que dita os níveis das taxas de juros nas economias periféricas, além de diversos mecanismos comerciais que acabam por se expressar na forma como se fixam os preços de mercado. Tais mecanismos, considerados como forças extraeconômicas, apesar de reais e constantes no capitalismo mundial, não devem ser apontados como a causa do intercâmbio desigual. Fazer isso seria inverter a ordem dos fatores e não perceber, conforme nos alerta Marini (2000), que lançar mão de tais recursos extraeconômicos só é possível precisamente pelo fato de já existir, velada ou oculta, nessa relação, uma base econômica para sua sustentação.

> Não é porque foram cometidos abusos contra as nações não industriais que estas se tornaram economicamente débeis, é porque eram débeis que se abusou delas. Não é tampouco porque produziram além do necessário que sua posição comercial se deteriorou, mas foi a deterioração comercial o que as forçou a produzir em

> maior escala. Negar-se a ver as coisas dessa forma é mistificar a economia capitalista internacional, é fazer crer que essa economia poderia ser diferente do que realmente é. (Marini, 2000, p. 131)

Caso tomemos tais explicações como a razão de ser da troca desigual, poderíamos passar a crer que, uma vez banidos esses "excessos", a justiça imperaria no mundo das trocas capitalistas e que, a partir daí, poderíamos ter relações econômicas equitativas entre as nações, o que significaria o fim do intercâmbio desigual. Portanto, as forças extraeconômicas existem porque há, na origem das trocas, uma relação de exploração econômica que abre a possibilidade para a ação de tais forças. No caso dos países periféricos, a exploração sobre a força de trabalho é de dupla ordem, tendo que gerar mais-valia para o capitalista de primeira instância, ou seja, o empregador nacional, e para o capitalista de segunda instância, o importador dos produtos dos países periféricos no mercado mundial.

Concluindo, a transferência de mais-valor, logo, mais-trabalho, que se opera no momento da troca intercapitalista entre nações de pronunciado desnível tecnológico, quando estas trocam bens primários dos países periféricos por bens industriais dos países centrais, e que, na esfera da circulação, se dá por intermédio dos preços no mercado mundial, oculta uma troca desigual, sem aspas, por apenas finalizar um processo que tem sua origem fundante na esfera da produção, isto é, no momento da criação de valor e mais-valia.

Não se trata, portanto, de um fenômeno mercantil apenas, ou de exploração comercial entre capitalistas de diferentes nações. Também não se trata somente da apropriação de uma parcela do valor por parte do capital de maior composição orgânica no momento da transformação de valor em preço de produção na busca pela taxa média de lucro. Muito menos se alega aqui tratar de um fenômeno garantido por um preço de troca artificialmente mantido por qualquer força extraeconômica. Trata-se de um mecanismo que transita entre os limites do preço de mercado e do preço de monopólio graças a uma condição estruturalmente desigual da produção entre países ricos e pobres, dominantes e dominados, imperialistas e subordinados. Mecanismo que sobrevive por força da superexploração do trabalhador na periferia do sistema capitalista. Mecanismo cuja existência depende da manutenção de relações de troca nos marcos do modo de produção capitalista.

Referências

AGARWALA, A. N.; SINGH, S. P. (orgs.) *A economia do subdesenvolvimento.* Rio de Janeiro: Forense, 1969.

AMIN, Samir. *O desenvolvimento desigual*: ensaios sobre as formações sociais do capitalismo periférico. Rio de Janeiro: Forense Universitária, 1976.

BETTELHEIM, Charles. Intercambio internacional y desarrollo regional. *In*: AMIN, Samir *et al.* Imperialismo y comercio internacional: el intercambio desigual. *Cuadernos de Pasado e Presente*, n. 24. Córdoba: Ediciones Pasado e Presente, 1973. p. 33-61.

BETTELHEIM, Charles. Comentários teóricos. *In:* EMMANUEL, Arghiri. *Troca desigual.* v. 2. Lisboa: Editorial Estampa, 1973 (Série Teses), p. 9-80.

BORGES NETO, João Machado. Ruy Mauro Marini: dependência e intercâmbio desigual. *Crítica Marxista*, Unicamp, Campinas, n. 33, p. 83-104, 2011. Disponível em: http://www.ifch.unicamp.br/criticamarxista/arquivos_biblioteca/artigo241artigo4.pdf. Acesso em: 10 set. 2013.

BROLIN, John. *The Bias of the World: A History of Theories of Unequal Exchange From Mercantilism to Ecology.* Lund Studies in Human Ecology. 2007. Dissertação (Mestrado em Ecologia Humana) – Human Ecology Division, Lund University, Suécia, 2006. Disponível em: http://kallebrolin.com/Local%20Images%20Folder/portfoliostills/0TheBiasoftheWorld.pdf. Acesso em: 28 jun. 2021.

CARCANHOLO, Marcelo Dias. *Dependencia, superexplotación del trabajo y crisis*: una interpretación desde Marx. Madri: Maia Ed., 2017.

EMMANUEL, Arghiri. El intercambio desigual: uma introducción. *In*: AMIN, Samir *et al.* Imperialismo y comercio internacional: el intercambio desigual. *Cuadernos de Pasado e Presente*, n. 24. Córdoba: Ediciones Pasado e Presente, 1972. p. 1-31.

EMMANUEL, Arghiri. *A troca desigual.* v. 1 e 2. Lisboa: Estampa, 1973a. (Série Teses).

EMMANUEL, Arghiri. Respuesta a Charles Bettelheim. *In:* EMMANUEL, Arghiri. *El intercâmbio desigual:* ensayo sobre los antagonismos em las relaciones económicas internacionales. v. 1 e 2. Mexico: Siglo XXI, 1973b. p. 359-378.

EMMANUEL, Arghiri. La disparidade de los salários y la desigualdad del desarrollo. *In:* EMMANUEL, Arghiri. *El intercâmbio desigual*: ensayo sobre los antagonismos em las relaciones económicas internacionales. v. 1 e 2. Mexico: Siglo XXI, 1973c. p. 395-423.

FERNANDES, Florestan. *A revolução burguesa no Brasil*: ensaio de interpretação sociológica. São Paulo: Globo Livros, 2006.

FRANK, Andre Gunder. *Do subdesenvolvimento capitalista*. Lisboa: Edições 70, 1970.

FRANK, Andre Gunder. *Acumulação Mundial*: 1492-1789. Rio de Janeiro: Zahar Editores, 1977.

FRANK, Andre Gunder. *Acumulação dependente e subdesenvolvimento*: repensando a teoria da dependência. São Paulo: Brasiliense, 1980.

LEWIS, W. Arthur. O desenvolvimento econômico com oferta ilimitada de mão de obra. *In:* AGARWALA, A. N.; SINGH, S. P. *A economia do subdesenvolvimento*. Rio de Janeiro: Forense, 1969. p. 406-456.

MARINI, Ruy Mauro. Dialética da dependência. *In:* SADER, Emir (org.). *Dialética da dependência:* uma antologia da obra de Ruy Mauro Marini. Petrópolis: Vozes; Buenos Aires: Clacso, 2000. p. 105-165.

MARX, Karl. *O capital*. Livro I, tomo I. São Paulo: Nova Cultural, 1983. (Os economistas).

MARX, Karl. *O capital*. Livro I, tomo II. São Paulo: Nova Cultural, 1983. (Os economistas).

MARX, Karl. *O capital*. Livro II. São Paulo: Nova Cultural, 1984a. (Os economistas).

MARX, Karl. *O capital*. Livro III, tomo I. São Paulo: Nova Cultural, 1984b. (Os economistas).

MENDONÇA, António. *A crise econômica e a sua forma contemporânea*. Lisboa: Editorial Caminho, 1990.

PALLOIX, Christian. La cuestión del intercambio desigual: una critica de la economia política. *In:* AMIN, Samir *et al.* Imperialismo y comercio internacional: el intercambio desigual. *Cuadernos de Pasado y Presente*, n. 24. Córdoba: Ediciones Pasado y Presente, 1972. p. 97-129.

PEREIRA, Vinícius Vieira. *A produção da relação centro e periferia no pensamento econômico:* das teses marxistas do imperialismo capitalista às teorias da dependência. Tese (Doutorado em Economia), Cedeplar/Universidade Federal de Minas Gerais, Belo Horizonte, 2015.

PEREIRA, Vinícius Vieira. Arghiri Emmanuel e a troca desigual: a negação de Marx. *História e Economia*, v. 16, p. 147-171, 2016.

PRADO JÚNIOR, Caio. *A revolução brasileira*. São Paulo: Editora Brasiliense, 1977.

PREBISCH, Raúl. O desenvolvimento econômico da América Latina e alguns de seus principais problemas. *In:* BIELSCHOWSKY, Ricardo (org.). *Cinquenta anos de pensamento na Cepal*. v. 1. Rio de Janeiro: Record, 2000. p. 90-152. Santos, 1972.

AINDA A CATEGORIA SUPEREXPLORAÇÃO DA FORÇA DE TRABALHO: NOVAS REFLEXÕES SOBRE VELHAS CONTROVÉRSIAS[1]

MARISA SILVA AMARAL

Acumulação de riqueza num polo é ao mesmo tempo acumulação de miséria, de trabalho atormentante, de escravizadatura, ignorância, brutalização e degradação moral, no polo oposto, constituído pela classe cujo produto vira capital.
(Karl Marx, *O capital*, Livro I)

Introdução

Talvez nenhuma categoria teórica tenha gerado no pensamento social latino-americano tanta polêmica quanto vem gerando nos últimos anos a categoria superexploração da força de trabalho (ou superexploração do trabalho, como usa Ruy Mauro Marini, seu fundador). Várias são as questões que se colocam: Marx trata da superexploração? A superexploração é uma categoria teórica ou se define apenas como superlativo de exploração?

[1] Esta é uma versão modificada do artigo "Ainda a categoria superexploração da força de trabalho: mais reflexões sobre novas e velhas controvérsias", apresentado no 6º Encontro Internacional de Política Social e 13º Encontro Nacional de Política Social, ocorrido em Vitória (ES, Brasil), de 4 a 7 de junho de 2018. Agradeço os comentários ao texto feitos na ocasião (e em outras circunstâncias) por Camilla Nogueira, Carla Ferreira, Jaime Osorio, Marcelo Carcanholo, Mathias Luce, Paulo Nakatani, Pedro Henrique Duarte, Renata Moreira e Roberta Traspadini, sem, obviamente, imputar-lhes quaisquer erros que aqui persistam.

Há superexploração nos países centrais? A superexploração se define como violação do valor da força de trabalho? Ou o marcador essencial da superexploração devem ser as transferências estruturais de valor da periferia para o centro?

Entendemos que, em grande medida, Carcanholo (2013) lida de maneira muito precisa com essas questões e oferece a elas respostas bastante rigorosas dentro do arcabouço marxista, que é aquele no qual essas análises todas se situam. Não obstante, outras muitas controvérsias se apresentaram posteriormente (como é o caso do debate informal recentemente estabelecido entre Claudio Katz, Jaime Osorio e Adrián Sotelo Valencia, com direito a réplicas e tréplicas); e outras tantas que já estavam há muito postas, talvez ainda não tenham sido efetivamente esgotadas nesses debates que ora se apresentam.

Nosso intuito neste ensaio é o de voltar a Marx, a quem devemos um legado inestimável, sobretudo no que toca a relação inexorável que estabelece entre a acumulação de capital e a exploração da força de trabalho. Tal retorno se justifica pelo fato de que, partindo dos mecanismos de superexploração da força de trabalho identificados por Marini (2005),[2] fica claro que exploração e superexploração são sinônimos se consideramos apenas sua aparência e formas de manifestação – embora não o sejam do ponto de vista de sua essência e, portanto, como categorias teóricas, tal como tentaremos argumentar mais adiante. E isso nos parece válido mesmo quando Marx assume como premissa, particularmente nos Livros I e II de *O*

---

[2] A saber: i) o aumento da intensidade do trabalho; ii) o prolongamento da jornada de trabalho; e iii) a apropriação, por parte do capitalista, de parcela do fundo de consumo do trabalhador então convertido em fundo de acumulação capitalista, isto é, a queda nos salários a um nível inferior àquele correspondente ao valor da força de trabalho. Todos esses mecanismos, vale lembrar, atuam de forma isolada ou, como parece predominar, combinada.

capital, a troca de equivalentes, o que não o permite admitir a violação do valor da força de trabalho como forma de exploração – tal como sugere Marini em sua definição –, mas não o impede de indicar em diversos momentos de sua exposição a tendência a tal movimento, representando não uma ruptura com a lei do valor, mas sua plena confirmação.

O que pretendemos é, assim, resgatar parte das controvérsias remanescentes, e também das definições assumidas como ponto pacífico acerca da superexploração, com o objetivo de, primeiro, alinhar o debate com a categorização feita por Marx em nível mais alto de abstração e, ao final, defender que não faz sentido apartar o tratamento da superexploração daqueles elementos estruturais que são seus determinantes, mais diretamente a inserção subordinada das economias periféricas no plano internacional que lhes impõe, de forma orgânica, transferências de valor para os países do centro.

Exploração e superexploração da força de trabalho: algumas controvérsias

Em muitas mesas de debate, ainda sem uma sistematização mais cuidadosa, o que vem sendo defendido por alguns intérpretes de Marx e Marini é que a exploração estabelecida a partir do respeito ao valor da força de trabalho e, portanto, da troca de equivalentes assumida por Marx como pressuposto teórico em boa parte dos Livros I e II de *O capital*,[3]

[3] Vale aqui mencionar que, como muito bem notam Corrêa e Carcanholo (2016, p. 16), "[...] a suposição de que as mercadorias são trocadas por seu valor tem, em Marx, o caráter de uma 'abstração real'. Não se trata de uma 'hipótese simplificadora' introduzida num esquema teórico para ser 'relaxada' posteriormente". Significa dizer que o pressuposto da troca de equivalentes no Livro I diz respeito ao nível de abstração em que se situa a análise feita por Marx neste livro, a análise das características de funcionamento de uma economia mercantil, do fundamento de suas leis tendenciais. Dirá Marx (2017, p. 212):

diria respeito a um nível normal de exploração, de modo que qualquer intensificação nos níveis de exploração da força de trabalho que envolvesse desrespeito ou violação do valor da força de trabalho seria, entendido por Marx (na leitura que desses intérpretes) como superexploração. Isto é, a superexploração seria a exploração obtida para além do nível dito "normal", no qual o valor da força de trabalho coincide com seu preço. Em poucas palavras, portanto, a superexploração seria a exploração obtida pela violação do valor da força de trabalho [apenas].[4] A conclusão imediata que muitos extraem dessa definição é a de que a superexploração aparece em Marx, mais claramente no Livro III de *O capital*, quando o autor demonstra, a partir de uma série de categorias mediadoras (valor individual, valor de mercado, preço de produção, preço de mercado etc.), a incongruência quantitativa entre valores e preços.

Outra conclusão possível deduzida dessa leitura é a de que a superexploração não deve ser entendida como superlativo de exploração ou simplesmente como mais exploração, visto que pode haver maior exploração da força de trabalho sem haver superexploração. Isso ocorreria em circunstâncias nas quais, mesmo com maior taxa de mais-valia, a força de trabalho é paga pelo seu valor; caso típico dos países centrais, por exemplo.

"[...] o suposto de que as mercadorias das diferentes esferas da produção são vendidas a seus valores significa apenas, naturalmente, que seu valor é o centro de gravitação em torno do qual giram os preços e com base no qual se compensam suas constantes altas e baixas". Portanto, não se deve jamais assumir, *a priori*, qualquer igualdade quantitativa entre valores e preços; esta pode, ocasionalmente, se verificar, mas não como fruto de qualquer determinação prévia que a justifique. Já do ponto de vista qualitativo (por assim dizer), essa igualdade é intransponível, dado serem os preços explicados pelos valores.

4 Para além dos mencionados debates informais, essa percepção está explícita em Osorio (2004 e 2009).

Trata-se, em linhas gerais, de uma tentativa de generalização da categoria superexploração da força de trabalho, assumindo-a como característica do modo de produção capitalista em si, e, portanto, presente em qualquer formação econômico-social que se guie pela lógica do capital: a da acumulação em escala ampliada. Em última instância, tais análises abrem caminho para que se conclua, sem vacilo, que os trabalhadores dos países centrais podem, inclusive, ser mais explorados do que os trabalhadores das regiões periféricas, mesmo sem serem superexplorados; e nos parece uma grande distorção definir a questão nesses termos.

Em primeiro lugar, porque, assumida desde a apreensão de Marini, em cujos escritos o termo aparece pela primeira vez na literatura marxista, superexploração não é apenas violação do valor da força de trabalho, senão também intensificação do trabalho e aumento da jornada. Segundo, porque, na leitura que fazemos de *O capital*, já no Livro I, Marx aponta para a violação do valor da força de trabalho como tendência no capitalismo, ao mesmo tempo que discute exploração, mais valia absoluta e relativa, salário por tempo e salário por peça, e na própria formulação acerca da lei geral da acumulação capitalista. Se, para ele, a exploração tende à ruptura da igualdade entre valor e preço da força de trabalho, isso é exploração e ponto. Caso contrário, somos levados ao argumento que entende haver um nível de exploração normal e outro anormal – como pretendem aqueles com os quais dialogamos neste texto –, o que seria inconsistente com o próprio pensamento marxiano, tal como tentamos aqui sustentar.

Então, a categoria mais precisa para expressar a violação do valor da força de trabalho não é a superexploração da força de trabalho, mas a exploração, exatamente como definida por Marx (muito embora, diga-se de passagem, a superexploração também seja a violação do valor da força de trabalho).[5] As controvérsias só pioram quando consideramos também a questão do aumento do valor da força de trabalho sem proporcional aumento de salário.[6] É violação do valor, certo? É exploração, não?

---

5 É possível que aqui entremos em outra controvérsia. Marx entende a exploração como a expressão de todo o valor produzido pela força de trabalho que excede o seu próprio valor, ou seja, como a relação entre o tempo de trabalho excedente e o tempo de trabalho necessário, de modo que, quanto mais o primeiro extrapola o segundo, maior é a exploração. No capítulo 7 do Livro I d'*O capital*, ele diz textualmente que a taxa de mais-valia é a medida mais rigorosa do grau de exploração da força de trabalho pelo capital. Ao mesmo tempo, Marx trata da mais-valia nas formas absoluta e relativa e, em nenhuma delas, admite o pagamento da força de trabalho por um preço abaixo de seu valor. Assim, soa impreciso, inclusive aos nossos ouvidos, chamar de exploração um movimento que envolve violação do valor da força de trabalho. Insistiremos nessa sugestão, entretanto. No capítulo 22 do Livro I, Marx (1982, p. 697, itálico nosso), numa importante passagem, afirma: "[...] ao tratar da produção da mais-valia, temos pressuposto sempre que o salário tem um valor pelo menos igual ao da força de trabalho. A redução compulsória do salário abaixo desse valor, entretanto, desempenha na prática papel demasiadamente importante para não nos determos por um momento em sua análise. Dentro de certos limites [o salário não poderia ser nulo, por exemplo], essa redução transforma efetivamente o fundo de consumo necessário à manutenção do trabalhador em fundo de acumulação do capital". E prossegue: "[...] se os trabalhadores pudessem viver do ar, não se poderia comprá-los por nenhum preço. Seu custo nulo é, portanto, um limite no sentido matemático, sempre inatingível, embora seja possível uma aproximação dele cada vez maior. *É tendência constante do capital levar o custo do trabalho a aproximar-se dessa posição niilista*". Marx (1982, p. 700, itálico nosso) encara esse movimento tendencial do capital como um "roubo direto ao fundo de consumo necessário à manutenção do trabalhador, *com o fim de formar mais-valia e, portanto, o fundo de acumulação do capital*". E *voilà*! Com isso, o próprio Marx reconhece na violação do valor da força de trabalho uma forma de ampliar a mais-valia e, portanto, uma forma de exploração (por outras vias, chegaremos a essa mesma consideração na sequência do texto). E, notem, tudo isso ainda no Livro I.

6 Aliás, no capítulo 17 do Livro I, Marx (1982, p. 622), numa das que consideramos as mais brilhantes passagens de sua obra, demonstra como "[a] forma salário apaga [...] todo vestígio da divisão da jornada de trabalho em trabalho necessário e trabalho excedente, em trabalho pago e trabalho não pago", fazendo parecer que todo o trabalho realizado pelo trabalhador ao longo de sua jornada completa é remunerado [fosse assim, não haveria excedente, tampouco capital].

Vejamos. Marx entende a mais-valia relativa como o aumento do tempo de trabalho excedente por redução do tempo de trabalho necessário. Esse movimento se daria pela via do aumento de produtividade aplicado aos setores produtores de "bens de consumo assalariado", provocando uma redução no valor desses bens e, por isso, rebaixando também o valor da força de trabalho que, segundo Marx, se define justamente pelo valor do conjunto de bens que compõem as exigências de consumo da classe trabalhadora em determinada época e região e de acordo com as condições sociais prevalecentes em cada contexto histórico.

Neste nível da análise – ressalte-se: especialmente concernente ao Livro I de *O capital* – está Marx pressupondo como regra a troca de equivalentes e, portanto, a necessária igualdade entre valores e preços, de modo que a extração de mais-valia relativa ocorre mesmo em circunstâncias nas quais a força de trabalho é paga pelo seu valor, não havendo, portanto, violação da premissa que rege a troca de equivalentes. É proposital, inclusive, que Marx coloque a questão nesses termos, justo para demonstrar que a apropriação de mais-valia por parte do capitalista não advém de roubo ou de qualquer outra relação imoral que imponha ao trabalhador qualquer tipo de violabilidade a suas condições normais de subsistência e reprodução (ainda que, como defendemos anteriormente, relações dessa natureza devam ser entendidas como instrumentos imprescindíveis na formação de mais-valia em escala sempre ampliada). Ao contrário, o capitalista pode explorar a força de trabalho mesmo pagando a ela mais do que vale, isto é, mesmo com um salário acima do valor da força de trabalho.

Logo, não podemos definir superexploração como violação do valor da força de trabalho, podemos? Porque pode haver brutal intensificação da exploração mesmo com salários acima do valor da força de trabalho, por meio de de mecanismos que envolvam prolongamento da jornada combinado a intensificação do trabalho. Se a superexploração é [apenas] o pagamento da força de trabalho abaixo do seu valor, ela é intrínseca ao modo de produção capitalista. Isto é, se a lógica do capital não impõe limites à exploração – antes o contrário –, o pagamento da força de trabalho abaixo do seu valor é exploração, mais exploração, muita exploração! É, por isso, própria ao modo de produção capitalista de um modo geral, sendo a categoria exploração da força de trabalho absolutamente suficiente para nos darmos conta do movimento pelo qual passa o processo de acumulação.

Reforçam esse argumento as conclusões às quais chega Marx na elaboração da chamada lei geral da acumulação capitalista, que pode ser assim enunciada:

> Quanto maiores forem a riqueza social, o capital em funcionamento, o volume e o vigor de seu crescimento e, portanto, também a grandeza absoluta do proletariado e a força produtiva de seu trabalho, tanto maior será o exército industrial de reserva. A força de trabalho disponível se desenvolve pelas mesmas causas que a força expansiva do capital. A grandeza proporcional do exército industrial de reserva acompanha, pois, o aumento das potências da riqueza. Mas quanto maior for esse exército de reserva em relação ao exército ativo de trabalhadores, tanto maior será a massa da superpopulação consolidada, cuja miséria está na razão inversa do martírio de seu trabalho. Por fim, quanto maior [*sic*] forem as camadas lazarentas da classe trabalhadora e o exército industrial de reserva, tanto maior será o pauperismo oficial. *Essa é a lei geral, absoluta, da acumulação capitalista*. (Marx, 2015, p. 875, grifo do autor)

Com isso, Marx quer dizer que o modo de produção capitalista tende a expandir de forma ilimitada a produção de mercadorias. Essa tendência à superação de suas próprias barreiras se dá justamente por uma tendência anterior que é a da produção e apropriação crescente de mais-valia, esta última, como já dissemos, sendo dada pelo tempo de trabalho excedente (aquele que ultrapassa as barreiras da reprodução da força de trabalho). Isso é possível por meio de um aumento de produtividade conseguido por uma ampliação na composição orgânica do capital (c/v), o que podemos traduzir como sendo uma ampliação na utilização de capital constante (o valor adiantado para a compra de meios de produção) em detrimento da utilização relativa de capital variável (o valor adiantado para a compra de força de trabalho, que, a propósito, é a única capaz de gerar mais-valor). Portanto, o que ocorre é que, como são produzidas mais mercadorias num mesmo tempo, o valor representado por cada uma delas individualmente é diminuído e isso impõe a necessidade de que a massa de mercadorias produzidas se amplie para que a massa de lucro possa também crescer.

Ocorre que, com essa ampliação da produção, são também ampliadas as necessidades de força de trabalho para fazer face aos novos meios de produção adquiridos. No entanto, essa ampliação é relativamente menor que aquela sofrida pelo capital constante. Então, ao mesmo tempo que se amplia a capacidade geral de consumo, é também expandido o exército industrial de reserva (EIR), porque o emprego de força de trabalho cresce em proporção inferior ao aumento da oferta de mão de obra, determinado por variáveis populacionais e pela própria acumulação de capital. E esta ampliação do EIR força a uma diminuição dos salários, *o que permite uma produção superior de mais-valia*. Deste modo,

> [...] a lei da acumulação capitalista, mistificada numa lei da natureza, expressa apenas que a natureza dessa acumulação exclui toda a diminuição no grau de exploração do trabalho ou toda elevação do preço do trabalho que possa ameaçar seriamente a reprodução constante da relação capitalista, sua reprodução em escala sempre

> ampliada. E não poderia ser diferente, num modo de produção em que o trabalhador serve às necessidades de valorização de valores existentes, em vez de a riqueza objetiva servir às necessidades de desenvolvimento do trabalhador. (Marx, 2015, p. 844)

Disso decorre o que Marx chama de lei da população peculiar ao modo de produção capitalista: "[...] a população trabalhadora, ao produzir a acumulação do capital, produz, em proporções crescentes, os meios que fazem dela, relativamente, uma população supérflua" (Marx, 1982, p. 732).

Em linhas gerais, a magnitude da acumulação é a variável independente; e o montante dos salários é a variável dependente, não sendo verdadeira a afirmação oposta. O trabalho excessivo dos trabalhadores ativos compele à formação de um EIR, e este, por sua vez, força, por meio da concorrência, os trabalhadores ativos ao trabalho excessivo. Isso se dá porque os movimentos gerais dos salários se regulam pela expansão e contração do EIR correspondentes às mudanças periódicas do ciclo industrial.

Exploração, para Marx, significa consumir o valor de *uso* que algo oferece. Quando o capitalista explora a força de trabalho, está consumindo o valor de uso que a mercadoria força de trabalho fornece: o próprio trabalho. E as indicações que levantamos até aqui nos fazem entender que a exploração será tanto maior quanto maiores forem as violações ao valor da força de trabalho, posto que se desencadeia a partir daí um movimento de pressão e uma espécie de disputa entre os trabalhadores ativos e os trabalhadores da reserva. A violação do valor da força de trabalho é mecanismo inerente à lógica de acumulação crescente e desencadeia incontestavelmente uma maior exploração da força de trabalho.

E isto para nos atermos ao Livro I e à abstrata igualdade entre valores e preços que Marx assume. Quando se alcança o Livro III, momento em que Marx leva a análise a um nível de abstração mais baixo, cai por terra essa premissa e o autor demonstrará – por meio de seus estudos sobre a transformação da mais-valia em lucro, da taxa de mais-valia em taxa de lucro e do lucro em lucro médio –[7] que os preços têm que se diferenciar dos valores.

> Marx, especificamente no Livro III de *O capital*, demonstra que as mercadorias não são vendidas por seus valores, nem poderiam, ainda que sejam! Se em boa parte dos livros I e II o pressuposto era o de que o processo de realização ocorria sem percalços, isto é, que o volume de produção se adequa ao que é requerido pela demanda e que, portanto, os preços corresponderiam aos valores, na seção II do Livro III isso é mais bem precisado. Ali, em uma primeira aproximação de volta ao concreto-real, o autor nota que capitais de igual montante e apenas com composições orgânicas distintas do capital, se vendessem as mercadorias por seus valores, obteriam taxas diferenciadas de lucro, o que negaria a própria tendência da concorrência entre capitais de distintos setores de procurarem maiores taxas de lucro. Essa tendência de formação de uma taxa média de lucro, quando esta é aplicada aos adiantamentos de capital, leva aos famosos preços de produção, que garantem que capitais de igual montante se apropriam do mesmo lucro médio, independente de quanta mais-valia produziram no processo produtivo. Assim, salvo nos setores de composição orgânica do capital igual à média, os preços de produção *necessariamente* são distintos dos valores. (Carcanholo, 2013, p. 88, itálico original)

Essa desigualdade necessária entre valores e preços indica o óbvio: que há uma divergência entre a produção de valor, que ocorre na produção, e a sua apropriação, cujo espaço de realização é a circulação. Mais do que isso, demonstra as razões pelas quais os diferentes capitais se apropriam de valores diferentes.

---

7 Para uma síntese a esse respeito, ver Amaral e Carcanholo (2009).

A especificidade do capitalismo dependente e o lugar da superexploração: algumas considerações finais

Na linha do tópico anterior, é imediato concluir que os capitais mais produtivos, que tendencialmente estão em países centrais, se apropriam de mais valor do que produzem. Os capitais menos produtivos, que tendencialmente estão em países dependentes, produzem mais valor do que aquele do qual se apropriam. Vale, entretanto, a observação de que falar em capitalismo dependente não implica dizer que, nessas economias, atuam apenas capitais com mais baixa produtividade média ou, em outras palavras, apenas capitais que transferem valor. É necessário considerar, por exemplo, as transferências de valor que se fazem no mesmo grupo de capital, que pode atuar em áreas com alta composição orgânica e, assim, com alta produtividade. A questão é que, aquilo de extraordinário a ser recebido por essas companhias multi ou transnacionais em razão do seu alto nível de produtividade não entra na circulação interna de capital do país periférico no qual atua; é remetido na forma de lucro para a empresa matriz.

Defendemos, então, que aqui está a especificidade do capitalismo dependente: a transferência de valor internacional da periferia para o centro, ou seja, a diferença dialética entre a produção e a apropriação de valor por parte dos diferentes capitais.

Concordamos com Bambirra (1978, p. 69-70) quando afirma que "el gran aporte de Marini a la teoría de la dependencia fue haber demostrado cómo la superexplotación del trabajo configura una ley de movimiento propia del capitalismo dependiente". Entretanto, nossa concordância não está assentada numa percepção da superexploração como violação do valor da força de trabalho. A partir do nosso entendimento de que a superexploração, sob a ótica quantitativa, é a própria exploração da força de trabalho intensificada, a categoria perde sua significação se não for compreendida a partir do que chamaremos aqui de um par categorial, no sentido de que ela difere de sua categoria matriz justo porque só se manifesta em razão das transferências internacionais de valor que são estruturais na dinâmica de reprodução do capitalismo dependente; mesmo quando reconhecemos as exportações de capital que passam a ser operadas por capitalistas periféricos, e que lhes conferem direitos de recebimento de lucros, juros e dividendos que, entretanto, jamais são superados pelos lucros, juros e dividendos e outras tantas formas de transferência que daqui saem em favor do capital internacional, o que, em termos líquidos, nos dá resultados sempre negativos neste quesito, explicitando com todos os contornos a suscetibilidade das economias dependentes no nível de sua relação com as centrais.

A superexploração é o desdobramento dessa especificidade do capitalismo dependente (as transferências de valor), que tem a ver com o fato de que, neste último, ocorre uma cisão das fases do ciclo do capital, uma vez que o valor que se produz no interior dos países periféricos, em vez de ser acumulado internamente, será acumulado nos países do centro pelos capitais que lá se situam.

Sendo assim, o par categorial ao qual nos referimos anteriormente pode ser expresso pela interrelação indissolúvel que há entre transferência de valor e intensificação da exploração da força de trabalho, esta última apresentando-se por meio de qualquer dos seus mecanismos: a ampliação da jornada de trabalho, a sua intensificação, a redução do valor da força de trabalho, o rebaixamento salarial sem correspondente redução no valor da força de trabalho, ou o aumento do seu valor sem correspondente aumento dos salários. A superexploração é aumento da exploração como compensação às perdas oriundas das transferências de valor no sentido periferia-centro. Superexploração tem a ver com o impacto que a remessa de valor exerce sobre os trabalhadores. Superexploração diz respeito a um aumento na taxa de exploração em razão dos condicionantes orgânicos da dependência que são os mecanismos de transferência de valor. Em uma formalização direta: superexploração é o elo indissolúvel representado por transferência de valor – mais exploração da força de trabalho.

Acreditamos que, com isso, talvez logremos retirar o gesso que envolve ainda hoje a categoria superexploração (quase como num esforço de ampliação do alcance e do escopo da categoria), e, ao fazê-lo, abrimos espaço para que uma multiplicidade de movimentos contemporâneos que envolvem pioras brutais e crescentes nas condições de trabalho e de vida dos trabalhadores sejam incorporados ao debate como elementos explicativos fundamentais para se entender a dependência hoje.

Exemplo disso é a "moderníssima" expropriação financeira dos rendimentos do trabalho, que ocorre a partir da exasperação do capital fictício como condutor do processo de acumulação em âmbito mundial. No que toca às economias dependentes, a valorização fictícia desse capital se baseia tanto em transferências oriundas das variáveis relacionadas a pagamento de dívida contraída por países periféricos junto a instituições financeiras internacionais, como também em transferências intercompanhia, posto que parte majoritária dos ativos fictícios que circula nessas economias é operada por empresas estrangeiras também de natureza financeira.

Se tomamos de Marini a ideia de que uma das formas de superexploração é a "expropriação de parte do trabalho necessário ao operário para repor sua força de trabalho" (Marini, 2005, p. 156), não nos parece de todo absurdo afirmar que estamos tratando de um mecanismo de superexploração, já que ocorre aqui uma violação indireta do valor da força de trabalho que obriga o trabalhador a exercer diversas formas de trabalho informal, precário, com jornadas de trabalho extenuantes, com o intuito de compensar o que perde para o setor financeiro na forma de pagamento de juros, seguros, multas, manutenção de conta bancária, taxa de administração de cartão de crédito etc. Trata-se de uma espécie de subtração de parte do salário dos trabalhadores que não é nem mais-valia absoluta, nem mais-valia relativa, mas implica uma total submissão dos trabalhadores aos piores usos que os capitalistas fazem da sua força de trabalho, configurando-se, assim, exploração intensificada e explicitando-se com todos os contornos aquilo que estamos aqui entendendo como superexploração da força de trabalho.

Diante de tudo o que foi dito até aqui, nos parece que é possível, teoricamente, haver superexploração da força de trabalho com maior ou menor jornada, com maiores ou menores salários, com maior ou menor intensidade do trabalho, a depender das proporções por meio das quais estas variáveis se compensam. Isso porque a superexploração envolve a majoração das taxas de exploração, cujos mecanismos se apresentam como a forma fenomênica da superexploração. Sendo assim, é possível haver superexploração, de fato, com salários acima do valor. Por quê? Porque, como já desenvolvido por Carcanholo (2017), a superexploração deve ser entendida como categoria e, nessa condição, deve ser compreendida pelo par dialético transferências de valor/mais exploração da força de trabalho.

Desse modo, não faz o menor sentido apartar o tratamento da superexploração daqueles elementos estruturais que são seus determinantes, mais particularmente: a inserção subordinada das economias periféricas no plano internacional que lhes impõe, de forma orgânica, transferências de excedentes para os países do centro.

Logo, fica implícito que podemos tratar de superexploração da força de trabalho sem, necessariamente, tratar de violação do valor da força de trabalho. Pode haver superexploração respeitando-se o valor da força de trabalho. Esses dois conceitos ou categorias são e não são (!) sinônimos. A superexploração pode ser identificada como violação do valor da força de trabalho, mas não apenas e não necessariamente. E, caminhar neste sentido, significa fazer uma análise crítica a determinadas conceituações já amplamente aceitas na literatura sobre o tema, que entendem que "la superexplotación apunta a dar cuenta de una modalidad de acumulación en donde de manera estructural y recurrente se viola el valor de la fuerza de trabajo" (Osorio, 2004, p. 90),[8] nos levando a uma proposta alternativa em relação a como deve ser entendida a questão.

Reafirmar a definição da superexploração como violação do valor da força de trabalho [apenas] abriria espaço, inclusive, para aquelas formulações que mencionamos no início deste ensaio e que recaem na perspectiva, de certa forma maniqueísta, em torno da existência de um nível normal de exploração da força de trabalho pelo capital e um nível anormal, o da superexploração. A armadilha por detrás disso é a consideração de que existe um nível de exploração aceitável, autorizado, natural (aquele em que se respeita o valor da força de trabalho),[9] deslocando toda a luta política da perspectiva da transformação social profunda que conduza à supressão do sistema do capital

---

8 É esse também o caso de Martins (2011), Bueno e Seabra (2010) e Fontes (2010).

9 Como se, por ser inerente à dinâmica capitalista ao representar as formas absoluta e relativa de produção de excedente, a exploração pudesse ser absolvida do seu caráter contraditório e a superexploração, aí sim, devesse ser considerada um exagero que extrapola as exigências mínimas da acumulação de capital (isso se a acumulação se contentasse com o mínimo!).

para a lógica reformista de recorte keynesiano e, no limite, neoliberal (na chave que alguns reivindicam de um neoliberalismo socialmente responsável ou mesmo na percepção em torno da indissociabilidade entre o neoliberalismo e o keynesianismo, da qual nos aproximamos; mas isso é assunto para outro momento). O objetivo passa a ser a mitigação da superexploração e não da exploração em si; a disputa passa a se dar *em favor da exploração normal* (!), por mais absurdo que seja.

E tal absurdo vem acompanhado de um desdobramento grave: não só enfraquece a luta internacionalista como também minimiza a importância de uma obra – a de Marini – que, ao se debruçar sobre a monumental contribuição de Marx e dos teóricos marxistas do imperialismo, evidencia como, organicamente, o capitalismo dependente latino-americano é condição de existência do capitalismo monopolista e de sua expansão e internacionalização; que demonstra a extrema complexificação das contradições inerentes ao sistema do capital, cujo movimento típico envolve a intensificação da polarização na medida mesma do seu desenvolvimento e expansão.

Repetiremos: superexploração da força de trabalho não é – e nem poderia ser –, portanto, definida como violação do valor da força de trabalho, posto que esse movimento de ruptura da troca de equivalentes é tendência típica do movimento do capital em sua busca incessante por acumulação em escala sempre ampliada, sendo precisamente identificada por Marx como a velha exploração da força de trabalho. E, como já apontamos, talvez haja aqui nessa espécie de flexibilização da categoria superexploração um potencial para abarcarmos outra série de formas de trabalho que aproximam o trabalhador da pauperização absoluta.

E isso nos leva um pouco mais adiante: a um diálogo com aqueles que veem esse debate teórico-abstrato acerca da superexploração da força de trabalho como algo estéril, vazio de sentido e um tanto amorfo. Para além da interação entre teoria e práxis presente em todos os estudos políticos de Lenin, que partem da

> [...] convicção demonstrada por Marx sobre a necessidade do *conhecimento enquanto instrumento de revolução social* – que objetiva transcender a sociabilidade construída pela burguesia – e que constitui um elemento nuclear da teoria social marxiana, quer dizer, a necessidade da construção de categorias analíticas (e históricas) para explicar e intervir no mundo real. (Mazzeo, 2015, p. 46, itálico original)

O que redundaria na ideia de que a correta compreensão da realidade objetiva se faz necessária para que se chegue à "práxis correta" –, as ideias aqui expressas talvez favoreçam um esforço de historicização da teoria da dependência, de modo a nos permitir avaliar a profundidade das mudanças ocorridas no capitalismo mundial e seus impactos e desdobramentos específicos nas economias periféricas, aproximando-nos de quais são os reais determinantes de nosso processo de acumulação na contemporaneidade, suas consequências e como se desenrolam as relações imperialistas atuais, confrontando uma série de teorias que advogam o seu fim.

Referências

AMARAL, Marisa Silva e CARCANHOLO, Marcelo Dias. A superexploração do trabalho em economias periféricas dependentes. *Revista Katalysis*, v. 12, n. 2, Florianópolis, 2009.

BAMBIRRA, Vânia. *Teoría de la dependencia*: una anticrítica. México: Ediciones Era, 1978.

BUENO, Fabio Marvulle e SEABRA, Raphael Lana. O pensamento de Ruy Mauro Marini e a atualidade do conceito de superexploração do trabalho. *Anais do IV Simpósio Lutas Sociais na América Latina*, Londrina, UEL, 2010.

CARCANHOLO, Marcelo Dias. (Im)Precisões sobre a categoria superexploração da força de trabalho. *In:* ALMEIDA FILHO, Niemeyer (org.). *Desenvolvimento e dependência:* cátedra Ruy Mauro Marini. Brasília: Ipea, 2013.

CARCANHOLO, Marcelo Dias. *Dependencia, superexplotación del trabajo y crisis.* Una interpretación desde Marx. Madri: Maia Ediciones, 2017.

CORRÊA, Hugo Figueira e CARCANHOLO, Marcelo Dias. Uma teoria da superexploração da força de trabalho em Marx? Um Marx que nem mesmo ele tinha percebido. *Revista da Sociedade Brasileira de Economia Política*, n. 44, jun./set. 2016.

FONTES, Virgínia. *O Brasil e o capital-imperialismo:* teoria e história. Rio de Janeiro: EPSJV-Fiocruz e UFRJ, 2010.

MARINI, Ruy Mauro. Dialética da dependência. *In:* TRASPADINI, Roberta; STEDILE, João Pedro (orgs.). *Ruy Mauro Marini:* vida e obra. São Paulo: Expressão Popular, 2005.

MARTINS, Carlos Eduardo. *Globalização, dependência e neoliberalismo na América Latina.* São Paulo: Boitempo, 2011.

MARX, Karl. *O capital:* crítica da economia política. Livro I. Tradução de Reginaldo Sant'Anna. 7ª ed. São Paulo: Difel, 1982. 2 v.

MARX, Karl. *O capital.* Livro I. São Paulo: Boitempo, 2015.

MARX, Karl. *O capital.* Livro III. São Paulo: Boitempo, 2017.

MAZZEO, Antonio Carlos. Possibilidades lenineanas para uma paideia comunista. *In:* DEO, Anderson, MAZZEO, Antonio Carlos, DEL ROIO, Marcos (org.). *Lenin:* teoria e prática revolucionária. Marília: Oficina Universitária; São Paulo: Cultura Acadêmica, 2015.

OSORIO, Jaime. *Crítica de la economía vulgar:* reproducción del capital y dependencia. México: Miguel Angel Porrua/Universidad Autónoma de Zacatecas, 2004.

OSORIO, Jaime. Dependência e superexploração. *In:* SADER, Emir; DOS SANTOS, Theotonio (coord.); MARTINS, Carlos Eduardo e SOTELO VALENCIA, Adrian (org.). *A América Latina e os desafios da globalização:* ensaios dedicados a Ruy Mauro Marini. São Paulo: Boitempo, 2009.

A TRABALHADORA RURAL NO CAPITALISMO DEPENDENTE

MAÍSA MARIA BAPTISTA PRATES DO AMARAL

Introdução

Este capítulo tem como objetivo analisar a situação da mulher rural no capitalismo dependente, buscando entender como o intercâmbio desigual e os mecanismos de compensação adotados por essas economias dependentes incidem sobre a vida da trabalhadora rural brasileira. Nesse sentido, entendemos que é preciso levar em conta que as relações de produção e reprodução da força de trabalho, de consumo e de vivência no campo, são fruto de um processo histórico marcado por dominações e resistências. Precisamos, também, fazer um breve apanhado sobre a forma de inserção da América Latina na divisão internacional do trabalho e do papel central desempenhado pela terra e pelo trabalho tanto na época do capitalismo monopolista quanto na do capitalismo em sua fase superior.[1] Assim, consideramos que a inserção da América Latina na divisão

---

1 Ao colocar terra e trabalho como categorias centrais para a exploração e subordinação da América Latina, não desconsideramos o trabalho como categoria central em Marx (1989), por meio do qual o homem modifica a natureza, inclusive a terra, e produz valor. Segundo Marx: "Antes de tudo, o trabalho é um processo entre o homem e a natureza, um processo em que o homem, por sua própria ação, media, regula e controla seu metabolismo com a natureza" (Marx, 1989, p. 297).

internacional do trabalho foi definida desde a colônia, tendo como central a terra e o trabalho (Traspadini, 2016). Hoje em dia podemos falar sobre a marginalização dos trabalhadores rurais frente ao avanço do monopólio do agronegócio (Bartra, 2006), mas para isso precisamos ter a clareza de que isso é fruto de um processo mais amplo. Nesse sentido, nosso olhar sobre a América Latina de ontem e de hoje tem como referência principal a Teoria Marxista da Dependência (TMD), o que nos permite outro olhar sobre a realidade das trabalhadoras rurais brasileiras.

A inserção da América Latina na divisão internacional do trabalho: acumulação primitiva, terra e trabalho

> O que ainda não foi reconhecido é que a caça às bruxas constituiu um dos acontecimentos mais importantes do desenvolvimento da sociedade capitalista e da formação do proletariado moderno. Isso porque o desencadeamento de uma campanha de terror contra as mulheres, não igualada por nenhuma outra perseguição, debilitou a capacidade de resistência do campesinato europeu frente ao ataque lançado pela aristocracia latifundiária e pelo Estado, em uma época na qual a comunidade camponesa já começava a se desintegrar sob o impacto combinado da privatização da terra, do aumento dos impostos e da extensão do controle estatal sobre todos os aspectos da vida social. (Federici, 2017, p. 294)

Acreditamos que não há a separação entre a acumulação primitiva e a questão de gênero. Conforme destaca Federici (2017) em sua obra *Calibã e a bruxa*, a forma como se desenvolveu o capitalismo, tanto na Europa quanto nas colônias, esteve intimamente ligada à sujeição das mulheres. Ou seja, houve uma reconfiguração do papel das mulheres na passagem da Idade Média para a Moderna que se deu junto à transição para o capitalismo e que foi necessária na medida em que foi se formando a classe de trabalhadores assalariados livres (por meio da expropriação das terras e do rompimento dos laços de servidão medievais), destituídos dos meios de produção. Como destaca a autora:

> A caça às bruxas aprofundou a divisão entre mulheres e homens, inculcou nos homens o medo do poder das mulheres e destruiu um universo de práticas, crenças e sujeitos sociais cuja existência era incompatível com a disciplina do trabalho capitalista, redefinindo assim os principais elementos da reprodução estatal. Neste sentido, de um modo similar ao ataque contemporâneo à cultura popular e ao 'Grande Internamento' de pobres e vagabundos em hospícios e *workhouses* [casas de trabalho], a caça às bruxas foi um elemento essencial da acumulação primitiva e da 'transição' ao capitalismo. (Federici, 2017, p. 294)

Na Europa e nas colônias a sujeição das mulheres foi fundamental como parte do processo de acumulação primitiva e de conformação da classe trabalhadora; entretanto, nas colônias ela foi fundamental também para uma maior exploração dos escravizados e dos nativos. Na Europa, a coação das mulheres levou à imposição da pena de morte em caso de uso de contraceptivos. Nas *plantations*, onde os escravizados eram mercadoria valiosa,

> a mudança para uma política de criação tornou as mulheres mais vulneráveis aos ataques sexuais, embora tenha levado a certas 'melhorias' nas suas condições de trabalho: foram reduzidas as horas de trabalho, construíram-se casas de parto, ofereceram-se parteiras para assistirem o parto, expandiram-se os direitos sociais, por exemplo, de viagem e de reunião.[2] (Federici, 2017, p. 224)

Essa sujeição dos corpos das escravizadas à procriação foi um meio encontrado pelos donos de escravizados de controlar a reprodução de acordo com as necessidades de trabalho, e que

---

[2] Apesar de citar essas "melhorias", Federici (2017) argumenta que elas não eram capazes de reduzir os danos causados às mulheres pelo trabalho nos campos e nem a amargura causada pela falta de liberdade.

se tornou uma prática sistemática após a abolição do tráfico negreiro em 1807, por meio da primeira lei de abolição do comércio de escravizados no Caribe e nos Estados Unidos e em 1831 no Brasil. No caso dos Estados Unidos, Angela Davis (2016) retrata que nas décadas que antecederam a guerra civil nos Estados Unidos, as mulheres negras passaram a ser avaliadas pela sua fertilidade (ou falta dela): "aquela com potencial para ter dez, doze, catorze ou mais filhos era cobiçada como um verdadeiro tesouro" (Davis, 2016, p. 19). Isso não significava, segundo a autora, que essas mulheres tivessem um *status* ou uma condição melhor do que aquela designada ao trabalho doméstico ou no campo, mas sim que eram vistas apenas como instrumentos que garantiam a reprodução da força de trabalho escravizada, "eram 'reprodutoras' – animais cujo valor monetário podia ser calculado com precisão a partir da sua capacidade de se multiplicar"[3] (Davis, 2016, p. 19).

Na verdade, as diferenças de gênero e de raça que prevaleceram no "Novo Mundo" remontam à chegada dos colonizadores, que trouxeram na bagagem toda a discriminação do "Velho Mundo". Temos como exemplo casos como o do Peru e do México, onde o incentivo ao trabalho feminino doméstico se deu por conta do declínio populacional. Diante disso, foi instituída uma nova hierarquia sexual pelas autoridades espanholas, na qual os homens e os maridos passaram a ter o controle sobre as mulheres, que perderam a sua autonomia perante os seus familiares masculinos. "Sob as novas leis, as

[3] Um ano depois da interrupção de importação de escravizados, um tribunal da Carolina do Sul decidiu que as escravizadas fêmeas não tinham quaisquer exigências legais sobre os seus filhos. Consequentemente, de acordo com esta decisão, as crianças podiam ser vendidas para longe das suas mães a qualquer idade porque as crianças escravizadas estavam no mesmo nível que os outros animais (Davis, 2017, p. 20).

mulheres casadas tornaram-se propriedade dos homens e foram forçadas (contra o costume tradicional) a seguirem seus maridos às casas deles" (Federici, 2017, p. 220). Além disso, os espanhóis criaram um sistema que colocava as crianças sob autoridade dos homens e estabeleceram leis que afirmavam que ninguém poderia separar marido e mulher, forçando assim as mulheres a seguirem seus maridos, mesmo quando estes iam trabalhar sob o regime de *mita*,[4] elas querendo ou não (p. 220). Assim como foram necessários séculos de caça às bruxas para a subjugação do corpo feminino, também foi necessário que nas colônias se implementassem normas, leis e práticas que controlassem a produção e a reprodução dos corpos femininos para o pleno desenvolvimento do capitalismo. Além disso, também foi instituída nas colônias uma caça às bruxas que inicialmente serviu para justificar o genocídio e a escravidão dos nativos, mas que também teve, assim como na Europa, a perseguição das mulheres, inclusive seguindo os mesmos rituais.

Ao falar de um processo de inquisição que ocorreu no ano de 1660 no *repartimiento* de Huarochirí pelo sacerdote Don Juan Sarmiento, Federici (2017, p. 396, *apud* Spalding, 1984, p. 284) aponta que este aconteceu seguindo o mesmo modelo que os europeus: o julgamento teve início com a leitura de um édito contra a idolatria, seguido de denúncias secretas feitas por informantes anônimos. Logo em seguida se iniciou o interrogatório dos suspeitos com a utilização de tortura com o objetivo de conseguir as confissões e, a partir delas, se ditava a

4 "Nas primeiras épocas da colônia, foram intensamente usadas formas de exploração do trabalho que não separavam definitivamente o índio de suas comunidades: *mita* (Peru), *concierto* (Colômbia), *cuatéquitl* (México) – na verdade, todos estes nomes não passavam de denominações locais do *repartimiento de índios*" (Cardoso, 1985, p. 49).

sentença, o que variava desde castigos públicos e outras formas de humilhação até o exílio. Assim,

> Não é coincidência que 'a maioria dos condenados na investigação de 1660 em Huarochirí (28 em um total de 32) fossem mulheres' (Spalding, 1984, p. 258). Também não é por acaso que as mulheres tivessem maior presença no movimento Taki Onqoy.[5] Foram as mulheres que defenderam de forma mais ferrenha o antigo modo de existência, e que se opuseram com mais veemência à nova estrutura de poder – provavelmente devido ao fato de serem também as mais afetadas. (Federici, 2017, p. 400)

Daí a necessidade de se ter uma perseguição às mulheres, assim como na Europa, já que elas, como demonstrado pela existência de importantes divindades femininas pré-colombianas, tinham uma importante posição de poder nessas sociedades. Antes da chegada dos europeus, as mulheres americanas tinham organizações próprias, tinham suas atividades reconhecidas socialmente e, apesar de não serem consideradas iguais aos homens, suas atividades eram consideradas como complementares às atividades masculinas, tanto na família quanto na sociedade. As mulheres, antes da chegada dos europeus, eram agricultoras, donas de casa, tecelãs, produtoras de panos coloridos que eram utilizados tanto na vida cotidiana quanto nas cerimônias, eram oleiras, curandeiras e sacerdotisas (Federici, 2017). Entretanto,

> Tudo mudou com a chegada dos espanhóis, que trouxeram sua bagagem de crenças misóginas e reestruturaram a economia e o poder político em favor dos homens. As mulheres sofreram também nas mãos dos chefes tradicionais, que, a fim de manter seu poder, começaram a assumir a propriedade das terras comunais

[5] O Taki Onqoy era "um movimento nativo milenarista que argumentava contra a colaboração dos indígenas com os europeus e a favor de uma aliança pan-andina dos deuses locais (*huacas*) para pôr fim à colonização" (Federici, 2017, p. 392).

> e a expropriar das integrantes femininas da comunidade o uso da terra e seus direitos sobre a água. Na economia colonial, as mulheres foram assim reduzidas à condição de servas que trabalhavam como criadas para *encomenderos*,[6] sacerdotes e *corregedores*, ou como tecelãs nos *obrajes*.[7] As mulheres também foram forçadas a acompanhar seus maridos no trabalho de *mita* nas minas – um destino que era considerado pior que a morte –, uma vez que, em 1528, as autoridades estabeleceram que os cônjuges não podiam ser separados um do outro: mulheres e crianças seriam assim compelidas a trabalhar nas minas, além de prepararem a comida para os trabalhadores homens. (Federici, 2017, p. 401)

O que queremos destacar com isso é que, apesar de as sociedades americanas pré-colombianas adotarem uma divisão sexual do trabalho, ou a definição de papéis de gênero, para a consolidação do capitalismo foi fundamental que também nas colônias fosse instituída a divisão sexual do trabalho e que fosse retirado o poder detido por essas mulheres, da mesma forma como aconteceu na Europa.

Ao analisar o caso específico das mulheres na América Latina, atualmente, levamos em conta também que a integração da América Latina ao capitalismo internacional foi um processo violento e que gerou as bases atuais, tanto em sua

[6] A *encomenda* "consistia em que, como prêmio do esforço de conquista, a alguns dos conquistadores fossem confiadas (entregues 'em encomenda') comunidades indígenas que ficariam sob sua responsabilidade em matéria de catequese e defesa; em troca, o *encomendero* poderia exigir-lhes tributos em gêneros e prestação de trabalho. Os *encomenderos* formavam um reduzido grupo de privilegiados: das 2.300 famílias que viviam nos domínios hispânicos no Novo Mundo em 1570, apenas 4 mil dispunham de *encomendas*" (Cardoso, 1985, p. 40).

[7] *Obrajes* eram manufaturas que produziam tecidos de lã e um dos fatores que favoreceu seu surgimento foi a multiplicação da criação de carneiros em várias partes da América Espanhola, o que tornou a lã uma matéria-prima barata ano século XVI. A mão de obra dos *obrajes* era submetida a péssimas condições de trabalho, sendo as oficinas, que se pareciam com prisões, frequentemente trancadas. No México, era comum usar o trabalho forçado de prisioneiros condenados pela justiça (Cardoso, 1985, p. 64).

forma econômica como social, fundiária e política da América Latina. As colônias desempenharam a função primordial de serem territórios anexados às metrópoles no período de fundação das bases do modo de produção capitalista. A riqueza latino-americana serviu como acumulação primitiva mercantil europeia, riqueza que foi saqueada e espoliada, e, no caso da Mesoamérica, fruto também da "implementação interna de novos processos produtivos ancorados na abundância de terra e trabalho (*Mesoamérica*)" (Traspadini, 2016, p. 119, grifo da autora). A invasão da América Latina foi determinante, não só pela descoberta em termos de riqueza natural territorial e da aprendizagem de técnicas e organizações sociais que passaram a compor a estrutura de poder da burguesia europeia nascente, mas também pelo que estaria a ser descoberto e explorado, tanto de riqueza proveniente da terra quanto do trabalho. Assim,

> Na gênese do capital presente na invasão colonial da América Latina, encontramos parte das raízes da exploração em geral e da superexploração em particular que serão estruturadas como forma-conteúdo do capital sobre a terra e o trabalho em todos os âmbitos. Ontem e hoje, a terra e o trabalho são o que fundamentam a produção social e a apropriação privada da riqueza capitalista. Através de ambos – terra e trabalho – a história sanguinária do capital relata as mais perversas faces do bárbaro sentido dado à ideia de 'desenvolvimento' pelo capital, como se a projetada 'modernização' pudesse, de fato, dar um sentido humano ao capital. (Traspadini, 2016, p. 111)

Ao tratar da acumulação primitiva, Mandel (1985) destaca que, se durante a fase do capital monopolista a produção de mais-valia em grande escala se limitava quase que exclusivamente à Europa Ocidental e à América do Norte, o processo de acumulação primitiva ocorria em várias partes do mundo em ritmo irregular (e possibilitou a integração de países como o Japão e a Rússia), e durante a fase do capitalismo imperialista houve a subordinação do processo de acumulação primitiva em economias anteriormente não capitalistas à reprodução do grande capital ocidental (Mandel, 1985). Nessa fase, os países do "Terceiro Mundo" tiveram o seu desenvolvimento capitalista sufocado por um processo que, em primeiro lugar, absorveu os recursos locais disponíveis para acumulação primitiva, recursos esses que foram continuamente expropriados pelo capital estrangeiro (e que de outra forma estariam disponíveis para o desenvolvimento local); em segundo lugar, essa dinâmica concentrou recursos remanescentes em setores denominados por Gunder Frank como "desenvolvimento do subdesenvolvimento" ou "desenvolvimento dependente", segundo Theotonio dos Santos (Mandel, 1985). Para Mandel:

> A imagem que assim se forma é a de um sistema mundial imperialista constituído a partir do desenvolvimento desigual da acumulação de capital, composição orgânica do capital, taxa de mais-valia e produtividade do trabalho, consideradas em escala mundial. O que levou a Revolução Industrial ter início no Ocidente foi o fato de ali se terem acumulado, nos trezentos anos precedentes, o capital monetário e as reservas de ouro e prata internacionais – em resultado da pilhagem sistemática do resto do mundo através das conquistas e do comércio colonial. (Mandel, 1985, p. 40)

Ou seja, desde a sua invasão no século XV,

> A apropriação das terras produtivas da América, escravização dos índios ou o sistema seguinte de mantê-los 'livres', combinados com o tráfico de escravizados africanos, aprisionando ambos pelo trabalho, conformou na América Latina uma forma de ser inerente ao conteúdo que nascia na Europa. América Latina foi mais do que somente um território de pilhagem e saqueio. Foi o coração da acumulação originária e segue como os pulmões da acumulação capitalista. (Traspadini, 2016, p. 128)

Assim, se durante a fase do capitalismo de livre concorrência a América Latina foi fundamental para a acumulação primitiva dos países centrais, na transição para o capitalismo imperialista clássico houve uma mudança na forma de dominação sobre a acumulação de capital local. Conforme afirma Mandel (1989), se na era do capitalismo de livre concorrência havia o controle sobre a produção e exportação de matéria-prima por parte da burguesia local, com o imperialismo clássico haverá a formação de uma "aliança social e política a longo prazo entre o imperialismo e as oligarquias locais, que congelou as relações pré-capitalistas de produção no campo" (Mandel, 1989, p. 37), fato que gerou uma limitação decisiva na extensão do mercado interno e tolheu a industrialização dos países periféricos.

Apesar de a dependência não ter ocorrido durante o período colonial (Marini, 2011), os traços que lhe dão vida estão presentes desde então (Traspadini, 2016), ou seja, desde a conquista, a terra e o trabalho se apresentaram como fundamentais para o desenvolvimento e consolidação do capitalismo nos países centrais e para a conformação das economias periféricas. Na verdade, conforme apontam Nakatani, Faleiros e Vargas (2012, p. 214), o Brasil talvez seja o "único 'grande' país que vivenciou um profundo e complexo processo de crescimento e desenvolvimento econômico sem promover profundas mudanças na questão da propriedade fundiária". Isso significa dizer que, desde a colonização portuguesa, passando pela Lei de Terras de 1850,[8] pelo processo de industrialização do século XX, pelo

[8] "A lei de 1850 representou a introdução do sistema de propriedade privada das terras, estabelecendo, desde então, um mercado de terras. [...]. Na verdade, o objetivo dessa legislação era bloquear o acesso à terra por parte da população supostamente livre (dado o esgotamento da escravidão), antecipando o que poderia ser uma ameaça ao poder de parcela da elite nacional, qual seja, a quebra do monopólio da terra" (Nakatani, Faleiros, Vargas, 2012, p. 219).

Estatuto da Terra de 1964 e pelas mudanças na Constituição de 1988 (Deere, 2004),[9] a questão da concentração fundiária permaneceu quase inalterada, apesar das crescentes contradições econômicas e sociais e do aumento da violência no campo (Nakatani, Faleiros, Vargas, 2012).[10]

Na época da colônia, a ocupação de terras no Brasil correspondeu ao papel que este representava na produção de gêneros agrícolas que complementavam a produção mercantil da metrópole (Nakatani, Faleiros, Vargas, 2012). Podemos citar como características desse período a "recorrência de grandes unidades produtoras de amplas escalas, um tipo de agricultura altamente especializada, sendo absolutamente subsidiária à produção de outros gêneros e culturas, e a adoção da mão de obra escravizada africana" (Nakatani, Faleiros, Vargas, 2012, p. 215). O processo de superação do estatuto colonial na América Latina foi, segundo os autores, um processo dual: de um lado, representou processos revolucionários de independência, uma vez que internalizaram os centros de decisão e criaram um centro político que representava os interesses das burguesias locais; de outro, não rompeu com o modelo agroexportador nem com a divisão internacional do trabalho protagonizada pela Inglaterra. No Brasil pós-independência, no século XIX, quase não houve transformações, tanto no sentido econômico quanto no social: a economia continuou mantendo sua heterogeneidade, a

---

9 O Estatuto da Terra é uma lei adotada durante o governo militar do general Castelo Branco, em 1964. Essa lei permitia que grandes latifundiários fossem expropriados com compensações, quando isso fosse de interesse local (Deere, 2004).

10 De 2015 a 2016 os conflitos no campo aumentaram em 26% e bateram recorde. Segundo relatório da Comissão Pastoral da Terra (CPT), esses dados são os mais elevados em 31 anos. Ver reportagem publicada pelo *Brasil de Fato,* "Conflitos aumentam e violência do campo bate recorde, diz Comissão Pastoral da Terra", de Sampaio (2017).

questão fundiária não sofreu quase nenhuma modificação e a escravidão continuou até 1888, o que representou um entrave à formação de uma estrutura social que possibilitasse um amplo acesso à terra (Nakatani, Faleiros, Vargas, 2012).

Durante o século XX também não houve grandes alterações na questão fundiária, já que o modelo agroexportador não foi rompido. Entretanto, na década de 1930, durante a Era Vargas, houve uma expansão industrial que provocou um deslocamento da importância da agricultura e do latifúndio, que continuaram a ser centrais para a economia brasileira, mas perderam centralidade do ponto de vista da dinâmica econômica (Nakatani, Faleiros, Vargas, 2012). Devido a esse processo de mudança de eixo econômico, o que ocorreu foi uma drástica redução e controle sobre os salários urbanos e sobre os preços dos produtos agrícolas e um aumento das taxas de juros para o campo. Os autores destacam, sobre esse período, que não houve, junto ao processo de modernização da indústria, um aumento na composição técnica do capital no campo. Ao contrário, as atividades agrícolas brasileiras continuaram sendo desenvolvidas tendo como base a superexploração da força de trabalho (Nakatani, Faleiros, Vargas, 2012). Nas últimas décadas do século XX,

> Os camponeses da periferia transitaram da exploração para a marginalidade, de suportar a expansão industrial produzindo alimentos baratos para o mercado, a colher precariamente matérias-primas destinadas a mercados globais cada vez mais saturados, flutuantes e monopólicos. (Bartra, 2006, p. 20, tradução nossa)[11]

Ou seja, se na década de 1940 os camponeses latino-americanos produziam comida barata para o mercado interno

[11] "Los campesinos de la periferia transitaron de la explotación a la marginación, de soportar la expansión industrial produciendo alimentos baratos para el mercado interno a cosechar precariamente materias-primas destinadas a mercados globales cada vez más saturados, fluctuantes y monopólicos" (Bartra, 2006, p. 20).

devido à demanda por baixos salários, a partir da década de 1970, ocorre uma produção decrescente para o mercado interno com o deslocamento do interesse da indústria de obtenção de alimentos baratos para a agroindústria de exportação (Bartra, 2006). A agroindústria de exportação, além de ser um setor dominado por transnacionais abastecido por um pequeno grupo de produtores, coloca esses produtores em um estado de vulnerabilidade devido à flutuação do mercado e à volubilidade da demanda (Bartra, 2006).

Assim, consideramos que da mesma forma que a superexploração da classe trabalhadora da periferia é necessária para a exploração da classe trabalhadora do centro (capaz de manter um padrão de consumo superior à classe trabalhadora da periferia graças à superexploração), a divisão sexual do trabalho também é necessária para a apropriação de mais-valia por parte do capitalista. No caso das trabalhadoras latino-americanas, maior exploração do trabalho e superexploração atuam juntas. Entretanto, não é só a superexploração e a maior exploração da força de trabalho atuando conjuntamente que caracterizam a diferença entre as mulheres do centro e da periferia. Ou seja, à mulher na América Latina continua sendo imposto o controle sobre sua reprodução. Assim como a caça às bruxas foi e ainda é necessária para a acumulação primitiva (Federici, 2017), o controle sobre os corpos das mulheres e a reprodução é fundamental para a acumulação capitalista e inclusive para a superexploração. Assim como foi essencial o controle exercido sobre a reprodução das escravizadas, principalmente após proibição do tráfico negreiro – e continua sendo fundamental para a acumulação capitalista, conforme podemos perceber quando trazemos a diferença entre as leis do aborto nos países centrais e nos periféricos. Um dos mecanismos descritos por Marini (2011) como necessários para manter o trabalhador sendo remunerado abaixo do valor da força de trabalho é a existência de um grande exército industrial de reserva. Nesse sentido, o controle da reprodução descrito por Federici (2017) como fundamental para a acumulação primitiva, continua sendo fundamental para a acumulação capitalista.

Superexploração e divisão sexual do trabalho: a mulher na América Latina

A América Latina foi forjada no século XVI pela expansão comercial do capitalismo crescente, tendo se desenvolvido assim em estreita consonância com a dinâmica do capitalismo internacional. Em um primeiro momento, o papel da América Latina nessa dinâmica se deu por meio da enorme extração de metais preciosos e gêneros exóticos que contribuíram para o desenvolvimento do capital comercial e bancário na Europa, sustentando assim o sistema manufatureiro europeu e permitindo a criação da grande indústria (Marini, 2011). A revolução industrial dá início a uma nova forma de integração da América Latina, cujos países passaram por um processo de independência durante o século XIX que fez surgir nações independentes politicamente, mas que passam a girar em torno da Inglaterra (Marini, 2011).[12] É nesse momento que a América Latina e os centros capitalistas europeus se inserem na estrutura da divisão internacional do trabalho, que determinou o sentido do seu desenvolvimento posterior. É a partir desse momento também que se configura a dependência, entendida por Marini (2011, p. 134) "como uma relação de subordinação entre nações formalmente independentes, em cujo marco as

[12] "[...] ignorando uns aos outros, os novos países se articularão diretamente com a metrópole inglesa e, em função dos requerimentos desta, começarão a produzir e a exportar bens primários, em troca de manufaturas de consumo e – quando a exportação supera as importações – de dívidas" (Marini, 2011, p. 134).

relações de produção das nações subordinadas são modificadas ou recriadas para assegurar a reprodução ampliada da dependência". Segundo Traspadini e Stedile (2011), a dependência é entendida então como "o mecanismo central de subordinação do território, dos sujeitos, dos países subdesenvolvidos, como forma de perpetuação do poder de reprodução do capitalismo na esfera internacional".

Ao fazer um resgate crítico da teoria da dependência, Carcanholo (2017) aponta para a forma como se dá essa relação e os condicionantes estruturais que a determinam. Assim, "a situação dependente se caracteriza porque uma parte do (mais) valor produzido nessa economia não é apropriado por ela, e sim pelas economias centrais, e passa a pertencer, portanto, à dinâmica de acumulação de capital dessas, e não das primeiras" (Carcanholo, 2017, p. 77, tradução nossa).[13] Esse mecanismo de transferência de valor, denominado pelos teóricos da dependência nos anos 1960 como troca desigual, foi explicitado por Marini (2011) por meio de dois mecanismos: um correspondendo às aplicações específicas das leis de troca e o outro pela adoção mais abertamente da transgressão dessas leis. Para Carcanholo (2017), essa transferência se daria também em um terceiro mecanismo, que corresponderia a outro nível de abstração, o dos preços efetivos de mercado:

> Quando determinados capitais têm um grau de monopólio razoável em seus mercados específicos, isso permite manter, durante um tempo, preços de mercado acima dos preços de produção de mercado, ou seja, permite manter temporariamente volumes de produção abaixo das demandas. Como os preços de mercado

---

[13] "[...] la situación dependiente se caracteriza porque una parte del (plus)valor producido en esa economía no es apropiado en ella, sino en las economías centrales, y pasa a pertenecer, por tanto, a la dinámica de acumulación de capital de setas, y no de las primeras" (Carcanholo, 2017, p. 77).

> estariam, nessa situação, acima dos preços de produção, além das oscilações conjunturais, esses capitais poderiam se apropriar de um lucro efetivo mais elevado do que a média, uma massa de valor apropriado maior do que, de fato, foi produzida por esses capitais. (Carcanholo, 2017, p. 80, tradução nossa)[14]

São esses mecanismos que nos permitem entender a forma como se dão os condicionantes estruturais da dependência, nos permitindo compreender também a dinâmica internacional da circulação de mercadorias. O resultado dessa integração dependente é um desenvolvimento desigual, que combina países desenvolvidos e subdesenvolvidos como processos indissociáveis da reprodução do capitalismo internacional (Traspadini, Stedile, 2011). A superexploração é, então, um mecanismo utilizado pelos capitalistas da periferia para compensar a troca desigual, um mecanismo que em vez de atuar no âmbito do mercado, atua no âmbito da produção interna. A superexploração consiste na aplicação (geralmente conjunta) de três mecanismos: o aumento da intensidade do trabalho, o que significa o aumento da mais-valia por meio da maior exploração do trabalhador, e não do incremento da sua capacidade produtiva; o prolongamento da jornada de trabalho, que consiste simplesmente em aumentar o tempo de trabalho excedente; e a diminuição do consumo do operário além do limite normal, convertendo parte do fundo de consumo do operário em um fundo de acumula-

[14] "Cuando determinados capitales tienen un grado de monopolio razonable en sus mercados específicos, eso les permite mantener, durante un tiempo, precios de mercado por encima de los precios de producción de mercado, o sea, permite sostener temporalmente volúmenes de producción por debajo de las demandas. Como los precios de mercado estarían, en esa situación, por encima de los precios de producción, más allá de las oscilaciones coyunturales, esos capitales podrían apropiarse de una ganancia efectiva más elevada que la media, una masa de valor apropiado mayor que la que, de hecho, fue producida por esos capitales" (Carcanholo, 2017, p. 80).

ção do capitalista, uma forma de remunerar o operário abaixo do valor da sua força de trabalho e de aumentar o tempo de trabalho excedente (Marini, 2011).[15] Com isso,

> as nações desfavorecidas pela troca desigual não buscam tanto corrigir o desequilíbrio entre os preços e o valor de suas mercadorias exportadas (o que implicaria um esforço redobrado para aumentar a capacidade produtiva do trabalho), mas procuram compensar a perda da renda gerada pelo comércio internacional por meio do recurso de uma maior exploração do trabalhador. (Marini, 2011, p. 147)

Carcanholo (2017) aponta que esse mecanismo seria a única forma que o capitalismo dependente possui para se desenvolver, sendo, portanto, sua especificidade. Na verdade, o autor afirma que o específico das economias dependentes não são essas formas de elevação da taxa de mais-valia, que também são aplicadas nos países do capitalismo central. O específico "do capitalismo dependente é que, para enfrentar a transferência de valores – e que esta é sua característica central, diferente das economias centrais – não tem a alternativa de aumentar a produtividade, freando essa transferência" (Carcanholo, 2017, p. 85, tradução nossa).[16]

---

15 Além desses três mecanismos de superexploração apontados por Marini (2011), Carcanholo (2017) aponta para outras formas, algumas mencionadas por Marini em outras obras. Seriam elas: 1) o valor da força de trabalho tende a aumentar devido às determinações históricas e sociais, dadas em grande parte pela luta de classes. Uma outra forma de superexploração ocorre quando esse aumento do valor da força de trabalho não é correspondido pelos salários; 2) outra forma se dá pelo aumento do exército industrial de reserva, que tende a pressionar os salários para baixo, independente do valor da força de trabalho.

16 "Del capitalismo dependiente es que, para enfrentar la transferencia de valores – y que ésta es su característica central, distinta a las economías centrales –, no tiene la alternativa de elevar la productividad, frenando dicha transferencia" (Carcanholo, 2017, p. 85).

É importante destacar que, além dessa especificidade, há também a diferença entre a opressão sofrida pela classe trabalhadora do centro e da periferia:

> À opressão da classe trabalhadora nos centros, corresponde uma identidade de consumo e de endividamento, que os torna reféns, situação expressa na venda de sua força de trabalho como única realização possível de acesso à sociedade de consumo. Processo idealizado para todos pelo capital. Na periferia, essa opressão se mescla com uma arraigada trajetória de condicionamento do ser menos, desenhado pela hierarquia superior-inferior, instituída na desigualdade inerente ao desenvolvimento do capital. A encarnação do subdesenvolvimento moldou ideias nas consciências dos países do Norte e do Sul. E fez, na diferença concreta de salários e consumos entre os países do Norte e do Sul da América, a migração de parte da classe trabalhadora superexplorada no Sul com o fim de tentar um 'destino' melhor no Norte. (Traspadini, 2016, p. 58)

Esse processo se acentua com a intensificação da exploração no centro: os postos de trabalho precários que antes eram ocupados pelos trabalhadores e trabalhadoras imigrantes da periferia passam a ser agora reivindicados pelos trabalhadores e trabalhadoras no centro.[17] Ao mesmo tempo, fica explícito o crescimento da desigualdade na periferia:[18]

> Na história da exploração em geral, as opressões se reatualizam conforme o grau da precarização das condições de trabalho no Norte. E no Sul, o crescimento das desigualdades exalta, no sentido comum social da práxis alienada, a tendência à reprodução

[17] Na verdade, Jules Falquet (2008) destaca que uma considerável proporção dos migrantes são mulheres, argumentando inclusive com dados da ONU que afirmam que metade das migrações internacionais é realizada por mulheres. Essa mão de obra que migra é majoritariamente feminina e precarizada.

[18] Apesar de Traspadini utilizar os termos Norte e Sul para explicitar (e talvez tornar mais gráfica) as migrações que de fato ocorrem do Sul para o Norte do hemisfério, preferimos a utilização dos termos centro e periferia.

> histórica das opressões originadas do conservadorismo de classe, no interior da classe trabalhadora. (Traspadini, 2016, p. 60)

Assim, a dependência latino-americana se apresenta, segundo a crítica da economia política de Marini, como característica inerente ao modo de produção capitalista independente da fase,[19] e não como situação conjuntural. A dinâmica da troca desigual e do desenvolvimento desigual e combinado que aparecem como conjunturais e passíveis de superação, são desvendados por Marini como parte integrante da dinâmica capitalista (Traspadini, 2016), e o papel desempenhado pela América Latina no processo de desenvolvimento do capitalismo em sua fase monopolista concorrencial e na fase imperialista aparece como fundamental para a conformação desse processo de dependência (Marini, 2011).

Essa superexploração e a maior precariedade do trabalhador da periferia em relação ao do centro, característica inerente à dependência, ganha outros contornos quando tratamos das mulheres trabalhadoras. Nesse sentido, precisamos falar também da divisão sexual do trabalho como algo que hierarquiza o trabalho de homens e mulheres e subalterniza os trabalhos considerados naturalmente femininos (Cisne, 2015).[20]

Essa divisão tem por característica a destinação prioritária dos homens à esfera produtiva e das mulheres à esfera reprodutiva e, simultaneamente, a apreensão pelos homens das

---

19 Segundo Traspadini (2016), Marini divide em quatro fases distintas do capitalismo dependente na América Latina. A primeira fase vai de meados de 1850 a 1930, a segunda vai de 1930 até 1964, a terceira de 1964 até 1984 e a quarta é a de 1984 em diante. Para maior aprofundamento, ver Traspadini (2016).

20 Segundo Cisne (2015, p. 117), a divisão sexual do trabalho "resulta de um sistema patriarcal capitalista que por meio da divisão hierárquica entre os sexos, confere às mulheres um baixo prestígio social e as submete aos trabalhos mais precarizados e desvalorizados".

funções de forte valor social agregado (políticas, religiosas, militares etc.) (Kergoat, 2009, p. 1), levando ao fortalecimento da hierarquia entre homens e mulheres. A esfera da produção é considerada como a da produção da riqueza e como um espaço privilegiadamente masculino, enquanto a esfera da reprodução, entendida por nós como as atividades necessárias para a produção e reprodução da força de trabalho, é considerada um espaço feminino (Cisne, 2014). Assim, Kergoat (2009) define a divisão sexual do trabalho como uma categoria histórica e, portanto, passível de adaptações dependendo da sociedade e que possui dois eixos invariáveis: o princípio de separação (divisão entre trabalho de homens e de mulheres) e o princípio de hierarquização (a diferença de valor entre o trabalho dos homens e trabalho das mulheres em detrimento dessas). Kergoat considera a divisão sexual do trabalho como uma construção social, resultado das relações sociais e, portanto, se esses princípios organizadores permanecem os mesmos, o que varia de sociedade para sociedade são suas modalidades: o lugar da mulher no trabalho mercantil, a concepção de trabalho produtivo etc. (Kergoat, 2009). Assim, segundo a perspectiva abordada pela autora (2009; 2010), nenhuma relação social é primordial ou tem prioridade sobre as outras.[21] Na verdade, Kergoat (2009) considera que "relações sociais de sexo e divisão sexual do trabalho são dois termos indissociáveis e que formam epistemologicamente um sistema; a divisão sexual do trabalho tem o *status* de *enjeu* [disputa] das relações sociais de sexo" (Kergoat, 2009, p. 71).

[21] Para Kergoat (2010, p. 94) uma relação social é "uma relação antagônica entre dois grupos sociais, instaurada em torno de uma disputa [*enjeu*]. É uma relação de produção material e ideal. [...] Toda relação social é, assim, uma relação conflituosa".

Já Christine Delphy (2015) afirma a existência de dois modos de produção: o industrial, no qual são produzidas quase todas as mercadorias, e o modo familiar, no qual são produzidos os trabalhos domésticos e a criação dos filhos. No modo industrial se dá a exploração capitalista, e no familiar, a exploração patriarcal. Podemos considerar que esses denominados "modos de produção" e esses tipos de exploração não se dissociam. Uma mulher que faz uma dupla jornada de trabalho não sofre exploração patriarcal somente nas relações familiares, assim como não é explorada pelo sistema capitalista apenas no seu trabalho assalariado. Da mesma forma, uma mulher que não vende sua força de trabalho também é explorada pelo modo de produção capitalista. Assim, acreditamos que existe apenas um modo de produção, mas que não se restringe apenas à esfera produtiva, até porque a esfera da produção depende "da reprodução social que, por sua vez, é garantida em grande medida pelo que Delphy (2009) denomina de 'modo de produção doméstico'" (Cisne, 2014, p. 86). Na verdade, ao tratar do trabalho doméstico feminino do ponto de vista material, Delphy (2009) afirma que não é a natureza dos trabalhos efetuados pelas mulheres que explica as formas como se dão suas relações de produção, mas que, ao contrário, são essas relações que explicam que o trabalho doméstico feminino seja excluído do mundo do valor. É importante destacar que Delphy (2009) a todo momento aponta que o trabalho doméstico feminino pode até ser excluído do mercado da troca, mas isso não significa que sua produção também seja excluída. O trabalho doméstico feminino é condição indispensável para o funcionamento do capitalismo, já que é uma peça-chave do processo de reprodução do trabalhador e é parte do processo de reprodução da força de trabalho, e as mulheres, quem geralmente o realizam, partem do processo de produção de mais-valia (Rubin, 1993).

Assim, é possível perceber que a exploração da mulher ocorre de maneira mais acentuada em relação à do homem, e que são vários os mecanismos utilizados pelo capitalismo para tornar isso possível. Portanto, quando falamos de trabalho feminino na América Latina, devemos considerar não apenas maior exploração devido à divisão sexual do trabalho, à dupla jornada e à precarização do trabalho, mas também a superexploração como característica inerente às economias dependentes e como único mecanismo de compensação da troca desigual. É importante destacar também que a construção de uma nova ordem patriarcal que tornou as mulheres servas da força de trabalho masculina foi de extrema importância para o desenvolvimento do capitalismo, e que foi justamente sobre essas bases que se assentou uma nova divisão sexual do trabalho, o que diferenciou não só as tarefas masculinas das femininas, mas também as experiências, as relações com o capital e com outros setores da classe trabalhadora de homens e mulheres (Federici, 2017). Desse modo, como aponta Federici (2017, p. 232), "assim como a divisão internacional do trabalho, a divisão sexual foi, sobretudo, uma relação de poder. Uma divisão dentro da força de trabalho, ao mesmo tempo que um imenso impulso à acumulação primitiva".

Gênero e trabalhadoras rurais: a situação da mulher no campo

É importante delimitarmos a perspectiva teórica que adotamos quando utilizamos gênero como categoria, já que, no decorrer do seu desenvolvimento, o conceito de gênero foi (e ainda é) dotado de diversas perspectivas, e essa diversidade é provocada tanto por polêmicas políticas e teóricas nas ciências humanas e exatas, quanto por ser um conceito cujo estudo é relativamente recente. Além do marxismo, o conceito de gênero tem como principais matrizes teóricas a psicanálise, o pós-estruturalismo, as teorias sobre poder de Foucault e o pós-modernismo (Cisne, 2015). Destacamos que adotamos a concepção marxista de gênero, entendendo que, apesar da opressão da mulher não ter surgido no capitalismo, foi por ele apropriada, já que:

> Manter as mulheres oprimidas e subordinadas permite diminuir custos com a reprodução da força de trabalho, aumentar a exploração, rebaixando os salários da classe trabalhadora como um modo de manter uma divisão e competição de interesses e privilégios dentro do proletariado, assegurar um mecanismo essencial de assimilação da ideologia burguesa e patriarcal no seio dos oprimidos e aumentar a situação de desumanização e alienação do proletariado, dificultando, assim, o desenvolvimento de sua consciência como classe dominada e, portanto, da sua capacidade de revolta. (Godinho, 2005, p. 34)

Portanto, entendemos que a superação dessa opressão segue junto com a luta anticapitalista (Godinho, 2005), da mesma forma que consideramos que uma alteração no modo de produção descolada da perspectiva feminista não garante a emancipação das mulheres (Cisne, 2014).

Desde o início dos estudos de gênero, nas décadas de 1970 e 1980, influenciados principalmente por acadêmicas feministas que tinham como objetivo historicizar e desnaturalizar as desigualdades entre homens e mulheres, o conceito de gênero foi considerado pelas pesquisadoras feministas um avanço em relação à possibilidade de análise oferecida pela categoria mulher (Cisne, 2015). Temos como uma das pioneiras a antropóloga estadunidense Gayle Rubin, que foi uma das primeiras a inaugurar o conceito de gênero com a obra "O tráfico de mulheres: notas sobre a 'economia política' do sexo", publicado originalmente em 1975. Nesta obra, Rubin parte da origem da opressão das mulheres por parte dos homens. Ao contrário de Engels (2012),[22] que busca a origem dessa opressão no surgimento da propriedade privada e da passagem do direito materno ao direito paterno,[23] Rubin parte das obras de Freud e Lévi-Strauss. Assim, a autora nos apresenta um sistema de sexo/gênero, definido como "um conjunto de arranjos através dos quais uma sociedade transforma a sexualidade biológica em produtos da atividade humana, e na qual estas necessidades sexuais transformadas são satisfeitas" (Rubin, 1993, p. 2), sistema esse que parte da dicotomia entre sexo e gênero. Segundo Saffioti (1992), essa necessidade de Rubin de utilizar o termo sexo junto de gênero mostra uma preocupação em destacar que a sexualidade exercida não é apenas diferente da sexualidade com a qual se nasce, mas é um padrão oposto a essa. Entretanto, a grande questão trazida pela obra de Rubin é a dicotomia estabelecida entre homem e mulher, como se ambos fossem "portadores de uma sexualidade 'natural', na qual estão inscritos impulsos e necessidades que não variam, pois são associais" (Saffioti, 1992, p. 186). Ou seja, segundo a

[22] Para o autor, a primeira divisão do trabalho – a divisão sexual do trabalho – surgiu junto com a instituição da monogamia e do patriarcado, definida por Engels como uma "forma de escravização de um sexo pelo outro, como proclamação de um conflito entre os sexos" (Engels, 2012, p. 87). Ele associa o surgimento da propriedade privada à passagem do direito materno ao direito paterno, já que, à medida que as riquezas iam aumentando a importância do trabalho do homem em relação ao da mulher na família crescia e a necessidade de uma herança paterna se tornava imprescindível. A monogamia estaria então ligada diretamente à produção de excedentes e à concentração de riquezas nas mesmas mãos, as de um homem, e ao desejo de que essas riquezas fossem passadas aos seus filhos.

[23] Direito materno segundo Engels (2012, p. 75) significa: "enquanto a descendência só se contava por linha feminina, e segundo a primitiva lei de herança imperante nas *gens*, os membros dessa mesma *gens* herdavam, no princípio, do seu parente gentílico falecido. [...] Devido à sua pouca importância, esses bens passavam, na prática, desde os mais remotos tempos, aos parentes gentílicos mais próximos, isto é, aos consanguíneos por linha materna".

análise feita por Rubin, o sistema de sexo/gênero está assentado na dicotomia entre a natureza e a cultura e, além disso, na naturalização do sexo.

Outra contribuição importante da obra de Rubin é a necessidade apontada por esta de incluir no marxismo clássico a discussão em torno da opressão sexual. Um exemplo disso é a ênfase que a autora dá à relação entre o trabalho doméstico e a produção da mais-valia. Segundo Rubin,

> A comida precisa ser cozinhada, roupas limpas, camas feitas, lenha cortada etc. O trabalho doméstico é, portanto, uma peça-chave no processo de reprodução do trabalhador do qual a mais-valia é extraída. Sendo as mulheres quem usualmente realiza o trabalho doméstico, elas são articuladas ao nexo global da mais-valia, condição *sine qua non* do capitalismo, através da reprodução da força de trabalho. (Rubin, 1993, p. 4)

Nesse sentido, a autora aponta que a opressão da mulher, apesar de ser útil ao sistema capitalista, não é própria desse, tendo o capitalismo apenas se apropriado e reciclado noções de feminino e masculino que o antecederam. Cisne (2015) destaca que é a partir dessa análise sustentada sobre bases naturais e no estabelecimento de sistemas duais como sexo/gênero, natureza/cultura, que irão surgir, ao longo da década de 1990, críticas ao pensamento de Rubin. Foi durante essa década que surgiram variações em torno da discussão desse conceito, que passou por reformulações. Uma das críticas a essa concepção foi formulada por Judith Butler, autora pós-estruturalista que, em 1993, com a obra *Corpos que pesam: sobre os limites discursivos do 'sexo'*, critica a dicotomia sexo/gênero, passando a historicizar também o sexo. Assim, segundo Butler:

> A categoria do 'sexo' é, desde o início, normativa: ela é aquilo que Foucault chamou de 'ideal regulatório'. Nesse sentido, pois, o 'sexo' não apenas funciona como uma norma, mas é parte de uma prática regulatória que produz os corpos que governa,

> isto é, toda força regulatória manifesta-se como uma espécie de poder produtivo, o poder de produzir – demarcar, fazer, circular, diferenciar - corpos que ela controla. Assim, o 'sexo' é um ideal regulatório cuja materialização é imposta: esta materialização ocorre (ou deixa de ocorrer) através de certas práticas altamente reguladas. Em outras palavras, o 'sexo' é um constructo ideal que é forçosamente materializado através do tempo. (Butler, 1993, p. 110)

Ou seja, para Butler (1993) o sexo não é algo natural, mas sim um processo através do qual se materializam normas regulatórias. Assim, a autora não considera sexo como algo estático, mas um processo por meio do qual as normas regulatórias materializam esse sexo com base numa reiteração forçada das normas (Butler, 1993).

Outra importante contribuição para o desenvolvimento do conceito de gênero é a obra da historiadora estadunidense, também pós-estruturalista, Joan Scott, *Gênero: uma categoria útil de análise histórica*, publicada originalmente em 1986.[24] Nesta obra Scott (1995) define gênero como um elemento constituído de relações sociais e baseado nas diferenças percebidas entre os sexos e como uma forma primária de dar significação às relações de poder. Sendo assim, a autora expõe quatro elementos interrelacionais que atuam juntos, e nos quais são baseadas essas relações sociais. O primeiro destes elementos seriam os símbolos culturalmente disponíveis que evocam representações simbólicas e frequentemente contraditórias, como por exemplo, Eva e Maria como símbolos de representação da mulher na tradição cristã ocidental, mitos de luz e escuridão, purificação e poluição etc. O segundo seria os "conceitos normativos que

[24] Posteriormente esta obra foi revista pela autora, o que resultou em uma obra de 2010 intitulada: *Gender: still a useful category of analysis?*, na qual Scott rebate as críticas feitas ao artigo de 1986.

expressam interpretações dos significados dos símbolos, que tentam limitar e conter suas possibilidades metafóricas", esses conceitos são expressos nas doutrinas religiosas, educativas, científicas, políticas ou jurídicas que dão forma à oposição binária do que é ser homem e mulher, do significado do masculino e do feminino. O terceiro seria as instituições e organizações sociais, aí inclusas as relações de parentesco assim como a educação, o sistema político, o mercado de trabalho etc., e o quarto elemento seria a identidade subjetiva – sendo que esses quatro elementos atuariam juntos.

Já para Saffioti (2015), autora marxista brasileira que desde a década de 1970 discute as características do trabalho feminino, o conceito de gênero não se resume a uma categoria de análise, apesar de ser útil como tal, mas diz respeito a uma categoria teórica, cuja investigação demandou e ainda demanda muito investimento intelectual e, assim, pode ser concebido em várias instâncias:

> como aparelho semiótico (Lauretis, 1987); como símbolos culturais evocadores de representações, conceitos normativos como grade de interpretação de significados, organizações e instituições sociais, identidade subjetiva (Scott, 1988); como divisões e atribuições assimétricas de características e potencialidades (Flax, 1987); como, numa certa instância, uma gramática sexual, regulando não apenas relações homem-mulher, mas também relações homem-homem e relações mulher-mulher (Safiotti, 1992; 1997b; Saffioti e Almeida, 1995) etc. (Saffioti, 2015. p. 47)

Ou seja, diante dessa gama de possibilidades,[25] cabe a cada feminista dar destaque a determinados aspectos do gênero. Nesse sentido, reconhecemos que essa é uma das principais críticas feitas pelas teóricas francesas do feminismo materia-

---

25 Apesar dessa vasta possibilidade de enfoques, há o consenso de que o gênero é a construção social do masculino e do feminino (Saffioti, 2015).

lista (Cisne, 2015). Saffioti (1992; 2004; 2015) reconhece essa crítica, e nesse sentido, destaca que o conceito de gênero isolado não implica necessariamente em uma desigualdade entre homens e mulheres, pois a hierarquia é apenas presumida:[26] algumas autoras compreendem essa hierarquia independente do tempo histórico estudado e esse é um grande problema teórico, que, segundo a autora, pode ser resolvido com a utilização do conceito de patriarcado junto ao conceito de gênero, entendendo que a apreensão desse conceito é fundamental para a compreensão do caráter histórico da dominação masculina. Assim, segundo a perspectiva abordada por Saffioti (2015), gênero não é apenas uma categoria analítica, mas também uma categoria histórica e que, apesar de tratar tanto do homem como da mulher, pode perfeitamente fazer parte dos estudos sobre a mulher.

Como aponta Cisne (2014, p. 61), "gênero e relações sociais de sexo são distintos, embora, muitas vezes, encontremos textos que os tratam como sinônimos", e a primeira grande distinção entre essas duas categorias está na sua origem. Se a categoria gênero teve origem com as feministas estadunidenses nos anos 1970 e 1980, a categoria "relações sociais de sexo" surgiu com a escola feminista francesa (no original do francês, *rapports sociaux de sexe*). É importante destacar que na língua francesa existem duas palavras para o termo relações: *rapport* e *relations*,

> que abordam dois níveis de apreensão da sexuação do social (tornar o social sexuado). A noção de *rapport* social aborda a tensão antagônica que se desenrola, em particular, em torno da questão da divisão sexual do trabalho e que termina na criação de grupos sociais com interesses antagônicos. A denominação *relations* sociais remete às relações concretas que os grupos e indi-

[26] Crítica que, conforme apontamos anteriormente, é também elaborada por Falquet (2012).

> víduos mantêm. Assim, as formas sociais 'casal' ou 'família', que podemos observar em nossas sociedades, são ao mesmo tempo expressão das relações (*rapports*) sociais de sexo configuradas por um sistema patriarcal e também espaços de interação social que vão, eles mesmos, recriar o social e dinamizar parcialmente o processo de sexuação do social. (Kergoat, 2009, p. 72)

Assim, a categoria de *rapports sociaux de sexe* é utilizada de forma a acentuar o fato de que as relações entre os sexos são permeadas por conflitos, hierarquias e antagonismos correspondentes às relações de exploração e opressão. Estas não são relações que dizem respeito a homens e mulheres, mas sim são compostas por relações estruturantes, consubstanciadas e coextensivas (termos cunhados por Kergoat para se referir à forma como se dão as relações sociais, conforme veremos mais adiante) aos conflitos de classe e raça (Cisne, 2015).

Cisne (2014), ao criticar a utilização do conceito de gênero, destaca outra dimensão importante do termo *rapports sociaux de sexe*:[27] o fato dele ter surgido no início da década de 1980 já estreitamente relacionado com os estudos sobre divisão sexual do trabalho. Assim, a utilização desse conceito, "além de sublinhar a dimensão antagônica das classes, assegura o não esquecimento da centralidade do trabalho para os estudos feministas" (Cisne, 2014, p. 63). Seguindo a sua argumentação, Cisne aponta que o conceito de gênero, por vezes é utilizado sem que haja essa noção de hierarquia entre os sexos e sem que as outras desigualdades estruturantes sejam também consideradas.[28] Além disso, a autora aponta também, utilizando Jules

---

[27] Considerando que esse é um termo específico em francês cujo significado pode sofrer alteração quando traduzido para o português, preferimos manter no original em francês.

[28] Problema também considerado por Saffioti, que por isso utiliza o conceito de patriarcado junto ao de gênero (Saffioti, 2015).

Falquet (2012, p. 108), que o conceito de gênero foi muitas vezes utilizado como forma de evitar o estigma que acompanha o termo "feminismo" ou para fornecer um "*plus*" para a palavra mulher, sendo que esta forma de utilização muitas vezes apaga a noção de hierarquia entre os sexos.

Ao falar das *rapports sociaux de sexe,* precisamos destacar a consubstancialidade e coextensividade das relações sociais, conceitos importantes para o campo do feminismo materialista e do feminismo como um todo, desenvolvidos por Danielle Kergoat desde os anos 1970-1980 na busca da compreensão "não mecânica das práticas sociais entre homens e mulheres frente à divisão social do trabalho em sua tripla dimensão: de classe, de gênero e origem (Norte/Sul)" (Kergoat, 2010, p. 93). Consubstancialidade e coextensividade das relações sociais são conceitos que, primeiramente, não têm referências em noções como adição, imbricação, interseção e multiposicionalidade. Ao contrário, as relações sociais são consubstanciais porque formam um nó que não pode ser desatado no âmbito das práticas sociais, apenas na perspectiva da análise sociológica, e além disso são coextensivas, pois ao se desenvolverem as relações sociais de classe, gênero e "raça" se reproduzem e coproduzem mutuamente (Kergoat, 2010). A ideia de consubstancialidade não implica que tudo está vinculado a tudo, mas implica uma forma de leitura da realidade social. Ou seja, é o entrecruzamento complexo das relações sociais que se constroem de forma recíproca, cada uma imprimindo sua marca na outra. Já o conceito de coextensividade procura dar conta do dinamismo das relações sociais, que se reproduzem mutuamente (Kergoat, 2010).

O conceito de consubstancialidade desenvolvido por Kergoat também é utilizado por Jules Falquet ao tratar das relações sociais de sexo, classe e raça. A autora (2008) considera indispensável a análise dos efeitos conjugados de várias relações sociais de poder: relações de sexo, de classe e de raça, considerando que essas relações não se sobrepõem ou se adicionam, mas sim são imbricadas, consubstanciadas e coformadas. Além disso, para a autora, há um *continuum* entre estas três formas de trabalho: o trabalho de manutenção – tanto doméstica como comunitária – e trabalho sexual e de produção e cuidados dos filhos. Esse *continuum* (de trabalho remunerado ou não) é denominado de "trabalho considerado feminino", constituindo a maior parte do "trabalho desvalorizado".

Na verdade, Falquet (2008) discorre também sobre o conceito de *sexagem* desenvolvido por Colette Guillaumin, um conceito muito importante não só para o feminismo materialista como para o feminismo em geral. Segundo Falquet (2008), Guillaumin construiu o conceito de sexagem para se referir à apropriação do corpo, dos produtos do corpo, do tempo e da energia das mulheres por parte dos homens. Para a autora (1992), as mulheres constituem uma classe social de sexo que é apropriada pela classe dos homens, e essa apropriação se dá por meio da relação social de sexagem. Relação que pode ser tanto individual, como por exemplo, no matrimônio heterossexual ou coletiva, como é o caso das mulheres solteiras e das freiras.

Esses conceitos do feminismo materialista deixam clara a importância da contribuição dessas autoras para a construção do feminismo como um todo; entretanto, consideramos que a utilização do conceito de gênero, quando feita de forma crítica e correlacionada com outras relações sociais, como é o caso da relação entre gênero, classe social e raça/etnia, que para Saffioti (2015), interagem na forma de um nó, em uma relação parecida com a estabelecida por Kergoat quando trata da consubstancialidade e coextensividade das relações sociais. Nesse ponto concordamos com Almeida (2017), que, ao fazer o debate sobre a utilização dessas duas categorias, destaca que:

> O fato do termo [gênero] não ser corrente na França faz com que as feministas francesas, articulando a crítica do esvaziamento teórico do conceito de gênero, prefiram utilizar a terminologia de relações sociais de sexo. Portanto, não se trata diretamente e especificamente apenas de diferenças teórico-políticas, mas, em alguns casos, tão somente da diferença de significados em linguagens diferentes. (Almeida, 2017, p. 78)

Se na França o termo gênero não é comumente utilizado, na América Latina e no Brasil ele é amplamente aceito desde a década de 1980, tendo sido incorporado politicamente pelos movimentos feministas.[29] Além disso, está presente nas políticas que têm como proposta a igualdade entre homens e mulheres e também é um conceito abordado na maior parte da nossa literatura feminista (Almeida, 2017). Saffioti (1992, p. 185) destaca que a opção (com a qual concordamos) por utilizar o conceito de relações de gênero em vez de *rapports sociaux de sexe* se dá porque o termo gênero está "linguisticamente impregnado do social, enquanto é necessário explicitar a natureza social da elaboração do sexo", ou seja, a utilização do termo (ou categoria) gênero já indicaria que há uma construção social, ao contrário da utilização da categoria sexo,

29 É importante destacar que o conceito de gênero é utilizado pelas mulheres do Movimento dos Trabalhadores Rurais Sem Terra (MST) desde 1980, quando da organização da Comissão Nacional de Mulheres do MST, que teve como objetivo lutar por uma maior participação das mulheres nos espaços políticos dentro do próprio movimento (Honório, 2005). Destacamos também a criação do Setor de Gênero (criado no Encontro Nacional de Mulheres do MST em 2000) e o fato de que, desde então, muitas conquistas foram alcançadas, sendo os coletivos de auto-organização de mulheres do Espírito Santo (objeto de estudo desta pesquisa) um exemplo concreto das várias conquistas.

cuja utilização remete ao biológico, sendo necessário afirmar a sua biologização.

Na verdade, Safiotti (1992) utiliza o conceito de relações de gênero, entendendo que:

> Como o gênero é relacional, quer enquanto categoria analítica, quer enquanto processo social, o conceito de relações sociais de gênero deve ser capaz de captar a trama de relações sociais, bem como as transformações historicamente por ela sofridas através dos mais distintos processos sociais, trama esta na qual as relações de gênero têm lugar. As relações de gênero não resultam da existência de dois sexos, macho e fêmea, como fica explícito no conceito de sistema sexo/gênero, de Rubin. O vetor direciona-se, ao contrário, do social *para* os indivíduos que nascem. Tais indivíduos são transformados, *através das relações de gênero*, em homens e mulheres, cada uma destas categorias excluindo a outra. (Saffioti, 1992, p. 187)

Ou seja, Saffioti utiliza tanto o conceito de gênero quanto o de sexo de forma histórica, tendo o cuidado de relacionar gênero também com a trama de relações sociais que compõe a sociedade. Nesse sentido, a autora (2015) utiliza a palavra *nó* para expressar a forma como essas relações sociais interagem:

> Não se trata da figura do nó górdio nem apertado, mas do nó frouxo, deixando mobilidade para cada uma de suas componentes (Saffioti, 1998). Não que cada uma destas contradições atue livre e isoladamente. No nó, elas passam a apresentar uma dinâmica especial, própria do nó. Ou seja, a dinâmica de cada uma condiciona-se à nova realidade, presidida por uma lógica (Saffioti, 1988). De acordo com as circunstâncias históricas, cada uma das contradições integrantes do nó adquire relevos distintos. E esta motilidade é importante reter, a fim de não se tomar nada como fixo, aí inclusa a organização destas subestruturas na estrutura global, ou seja, destas contradições no seio da nova realidade – novelo patriarcado-racismo-capitalismo (Saffioti, 1987) – historicamente constituída. (Saffioti, 2015, p. 133)

Essa forma de trabalhar gênero, que correlaciona essa categoria com outras relações sociais, e considera as contradições e distinções entre cada período histórico, não tem nada de neutro, como criticam as teóricas do feminismo materialista. Para Saffioti (2015), o conceito de gênero é mais ideológico que o de patriarcado. O que a autora defende é a utilização dos conceitos de gênero e patriarcado, considerando o de gênero mais amplo que o de patriarcado.[30] A utilização simultânea dos conceitos de gênero, já que um é genérico e o outro específico dos últimos seis ou sete milênios; "a impossibilidade de aceitar, mantendo-se a coerência teórica, a redutora substituição de um conceito por outro" (Saffioti, 2015, p. 141).

Nesta altura da nossa argumentação, consideramos importante destacar o que entendemos por patriarcado. Primeiramente, precisamos deixar claro que Saffioti considera a consolidação do patriarcado como um processo histórico recente, cujo processo de instalação teve início nos anos 3100 a.C., mas só foi consolidada no ano 600 a.C. Pode-se dizer que o patriarcado conta com a idade de 5.203-5.204 anos se fizermos a contagem desde o começo do processo de mudança, ou com 2.603-2.604 anos se contarmos a partir do fim do processo de transformação das relações homem-mulher. Por isso, ao utilizar juntos os conceitos de gênero e de patriarcado, Saffioti (2015) faz outras considerações, já que o primeiro é entendido como muito mais vasto que o segundo, e ambos expressam relações que se dão de formas diferentes: se no patriarcado elas são de hierarquia entre seres socialmente desiguais, o gênero compreende também relações igualitárias. Assim, "o patriarcado é um caso específico de relações de gênero" (Saffioti, 2015, p. 126). Além disso, para a autora (2015), o patriarcado se configura como uma relação civil, não como uma relação privada,

[30] Levando-se em conta os 250 mil anos, no mínimo, da sociedade (Saffioti, 2015).

que dá direitos sexuais aos homens sobre as mulheres, praticamente sem restrição, e se configura como um tipo hierárquico de relação que invade todos os espaços da sociedade. Também tem uma base material, se corporifica e, por último, representa uma estrutura de poder que se baseia tanto na ideologia quanto na violência.

Assim, destacamos a historicidade da categoria *relações de gênero*, ressaltando a importância de que esta seja relacionada com outras relações sociais, conforme nos aponta Safiotti (2015). Portanto, quando falamos das relações de gênero às quais as trabalhadoras rurais no capitalismo dependente estão submetidas, devemos destacar o papel desempenhado pelo agronegócio e pelo grande latifúndio na perpetuação da opressão e da pobreza femininas: desde o início do século XVI a sociedade brasileira está assentada sobre o latifúndio, um fruto da colonização portuguesa que perdura, até os dias de hoje, em estreita aliança com o agronegócio – aliança que além de aumentar a concentração de terras aumenta também a pobreza (Campos, 2011). Em um trabalho que analisa os direitos das mulheres a terra e dos movimentos sociais rurais à reforma agrária brasileira, Deere (2004) demonstra que além da luta contra o agronegócio, as mulheres enfrentam também dificuldade de acesso à terra, dificuldade na hora de arranjar emprego ou de ter a sua independência. Compreendemos o agronegócio, de acordo com Campos, como

> uma completa articulação de capitais, direta e indiretamente vinculados com os processos produtivos agropecuários, que se consolida no contexto neoliberal, sob a hegemonia de grupos multinacionais, e que, em aliança com o latifúndio e o Estado, tem transformado o interior do Brasil em um lócus privilegiado de acumulação capitalista, intensificando múltiplas desigualdades socioespaciais. (Campos, 2011, p. 22)

Além disso, o agronegócio apresenta como característica a

> organização da produção agrícola na forma de monocultivo (um só produto) em escalas de áreas cada vez maiores; uso intensivo de máquinas agrícolas, também em escala cada vez mais ampla, expulsando a mão de obra do campo; a prática de uma agricultura sem agricultores; uso intensivo de venenos agrícolas, os agrotóxicos, que destroem a fertilidade natural dos solos e seus micro-organismos, contaminam as águas dos lençóis freáticos e inclusive a atmosfera, ao adotarem desfolhantes e secantes que evaporam e regressam com as chuvas e, sobretudo, contaminam os alimentos produzidos, trazendo consequências gravíssimas para a saúde da população; uso cada vez maior de sementes transgênicas, padronizadas, e agressão ao meio ambiente com técnicas de produção que buscam apenas a maior taxa de lucro em menor tempo. (Stedile, 2013, p. 32)

Ao analisar a participação política das mulheres no campo, Carneiro (2013) aponta para o aumento da utilização de mão de obra feminina no mercado de trabalho agrícola no início da década de 1980, que de 1970 até 1982 cresceu 132,7%, enquanto a mão de obra masculina decresceu em 5,4%. Aliado a esses dados está o fato de que a utilização da mão de obra feminina na produção de alimentos destinados ao mercado interno não é vista como trabalho, portanto, o trabalho feminino que aparece incorporado à produção agrícola é basicamente o trabalho assalariado (geralmente eventual) nas grandes lavouras para exportação. Essa situação não se modificou recentemente; segundo dados trazidos por Campos (2011), em 2006 o número de mulheres ocupadas em atividades agrícolas e que não recebem nenhum tipo de remuneração é de 80,7%, enquanto o percentual de homens é de 27%. Dados mais recentes do Dieese (2011) mostram que a posição ocupada pelas mulheres nas atividades agrícolas não sofreu grandes mudanças. É possível observar no gráfico a seguir que apenas 37,9% das mulheres residentes em área rural se declararam economicamente ativas, contra 62,1% dos homens. Já do total da população inativa 66,4% são mulheres, contra os 33,6% de homens.

Gráfico 1 – Distribuição de pessoas economicamente ativas e dos ativos residentes na área rural por sexo – Brasil 2009 (em %)

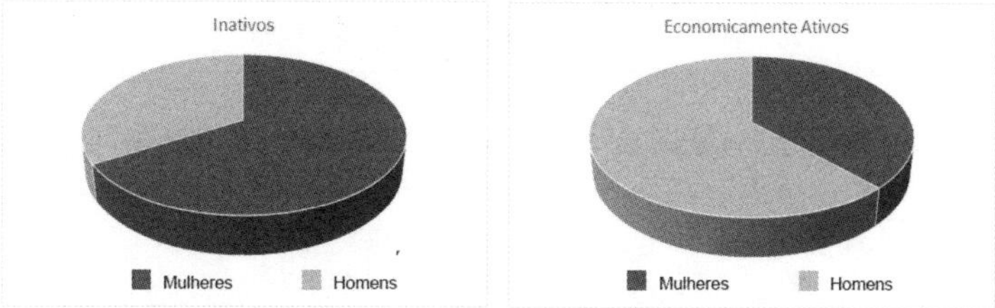

Fonte: IBGE, 2009. Elabaoração: Dieese. Exclui pessoas sem declaração.

Esses dados deixam claro que a invisibilidade do trabalho da mulher no campo é algo ainda presente na realidade brasileira. Outra questão da realidade específica das mulheres no campo, ligada à invisibilidade do trabalho feminino, é o fato de que muitas vezes as mulheres e os filhos pertencentes a uma unidade familiar realizam com o marido os trabalhos, mas o pagamento é único, indivisível e feito ao homem, chefe de família (Heredia; Cintrão, 2006). Uma série de dados da Pnad de 2002 revela que as atividades agrícolas realizadas pelas mulheres estão concentradas nos itens "produção para consumo" e "trabalho não remunerado", que absorviam 42% e 39% das mulheres respectivamente, totalizando 81%, o que equivaleria às mulheres que não apresentam nenhum rendimento. Segundo Heredia e Cintrão (2006), esse é um indicativo de que o trabalho da mulher está concentrado na produção para consumo e que é visto como uma extensão do trabalho doméstico (não remunerado), o que reforça a invisibilidade do trabalho feminino na agricultura. É possível observar no gráfico 2, com dados do Pnad de 2009, que as características do trabalho feminino não sofreram grandes mudanças: as mulheres trabalhadoras rurais continuam concentradas nos itens "trabalho não remunerado" (30,7%) e "autoconsumo" (46,7%), totalizando 77,4%, contra 25,1% dos homens.

Gráfico 2 – Distribuição do pessoal ocupado na agropecuária por posição na ocupação segundo sexo

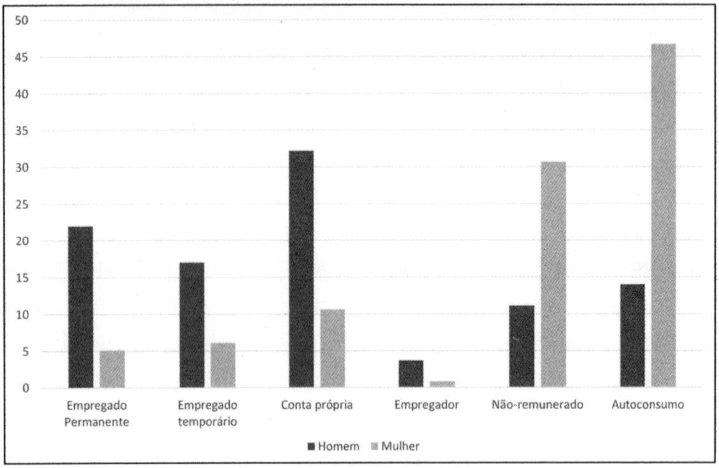

Fonte: IBGE, 2009. Elaboração: Dieese.

Esses dados de 2009 demonstram que não houve grande mudança nas características do trabalho efetuado pela mulher no campo. O trabalho feminino no campo ainda tem como principal característica a não remuneração, estando a maior parte das mulheres ocupadas na produção para o autoconsumo – posição, como destacamos anteriormente, essencial para a manutenção do trabalhador no campo e para a apropriação de uma quantidade maior de mais-valia. É também possível perceber, por meio dos dados apresentados, que a maior parte do trabalho realizado pelas trabalhadoras rurais é do tipo não remunerado e para autoconsumo. O que pode ser comprovado também com dados de 2013 sobre o assalariamento rural na tabela 1, a seguir:

Tabela 1 – Assalariados rurais segundo sexo (pessoas de 10 anos ou mais de idade) - Brasil, 2013

Gênero	Empregados rurais		Empregados rurais com carteira assinada		Empregados rurais sem carteira assinada	
	N. absoluto	Em %	N. absoluto	Em %	N. absoluto	Em %
Masculino	3.609.914	88,9	1.430.973	86,9	2.178.941	90,3
Feminino	449.593	11,1	216.050	13,1	233.543	9,7
Total	4.059.507	100,0	1.647.023	100,0	2.412.484	100,00

Fonte: IBGE: Pnad 2013. Elaboração: Dieese – Subseção Contag.

Conforme podemos perceber por meio desses dados, tanto a condição de precariedade dos empregos rurais, cuja maioria das pessoas trabalha sem carteira assinada, quanto a diferença significativa de assalariados homens e mulheres. Sobre isso, Bambirra (1971) se utiliza da análise de Margaret Benston para falar da materialidade da exploração da mulher no capitalismo. Benston (1989) foi uma das primeiras a escrever sobre a economia política da liberação da mulher e seu trabalho, publicado originalmente em 1969, teve grande impacto no diálogo feminista na época (Miles *et al.*, 1993). Para a autora (1989), o trabalho doméstico, incluindo o cuidado dos filhos, constitui uma grande quantidade de produção socialmente necessária que, na sociedade capitalista baseada na produção e venda de mercadorias, não é considerado um trabalho real. Na verdade, a autora considera o trabalho doméstico como um trabalho pré-capitalista, posição com a qual Bambirra (1971) também concorda. É pré-capitalista já que, com o aparecimento do modo de produção capitalista, houve uma mudança na forma do trabalho masculino, entretanto,

> a maior parte do trabalho doméstico na sociedade capitalista (e nas sociedades socialistas existentes) remonta ao estágio pré-mercado. Esse é o trabalho que é reservado para as mulheres e

> é nesse fato que podemos encontrar a base para a definição de mulheres. (Benston, 1989, p. 3, tradução nossa)[31]

Dessa forma, as diferenças entre o trabalho dos homens e das mulheres na sociedade capitalista repousam tanto no fato de o trabalho doméstico ter origem pré-capitalista, quanto no fato de as mulheres,[32] além de não estarem excluídas do trabalho produtivo, carregam a responsabilidade pelo trabalho doméstico, diferente dos homens, que não carregam nenhuma responsabilidade pelo trabalho doméstico. Na verdade, a participação das mulheres no trabalho assalariado ocorre, mas estas, como um grupo, não possuem responsabilidade estrutural, sendo essa participação normalmente considerada transitória. Essa afirmação de Benston (1989), de que as mulheres, como um grupo, estão excluídas do trabalho produtivo, está relacionada com outra posição adotada pela autora, que considera o trabalho doméstico como pré-capitalista, pois produz valor de uso e está localizado fora do mercado. Assim, apesar desse tipo de trabalho ser responsável por uma grande quantidade da produção socialmente necessária, "em uma sociedade baseada na produção de mercadorias, não é comum considerar 'trabalho real' aqueles que estão localizados fora do comércio e do Mercado" (Benston, 1989, p. 3, tradução nossa).[33] Nesse sentido, como aponta Bambirra (1971, p. 3, tradução nossa),

---

31 "[...] most household labour in capitalist societiy (and in the existing socialist societies, for the matter) remains in the pre-market stage. This is the work which is reserved for women and it is in this fact that we can find the basis for a definition of women" (Benston, 1989, p. 3).

32 Na verdade, Benston (1989, p. 3) define as mulheres como "um grupo de pessoas responsáveis pela produção de simples valores de uso naquelas atividades associadas com o lar e a família".

33 "[...] in a society based on a commodity production, it is not usually considered 'real work' since it is outside of trade and the marketplace" (Benston, 1989, p. 3).

> ou a mulher é superexplorada quando trabalha também fora do lar ou, então, quando isto não se verifica, 'a manutenção de sua família é uma carga oculta do assalariado, seu salário compra a força de trabalho de duas pessoas', e que esse 'trabalho não pago do lar é necessário para que todo o sistema funcione'.[34]

Assim, fica claro que o trabalho doméstico é necessário para o sistema capitalista e é por ele integrado. Para Benston (1989) e Bambirra (1971) o trabalho doméstico é pago pelo salário do marido, o que significa que a mulher passa a ter pouco controle sobre as condições que governam a sua vida. Além disso, a mulher que sai para o mercado de trabalho passa a ser superexplorada fora de casa (além de acumular as funções do lar). Como destaca Benston,[35]

> Em todos os momentos o trabalho doméstico é de responsabilidade das mulheres. Quando elas estão trabalhando fora de casa, elas devem arranjar uma forma de administrar para que ambos, o trabalho fora de casa e o trabalho doméstico, sejam feitos (ou elas supervisionam uma substituta para o trabalho doméstico). (1989, p. 8, tradução nossa)

Ou seja, mesmo quando a mulher passa a trabalhar fora de casa, a responsabilidade pelo trabalho doméstico permanece sendo feminina. A mulher que trabalha fora passa então a acumular tanto o trabalho fora de casa como o trabalho doméstico. Além do mais, a necessidade de manutenção do trabalho

34 "[...]o la mujer es súper-explotada cuando trabaja también fuera del hogar o, entonces, cuando esto no se verifica, 'la manutención de su familia es una carga oculta del asalariado, su sueldo compra la fuerza laboral de dos personas', y que esta 'labor no pagada en el hogar es necesaria para que todo el sistema funcione'" (Bambirra, 1971, p. 3).

35 "At all times household work is the responsibility of women. When they are working outside the home they must somehow manage to get both outside job and housework done (or they supervise a substitute for the housework)" (Benston, 1989, p. 8).

doméstico feminino é, segundo Benston (1989), funcional ao capital em dois aspectos principais:

> Primeiro, o montante de trabalho não pago realizado pelas mulheres é muito grande e muito lucrativo para aqueles que possuem os meios de produção. Pagar as mulheres pelo seu trabalho, mesmo que em uma escala salarial mínima, iria implicar uma massiva redistribuição de riqueza. [...] E segundo, há o problema de se a economia pode se expandir o suficiente para que todas as mulheres façam parte da força de trabalho normalmente empregada. (Benston, 1989, p. 8, tradução nossa)[36]

Assim, tanto o trabalho feminino não pago quanto a sua força de trabalho no mercado são funcionais ao capital. E mais, a força de trabalho feminina não é funcional apenas nos momentos de expansão da economia, mas também na desvalorização do trabalho da mulher, que está inserida em postos de trabalhos precários e com salário inferior ao dos homens. Se para Benston e Bambirra o trabalho doméstico é pago pelo salário do marido, Delphy (2015) parte do preceito de que esse é um trabalho não pago, gratuito, e que essa gratuidade não depende da natureza dos serviços prestados, mas do fato de serem realizados por mulheres dentro de casa. Delphy (2015) também se propõe a fazer uma análise da materialidade da opressão da mulher. Nesse sentido, a autora critica a posição adotada por Benston (1989)[37] que reconhece o trabalho do-

[36] "First, the amount of unpaid labour performed by women is very large and very profitable to those who own means of production. To pay women for their work, even at minimun wage scales, would imply a massive redistribution of wealth. [...] And second, there is the problem of whether the economy can expand enough top up all women to work as a part of the normally employed labour force" (Benston, 1989, p. 8).

[37] Essa crítica de Delphy (2015) parte de duas afirmações de Benston: 1) "their [women] participation occurs; but as a group, they have no structural responsability in this area [commodity production] and such participation is ordinarily regarded as transient" (Benston, 1989, p. 3); e 2) "in structural terms, the

méstico como produtivo,[38] mas que sugere que o não valor ou a sua não remuneração e exclusão do campo da troca seria resultado da própria natureza do trabalho doméstico. A posição de Delphy, ao contrário, considera que:

> [...] não é a natureza dos trabalhos efetuados pelas mulheres que explica suas relações de produção, longe disso, mas que são essas relações que explicam que seus trabalhos sejam excluídos do mundo do valor. São as mulheres que são excluídas do mercado (da troca) enquanto agentes econômicos e não sua produção. (2012, p. 102)

Ou seja, é o fato de o trabalho ser efetuado pelas mulheres que determina a sua não remuneração, e não a natureza do trabalho. Assim, ao tratar da natureza do trabalho feminino, Delphy (2015) faz algumas pontuações. Primeiro, que não há distinção entre o trabalho doméstico no que diz respeito às produções destinadas ao consumo familiar ou às produções destinadas ao mercado, quando produzidas no âmbito doméstico, no quesito remuneração. Ambos os tipos de produção não são remunerados. Segundo, a autora afirma que "não há diferença entre o serviço doméstico realizado pelas mulheres e os outros bens e serviços ditos produtivos, realizados e consumidos na família" (Delphy, 2015, p. 105). Na verdade, além de não haver diferença entre esses serviços, quando o trabalho doméstico realizado pela mulher no lar passa a ser realizado no mercado

closest thing to the condition of women is the condition of others who are or were also outside of commodity production, i. e., serfs and peasants" (Benston, 1989, p. 4).

38 Lembrando que, segundo Marx (1985, p. 106), "O conceito de trabalho produtivo, portanto, não encerra de modo algum apenas uma relação entre atividade e efeito útil, entre trabalhador e produto do trabalho, mas também uma relação de produção especificamente social, formada historicamente, a qual marca o trabalhador como meio direto de valorização do capital. Ser trabalhador produtivo não é, portanto, sorte, mas azar".

(por exemplo: serviços de lavanderia, creches, alimentação) ele passa a ser pago. Isso demonstra que não é a natureza do trabalho realizado pelas mulheres que faz com que este não seja pago, mas sim o fato de ele ser realizado por mulheres dentro de casa (p. 105). Para exemplificar essa afirmação, a autora utiliza como exemplo o trabalho feminino no campo, já que nesse espaço os bens produzidos pelo trabalho feminino podem tanto ser consumidos pela família quanto comercializados, o que significa que não há uma distinção entre valor de uso e valor de troca. Além do mais,

> O mesmo bem que é consumido e que tem, portanto, um valor de uso para a família também tem naturalmente um valor de troca, visto que pode ser vendido no mercado; por outro lado, se não fosse produzido internamente, deveria ser substituído por seu equivalente comprado no mercado. (Delphy, 2015, p. 105)

Com base no autoconsumo rural, a autora afirma que de fato a gratuidade do trabalho não depende da natureza do trabalho efetuado, pois quando não são produzidos em casa esses produtos devem ser comprados no mercado. Além disso, todos os produtos domésticos existem no mercado (Delphy, 2015).

Apesar dessa discordância, todas essas autoras concordam que o trabalho doméstico é parte fundamental da produção capitalista, posição que compartilhamos. A divisão sexual do trabalho como um todo é extremamente funcional ao capital e aos homens enquanto setor da sociedade (Godinho, 2015). No caso da mulher camponesa temos, além dessas questões, outras condicionantes que agravam essa condição, e representam, além da exploração, a superexploração do trabalho. Superexploração que é condicionada também pela dominação da agroindústria de exportação e do capital estrangeiro no campo (Bartra, 2006).

Saffioti e Ferrante (1983) tratam dessas questões ao trazerem para a análise da situação da mulher nos países periféricos a questão do capitalismo agrário e como isso incide nas condições de vida das mulheres – já que, na dinâmica contraditória estabelecida entre os setores capitalistas e não capitalistas das economias periféricas, o que se tem é uma utilização permanente da força de trabalho, tanto a capitalista, assalariada, como a não capitalista. Assim,

> A articulação do modo de produção capitalista com as formas não capitalistas de trabalho incide diretamente sobre a situação da mulher, uma vez que esta se situa, de preferência, em atividades organizadas em moldes não capitalistas. Este fenômeno adquire maior intensidade nas formações sociais subdesenvolvidas, onde o peso relativo das formas de trabalho não capitalistas é mais significativo do que o existente nas formações sociais altamente industrializadas. (Saffioti, Ferrante, 1983, p. 68)

As formas não capitalistas referidas por Saffioti e Ferrante (1983) são justamente a força de trabalho familiar e as relações de subsistência encontradas principalmente no campo, e que são funcionais ao capital tanto em momentos de maior mobilização de mão de obra quanto em momentos de refluxo, quando as atividades de subsistência passam a ser a alternativa para aqueles que antes estavam em regime assalariado. É importante destacar que o imperialismo elimina parte da necessidade de uma recriação permanente dessas relações não capitalistas nas nações do centro, justamente no interior das nações da periferia, as responsáveis por manter as vantagens daquelas. Assim, "os contingentes humanos que se dedicam a atividades não capitalistas são objeto de exploração por parte do 'capitalismo nacional' e do capitalismo internacional" (Saffioti, Ferrante, 1983, p. 67). Portanto, as mulheres que, em sua maioria, estão inseridas em atividades não capitalistas, são exploradas duplamente: pelo capital nacional e pelo capital internacional. Consideramos que, apesar desse texto, publicado na década de 1980, tratar de relações não capitalistas no campo em uma época na qual as relações sociais eram outras, tanto no campo quanto no meio rural, e considerando as importantes mudanças ocorridas nas mais de duas décadas desde sua publicação, a ideia principal continua atual. O trabalho familiar e as atividades de subsistência continuam sendo praticados no campo, sendo realizados principalmente pelas mulheres, um trabalho muitas vezes invisível e não remunerado.

A superexploração, como característica inerente ao capitalismo dependente, permeia as relações entre capital e trabalho na América Latina. No caso do Brasil e das trabalhadoras rurais não é diferente, apesar das particularidades que envolvem também as relações femininas no campo, marcadas pela grande concentração de terra e pelo avanço do agronegócio. No caso das trabalhadoras do campo e da cidade existe também, além dessa superexploração, a invisibilidade e não remuneração do trabalho feminino doméstico. Dessa forma, ao trazer a importância da divisão sexual do trabalho e do trabalho feminino gratuito para a produção e reprodução da força de trabalho para o capital, procuramos demonstrar a importância de se pensar para além dos mecanismos de exploração dos trabalhadores como um todo. É preciso termos em conta que a classe operária tem sim dois sexos, e que, no caso das trabalhadoras rurais, as relações de trabalho possuem outros condicionantes específicos que precisam ser explicitados para que então seja possível pensar na sua superação.

Referências

ALMEIDA, Janaiky Pereira. *Organismos Internacionais e enfrentamento à precarização do trabalho das mulheres na América Latina*. Tese de Doutorado. UFB/ PPGPS, 2017.

BAMBIRRA, Vânia. "La mujer chilena en la transición al socialismo". *Punto Final*. Santiago, Chile v. 133, 1971.

BARTRA, Armando. *El capital en su laberinto:* de la renta de la tierra a la renta de la vida. México: Universidad Autónoma de la Ciudad de México, 2006.

BENSTON, Margaret. The Political Economy of Women's Liberation. *Monthly Review*, Nova York, EUA, v. 41, n. 7. p. 31-44, 1989.

BUTLER, Judith. Corpos que pesam: sobre os limites discursivos do 'sexo'. In: LOURO, Guacira Lopes. (org.). *O corpo educado:* pedagogias da sexualidade. Belo Horizonte: Autêntica, 2000, p. 151-172.

CAMPOS, Christiane Senhorinha Soares. *A face feminina da pobreza em meio à riqueza do agronegócio:* trabalho e pobreza das mulheres em territórios do agronegócio no Brasil – o caso de Cruz Alta/RS. Buenos Aires: Clacso, 2011.

CARCANHOLO, Marcelo Dias. *Dependencia, superexplotación del trabajo y crisis:* una interpretación desde Marx. Madri: Maia Ediciones, 2017.

CARDOSO, Ciro Flamarion S. *O trabalho na América Latina colonial.* Série Princípios. São Paulo: Ática, 1985.

CARNEIRO, Maria José. "Mulheres no campo: notas sobre sua participação política e a condição social do gênero". *Estudos Sociedade e Agricultura*, 2013.

CISNE, Mirla. *Feminismo e consciência de classe no Brasil.* São Paulo: Cortez, 2014.

CISNE, Mirla. *Gênero, divisão sexual do trabalho e serviço social.* São Paulo: Outras Expressões, 2015.

DAVIS, Angela. *Mulheres, raça e classe.* São Paulo: Boitempo, 2016.

DIEESE. *Estatísticas do meio rural 2010-2011.* Departamento Intersindical de Estatística e Estudos Socioeconômicos; Núcleo de Estudos Agrários e Desenvolvimento Rural; Ministério do Desenvolvimento Agrário. São Paulo: DIEESE, 2011.

DELPHY, Christine. *O inimigo principal*: a economia política do patriarcado. Revista Brasileira de Ciência Política, n. 17. Brasília, p. 99-119, 2015.

DEERE, Carmen Diana. "Os direitos da mulher à terra e os movimentos sociais rurais na reforma agrária brasileira". *Revista Estudos Feministas*, v. 12, n. 1, 175-204, 2004.

FALQUET, Jules. "Repensar as relações sociais de sexo, classe e 'raça' na globalização neoliberal". *Mediações-Revista de Ciências Sociais*, v. 13, n. 1/2, p. 121-142, 2008.

FEDERICI, Silvia. *Calibã e a bruxa:* mulheres, corpo e acumulação primitiva. São Paulo: Elefante, 2017.

GODINHO, Tatau. "O feminismo e a luta dos trabalhadores". *In*: Setor Nacional de Gênero – MST; Ministério do Trabalho e Emprego (MTE). *Construindo Novas Relações de Gênero*: desafiando relações de poder. Brasília, DF, 2005, p. 31-35.

GUILLAUMIN, Colette. *Racism, sexism, power, and ideology.* Nova York: Routledge, 1995.

HEREDIA, Beatriz Maria Alásia.; CINTRÃO, Rosângela Pezza. "Gênero e acesso a políticas públicas no meio rural brasileiro". *Revista Nera,* p. 1-28, 2006.

HONÓRIO, Renata Gonçalves. "Acampamentos: novas relações de gênero (con) fundidas na luta pela terra". *Lutas Sociais,* n. 13/14, p. 147-159, 2005.

KERGOAT, Danièle. "Divisão sexual do trabalho e relações sociais de sexo". *In*: HIRATA, Helena. *et al* (Orgs.). *Dicionário crítico do feminino*. São Paulo: Unesp, 2009.

KERGOAT, Danièle. "Dinâmica e consubstancialidade das relações sociais". *Novos Estudos-CEBRAP*, n. 86, p. 93-103, 2010.

MANDEL, Ernst. *O capitalismo tardio*. São Paulo: Nova Cultural, 1985.

MARINI, Ruy Mauro. Dialética da dependência. *In*: TRASPADINI, Roberta S.; STEDILE, João Pedro. *Ruy Mauro Marini vida e obra*. São Paulo: Expressão Popular, 2011.

MARX, Karl. *O capital*: crítica da economia política. São Paulo: Nova Cultural, Livro I, Tomo II, 1985.

MILES, Angela. *et al*. Margaret Benston's Political Economy of Women's Liberation: international impact. *Canadian Woman Studies*, v. 13, n. 2, p. 31, 1993.

NAKATANI, Paulo; FALEIROS, Rogério Naques; VARGAS, Neide Cesar. "Histórico e os limites da reforma agrária na contemporaneidade brasileira". *Ser. Soc. Soc.*, n. 110, p. 213-240, abr./jun. 2012.

PNAD. *Pesquisa nacional por amostra de domicílios:* síntese de indicadores 2002. IBGE, Coordenação de Trabalho e Rendimento. Rio de Janeiro: IBGE, 2013.

PNAD. *Pesquisa nacional por amostra de domicílios:* síntese de indicadores 2009. IBGE, Coordenação de Trabalho e Rendimento. Rio de Janeiro: IBGE, 2010.

RUBIN, Gayle. *O tráfico de mulheres:* notas sobre a "economia política" do sexo. Debat. Recife: SOS Corpo, 1993.

SAFFIOTI, Heleieth. "Rearticulando gênero e classe social". *In*: COSTA, Albertina de Oliveira, BRUSCHINI, Cristina. *Uma questão de gênero*. Rio de Janeiro: Rosa dos Tempos; São Paulo: Fundação Carlos Chagas, 1992.

SAFFIOTI, Heleieth. *A mulher na sociedade de classes*: mito e realidade. São Paulo: Expressão Popular, 2013.

SAFFIOTI, Heleieth. *Gênero, patriarcado, violência*. São Paulo: Expressão Popular: Fundação Perseu Abramo, 2015.

SAFFIOTI, Heleith; FERRANTE, Vera Lúcia Silveira Botta. "A mulher e as contradições do capitalismo agrário". *Perspectivas*, São Paulo, 6:67-75, 1983.

SCOTT, Joan. "Gênero: uma categoria útil de análise histórica". *Educação & Realidade*, v. 2, n. 20, 1995.

STEDILE, João Pedro. "Tendências do capital na agricultura". *In*: STEDILE, João Pedro. (Org.), ESTEVAM, Douglas (assistente de pesquisa). *A questão agrária do Brasil:* o debate na década de 2000. São Paulo: Expressão Popular, 2013.

TRASPADINI, Roberta S. *Questão agrária, imperialismo e dependência na América Latina:* a trajetória do MST entre novas-velhas encruzilhadas. Tese de Doutorado. UFMG/FAE/PPGE, 2016.

TRASPADINI, Roberta S.; STEDILE, João Pedro. *Ruy Mauro Marini vida e obra*. São Paulo: Expressão Popular, 2011.

FEMINISMO E REVOLUÇÃO SOCIALISTA NA AMÉRICA LATINA

RENATA COUTO MOREIRA

O DESENVOLVIMENTO DO MODO de produção capitalista nas colônias esteve na base do processo de acumulação primitiva necessária à revolução industrial e ao imperialismo europeu no século XVIII. Esse combinou, de forma desigual, uma moderna estrutura financeira e de circulação mundial de mercadorias, com relações sociais "arcaicas" de produção nas colônias e com a escravidão de milhares de ameríndios e africanos. A evolução do capitalismo nos países latino-americanos foi sistematicamente submetida às reconfigurações da divisão do mercado mundial, e desde sempre para atender à demanda externa das economias imperialistas.

Theotonio dos Santos (2012) evidenciou essa subordinação do continente com a colonização europeia, e como esta história levou à sua especialização na produção de bens primários para exportação. As lutas de independência, em vez de levar à independência econômica das ex-colônias, estruturou a reprodução dos laços de dependência, porém agora sob o domínio econômico da questão. Nessa dialética, o autor desvela importantes mecanismos historicamente impostos e bastante eficientes de dependência estabelecidos neste período com as nações imperialistas. Em essência, constituem-se mecanismos de transferência de riquezas dos novos países ao centro imperialista do sistema capitalista global.

Com a independência política, as novas nações já nascem inseridas em uma divisão internacional do trabalho, submetidas à hegemonia de algumas nações industriais, sobretudo a Inglaterra, e subordinadas a essas por relações de dependência econômica. Estas visam, em última instância, superar a crise de acumulação do capital global do imperialismo, fase superior do mesmo capitalismo. Sob a nova hegemonia dos Estados Unidos da América (EUA), despontam entre as nações imperialistas do século XX, com destaque aos períodos de pós-guerra mundial, as relações de dependência, que só fazem por aprofundar ainda mais na América Latina, segundo Dos Santos (2012).

Evidenciamos isso pela crescente transferência de valores, nitidamente expressa na remessa de lucros e pagamento de juros da dívida externa dos países latino-americanos ao resto do mundo. Vinculadas aos investimentos diretos estrangeiros e monopolizados pelas grandes corporações internacionais, tais transferências continuam por submeter estes países à sua condição de dependência (tecnológica, comercial e financeira). Ao perderem o domínio sobre suas decisões de produção, setores econômicos estratégicos aprofundam a superexploração da força de trabalho das próprias famílias latino-americanas e perdem ainda mais o controle dos seus territórios e recursos naturais.

Dialogando com essa concepção, Ruy Mauro Marini (2005) destaca como a primazia dada aos setores primário-exportadores nos países dependentes cria divórcios importantes entre as esferas de produção e de consumo no ciclo do capital. A drenagem de valores ao exterior, articulada à garantia dos lucros e rendas das classes dominantes internas, amplia permanentemente a necessidade de gerar excedentes econômicos. Para satisfazer estas demandas, as famílias trabalhadoras latino-americanas vêm sendo sistematicamente expropriadas, seja no processo de transformação da força de trabalho em mercadoria, seja na circulação, distribuição e consumo da riqueza por elas produzida. Além do mais, isso se concretiza em desigualdade entre as trabalhadoras e os trabalhadores, conforme ressalta Saffioti (1976).

Este texto pretende assim apoiar-se na denúncia dos efeitos da estrutura do imperialismo e da dependência. Assim, revisamos as teorias que analisam esses elementos no continente, com destaque ao Brasil, no ciclo global de acumulação do capital. Expomos então a relação de dependência entre o patriarcado e o fascismo no Estado autocrático burguês (Dos Santos, 2012) ao mesmo tempo que trabalhamos o conceito de totalitarismo de classe emprestado de Florestan Fernandes, com foco para o caráter específico que o fascismo assumirá na América Latina. Por fim, destacamos o caráter socialista e feminista da revolução na América Latina, compreendendo que é das próprias contradições que surgem os movimentos sociais capazes de criar força real em torno de projetos novos e autônomos de sociedades, com maior respeito à vida, equidade e justiça social.

O imperialismo e os laços da dependência latino-americana

Para além da extração total do trabalho excedente e de parte do trabalho socialmente necessário para a reprodução da mercadoria força de trabalho, Marini (2005) explicita sua compreensão sobre a categoria superexploração, embasado no rompimento do ciclo do capital, da circulação externa com a produção interna e de forma a desvelar a essência da superexploração. Fundamentando-se nessa dinâmica, ele aprofunda a análise do processo de acumulação capitalista das nações latino-americanas, que não necessitam de seus trabalhadores como consumidores das mercadorias produzidas. Desse modo, propicia-se o rebaixamento dos salários muito aquém das condições mínimas de subsistência. As nações dependentes ficam submetidas, assim, à armadilha permanente da dependência e da superexploração, mesmo aquelas que conhecem processos de desenvolvimento e industrialização.

Marini (2005) evidencia vários mecanismos que atuam articulados em conjunto com a conformação imperialista, consubstanciada na dependência e superexploração. Desse modo, conforme Dos Santos (2012), combina-se o aumento da intensidade do trabalho e o prolongamento da jornada com o rebaixamento sistemático do salário abaixo do nível correspondente ao valor da força de trabalho. Desse modo, evidencia-se que parte do consumo das famílias trabalhadoras nos países dependentes necessariamente se converte em um fundo de acumulação de capital. Esse processo implica na redução do consumo abaixo do "limite normal", em termos de produção e reprodução de vida da classe trabalhadora, histórico e socialmente determinado. Deterioram-se então as condições de produção e reprodução de vida da classe trabalhadora como tal, portanto *livre*, disponível e apta para atender às necessidades do capital. Isto é, no sentido marxista, *livre* porque liberto das amarras do trabalho escravizado ou do colonato, porém *livre* para vender sua única mercadoria – força de trabalho – como único meio de sobrevivência. Ou seja, o proletariado, ao se encontrar *livre* dos meios de produção e do acesso às terras, parte para a venda de sua própria capacidade de trabalhar como única opção possível. No entanto, há uma negação sistemática às famílias trabalhadoras das condições necessárias no limite normal, histórico e socialmente determinado, para repor o desgaste de sua força de trabalho. Isso implica ao trabalhador a impossibilidade de reposição de maior gasto de sua capacidade de trabalho, acarretando seu esgotamento prematuro e definhamento, adoecimento e muitas vezes a própria morte.

Submetidos à configuração da divisão internacional do trabalho para atender às demandas por matérias-primas e alimentos a baixos custos, por parte das economias hegemônicas, se estabelece um círculo vicioso que implica, nos países latino-americanos, o rompimento da realização do ciclo do capital, portanto afetando o próprio desenvolvimento do mercado interno ao priorizar a produção voltada à exportação de *commodities*. Segundo Dos Santos (2012), essa especialização produtiva em produtos primários e de baixa tecnologia incorporada, voltados para o mercado externo, abre espaço para o aprofundamento das desigualdades salariais internas e da própria exploração dos trabalhadores, e isso se intensifica em momentos de crise do capital, como o que vivemos atualmente.

Criamos, assim, possibilidades de aprofundar e estabelecer mecanismos bastante eficientes de transferência de valores dos países dependentes aos países do centro hegemônico do imperialismo. Estas se reproduzem continuamente, conforme o que Marini (1991) chamou de *segredo da troca desigual*, a partir da dialética da dependência. Nela retoma-se a ideia de que o processo de desenvolvimento capitalista se produz de forma desigual e combinada entre os países, visando em última instância garantir a acumulação de capital do ponto de vista do sistema como um todo. Considera-se, então, a equalização das taxas de lucro no processo de concorrência capitalista tal como explicitado em Marx (1986).[1] Na transformação dos

[1] Os países especializados em setores com menor composição orgânica do capital (em termos de valores), submetidos a uma mesma taxa de mais-valia, transferem suas maiores taxas de lucro aos países especializados em setores exportadores com maior composição orgânica de capital. No entanto, a tendência ao longo do tempo é a estabilização da migração de capitais em busca de países especializados nos ramos mais lucrativos aos seus investimentos capitalistas. O ajuste nos preços de mercado ocorre de forma a equalizar a tendência das distintas

valores em preços de produção, os países que especializam suas exportações em um número restrito de produtos primários – portanto em setores cujas composições técnica e orgânica do capital são mais baixas do que aquelas referentes à composição técnica dos países desenvolvidos – transferem riqueza aos países que monopolizam a exportação de mercadorias produzidas por setores de maior composição tecnológica e orgânica do capital. Essa transferência é ainda agravada pelo fato de que o montante da inversão necessária à produção de mercadorias de maior composição orgânica é maior do que o montante necessário à produção de produtos primários. Portanto, a apropriação de parte do valor total gerado no processo de produção e reprodução capitalista é também maior nas economias centrais.

O ponto crítico de virada, no qual a participação das exportações de produtos básicos ultrapassa a de manufaturados, ocorre entre 2009 e 2010, momento de maior repercussão da crise mundial do capitalismo no Brasil. Vale destacar o aumento vertiginoso das exportações de produtos básicos após o relançamento do agronegócio em 2000, durante o segundo governo de Fernando Henrique Cardoso – política que continuou nos governos de Luiz Inácio Lula da Silva e Dilma Rousseff. Além disso, há também o *boom* das *commodities*, quando a participação dos produtos básicos salta de 22,8% em 2000 para 48,7% da pauta em 2014. A participação das exportações de manufaturados também regride de forma análoga, caindo de 59% para 36,3% no mesmo período, o que pode ser considerado como indicador de um processo mais estrutural de desindustrialização.

---

taxas de lucro entre os ramos de produção, gerando um fluxo de transferência de valores entre os ramos. Mais detalhes em Marx (1986).

Marini (1991) revela, dessa forma, o *segredo da troca desigual*, apesar da aparente igualdade entre os agentes nos contratos firmados do comércio mundial. A análise de Delgado (2010) evidencia um movimento de especialização nesse sentido. Entre os anos de 1964 e 2014, destacamos no gráfico 1 o retrocesso nas exportações de produtos manufaturados, de setores de alta incorporação de tecnologia, e o expressivo aumento de produtos básicos nas exportações brasileiras por fator agregado.

Gráfico 1 – Exportações brasileiras por fator agregado: 1964 a 2015 (%)

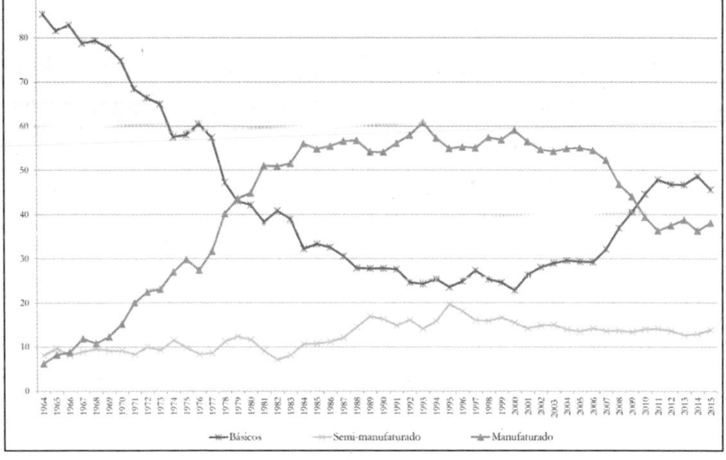

Fonte: Elaboração própria com dados da Secretaria de Comércio Exterior/Ministério do Desenvolvimento, Indústria e Comércio Exterior (MDIC).

Delgado (2010) reforça ainda o argumento sobre a subordinação das burguesias locais ao imperialismo das nações dominantes, compatibilizando a possibilidade de ganhos vultosos para ambos pela simplificação e especialização das cadeias produtivas, tanto na indústria, quanto na agricultura. Esse é o fundamento que queremos destacar da especialização produtiva e direcionamento da economia à exportação de meia dúzia de *commodities,* que representam quase a metade de todas as exportações brasileiras (restritas aos complexos de soja-milho, sucroalcooleiro, carnes, celulose e madeira). Em 2015 representavam quase 75% das exportações do agronegócio brasileiro,[2] responsável sozinho por 33,8% do total das exportações.

Somamos a esses mecanismos de espoliação de riquezas produzidas, a aceleração dos pagamentos de serviços da dívida pública e a remessa de lucros e dividendos ao exterior devido à desnacionalização ou estrangeirização de ramos estratégicos da economia. Enquanto aqueles embutem um *deficit* estrutural no orçamento público, estes reforçam o *deficit* no balanço de pagamentos, aprofundando a dependência por vultosos saldos comerciais. Esse *deficit* estrutural no balanço de pagamentos, segundo Delgado (2010), é reflexo da remuneração do capital estrangeiro aportado no país, chegando em 2010 a um saldo negativo de US$ -70,6 bilhões. Pelos dados do MDIC, as remessas de juros, lucros e dividendos somaram sozinhas US$ -67,5 bilhões no mesmo ano. Apesar de uma redução a partir de 2012, atingindo US$ -42,7 bilhões em 2015, se somados aos US$ -37 bilhões da conta de serviços, mantiveram ainda um *deficit* nas transações correntes nesse último ano.

Para suprir essa lacuna, a política econômica vem sendo orientada com prioridade no setor primário exportador que, para alcançar êxito, depende do movimento conjuntural dos preços internacionais das *commodities* e das taxas de câmbio. O resultado dessa orientação é que a partir de 2008, o saldo da conta-corrente do balanço de pagamentos vem acumulando

---

2 Dados do Ministério da Agricultura, Pecuária e Abastecimento (Mapa) e do Ministério do Desenvolvimento, Indústria e Comércio Exterior (MDIC).

deficits. Pela série histórica atualizada do Banco Central do Brasil (BCB) evoluiu de US$ -75,76 bilhões em 2010, com pico de -104,2 bilhões de em 2014, encerrando no ano de 2015 em -59 bilhões. A perda de competitividade das exportações de manufaturados e semimanufaturados e o crescimento exacerbado do *deficit* na conta de serviços e rendas demonstram os limites e a volatilidade dessa estratégia de desenvolvimento e inserção na divisão internacional do trabalho sob o jugo das potências imperialistas, especialmente calcada nas operações em dólares na volatilidade total do sistema atual, com a valorização do dólar, no Brasil, ultrapassando os cinco reais.

Assim, internamente nas economias dependentes, para compensar essa transferência de valores e garantir os lucros e rendas das classes dominantes, é preciso gerar ainda maiores excedentes. O caminho escolhido pelas elites, de se subordinarem à condição de sócios "menores" nas relações de dependência, se torna possível pela combinação de forças produtivas com tecnologias "avançadas" e formas "arcaicas" de relações sociais de produção, pautadas na superexploração dos trabalhadores latino-americanos. Essas relações de trabalho (nas quais os trabalhadores são sistematicamente explorados, para além da máxima extração do trabalho excedente, também de parte do trabalho socialmente necessário para a sua própria reprodução como força de trabalho) tornam-se estruturantes do capitalismo dependente, e não mais conjunturais, como na análise de Marx (1986).

Em *Sociedade de classes e subdesenvolvimento*, Florestan Fernandes (1972) trabalha a dependência à qual está submetida a economia brasileira. Além da submissão às economias centrais pela dependência por exportações de produtos primários, haveria ainda uma dependência interna da economia agrária à economia urbano-industrial, com uma espoliação sistemática da primeira no processo de formação socioeconômica brasileira. Essa submissão da agricultura à indústria e do campo à cidade reproduziu internamente a relação centro-periferia entre ramos de atividade e regiões, e acompanhou a dinamização da região Sudeste como polo urbano-industrial dominante no Brasil.

A caracterização dessa dupla articulação do capitalismo dependente, que se fundamenta no desenvolvimento desigual interno combinado com a dominação imperialista externa, engendra um padrão próprio de transformação capitalista e de dominação burguesa, conduzindo a uma ressignificação da concepção de desenvolvimento e democracia (Fernandes, 2005). Enquanto esse sistema reforça a industrialização como modelo de modernidade, limita-se à reprodução dos processos históricos dos ciclos econômicos de exportação, extremamente concentrados em poucas metrópoles, com foco em São Paulo e Rio de Janeiro.

Para manter em movimento os mecanismos de renovação e fortalecimento do poder burguês, sofremos uma dissociação pragmática entre capitalismo e democracia, na consolidação do que Florestan Fernandes nomeia como o *modelo autocrático burguês*. A classe dominante das nações dependentes atua no sentido de prevalecer a inversão da realidade, redefinindo mesmo a noção de democracia. Esta, na prática, mantém-se restrita aos membros de suas elites e propicia a incorporação ao espaço econômico, cultural e político nacional dos valores das nações hegemônicas imperialistas. A inversão da realidade que sustenta esta relação de dominação e dependência, argumenta Fernandes (1972), coloca a ideologia da sociedade metropolitana como modelo de desenvolvimento e modernidade a ser perseguido, e propicia a reprodução da economia central nas economias periféricas. Estas, ao afirmarem seus próprios interesses, servem para alimentar o desenvolvimento da economia dominante e, portanto, dos próprios vínculos de dependência e subordinação.

Negamos, assim, a liberdade do agente econômico em sua raiz, que se restringirá a uma margem rasa de autorrealização. Uma "liberdade contida" que expressa, segundo o autor, a contradição do desenvolvimento do capitalismo dependente que, ao se afirmar em seus próprios interesses, serve de instrumental para a afirmação dos interesses e vontade dos outros países dominantes. Na base desse processo, tem-se a submissão do agente econômico e o subdesenvolvimento das relações capitalistas de produção como uma face do desenvolvimento do capitalismo mundial nas economias dependentes. Assim, na perspectiva das classes dominantes (latifundiários, industriais, comerciantes, banqueiros e rentistas), a dependência é qualificada como um mal necessário, naturalizada e benéfica para a ordem e o progresso da nação. Denunciamos a manutenção de privilégios que mantêm a essência desse processo, visto que, em primeiro lugar, os agentes econômicos das classes dominantes não se separam completamente no Brasil, reduzindo as fissuras dentro da classe. E, em segundo lugar, porque são orientados por motivações ideológicas e pelas bases capitalistas de desenvolvimento econômico, mesmo que estas conduzam aos seus próprios obstáculos, aprofundando a dependência dentro da dependência.

A economia agrária é destacada, na nossa perspectiva de análise, como nada menos que a espinha dorsal que sustenta a relação de dependência. Esta, por sua vez, condena a revolução agrícola nas relações sociais de produção, e causa o próprio esvaziamento do capitalismo agrário. As consequências diretas recaem sobre a neutralização de qualquer possibilidade de revolução burguesa nos países dependentes, criando um impasse na revolução nacional da América Latina. O subdesenvolvimento, compreendido como a outra face do desenvolvimento capitalista, submete os países dependentes à sua própria condição de dependência, como também aprofunda os antagonismos intra e inter classes de acordo com o movimento cíclico das crises do capitalismo mundial.

As classes sociais, tomadas em um nível mais concreto de análise, não se apresentam como um grupo homogêneo. Ao contrário, exibem fissuras e tensões internas que devem ser visibilizadas para a compreensão da marginalização da mulher (e das intersecções que se representam nas figuras das mulheres pobres, negras, jovens, camponesas, indígenas ou LGBTs) na vida econômica e social, e as formas institucionalizadas para a manutenção da opressão sobre toda a classe trabalhadora e dos privilégios dos donos do poder, sobretudo em momentos de crise do sistema. Vânia Bambirra (1971), ao refletir sobre a condição da trabalhadora chilena na transição ao socialismo durante a breve experiência do governo de Salvador Allende, evidenciou como a mulher estava ainda submetida de forma desigual à superexploração da força de trabalho, tanto fora quanto dentro do lar.

O trabalho doméstico naturalizado e designado como base de definição própria do que é ser mulher, em uma sociedade fundamentada no comércio de mercadorias, cristaliza a ideia de que as atividades domésticas não devem ser valorizadas como trabalho. Isso nos leva à reflexão das singularidades da superexploração sobre a força de trabalho feminina, sobre a qual recai a responsabilidade do trabalho doméstico. Apesar de constituir uma parte imensa do trabalho socialmente necessário para a reprodução da força de trabalho, continua como um trabalho invisível e não remunerado. Em uma economia na qual o dinheiro representa a encarnação universal do valor, encontramos a formulação de Bambirra (1971) para a base material do *status* inferior da mulher. Para a autora, a refuncionalização da tradicional família patriarcal é estabelecida reforçando a própria dinâmica da sociedade capitalista, e sua manutenção é uma carga oculta, não paga, que pesa a mais sobre as mulheres e que ainda legitima sua inserção marginal ao próprio sistema produtivo, como desenvolveremos a seguir.

A revolução na América Latina: socialismo e feminismo

Do ponto de vista da totalidade do sistema, as relações de dependência no capitalismo engendram um padrão próprio de dominação, que se fundamenta nas opressões e formas de violência e na consubstancialidade das relações entre classes, sexos e raças. Essas relações se encontram entrelaçadas na América Latina, tal qual um novelo. Saffioti (2015, p. 134) ressalta a consubstancialidade nas relações das forças do "patriarcado-racismo-capitalismo". A contradição expressa na metáfora do novelo guarda uma lógica própria, distinta da que rege cada contradição em individual. A dinâmica de cada uma condiciona-se à das demais segundo uma lógica em que se afirmam e se negam ao mesmo tempo. Nada pode ser tomado como fixo ou independente na dialética própria do novelo. Dentro dela, destacamos como o trabalho doméstico sustenta e oculta a própria discriminação social da mulher, na qual uma característica natural de sexo estabelece a desvantagem social.

Seja na subvalorização das capacidades "femininas", seja em sua integração periférica ao sistema social, político e de produção, com a mulher dividida entre o trabalho e o lar, o sexo opera como "fator de inferiorização social da mulher" (Saffioti, 1976, p. 36) e impõe sua marginalização como *socius*, com obstáculos a mais à sua realização plena. Assim, ao compor a contradição própria do nó, a forma socialmente assumida do preconceito étnico-racial, torna-se totalmente relevante na atuação de uma mulher, seja nas relações sociais em geral, seja nas de produção em particular.

Florestan Fernandes (2005) observa ainda como a ideologia burguesa reforça a imagem do capitalismo como um caminho único e natural ao desenvolvimento econômico, no intuito de manter os mecanismos de renovação e fortalecimento do seu próprio poder. Respaldado na ressignificação burguesa da concepção de desenvolvimento e democracia nos países dependentes, argumenta, no auge dos regimes militares na América Latina, como nesses países haverá uma dissociação pragmática entre capitalismo e democracia, culminando na sua concepção do *Estado autocrático burguês*. Ao contrário do clássico *Estado democrático burguês*, o autor faz um trocadilho que atua no sentido de inverter a realidade à noção de democracia. Em lugar de contemplar o Estado Democrático de Direitos, estabelecido pelas revoluções liberais burguesas na Europa e EUA, mantém-se um Estado aristocrático e restrito aos "homens de bem", ou seja, os homens da classe proprietária dos meios de produção.

As classes dominantes dos países dependentes, ao afirmarem seus próprios interesses, servem para alimentar o desenvolvimento das economias imperialistas e, portanto, da sua própria dependência e subordinação. Articulam-se na defesa de um projeto institucional que submete a revolução nacional aos limites que sejam compatíveis com a reprodução da própria dependência. Mantêm, dessa forma, a revolução nacional em um *circuito fechado*, criando uma superestrutura política e tecnocrática de opressão e bloqueio a qualquer mudança social relevante. Propiciam, assim, a incorporação ao espaço nacional dos valores das nações imperialistas, sustentando a ideologia da sociedade metropolitana como modelo de desenvolvimento e modernidade (Fernandes, 2005).

A dominação burguesa naturaliza-se como única fonte de *poder político legítimo* e estabelece um tipo de opressão sistemática cujos mecanismos de repressão aparecem conciliados com os ideários de democracia. No entanto, escondem uma dominação institucionalizada do despotismo burguês, criando uma profunda cisão entre a representação da sociedade civil e a da nação. A primeira é composta na prática apenas por uma minoria de "homens do bem", "iluminados" e "esclarecidos". A segunda, por uma ficção criada em torno de uma concepção burguesa do que deve ser ou não a "ordem legal". Assim, enquanto o Estado autocrático burguês mantém a renovação e o fortalecimento do poder burguês como um fim em si mesmo, ele também articula internamente uma extrema concentração social da riqueza, e externamente uma drenagem de grande parte do excedente econômico. Calcado na superexploração da força de trabalho latino americana, tal Estado existe com a persistência de formas pré ou subcapitalistas de trabalho. A instabilidade interna do sistema encontra-se nas possíveis fissuras no interior da própria classe dominante, assim como nas pressões vindas dos *de baixo* em permanente expansão. Há, dessa forma, uma necessidade constante de garantia da "ordem" e de um "desenvolvimento com segurança", alcançados pela "paz armada". Em um processo de "contrarrevolução prolongada", pelos termos do próprio Fernandes (2005) que levam a um contexto de guerra civil, mesmo que de uma forma escondida ou latente.

Assim, na aliança das classes dominantes (internas e externas), a dependência econômica e as opressões sobre a classe trabalhadora aparecem como um mal necessário. São naturalizadas e aceitas, mesmo que gerem obstáculos ao próprio desenvolvimento capitalista. A dependência, compreendida como forma constituinte do desenvolvimento do capitalismo mundial, aprofunda os antagonismos não só entre países e classes, mas também no seio destas. As classes sociais exibem antagonismos internos que devem ser visibilizados, para ampliarmos nossa compreensão sobre a marginalização da mulher na vida econômica e social na sociedade capitalista.

Reconhecemos, como Helena Hirata e Danièle Kergoat (1994), que *a classe operária tem dois sexos*. Portanto, as classes como estruturantes das relações sociais de produção estão entrelaçadas com outras características das relações sociais, e com as determinações da discriminação de gênero na sociedade moderna. Evidenciando a divisão sexual do trabalho, Saffioti (1976) acrescenta à denúncia a funcionalidade das classes dominantes e o novelo de relações estabelecidas pelo patriarcado racista do capitalismo, preponderante na formação socioeconômica da história do continente. Soma-se a isso o fato de o trabalhador ter sua consciência submetida à naturalização de sua inferioridade como classe, por um lado, e de sua superioridade como homem, por outro. Como chefe de família na concepção patriarcal, mantém a hierarquização dos sexos no seio da família, do trabalho e da sociedade. Ele atua como mediador da marginalização da mulher no sistema produtivo. Fadado ao engodo que o matrimônio contraído pesa sobre sua condição de mulher, o homem atua em última instância para sua própria marginalização como trabalhador.

Sem perceber, o homem, ao submeter a mulher como válvula de escape de suas tensões – de caráter social e geradas no próprio capitalismo –, cria para si mesmo a condição que submete ambos à condição de superexploração e dependência. A partir de Fernandes (2015), ampliamos a compreensão desse sistema de ideias e opressões com a mobilização do conceito de *totalitarismo de classe*. Para esse autor, a forma fenomênica por meio da qual o fascismo se manifesta no capitalismo dependente legitima a concepção dos privilégios como "naturais, úteis e necessários à defesa da ordem e do progresso", e a classe dominante, travestida no fetichismo do dinheiro,[3] naturaliza sua cultura como imagem da civilização. Sua ordem constitucional, mesmo com a aparência democrática, só tem validade para os "mais iguais". Fundamentam as classes dominantes a autodefesa de seu poder em determinações de natureza fascistas e patriarcais. Entrelaçadas historicamente com estas e outras formas de violência, seguem aumentando e complexificando o novelo patriarcado-racismo-capitalismo, invisibilizado nas estruturas hierárquicas de poder.

O fascismo, assim caracterizado por Fernandes (2015) como um totalitarismo de classe, impregna desde sua origem todas as estruturas de poder na sociedade. Com a combinação de um alto nível de violência, militarização e tecnocracia, qualquer mudança somente é possível na condição de manter a ordem e as massas sob controle. A institucionalização desse fascismo atua em duas frentes concomitantes: pelo enfraquecimento da ordem política democrática, bloqueando quaisquer avanços progressivos, e pelo uso estratégico do espaço político para ajustar o Estado e o governo a uma concepção nitidamente totalitária, fundamentalista e ultraliberal de poder. Assim, todos os movimentos sociais que questionem a ordem são tipificados como terroristas, alimentando-se a cultura da violência e da discriminação social.

Os projetos de lei conservadores, fundamentalistas e reacionários que tramitam no Legislativo são exemplos da atualidade desse pensamento. Sobretudo aqueles restritos à concepção de família patriarcal, que legitimam apenas a união entre homem e mulher. Tais projetos atuam contra a legalização e descriminalização do aborto, ou mesmo o anúncio de medida abortiva,

3 Nos termos de Marx (1986).

tipificando-o como crime contra a vida e prevendo penas a quem auxilia a gestante e as vítimas de estupro. Esses projetos também tipificam como crime de terrorismo o enquadramento e controle dos movimentos sociais que lutam contra a ordem pré-estabelecida. A mesma conduta por parte dos congressistas é exercida quando se trata de ajuste fiscal em termos de direitos sociais, de educação e das leis trabalhistas, utilizando-se de declarações cotidianas de cunho fascista que explicitam o machismo, o racismo ou o despotismo.

Florestan Fernandes (2005) salientou esse movimento histórico de polarização conservadora da consciência burguesa no Brasil. Esta esconde, como a outra face do nacionalismo, seus interesses de dominação de classe e de "solidariedade" com os capitalistas estrangeiros, fundindo na república um tipo de parlamentarismo fascista. Para tanto, naturalizam a dominação burguesa como única fonte de poder legítimo e estabelecem uma opressão sistemática conciliada com os ideais de democracia. Entendemos a funcionalidade desse tipo de fascismo articulado com o machismo, o racismo e as formas expressas de violência, pois, ocultando as tensões sociais da sociedade de classes, desviam a atenção para características físicas como causa das desigualdades sociais, causando a sua naturalização e, portanto, tornando-as imutáveis.

Como ponta final do sistema, destacamos a mulher latino-americana, submetida à superexploração e a outras formas de violência e subjugação. Os mitos que a naturalizam como ser frágil e incapaz produzem sua "natural" e permanente tutela por parte do homem. Sua felicidade e sexualidade são submetidas ao matrimônio e à reprodução. Tais aspectos atuam também na estruturação de sua posição social e econômica, e mesmo da sua personalidade e humor. A desigualdade de direitos que enfrenta reproduz a opressão patriarcal também no seio da moderna família burguesa. Como argumenta Saffioti (1976), a funcionalidade dessa concepção de família no capitalismo, e do trabalho feminino como dever da mulher, ainda exerce papel central na acumulação de riquezas. Assim, a lógica da sociedade da escassez e da herança via linhagem patriarcal determina a um só tempo a divisão da sociedade em classes e a opressão da mulher como reprodutora de herdeiros, nas relações patriarcais de gênero (Nogueira *et al.*, 2018).

Apesar das conquistas feministas históricas, as obrigações domésticas (cozinhar, lavar, limpar e cuidar dos filhos e doentes) ainda recaem sobre a mulher, como obrigação exclusivamente feminina, não paga e invisível, fruto do dever e do "amor" na reprodução da imagem feminina da família patriarcal e do ser mulher, valorizada apenas no matrimônio e na maternidade. Da "bela, recatada e do lar", o segredo que esconde a palavra "amor" na propriedade privada do capitalismo encontra-se na mais-valia apropriada na forma de mais lucros com a redução dos custos de reprodução da força de trabalho da classe como um todo.

A superexploração se apresenta, porém, dupla ou triplamente entrelaçada para a mulher trabalhadora. A violência e a opressão são ainda maiores no caso das mulheres negras, lésbicas, camponesas, quilombolas ou indígenas. Isso tanto no âmbito privado do trabalho quanto na esfera doméstica, que assume parte substantiva do trabalho socialmente necessário para a reprodução da força de trabalho como mercadoria imprescindível ao capitalismo. No âmbito público ela se submete ao trabalho assalariado marginalizado, em regime vulnerável de empregos temporários, de posições subalternas, sobretudo no setor terciário, em tempo parcial, e salários em geral abaixo da média social.

Assim, as relações de dependência exibem reflexos e funções específicas na reprodução da desigualdade de direitos entre classes, sexos e raças/etnias, no enraizamento da ideologia da classe dominante. Com nexos no Estado autocrático burguês, e sob o totalitarismo de classe, o despotismo burguês também produz seu próprio tipo de fascismo, e violenta todas as estruturas de poder da sociedade (Fernandes, 2015). É nessa perspectiva que desenvolvemos a concepção de sociedade civil, na qual a ideologia da classe dominante está imposta como verdade universal. Qualquer perspectiva crítica à ordem é censurada, a propensão dos países capitalistas dependentes para reciclar as relações de fascismo é fortalecida pela crescente rigidez política contra os movimentos socialistas. Sobre ideologia e consciência, Marx (2009) já revelou como a classe dominante impõe suas ideias e seus interesses para manter sua dominação. Fernandes evidenciou como esta forma de fascismo, não sistemático, não concentrado, difuso, será diverso das formas fenomênicas na Alemanha e na Itália, manifestando-se de forma geral nos governos de extrema-direita que assumiram governos em diversos países.

Portanto, o novelo patriarcado-racismo-capitalismo atua como força real e crescente na sociedade de classes, mesmo no limiar do século XXI. O desenvolvimento do capitalismo, além de fortalecer as relações patriarcais e raciais, fortalece as classes dominantes dos países dependentes. Estas conseguem manter seus objetivos diretos de condicionar e garantir a estabilidade política na periferia do sistema e seus interesses reacionários, fundamentalistas e contrarrevolucionários. Os privilégios, ainda que submetidos ao capital global, são preferidos à luta por maior autonomia, mesmo que nos limites do nacionalismo burguês. Revigoram a manutenção da competição e de privilégios dentro da classe trabalhadora, assimilando a ideologia burguesa que dificulta a consciência da opressão em si e legitima a superexploração sobre toda a classe trabalhadora e desprovida.

Concluímos, portanto, que com o acirramento das contradições de classe impostas especialmente nos momentos de crise do capitalismo, como o que vivenciamos desde o estouro da bolha hipotecária dos títulos *subprime* em 2008, aprofundam-se, em consequência, as manifestações do machismo articulado ao fascismo. No entanto, no bojo de suas contradições também estão as sementes dos movimentos sociais que resistem e lutam pela superação das desigualdades sociais e opressões. Neste ponto de vista que desnudamos, destacamos a força crescente dos movimentos das mulheres, das camponesas, das negras, das quilombolas e das indígenas. Entendemos que principalmente no nosso processo de formação socioeconômica escravizadocrata colonial, para nós, só é possível pensar uma revolução popular concomitante com o processo de libertação da mulher. Para tanto, entendemos a questão agrária como central na estrutura da dependência, e a questão de gênero como constituinte da questão social latino-americana.

O padrão de desenvolvimento desigual e combinado, no qual mesmo os requisitos mínimos para atendimento das necessidades humanas são negados à maioria esmagadora da população, cria um dilema social entre acumulação e escassez, com tensões latentes em que a perspectiva capitalista se demonstra estrutural e historicamente incapaz de serem resolvidas. As vastas proporções da população brasileira que estão na condição de *condenados do sistema* associam-se a essa impossibilidade de justiça social e revolução dentro da ordem burguesa. Por um lado, a submissão à dependência justifica-se pelo interesse da elite de manter o *status quo* que garante sua condição privilegiada em relação ao proletariado e aos camponeses. Por outro lado, há a necessidade de manter a reprodução social do trabalho sob formas que impeçam a sua transformação em mercadoria força de trabalho no sentido de "uma classe em si e para si". Ou, quando chegam, transformam-se em mercadoria desvalorizada, superexplorada.

Estabelece-se então uma muralha contra mudanças no país. As possibilidades restritas de reformas, que não alteram de forma estrutural a organização da sociedade brasileira encurralam as massas de despossuídos entre dois fogos bem descritos por Fernandes (1972): a perda dos padrões paternalistas tradicionais de um lado, e a impossibilidade de imporem respeito às garantias sociais e benefícios das relações assalariadas do outro. É o dito popular: "se ficar o bicho pega, se correr o bicho come". O dilema posto pela inserção dependente das economias periféricas na divisão internacional do trabalho limita assim qualquer possibilidade de *revolução dentro da ordem* burguesa. Para quebrar esse círculo vicioso, seria necessária uma ruptura com o caráter de dependência da burguesia como ponto de partida. Dado o desinteresse das classes dominantes de completarem esta via de mudanças, e de qualquer alteração do *status quo* em que se inserem de forma privilegiada, resta ainda a possibilidade de soluções do tipo socialista para a crise estrutural do capital. Para tanto, as transformações necessárias se dariam nos marcos da *revolução contra a ordem*, como estratégia e desafio para a classe trabalhadora.

Nesses termos, reafirmamos a contradição que se aguça no seio da sociedade brasileira dialeticamente constituída, como a afirmação e a oposição ao projeto hegemônico do capital. Se em um polo a concepção ainda dominante do capital reforça a institucionalização e a naturalização do patriarcado, do racismo e do fascismo nas relações sociais, no polo oposto, criam-se e recriam-se os movimentos sociais populares e sua concepção como instrumento de uma crítica social objetiva, que desnuda a opressão e suas raízes na naturalização da cultura oficial dominante como imagem de civilização. Assim, reafirmamos que sem a construção do feminismo, da libertação das mulheres da concepção patriarcal, não há possibilidade de dar passos rumo ao socialismo, à libertação da classe trabalhadora como um todo. E, assim, chegamos à nossa proposição inicial de que a revolução na América Latina é socialista e feminista. Isso por conta da construção e existência dos maiores movimentos sociais camponeses até então, como o MST e outros que compõem a Via Campesina. Mas também em razão da dimensão das conquistas das camponesas e mulheres latino-americanas, que avançam na construção do feminismo camponês e popular, dando passos concretos na direção da revolução que estamos construindo e da qual seremos testemunhas.

Referências

BAMBIRRA, Vânia. "La mujer chilena en la transición al socialismo". *Punto Final*, v. 133, 1971.

DELGADO, Guilherme Costa. "Especialização primária como limite ao desenvolvimento". *Desenvolvimento em Debate*, v.1, n. 2, p. 111-125, jan./ago. 2010.

DOS SANTOS, Theotonio. *Imperialismo y dependencia*. Caracas: Biblioteca Ayacucho de Clásicos Políticos da América Latina; Banco Central de Venezuela, 2012. 628p.

FERNANDES, Florestan. *Sociedade de classes e subdesenvolvimento*. Rio de Janeiro: Zahar Editores, 1972.

FERNANDES, Florestan. *A revolução burguesa no Brasil*. São Paulo: Editora Globo, 2005. 504p.

FERNANDES, Florestan. *Poder e contrapoder na América Latina*. São Paulo: Expressão Popular, 2015. 152p.

HIRATA, Helena; KERGOAT, Danièlle. "A classe operária tem dois sexos". *Estudos Feministas*, ano 2, n. 1, pp. 93-100, 1994.

MARINI, Ruy Mauro. *Dialéctica de la dependencia*, México: Ediciones Era, 1991. p. 9-77.

MARINI, Ruy Mauro. Dialética da dependência. *In*: TRASPADINI, Roberta; STEDILE, João Pedro (Orgs.). *Ruy Mauro Marini: vida e obra*. São Paulo: Expressão Popular, 2005. p. 137-180.

MARX, Karl. *O capital: crítica da economia política*. São Paulo: Nova Cultural, 1986. 1.208p.

MARX, Karl. *A ideologia alemã*. São Paulo: Expressão Popular, 2009. 126p.

NOGUEIRA, Leonardo; HILÁRIO, Erivan; PAZ, Thaís Terezinha; MARRO, Kátia (orgs.) *Hasteemos a bandeira colorida*. São Paulo: Expressão Popular, 2018.

SAFFIOTI, Heleieth. *A mulher na sociedade de classes: mito e realidade*. Petrópolis: Vozes, 1976. 383p.

SAFFIOTI, Heleieth. *Gênero, patriarcado, violência*. São Paulo: Expressão Popular: Fundação Perseu Abramo, 2015.

EIXO 2: MOVIMENTOS SOCIAIS NA AMÉRICA LATINA E REVOLUÇÃO NO SÉCULO XXI

SUPEREXPLORAÇÃO NO SÉCULO XXI: O RENOVADO DEBATE INTERNACIONAL EM TORNO DA CATEGORIA E PROPOSTA DE SÍNTESE

RODRIGO EMMANUEL SANTANA BORGES
CAMILLA DOS SANTOS NOGUEIRA
POLLYANNA PAGANOTO MOURA
ALINE FAÉ STOCCO

Introdução

Em meio aos renovados estudos e debates em torno da dependência e do imperialismo, surgiram novas interpretações e controvérsias em torno da categoria *superexploração da força de trabalho*. Além da polêmica regional, impulsionada por pensadores latino-americanos, economistas políticos dos grupos de trabalho sobre imperialismo e teoria marxista da dependência da IIPPE (*International Initiative for Promoting Political Economy*) e autores próximos à *Monthly Review* retomaram a pertinência da superexploração nos debates sobre o capitalismo e imperialismo contemporâneos.

O presente trabalho faz uma síntese crítica da controvérsia contemporânea em torno do conceito e relevância da superexploração. Percorre, primeiramente, os pontos principais das abordagens atuais na América Latina a esse respeito. Traz, na sequência, novos elementos e perspectivas que autores como John Smith, Andrew Higginbottom e Intan Suwandi constroem a partir de seus estudos. Assim, além de pôr em diálogo direto alguns termos e percursos distintos pelos quais se têm produzido novos avanços e debates, algo até o momento não realizado,[1] refletimos sobre três temas específicos a partir do novo acúmulo reunido em torno dessa forma de ampliar a extração de mais-valia: o tripé transferências de valor, superexploração e dependência; a relação da superexploração como categoria e a exploração capitalista; e as "cadeias globais de valor" contemporâneas junto a dimensões quantitativas da superexploração.

Superexploração no debate contemporâneo latino-americano

Entre os trabalhos recentes, nossa síntese centrar-se-á em autores críticos em relação à existência ou relevância da noção de superexploração, mas ao mesmo tempo aderentes a uma interpretação marxista da dependência, como é o caso de Franklin (2015, 2019)[2] e Katz (2018, 2019), além das posições dos vários autores que apresentaram análises em defesa ou recuperação crítica do conceito.

Franklin e Katz reconhecem a existência e importância de pensar a dependência e suas particularidades colocando ênfase maior nas trocas desiguais (retomaremos esse debate adiante). Porém, visualizam problemas no conceito de superexploração como violação do valor da força de trabalho, que desvirtuaria a teoria do valor-trabalho de Marx, já que representaria sua negação.

---

1 O escasso diálogo se mostra, por exemplo, na completa ausência de referência a livros recentes de escritores importantes da América Latina (Osorio, 2016; Carcanholo, 2017; Luce, 2018), e de trabalhos do grupo de autores em torno da *Monthly Review* e IIPPE.

2 O trabalho de Franklin tem grandes méritos na busca de rigor, minúcia e originalidade. Ainda que no presente escrito fiquem em destaque algumas discordâncias, não pretendemos desmerecer a qualidade e profundidade analítica do trabalho.

Além disso, para Katz haveria problemas visíveis de consistência neste conceito a partir de duas perspectivas. Por um lado, no debate sobre a generalização da superexploração da força de trabalho, sugerida por Marini no texto "Processo e tendência da globalização capitalista" (1996), a superexploração como especificidade dos países dependentes ficaria perdida. Por outro lado, no caso da defesa – tanto por autores que advogam que os países dependentes têm valor drenado para o exterior, quanto de alguns que consideram que as regiões dependentes recebem valor do exterior por conta da renda fundiária[3] –, de que existiriam centralmente processos de superexploração da força de trabalho nessas regiões, a vinculação dessa dinâmica com transferências de valor se mostraria inconsistente.

Assim, em vez da existência de superexploração do trabalho, autores como Katz e Franklin veriam como fundamental a formação de espaços nacionais com diferentes valores da força de trabalho – correspondendo às regiões dependentes menores valores da força de trabalho e, portanto, maiores taxas de exploração. Ou seja, não haveria ou seria relevante a superexploração, mas a maior exploração por um valor menor da força de trabalho.

Dois problemas podem ser identificados com relação a esta visão.

O primeiro, já indicado por Osorio (2016), é uma potencial tendência a identificar salário com valor de força de trabalho, e identificar valor e preços, algo que contrasta com todo o esforço de Marx em diferenciá-los e procurar a compreensão do primeiro como fundamento dos últimos.

Outra contradição, ainda que menos evidente,[4] é de parte de pensadores que buscam em distintos debates ressaltar o as-

---

[3] Cf., entre outros, Iñigo Carrera (2017, 2018) e Juan Kornblitt (2012).

[4] Cf., por exemplo, Shaikh (1990), Guerrero (1997) e Astarita (2011).

pecto positivo da lei do valor.[5] De parte de autores desta linha há a tendência ou a negar seja a existência, seja a centralidade da troca desigual, ou a ressaltar que haveria uma propensão de maiores taxas de exploração nos países centrais – de acordo com Marx – quer por sua mais elevada produtividade do trabalho, quer pela centralidade e efetividade dos mecanismos de mais-valia relativa. Como seria possível, então, defender o aspecto positivo da lei do valor – de impossibilidade de superexploração como algo mais que acidental ou marginal – e a existência de taxas de exploração maiores nos países dependentes, algo que contradiz frontalmente esse mesmo aspecto, nos termos de outros autores preocupados com interpretações similares da lei do valor, que encontram em suas estimativas empíricas?

Colocadas brevemente essas críticas, passemos à síntese de aspectos trazidos pelos estudiosos que defendem a noção de superexploração no momento atual. Em trabalho mais delimitado em torno da superexploração, Duarte (2015, 2016) recupera as teorias de marginalidade social de Aníbal Quijano e José Nun, e ressalta os elementos comuns com a tese de Marini de superexploração da força de trabalho, com vistas a apontar bases de uma economia política do trabalho nas economias dependentes. Amaral (2018) reflete sobre uma potencial vinculação dialética entre superexploração e transferências de valor, e Nogueira (2018) questiona a tese de generalização da superexploração a partir de interpretação similar, ao defendê-la como categoria específica dos países dependentes.

Efetivamente, em linhas gerais, essas abordagens concordam com o trabalho, de maior escopo, refletido no livro

[5] Inclusive, por exemplo, no debate concernente à formação de preços de produção. Aqui tomamos o termo "aspecto positivo" da lei do valor tal qual trabalhado por Luce (2018), ainda que para contexto distinto.

Dependencia, superexplotación del trabajo y crisis de Marcelo Carcanholo (2017). Em sua análise, fica patente a defesa da categoria de superexploração da força de trabalho como fundamento da dependência, mas sempre ressaltando sua vinculação à transferência de valor, entendida como parte da essência da dependência. Nesses termos, lemos:

> Dussel (1988, p. 313) interpretou, equivocadamente, fundamento como se fosse essência. Assim, a superexploração não poderia ser a essência da dependência, se não uma consequência específica dessa essência, a saber, a transferência de valor da periferia para o centro. Não obstante fundamento, naquela passagem, e na teoria de Marini, não pode ser entendido assim. Enquanto a essência está mais relacionada com aquilo que de fato é, fundamento é algo próprio da razão de ser, a especificidade de que aquilo seja como é. (Carcanholo, 2017, p. 107, tradução nossa)

O autor argumenta, também, que a superexploração, como forma de elevar a taxa de mais-valia, poderia se dar em qualquer parte, mas a densidade como categoria explicativa só ocorreria no contexto da dependência, uma vez que aos países dependentes estaria "vedada" a elevação da produtividade pela dependência tecnológica, além do forte impulso do mecanismo de compensação da transferência de valores. Assim, as formas de proceder à superexploração, estas sim passíveis de generalização, seriam um elemento distinto do próprio conceito como categoria para pensar a dependência.

Dessa forma, em raciocínio similar ao de Katz (sem compartilhar a mesma conclusão), argumenta-se, por um lado, a favor da importância das transferências de valor; por outro lado, pelo reforço do lócus da categoria de superexploração apenas como categoria específica dos países dependentes.

Sotelo e Osorio defendem e avançam, cada um à sua maneira, no conceito de superexploração legado por Marini. Ambos interpretam até mesmo que, de fato, presenciou-se uma tendência de generalização da superexploração para o seio dos países imperialistas.

Não obstante, Sotelo (2003, 2008, 2012, 2016) sustenta que a superexploração havia sido pensada, inicialmente, para entender a especificidade das economias dependentes, mas que na atualidade essa forma de elevação da extração da mais-valia estaria articulada aos demais métodos de extração das principais empresas transnacionais no capitalismo (Aiscar, 2019). A extensão da superexploração mostraria a centralidade do conceito para compreender todo o capitalismo contemporâneo, não mais apenas a dependência.

Já Osorio (2018a, 2018b), em seus trabalhos recentes, e na polêmica travada com Claudio Katz, demarca uma posição bastante clara, próxima à dos autores referidos na seção seguinte. A superexploração seria uma forma de aumentar a exploração, cuja característica central é que ela se produz por meio da violação do valor da força de trabalho. Essa violação é o que a diferencia tanto da mais-valia relativa quanto da absoluta, que pressupõem o pagamento integral do valor da força de trabalho. Além disso, esse autor procura sintetizar e responder às críticas geralmente feitas contra o conceito. Em particular, ressalta a dialética negativa do método marxista, no qual processos são simultaneamente ser e não ser, cuja luta explica o movimento, e cuja compreensão elimina a dicotomia e ressalta a relação interna da unidade de contrários. Também remarca o modo pelo qual, em várias passagens, Marx reconhece como mecanismo fundamental o pagamento de salários abaixo do valor da força de trabalho, mas que não trata teoricamente do assunto por estar centrado na "análise geral do capital". Assim, "atentar e violentar o valor da força de trabalho emerge então como a contracara necessária da expansão e desenvolvimento do valor" (Osorio, 2016, p. 149-159, tradução nossa).

Em sua perspectiva, então, Osorio sustenta que a superexploração é uma forma de elevação da extração de mais-valia e, como tal, não é, por definição, privativa das economias dependentes. É possível pensar que as formas pelas quais se expressa atuem em maior grau, em relação ao passado, nos países centrais imperialistas. Ainda assim, seria fundamento apenas da dependência, na medida que, para formações sociais dependentes, seria uma forma dominante e estrutural de dinâmica da extração de mais-valia. Nos países centrais, a superexploração teria um papel muito mais delimitado e restrito, seja como característica marginal em geral, seja marcada apenas circunstancialmente como, em particular, nos momentos de crises cíclicas e como recurso à sua superação.

Dessa forma, o autor não encontra problemas em supor o sistema mundial como unidade de diversas formas de exploração, superexploração incluída:

> O problema, portanto, não está em afirmar a universalidade da superexploração, mas em não distinguir as formas específicas que predominam no mundo imperial e no mundo dependente, e as consequências diferenciadas que isso provoca nas formas em que o capital se reproduz, assim como as bases diferenciadas que estabelece para o desenvolvimento da luta de classes. (Osorio, 2016, p. 173, tradução nossa)

Luce (2018) prossegue defendendo, em linha muito próxima à de Osorio, que a superexploração implicaria a "violação do valor da força de trabalho *na* lei do valor", isto é, sem significar uma incoerência quanto à lei do valor, fazendo parte *da*, ou inscrita *na* lei do valor, compreendida em uma dimensão dialética que inclui a sua negação. O autor também faz um grande esforço para se contrapor a confusões e críticas com relação ao conceito, identificando as principais como:

> [...] alguns dos erros [...] que tomam a superexploração como sinônimo de: 1) persistência de formas antediluvianas do capital; 2)

> taxa superior de mais-valia; 3) predomínio de mais-valia absoluta e ausência de mais-valia relativa; 4) ausência de elevação da produtividade; pauperismo e tese subconsumista; 6) circulacionismo; 7) tendência geral do capitalismo em todo lugar; 8) anulação da lei do valor. (Luce, 2018, p. 136-137)

Gráfico 1 - Taxa de mais-valor (funções de densidade) – Lucros/ Salários - 72 países selecionados, 1995-2008

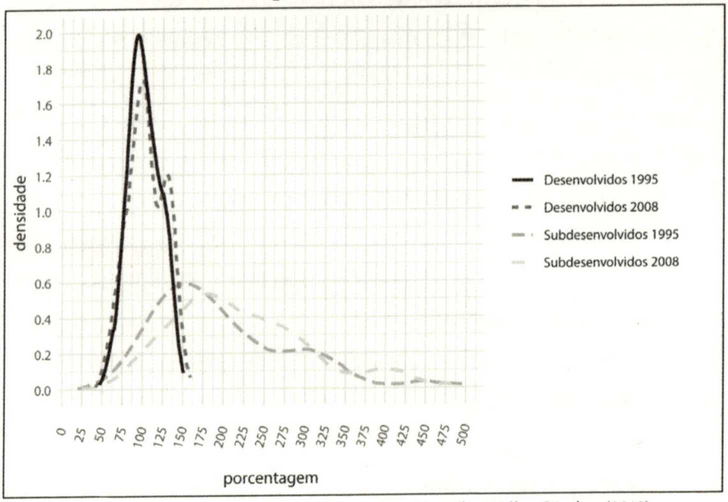

Fonte: Elaboração própria a partir de Martínez González, Valle e Sánchez (2019)

A forma de desconexão em relação à categoria superexploração e ao grau de exploração medido pela taxa de mais-valia leva o autor a afirmar que, embora implique elevação da taxa de mais-valia, "na maior parte das vezes, a superexploração ocorre porque se opera a uma taxa de mais-valia menor no âmbito do capital social total, na economia mundial" (Luce, 2018, p. 141). Neste ponto, cabe matizar que, em muitos dos trabalhos que procuram estimar taxas de mais-valia (inclusive em trabalhos abordados ou citados por Luce), são evidenciadas taxas de mais-valia superiores em países dependentes que em países imperialistas (Franklin, 2015; 2019), o que, para aqueles que se restringem à dimensão positiva e às categorias trabalhadas centralmente por Marx, não seria o esperado, conforme indicamos. É possível ver essa discrepância no gráfico 1.

Em uma análise densa em termos quantitativos, Martínez González, Valle e Sánchez afirmam categoricamente, entre outras coisas que:

> Corroborou-se, pois, a conjectura própria segundo a qual os países atrasados, com baixa produtividade, possuem alta taxa de mais-valor. Em Martínez (1999a) se faz ver *a atualidade do pensamento de Marini* [grifo nosso] mediante a exposição da relação de algumas evidências empíricas da conjectura própria antes referida com a ideia da superexploração. (Martínez González *et al.*, 2019, p. 44, tradução nossa)

Constituindo um trabalho de fôlego e que busca aprofundar, tanto teórica como historicamente a atualidade da teoria marxista da dependência, a referida obra de Lucc também ressalta, então, a violação do valor da força de trabalho como elemento central da categoria de superexploração.

Contribuições em torno à International Initiative for Promoting Political Economy (IIPPE)

John Bellamy Foster, ao continuar a tradição da revista *Monthly Review*, destacou em suas obras o capital monopolista, o imperialismo, e a necessidade de abarcar fenômenos contemporâneos, privilegiando o novo e o real diante da ossificação de categorias trabalhadas por certos estudiosos de Marx. Ainda que não tenha trabalhado centralmente a temática da superexploração, não a nega de partida e, ao que evidenciamos, passa a fornecer suporte importante aos autores que deslindam essa arena diretamente. Assim, em sua obra, podemos ler: "dentro deste sistema global, taxas muito mais altas de exploração seriam mais encontradas na periferia do que no centro; e, ao mesmo tempo, o excedente era sugado da periferia para atender às necessidades de desenvolvimento do centro" (Foster, 2006, p. 51, tradução nossa).

Em trabalho posterior, o termo aparece diretamente em várias ocasiões:

> É essa *superexploração* [grifo nosso] que está por trás de grande parte da expansão da produção no Sul Global. O fato de ter sido a base do rápido crescimento econômico de algumas economias emergentes não altera a realidade de que gerou enormes rendas imperiais para empresas multinacionais e capital no centro do sistema. (Foster, Mcchesney, 2012, p. 138-139, tradução nossa)

Ou de maneira mais taxativa:

> Se o *novo imperialismo tem sua base na superexploração de trabalhadores no Sul Global* [grifo nosso], é uma fase do imperialismo que de maneira alguma pode ser considerada benéfica para os trabalhadores do Norte Global, cujas condições também estão sendo arrastadas para baixo – tanto pela desastrosa competição salarial global introduzida por multinacionais e, mais fundamentalmente, pelas tendências de superacumulação no núcleo capitalista, aumentando a estagnação e o desemprego. (Foster, Mcchesney, 2012, p. 151, tradução nossa)

Nessa obra, os autores mostram ciência direta da análise praticamente contemporânea desenvolvida por John Smith (2010), seus desdobramentos e a relação com a argumentação de Andrew Higginbottom:

> Deve-se notar que o termo 'superexplorado' parece ter dois significados sobrepostos na teoria marxista: 1) trabalhadores que recebem menos do que o valor historicamente determinado da força de trabalho, como definido aqui; e 2) trabalhadores que estão sujeitos a trocas desiguais e superexplorados, principalmente no Sul Global. No marco analítico de Amin, no entanto, os dois significados estão unidos. Isso ocorreria porque o valor da força de trabalho é determinado globalmente, enquanto os salários de fato são determinados nacionalmente, e são hierarquicamente

> ordenados devido ao imperialismo. No Sul Global, portanto, os trabalhadores normalmente recebem salários inferiores ao valor da força de trabalho. Esta é a base da renda imperial. John Smith e Andy Higginbottom desenvolveram uma abordagem semelhante à superexploração baseados em Marx. (Foster, Mcchesney, 2012, p. 212, tradução nossa)

Por fim, trabalho recente que relaciona as cadeias globais de valor à superexploração, levado a cabo por Intan Suwandi (2019a, 2019b),[6] ao qual retornaremos adiante, contou com sua supervisão.

Para Andrew Higginbottom, a superexploração deveria ser compreendida como uma terceira forma de elevação da exploração pelo capital, diferente da mais-valia absoluta e relativa, reconhecida pelo próprio Marx, mas descartada pelo nível e objetivo de estudo ao longo de *O capital*. Em argumento muito similar ao que aparece pouco depois nas formulações de Osorio:

> Marx discute três maneiras distintas por meio das quais o capital pode aumentar a mais-valia, mas ele nomeia apenas duas delas como mais-valia absoluta e mais-valia relativa. O terceiro mecanismo, reduzir os salários abaixo do valor da força de trabalho, Marx consigna à esfera da competição e fora de sua análise. (Higginbottom, 2009, p. 1, tradução nossa)

Em particular, a superexploração seria a melhor base teórica de transformação da lei do valor ao tratar de passar do nível de análise do capitalismo em geral para o imperialismo, em complemento às teses de Marx, e indo ao encontro das teses desenvolvidas a partir de Lenin e demais clássicos do imperialismo: "A nova análise precisa incorporar o valor como uma relação

6 Esse trabalho e o de John Smith foram, também publicados pela *Monthly Review Press*, e receberam o prêmio em memória de Baran e Sweezy promovido pela instituição.

social imperialista. Se o valor é uma relação social do capitalismo, a transformação do capitalismo em imperialismo também transforma valor" (Higginbottom, 2009, p. 20, tradução nossa).

Ou, em outra passagem:

> A ideia de superexploração precisa ser conceitualmente generalizada no nível necessário de abstração e incorporada na teoria do imperialismo [...]. *A superexploração é a essência comum oculta que define o imperialismo* [grifo nosso]. A classe trabalhadora das nações oprimidas [...] é sistematicamente paga abaixo do valor da força de trabalho da classe trabalhadora das nações opressoras [...]. Isto não é porque a classe trabalhadora do Sul produz menos valor, mas porque é mais oprimida e mais explorada. (Higginbottom, 2011, p. 284, tradução nossa)

John Smith, em sua tese de doutorado "Imperialism & the Globalisation of Production", identifica a superexploração como fenômeno central para o imperialismo contemporâneo, como forma de extração de mais-valia do Sul Global. Em livro premiado surgido como desdobramento dessa obra, a centralidade é mais explicita até no título: *Imperialism in the Twenty-First Century: The Globalization of Production, Super-Exploitation and The Crisis of Capitalism* [Imperialismo no século XXI: a globalização da produção, superexploração e a crise do capitalismo] (Smith, 2015).

O reconhecimento de Marini, em sua teorização sobre a superexploração, é direto e extenso:

> De todos os teóricos da dependência, Marini foi mais longe por esse caminho. Há seis aspectos em sua teoria que sublinham sua relevância continuada. Primeiro, a teoria da dependência de Marini depende da distinção entre mais-valia absoluta e relativa, enquanto a teoria da renda imperialista de Amin dilui essas duas categorias. Segundo, a produtividade do trabalho e as diferenças entre as nações imperialistas e as dependentes quanto a ela é central na análise de Marini, mas ele evita completamente cair na armadilha euromarxista de confundir o valor da força de trabalho

> com sua produtividade. Amin, em contraste, argumenta que 'há apenas uma única produtividade, a do trabalho social trabalhando com ferramentas adequadas, em um dado contexto natural'. Terceiro, Marini considera que o valor da força de trabalho varia entre as nações, e a ser determinado pela maneira específica pela qual esses diferentes modos de extração de mais-valia são combinados em formações sociais imperialistas e dependentes e pela interação entre elas – uma concepção muito mais dialética do que a noção atemporal e estática de Amin de um único valor global da força de trabalho. Quarto, embora a pesquisa de Marini sobre as origens da troca desigual analise necessariamente a exportação de alimentos e matérias-primas, seu argumento não se baseia na distinção entre matérias-primas e produtos manufaturados, como na hipótese de Prebisch-Singer. Como Higginbottom aponta, sua teoria 'combina a gênese do capitalismo orientado para a exportação na periferia com o desenvolvimento do capitalismo industrial no centro', e é, portanto, de particular relevância para a compreensão do fenômeno da terceirização ou 'outsourcing'. (Smith, 2015, p. 218-219, tradução nossa)

Frente ao papel cada vez mais central do fenômeno do *outsourcing*, em particular da produção para empresas no Sul Global, Smith o relaciona diretamente à superexploração dos trabalhadores das formações dependentes:

> O resultado de três décadas de desenvolvimento sob a égide da 'industrialização orientada para a exportação' é que os trabalhadores e pequenos produtores no Sul Global não apenas cresceram numericamente, mas se tornaram uma fonte cada vez mais importante da mais-valia que sustenta os lucros, prosperidade e paz social nos países imperialistas. Isso sugere que as noções amplamente usadas de 'núcleo' e 'periferia' se tornaram enganosas – a superexploração de trabalhadores de baixa renda no Sul Gobal é agora de importância 'fundamental' para os capitalistas nos países imperialistas. (Smith, 2010, p. 22, tradução nossa)

Smith destaca que o conceito de superexploração no qual se baseia, à diferença da tese de Amin, não se assenta sobre uma noção de valor global da força de trabalho. À diferença dos grupos que denomina como de "marxistas ortodoxos" e "euromarxistas", Amin, ainda que equivocado nesse ponto, lembra Smith, ao menos o faz em uma análise que ressalta a centralidade do imperialismo, ao contrário de boa parte de seus detratores.

O autor critica também, de forma radical, as estatísticas oficiais, já que não revelam que átimo algum das elevadas margens sobre os custos obtidas pelas grandes empresas multinacionais de países imperialistas se originam do trabalho do Sul Global. Efetivamente, a crescente capacidade de transformar práticas originalmente intrafirma – como os famosos (e combatidos como ilegais mesmo nos marcos tradicionais) "preços de transferência" entre filiais e matrizes – em mecanismos presentes no comércio entre corporações formalmente independentes é o que explica o impulso nessa direção.

Os acordos entre corporações de marcas da moda e a terceirização com empresários em Bangladesh, ou entre Apple e Foxconn, nos quais as últimas empresas aceitam a estipulação ou imposição de preços que implicam baixíssimas margens sobre custos unitários, contra as margens das empresas multinacionais de países imperialistas, se refletem nas estatísticas como se as últimas empresas e seus contratados nos países apropriadores e consumidores gerassem muito maior "valor adicionado", idêntico a essas margens por definição na contabilidade social. Por fim, os imensos ganhos com tarifas de importação e impostos ao consumo e corporações internos para os Estados imperialistas aparecem como outro elemento geralmente deixado de lado em diversas análises.

Walter Daum lembra que a origem do termo superexploração é atribuível aos marxistas latino-americanos na década de 1960, e que, o mais próximo que se encontra em Lenin, em *Sobre a caricatura do marxismo e economismo imperialista* (1916) seriam referências como "[...] seções da classe trabalhadora nas nações opressoras recebem migalhas dos superlucros que a burguesia obtém pela exploração extra dos trabalhadores das nações oprimidas" (Lenin *apud* Daum, 2016, p. 1, tradução nossa).

Além disso, o autor esboça a seguinte interpretação da categoria de superexploração:

> Houve basicamente duas definições de superexploração. Uma poderia, talvez, se chamar de superexploração absoluta: pagar aos trabalhadores menos que o necessário para reproduzir sua força de trabalho. Por exemplo, Andre Gunder Frank definiu o termo como 'a apropriação pelo capital de muitos dos frutos do trabalho dos trabalhadores, que os trabalhadores não podem se manter ou reproduzir sua força de trabalho'. A segunda definição é baseada em taxas relativas de exploração. Os trabalhadores são superexplorados se sua taxa de exploração for significativamente maior do que o normal porque eles são mal pagos. (Daum, 2016, p. 1, tradução nossa)

A primeira forma de compreensão sobre a superexploração, mais característica, estaria referida diretamente aos desenvolvimentos pioneiros da teoria marxista da dependência. A segunda, que apareceu nos debates sobre a troca desigual e transferências de valor, em particulares interpretações nos textos de Amin, Emmanuel e Bettelheim, reforça uma linha em que a persistência de distintas taxas de exploração, com taxas maiores em países com menor desenvolvimento das forças produtivas, por conta de salários ainda mais baixos, seria reproduzida por meio de conformações impositivas no bojo do capitalismo imperialista.

O escritor arrisca, então, que

> [...] a definição de superexploração deve se concentrar na interpretação relativa, com um soslaio na versão absoluta. Logo: os trabalhadores são superexplorados se estiverem sujeitos a uma taxa de exploração substancialmente mais alta do que a prevalecente

> nos países economicamente avançados; isso geralmente leva a que sejam pagos abaixo do nível médio necessário para reproduzir a força de trabalho. (Daum, 2016, p. 1, tradução nossa)

Em todas essas contribuições, ressalta-se como o Estado em países imperialistas, em conjunto com suas empresas monopolistas, têm interesses em impor a manutenção de salários mais baixos e taxas de exploração maiores nos países dependentes. As políticas repressivas, pressões para abertura e subordinação econômica, além de políticas migratórias, seriam exemplos e desdobramentos imperialistas da crescente importância do recurso à redução salarial como forma de incremento da extração e apropriação de mais-valia no mundo. A própria intensificação do recurso à superexploração no interior das fronteiras imperialistas (sem constituir seu traço distintivo ou dominante) recairia, em maior monta, nos contingentes de imigrantes, muitas vezes em situação irregular, provenientes do Sul Global.

Por fim, alinhada a essas novas contribuições, Intan Suwandi (2019a, 2019b) vincula com mais detalhe o tema das cadeias globais de valor ao imperialismo. Propõe o termo "cadeias globais de valor-trabalho" como mais adequado para ressaltar a fonte e o objeto em torno do qual se estruturam ditas cadeias, como formas de apropriação de valor por parte das empresas multinacionais dominantes.

A partir do aproveitamento da série disponível de matrizes de insumo-produto globais, com dados setoriais vinculados de 40 países, a autora demonstra como os custos laborais unitários são significativamente menores nos países dependentes em relação aos países imperialistas. É uma forma de mostrar, com grande nível de detalhe e robustez, que as diferenças salariais são significativamente maiores do que eventuais diferenças de produtividade (do trabalho produtor de mesmos valores de uso) no mundo contemporâneo. É o que se pode ver em síntese posterior (Suwandi *et al.*, 2019) no gráfico a seguir:

Gráfico 2 – Custos Laborais Unitários – Comparação de países selecionados

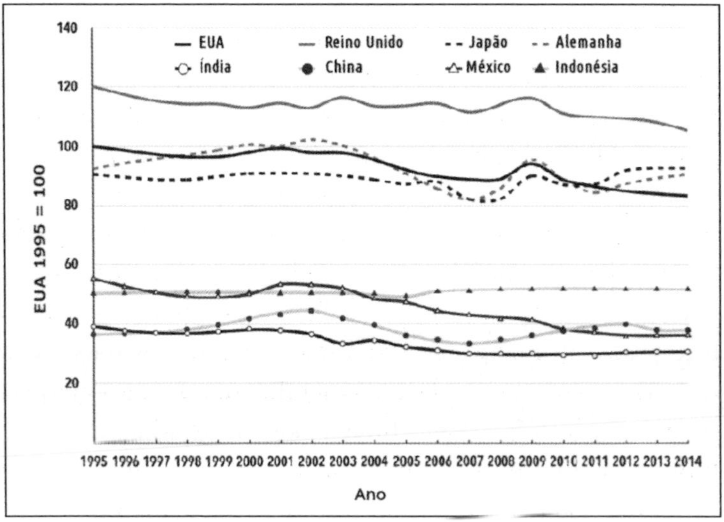

Fonte: Elaboração própria a partir de Suwandi, Foster e Jonna (2019)

O imperialismo contemporâneo se assentaria, cada vez mais, em torno da prevalência de formas de superexploração por intermédio do capital estrangeiro – seja via investimento estrangeiro direto, seja por meio das "cadeias globais de valor-trabalho" com "formas não patrimoniais" (*non equity modes*) de imposição da apropriação de valor pelas empresas transnacionais.

Uma nova síntese em construção

Como visto, a recuperação da categoria de superexploração, bem como novos debates e controvérsias em torno dela, foram revigoradas nos últimos anos, tanto entre autores latino-

-americanos, quanto no cenário internacional mais amplo. Por outro lado, coloca-se a manutenção de taxas de exploração muito distintas entre países, derivadas fundamentalmente das diferenças abissais entre salários pagos, como *superexploração relativa*.

Nossa análise prévia, reforçada a partir da síntese apresentada, leva-nos a uma determinação importante: que não seria preciso que o processo de superexploração fosse "permanente" para ser "fundamento" e estrutural; bastaria que fosse "predominante" relativamente em economias centrais. Em outras palavras, mesmo que o processo de *superexploração absoluta* não seja permanente – tal como, por exemplo, argumentado em Franklin (2015, 2019) – se ele é muito mais recorrente e aguçado em formações econômico-sociais dependentes, é o fundamento que explica a generalização da aqui chamada *superexploração relativa* (maior taxa de exploração) nessas formações. Eis que assim, a primeira categoria, fundada por Marini (ainda que em termos distintos), seria efetivamente o fundamento da *differentia specifica* da dinâmica do capitalismo dependente. Argumentamos aqui que a superexploração como fundamento da dependência, então, se estabelece em termos de ser forma social essencial na determinação dinâmica, do movimento *sui generis* da reprodução do capital nessas formações. Tanto na forma específica como impacta na elevação da exploração, quanto nos desdobramentos da reprodução social apontados como a cisão do ciclo do capital e das esferas de consumo; definitivamente, moldando padrões próprios de reprodução do capital.

A seguir, apresentamos como os novos argumentos incidem em debates relacionados à superexploração, em particular: transferências de valor e dependência; relação entre superexploração e exploração; e, por fim, reflexões em torno de dimensões quantitativas captáveis frente à realidade concreta das cadeias globais de valor e seu funcionamento.

Transferências de valor: único e verdadeiro fundamento da dependência?

Vários autores ressaltam como característica fundamental da dependência as transferências de valor. Katz (2018) e Franklin (2015), inclusive, argumentam que a própria superexploração seria um conceito, em certa medida, contraproducente, desnecessário e irrelevante para compreender a dependência. O último autor é categórico ao afirmar: "a apropriação de mais-valor através do mercado mundial é o elemento que dá sentido à relação de dependência" (Franklin, 2015, p. 171).

Parece importante ressaltar conclusões de suas estimativas preliminares:

> Os dados nos revelam é que, enquanto os países desfavorecidos transferem em média 9,3% do valor que geram em seu território, essa mesma magnitude representa um acréscimo de 60,9% no valor consumido pelas nações beneficiadas. Isto nos sugere que os efeitos desse fenômeno são muito mais significativos para a dinâmica econômica desses últimos do que para os primeiros. (Franklin, 2015, p. 214)

Essas estimativas corroboram, dentro dos limites dos métodos e informações disponíveis, a importância da forma de exploração que permita a sustentação dessas transferências para os países imperialistas.[7]

Alguns comentários de Carcanholo seguem sentido similar:

> [...] as diferentes maneiras pelas quais a economia dependente transfere parte de seu (mais-)valor produzido para as economias

---

[7] Para Franklin, taxas de exploração diretamente maiores, que não superexploração, o que, aceitando-se a sugestão de terminologia de Daum, seria superexploração relativa (no sentido de mais exploração).

centrais, definiriam os condicionantes mais estruturais da dependência. A situação concreta das economias dependentes, em momentos históricos específicos, é dada por estas, em conformidade dialética com determinantes mais conjunturais da situação externa [...]. Quando o cenário externo é favorável [...], há como tendência uma maior margem de manobra para as economias dependentes neutralizem – mas apenas isso? os condicionantes estruturais de sua dependência. (Carcanholo, 2017, p. 87-88, tradução nossa)

Carcanholo termina por vincular de forma aparentemente indissociável a categoria de superexploração como mecanismo de compensação de transferências:

> Uma das principais críticas feitas [...] é que essas diferentes formas de superexploração são típicas do capitalismo, seja ele dependente ou central. Portanto, eles não podem ser categorias específicas de dependência e, com isso, toda tentativa dos marxistas de pensar sobre a especificidade da dependência é diluída. Essa crítica parte de uma confusão. A especificidade de uma economia dependente não são as formas de aumentar a taxa de mais-valia. É claro que elas podem ser – e são – implementadas nas economias centrais. O específico do capitalismo dependente é que, para enfrentar a transferência de valores – e essa é sua característica central, diferente das economias centrais –, ele não tem a alternativa de aumentar a produtividade, freando essa transferência. Isso tem a ver com várias questões, mas uma delas, fundamental, é que a dependência, entre outras coisas, é, acima de tudo, dependência tecnológica. (Carcanholo, 2017, p. 85, tradução nossa)

Não obstante, mesmo na ausência de transferências em termos líquidos, esse argumento seguiria em pé quanto à dependência tecnológica. Poderíamos pensar que, para enfrentar a concorrência mundial, diante da ausência do recurso dominante do aumento da produtividade, os países dependentes precisam recorrer de forma predominante à superexploração.

O que queremos dizer é que, para além de questões terminológicas, as posições aparentadas de Osorio, Smith, Higginbottom e Daum – da não necessidade de que a superexploração seja exclusiva das economias dependentes para ainda manter sua relevância como fundamento da dependência – tem uma vantagem de clareza e delimitação, bem como de desvinculação sobre um suposto circulacionismo nessa interpretação, tal como ressaltado em vários trabalhos, por exemplo: "Astarita [Rolando] destaca que 'esta visão foi qualificada de circulacionista, porque parece dizer que a circulação das mercadorias [e do capital, talvez] gera o subdesenvolvimento e o desenvolvimento" (Nogueira, 2012, p. 40, tradução nossa).

Ou seja, uma vinculação excessiva aproxima, aparentemente, tais interpretações das teses de dependência como dependência externa; relativiza e minimiza a precarização laboral intensa a que têm sido submetidos os trabalhadores nos países imperialistas; e termina por fechar os olhos para os casos, ainda que de menor peso, de países que recebem renda fundiária ou extrativo-mineral em magnitudes importantes, como Venezuela, Chile, Bolívia ou Equador, no caso latino-americano.

Tentar colocar a essência da dependência simplesmente nas transferências, em geral, vem acompanhado de abordagens que terminam por não tratar dos detalhes concretos, observados na realidade, dessas formações. Além disso, esse procedimento implicitamente corre o risco de derivar em um anti-imperialismo sem maior conteúdo de contestação sistêmica. Cessando as transferências, partindo-se desse fio interpretativo, seria possível intuir ou apontar possibilidades de obter uma "exploração normal", sem superexploração.

A postulação da superexploração como fundamento da dependência, passível de generalização no sentido apenas marginal, conjuntural, ou de muito menor predominância em formações econômico-sociais imperialistas frente a dependentes, nos parece, por conseguinte, que consegue apontar para a superação das fragilidades ou contradições anteriormente destacadas. A superexploração traz como consequência um ciclo do capital específico e em reprodução. Se, como indica em suas palavras Higginbottom, "uma vez que a superexploração (taxa mais elevada de mais-valia [*sic*]) se estabelece, ela molda a formação social dependente" (2010, p. 1, tradução nossa), mesmo que posteriormente o país possa apresentar conjunturas ou períodos maiores em que deixe de ter valor drenado por troca desigual para o exterior, ao manter um padrão de reprodução do capital cujo fundamento resida na superexploração, manteria seu caráter dependente.

Nestes termos, a compreensão da dinâmica do exército industrial global de reserva, bem como sua distribuição assimétrica nas formações dependentes, pareceria elemento realmente importante, reforçando a importância de trabalhos como Duarte (2017) e Ferreira (2012).

Por outro lado, para além dos elementos puramente internos, reconhece-se explicitamente imposições do imperialismo no sentido de buscar a manutenção de áreas com taxas de exploração distintas – tais como os exemplos dados da discriminação de imigrantes, controles e fechamento de fronteiras à mobilidade internacional dos trabalhadores.

Por fim, formações como Venezuela e Chile (ou Bolívia e Equador), na quais não ocorre, necessariamente, drenagem "líquida" de mais-valia para o exterior,[8] ao compartilhar uma

[8] Não se quer aqui afirmar que não haja fluxos de transferência de valor para o exterior nessas formações sociais, como atestam fortemente Venezuela (fuga ilegal de capitais e remessas, por exemplo) e Chile. Mas por longos e repetidos momentos, a apropriação de renda pelos Estados correspondentes, em particular com a nacionalização e forte elevação de *royalties*, parece que consegue superar o extravasado. Claro está que a apropriação final interna fica muito aquém da possibilidade, mesmo nesses momentos, quanto maior a presença de empresas estrangeiras, ao pensar sobre o ciclo do capital em sua totalidade.

reprodução do capital assentada na superexploração, adentram sem dificuldade nos marcos da teoria marxista da dependência. Bambirra (1978), em sua crítica a Enrique Semo, lembrava como os países exportadores de petróleo, além de constituírem casos excepcionais, não tinham garantida uma suposta superação do subdesenvolvimento ou o estabelecimento de relações de interdependência apenas pelo seu privilégio rentístico, uma vez que já apresentavam reprodução do capital baseada na superexploração.

As noções e estudos do "capitalismo rentístico" da Venezuela ou do Chile, na medida em que lançam luz às formas de exploração dos trabalhadores, permitem uma abordagem mais integrada e plena da dependência na América Latina. Efetivamente, Venezuela e Chile não compartilham com as demais formações dependentes regimes em muitas dimensões similares quanto à exploração (e superexploração) da força do trabalho?

Relação categorial de formas de exploração e imperialismo

Dois elementos importantes devem ser remarcados quanto à superexploração e sua relação com a exploração em quaisquer formações sociais.

Em primeiro lugar, obviamente, tratar dessa questão implica admitir a própria existência do processo de superexploração. Franklin (2015), crítico da noção de que o fundamento da dependência pudesse ser a superexploração, quando pensada de forma estática, ainda a mostra como fenômeno de existência real. Reproduzimos na página seguinte o gráfico que ilustra as formas em que poderia se manifestar esse processo.

Nos termos de Daum, poderíamos pensar que a *superexploração absoluta* figuraria como a área identificada como de "ganho de superexploração", e a própria elevação da taxa de mais-valia, resultante do deslocamento da linha representada como de "valor da força de trabalho", na medida em que leve a taxas de exploração maiores do que nos países imperialistas – e diferenças salariais superiores à produtividade, seria fator importante para compreender a *superexploração relativa, fundada na primeira, locomotiva específica.*

Gráfico 3 – Ampliação relativa do mais-valor por meio da redução de salários no decorrer de variações cíclicas

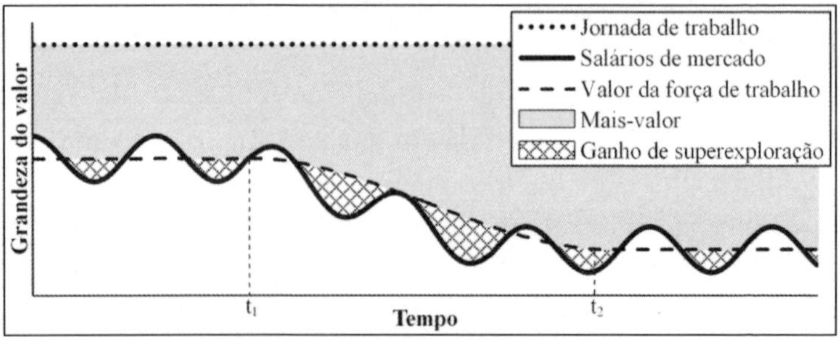

Fonte: Franklin (*op. cit.*, p. 96)

Então, compreendida nesses termos, a relação proposta entre *superexploração relativa* (mais-exploração) e *superexploração absoluta* joga luz à relação entre a elevação da taxa de mais-valia e o recurso recorrente ou dominante da superexploração, conforme afirmamos anteriormente. É preciso frisar que, mesmo sem necessidade de incorporar essas denominações, a manutenção ou incremento da divergência entre taxas de exploração pode estar fundamentada no maior recurso à superexploração nas formações dependentes.[9]

---

9 Aqui indicamos isso apenas como possibilidade, visto que não tratamos de casos históricos concretos. A reflexão neste ponto está colocada em um plano mais geral e formal. Nesse plano, não conhecemos nenhuma hipótese mais robusta quanto ao movimento de acumulação de capital e exploração nas formações dependentes. Do ponto de vista concreto, conforme ressaltamos e diante de nosso próprio acúmulo de evidências, se reforça ser esse o caso. Fica em aberto todo um campo de estudos concretos para corroborar, ou, no caso

Efetivamente, trabalhos anteriores, como o de Borges (2006), se propuseram a analisar a evolução de taxas de exploração e seus componentes (produtividade e salários) como forma indireta de captar a evolução da taxa de exploração brasileira em comparação à estadunidense e suas causas diferenciais na dinâmica salarial como possível evidência de superexploração no movimento, não de maneira estática.[10]

Aliás, uma vez verificada uma tendência de taxas de exploração maiores em regiões dependentes, caso não tenham estado sujeitas em geral a convergência, reforçam-se os comentários anteriores no sentido de compreender a superexploração potencialmente como força principal (daí, em nossa atual interpretação, fundamento) atuando no sentido da divergência (ou não convergência) dinâmica de taxas de exploração entre economias centrais e dependentes.

Assim, o papel de Estados e empresas imperialistas, a partir da pressão externa e presença interna, ganha relevo como elemento material que incide sobre a luta de classes da região. Nesse sentido, essa interpretação parece mais sistemática do que afirmações como a de que a "distinção entre as taxas de exploração de diferentes regiões deve ser buscada não na relação de dependência, mas no grau de organização da classe trabalhadora de cada localidade" (Franklin, 2015, p. 172). Explicitadas dessa forma, ficam abertas a interpretações sobre um papel quase exclusivo de "forças internas", ou minimizam o papel da ação imperialista nessa arena.

---

de eventuais detratores, negar essa proposição, caso se apresentem interpretação e evidências contrárias.

10 Precisando ainda mais, seria algo como pensar se a linha declinante no gráfico 3 (lembrando que com menor valor da força de trabalho, maior a taxa de exploração) representasse a evolução da taxa de exploração em formação dependente relativamente às imperialistas.

Dependência e cadeias globais de valor-trabalho

O estudo de John Smith ressalta a importância de formas que escapam às estatísticas oficialmente produzidas, as quais permanecem ocultas como as de maior produção de "valor agregado" se tratassem as formações imperialistas. Efetivamente, o autor traz à tona o problema da manipulação dos "preços de transferência":

> Além da repatriação de lucros do investimento direto estrangeiro (IDE) pelas empresas transnacionais, o único fluxo de valor S-N [Sul-Norte] reconhecido pelos economistas burgueses como resultado das atividades internacionais das empresas é aquele que resulta dos preços de transferência – como ocorre quando uma ETN super ou subfatura importações e exportações ou sobretaxa despesas comerciais etc., a fim de transferir lucros para locais com pouco imposto, geralmente paraísos fiscais *offshore*. (Smith, 2015, p. 263, tradução nossa)

Mesmo estudos "ortodoxos" recentes (Mooij, Liu, 2018) estimam que, com todas as incompletudes e imperfeições, a adoção de regras de fiscalização de preços de transferência podia levar a uma elevação de cerca de 25% na base sujeita a tributação.[11]

Quanto às "novas formas de governança" das cadeias globais de valor, e a renúncia de repatriação e manipulação de preços de transferência, reflete Smith:

> Esses são grandes benefícios a serem renunciados – no entanto, as ETN consideram cada vez mais que o relacionamento '*arms-length*' [relacionamento direto entre firmas formalmente independentes – não controladas pelo mesmo grupo] é mais lucrativo do que o investimento direto estrangeiro interno [à corporação].

[11] E nos locais entre 2006 e 2014 onde passaram a ser adotados, reduzia-se o investimento das ETN em 11% em média, com realocação para outras filiais (Mooij; Liu, 2018).

> O fato de o fluxo S-N [Sul-Norte] de valor e lucro ser invisível significa que esse fluxo não existe? (Smith, 2015, p. 82)

Efetivamente, a conformação e dominação das cadeias globais de valor por parte das corporações monopolistas imperialistas vão um passo além do preço de transferência, já que trasladam esse elemento para um comércio *entre* firmas. Ao tempo que institucionalizam em contratos preços que mantêm elevadas divergências nas margens sobre custos das contratadas, anulam a investigação fiscal, não passível nos marcos jurídicos ao se tratar de atuação acordada por partes formalmente independentes. Além disso, contribuem a ocultar a exploração brutal a que são submetidos os trabalhadores contratados, em última instância, pelos capitais dominantes. Novamente, como não empregam diretamente essa força de trabalho, tentam com recorrente sucesso se eximir diante até de tímidas tentativas de "cobrança social" nos marcos do sistema.

Remarque-se, novamente, e em acordo com Smith: as estatísticas oficiais atuais não são capazes de refletir corretamente o volume de transferência de valor e troca desigual. Daí, na medida em que avança a importância relativa das "formas não patrimoniais" de imposição de condições entre empresas nas cadeias globais de valor-trabalho, poderia, em estudos com indicadores oriundos da contabilidade social, ser esperada uma redução – que seria apenas aparente –, da relevância dos mecanismos de troca desigual e transferência, mesmo que as realidades e relações sociais não tenham apresentado mudanças nesse sentido.[12]

[12] Indicar essa limitação não significa desmerecer nem muito menos rechaçar a imperiosa necessidade de avançar em estimativas e estudos concretos. Apenas é preciso fazê-lo com a consciência de seu caráter de aproximação e com as limitações correspondentes.

Por fim, cabe apenas ressaltar que o novo e crescente fenômeno de "formas não patrimoniais" de dominação das empresas transnacionais sobre as cadeias de valor-trabalho não deve obviar o papel ainda abrumador das formas que envolvem a participação de capital. O estoque de investimento estrangeiro direto, cerca de um terço do Produto Interno Bruto (PIB) mundial (quintuplicação relativa em três décadas), implica um controle significativamente maior da produção pelas empresas de origem imperialista no mundo atual. Por outro lado, o decréscimo na participação referente ao volume mundial de capitais estrangeiros que países não imperialistas apresentaram parece limitado ao período de 1984 a 1997, dada a recuperação posterior reafirmada em volumes superiores aos recebidos por países imperialistas, e mesmo antes disso, superiores à participação dos países dependentes no PIB mundial, em particular nesta década (Borges, 2015).

Considerações finais

A recuperação crítica da categoria de superexploração da força de trabalho atiçou o debate teórico regional, e, mais que isso, transcendeu-o nos tempos recentes, como evidenciamos. Em nossa interpretação, as contribuições mais importantes apontaram para uma síntese possível muito alinhada à posição de Osorio e Marini neste tema. Em particular, a superexploração conforma-se não só como fundamento da dependência, nessa síntese, mas como forma importante de elevação da exploração, ao considerar o imperialismo em sua totalidade.

Como fundamento da dependência, mostra-se a intuição fundamental de Marini em sua abordagem pioneira do tema. Além disso, contribui a deixar mais clara a desvinculação de noções restritas à dependência externa – inclusive, no limite, as do tipo cepalino – ou da predominância quase exclusiva dos fatores externos, de transferência de valor e troca desigual, para a determinação da dependência.

Quanto à consideração da superexploração nos marcos do imperialismo, esta permite ressaltar várias dimensões significativas. Além da vitalidade e da crescente importância como forma de apropriação de valor – considerando tanto questões granulares como quantitativas –, ela reforça o reconhecimento e a abordagem da precarização laboral intensa à qual estão sendo submetidas as massas trabalhadoras nos países imperialistas nas últimas décadas.

Ambos os elementos reforçam a inocuidade de ilusões (neo) desenvolvimentistas –[13] não se trataria simplesmente de eliminar transferências e superar uma dependência externa, mesmo porque os países imperialistas não seriam modelos ideais e desenvolvidos: a condição de vida dos trabalhadores nesses países também vem sofrendo forte deterioração e continuado ataque.

Por fim, as noções de superexploração absoluta e relativa, ainda que tentativas incipientes, oferecem uma solução possível para o impasse em que parecem redundar os debates regionais nos marcos dos intérpretes marxistas latino-americanos da dependência. Em outras palavras, ofereceriam uma saída de unidade teórico-política para tal impasse. Afinal, os críticos à categoria da superexploração não são oponentes, em princípio, do que seria a superexploração relativa. Na realidade, suas abordagens parecem convergir plenamente para sua existência e importância. Resta ainda determinar a fortaleza dessas noções, e se poderia ser aceita tal terminologia por ambos os lados do impasse, questão importante a ser tratada em futuros debates.

---

[13] Em que pese que a própria secretária-executiva da Cepal, de maneira quase despercebida, declarou em fevereiro de 2020, em entrevista ao jornal *El País*, o esgotamento das estratégias de desenvolvimento recentes na região (Fariza, 2020). Cf. Gudynas (2020).

Ainda sem essa terminologia, sobressai a síntese proposta que coloca a superexploração como fundamento do movimento específico da reprodução do capital e da exploração da força de trabalho nas formações dependentes.

Conforme sugerido, abrem-se, a partir destas proposições, grandes campos de pesquisa para estudos concretos e aprofundamentos teóricos sobre os padrões de reprodução do capital, a caracterização do imperialismo contemporâneo, e a construção de consciência e estratégias de luta mais integrais dos trabalhadores nas nações dependentes e imperialistas, internacionalmente articuladas sem sobrepor o interesse fundamental solidário às realidades que efetivamente enfrentam os proletários.

Referências

AISCAR, Facundo Lastra. "De la explotación en Marx a la superexplotación de la fuerza de trabajo en América Latina". *Revista Sociedad*, , n. 38, p. 4–13, 2019. Disponível em: https://ri.conicet.gov.ar/bitstream/handle/11336/79263/CONICET_Digital_Nro.eae87ed4-73fb-4081-9fe4-d66086481ae2_H.pdf?sequence=5&isAllowed=y.

AMARAL, Marisa Silva. Ainda a categoria de superexploração da força de trabalho - mais reflexões sobre novas e velhas controvérsias. *Anais do 6º Encontro Internacional de Política Social 13º Encontro Nacional de Política Social. Anais.* Vitória, 2018.

ASTARITA, Rolando. "La teoría de la dependencia y la teoría de Marx. Notas para la superación de una crisis teórica". *In*: BORGES, Rodrigo Emmanuel Santana; MATEO TOMÉ, Juan Pablo.; SIMARRO, Ricardo Molero. *Globalización, dependencia y crisis económica: análisis heterodoxos desde la economía del desarrollo.* Madri: Fundación de Investigaciones Marxistas (FIM); Centro de Ediciones de la Diputación de Málaga (CEDMA), 2011.

BAMBIRRA, Vânia. *Teoria de la dependencia:* una anticrítica. México: Ediciones Era, 1978.

BORGES, Rodrigo Emmanuel Santana. *Efectos de las políticas de ajuste fondomonetarista sobre el salario en Brasil de 1990 a 2005:* un análisis marxista. Dissertação de mestrado, Universidad Complutense de Madri, 2006.

BORGES, Rodrigo Emmanuel Santana. *Financiarización, cadenas globales de valor e inversión extranjera en la producción de etanol en Brasil a partir de la liberalización de la agroindustria*: una interpretación marxista del periodo de 1990 a 2010. Tese de doutorado – Universidad Complutense de Madri. Disponível em: https://eprints.ucm.es/40710/.

CARCANHOLO, Marcelo Dias. *Dependencia, superexplotácion del trabajo y crisis. Una interpretación desde Marx*. Madri: Maia Ediciones, 2017.

CARRERA, Juan Iñigo. *La renta de la tierra:* formas, fuentes y apropiación. Ediciones Imago Mundi, 2017.

CARRERA, Juan Iñigo. "Precios, productividad y renta de la tierra agraria: Ni 'términos de intercambio deteriorados', ni 'intercambio desigual'". *Realidad Económica*, v. 317, n. 47, p. 41–78, 2018.

DAUM, Walter. "Notes on super-exploitation from the Imperialism study group". *Redline - contemporary marxist analysis*, 29 jul. 2016. Disponível em: https://rdln.wordpress.com/2016/07/29/from-the-imperialism-study-group-notes-on-super-exploitation/, 2016, julho 29.

DUARTE, Pedro Henrique Evangelista. *Superpopulação relativa, dependência e marginalidade: ensaio sobre o excedente de mão de obra no Brasil*. Tese de doutorado, Unicamp, 2015.

DUARTE, Pedro Henrique Evangelista. "Economia política do trabalho no capitalismo dependente: apontamentos sobre a marginalidade social e a superexploração da força de trabalho". *Revista da Sociedade Brasileira de Economia Política*, n. 45 out./nov. 2016. Disponível em: http://www.revistasep.org.br/index.php/SEP/article/view/219.

FARIZA, Ignacio. "América Latina ha perdido el tren de la política industrial y la innovación. Entrevista a Alicia Bárcena, secretaria ejecutiva de la CEPAL". *El País*. Madri, 6 fev. 2020. Disponível em: https://elpais.com/economia/2020/02/05/actualidad/1580921046_527634.html.

FERREIRA, Carla. *A classe trabalhadora no processo bolivariano da Venezuela:* Contradições e conflitos do capitalismo dependente petroleiro-rentista (1989-2010). Tese de doutorado, Porto Alegre: UFRGS, 2012.

FOSTER, John Bellamy. *Naked Imperialism:* The U. S. Pursuit of Global Dominance. Science & Society. Nova York: Monthly Review Press, 2006.

FOSTER, John Bellamy.; MCCHESNEY, Robert W. *The endless crisis:* how monopoly-finance capital produces stagnation and upheaval from the USA to China. Nova York: Monthly Review Press, 2012.

FRANKLIN, Rodrigo Strassli Pinto. *Teoria da Dependência:* categorias para uma análise do mercado mundial. Tese de doutorado. Faculdade de Ciências Econômicas, Universidade Federal do Rio Grande do Sul, 2015.

FRANKLIN, Rodrigo Straessli Pinto. "O que é superexploração?" *Economia e Sociedade*, v. 28, n. 3, p. 689-715, 2019. SciELO Brasil. Disponível em: https://doi.org/10.1590/1982-3533.2019v28n3art04.

GUERRERO, Diego. "Un Marx imposible: el marxismo sin teoría laboral del valor". *Investigación Económica*, v. 57, n. 222, p. 105-143, 1997. Facultad de

Economia, Universidad Nacional Autonoma de Mexico (UNAM). Disponível em: https://www.jstor.org/stable/42777479.

GUDYNAS, Eduardo. "El agotamiento del desarrollo: la confesión de la CEPAL". *Kaos en la red*, 21 fev. 2020. Disponível em: https://kaosenlared.net/america-latina-el-agotamiento-del-desarrollo-la-confesion-de-la-cepal/.

HIGGINBOTTOM, Andrew. "Third Form of Extraction Surplus Value". *Historical Materialism*, Londres, nov. 2009. Disponível em: https://eprints.kingston.ac.uk/23277/2/Higginbottom-A-23277.pdf.

HIGGINBOTTOM, Andrew. "Underdevelopment as Super-exploitation: Marini's Political-Economic Thought". *Historical Materialism*, v. 3, p. 1–12, nov. 2010.

HIGGINBOTTOM, Andrew. "Gold Mining in South Africa Reconsidered: New Mode of Exploitation, Theories of Imperialism and Capital". *Économies et Sociétés*, v. 45, n. 2, p. 261-288, 2011.

KATZ, Claudio. *La teoría de la dependencia, cincuenta años despúes*. Buenos Aires: Batalla de Ideas, 2018.

KATZ, Claudio. "Aciertos y problemas de la superexplotación". *Anuario del PROEHAA*, v. 4, n. 4, p. 33–66, 2019.

KORNBLIHTT, Juan.; SEIFFER, Tamara. Crítica a las teorías del intercambio desigual y la dependencia a partir del estudio del desarrollo del capital industrial en Argentina y Venezuela. *In*: *V Jornadas de Economía Crítica, Anais*, Córdoba, 2012.

LUCE, Mathias S. *Teoria marxista da dependência:* problemas e categorias. Uma visão histórica. São Paulo: Expressão Popular, 2018.

MARTÍNEZ GONZÁLEZ, Gloria; VALLE, Alejandro; SÁNCHEZ, César. "Productividad y tasa de plusvalor a nivel internacional: evaluación empírica". *Problemas del desarrollo*, v. 50, n. 196, p. 27-53. Instituto de Investigaciones Económicas, UNAM, 2019.

MARINI, Ruy Mauro. "Procesos y tendencias de la globalización capitalista". *In*: MARINI, Ruy Mauro; MILLÁN, Márgara (Coord.). La teoría social latinoamericana: tomo IV, cuestiones contemporáneas. México: UNAM, 1996, p. 49-68.

MOOIJ, Ruudi A.; LIU, Li. "At A Cost: the Real Effects of Transfer Pricing Regulations". *IMF Working Papers*, v. 18, n. 69, p. 1, 2018.

NOGUEIRA, Camila dos Santos. *La situación actual de la teoría marxista de la dependencia:* un estudio de los debates contemporáneos en torno a las nuevas formas de dependencia. Dissertação de mestrado, Buenos Aires: Universidad Nacional de San Martín, 2012.

NOGUEIRA, Camila dos Santos. *Desvelamento de contradições da categoria superexploração da força de trabalho em Ruy Mauro Marini:* elementos a partir da economia brasileira. Tese de doutorado, Vitória: UFES. Disponível em:

http://portais4.ufes.br/posgrad/teses/tese_13046_Camilla%20Nogueira%20--%20Tese.pdf, 2018.

OSORIO, Jaime. *Teoría marxista de la dependencia.* Historia, fundamentos, debates y contribuciones. Los Polvorines: Ediciones UNGS, 2016.

OSORIO, Jaime. "Sobre superexploração e capitalismo dependente". *Caderno CRH*, v. 31, n. 84, p. 483-500, 2018a.

OSORIO, Jaime. "Los avatares de una nueva interpretación sobre el subdesarrollo y la dependencia. Notas críticas a la propuesta de Claudio Katz". *Herramienta*, p. 1-24, 2018b.

SHAIKH, Anwar M. *Valor, acumulación y crisis.* Bogotá: Tercer Mundo Editores, 1990.

SMITH, John. *Imperialism and The Globalisation of Production.* Tese de doutorado. University of Sheffield, Inglaterra, 2010.

SMITH, John. *Imperialism in The Twenty-First Century:* The Globalization of Production, Super-Exploitation, and the Crisis of Capitalism. Nova York, Monthly Review Press, v. 1, 2015.

SOTELO VALENCIA, Adrián. La reestructuración del mundo del trabajo, superexplotación y nuevos paradigmas de la organización del trabajo, 2003.

SOTELO VALENCIA, "Adrián. Dependencia y Sistema Mundial: ¿Convergencia o divergencia? Contribución al debate sobre la Teoría Marxista de la Dependencia en el siglo XXI". *Red de estudios de la economia mundial*, p. 1-20, 2008.

SOTELO VALENCIA, Adrián. *Los rumbos del trabajo.* Superexplotación y precariedad social en el siglo XXI. Cidade do México: UNAM-Miguel Ángel Porrúa, 2012.

SOTELO VALENCIA, Adrián. "A precariedade do trabalho assalariado no capitalismo contemporâneo". *Revista Trabalho, Política e Sociedade*, v. 1, n. 1, p. 119-130, 2016.

SUWANDI, Intan. "Labor-Value Commodity Chains". Nova York, *Monthly Review*, p. 46-69, 2019a.

SUWANDI, Intan. "Value Chains: The New Economic Imperialism". Nova York, *Monthly Review Press*, 2019b.

SUWANDI, Intan; JONNA, R. Jamil; FOSTER, John Bellamy. "Global Commodity Chains and the New Imperialism". Nova York, *Monthly Review*, p. 1-24, 2019.

DEPENDÊNCIA NO SÉCULO XXI E O SAQUE AOS TESOUROS DAS TERRAS LATINO-AMERICANAS

RENATA COUTO MOREIRA

ESTE CAPÍTULO APRESENTA UMA análise da atualidade da questão agrária nos países latino-americanos, no contexto de crise do capitalismo mundial e com foco em sua relação com o fluxo de investimentos em ativos físicos, em especial, a aquisição de terras por estrangeiros. A relevância do estudo encontra-se na reflexão sistemática de elementos que contribuem no enfrentamento das questões que surgem nos momentos de crises e no aguçamento de suas contradições. Compreendidas como inerentes aos processos de desenvolvimento capitalista, e das transformações nas forças produtivas e relações sociais de produção, em suas últimas consequências, impactam a vida da classe trabalhadora em geral e, sobretudo, da classe trabalhadora latino-americana.

Partimos do entendimento dos processos sociais em sua historicidade, na qual a renda fundiária, vista como obstáculo para o próprio desenvolvimento da agricultura capitalista na Inglaterra durante o século XIX por Marx (2008), passa a assumir outras funções e manifesta novas dimensões para viabilizar o capitalismo globalizado dos séculos XX e XXI. Na condição de seu desenvolvimento dependente e desigual, o estudo da questão agrária para os países da América Latina leva-nos a questionar sobre o papel que a renda fundiária e o mercado de terras apresentam no aprofundamento da própria relação de dependência. Buscamos, desta forma, entender sua atuação como mecanismo de viabilização própria da empresa agrária, possibilitando a apropriação de parte crescente da mais-valia gerada pela superexploração da classe trabalhadora rural.[1]

Para a compreensão dos condicionantes próprios dos laços de dependência neste estudo, o método de análise da questão agrária de Marx oferece-nos importantes subsídios. A renda fundiária, como categoria fundamental para a compreensão do processo global de produção capitalista, fornece-nos instrumento necessário para a apreensão de uma realidade complexa e cheia de contradições que se desenvolvem – reforçando concomitantemente o progresso e a estagnação das forças produtivas e das relações sociais de produção no capitalismo agrário –, tanto em seus aspectos gerais, como em suas singularidades das relações de dependência.

Com isso em mente é que aplicamos o método marxista ao estudo do capital agrário e sua relação com a crise do capitalismo global. O estudo também apresenta uma reflexão sobre a relação entre o capital financeiro e o capital agrário na atual fase da globalização do capitalismo neoliberal. Sobretudo, de acumulação de capital na esfera financeira e hegemonia dos capitais fictícios no mercado mundial,[2] da especulação para-

---

1 A superexploração é entendida como uma mudança qualitativa na relação social de produção específica da América Latina, e não apenas quantitativa no grau de exploração, ou seja, nos sentidos que atribui Marini (1972). Estruturalmente instituída como mecanismo de compensação das transferências de valores nas relações de dependência com os países imperialistas, combina em complexidade três mecanismos de extração da mais-valia, pelo prolongamento e intensificação da jornada de trabalho, mas também pela expropriação de parte do trabalho socialmente necessário para a reprodução da classe trabalhadora.

2 Segundo Marques e Nakatani (2012), desde o final de 2008, com a eclosão da última crise capitalista mundial, os principais bancos centrais do mundo

sitária autofágica sobre a produção, e suas determinações na América Latina, submetidos ainda à condição de dependência.

A perspectiva da relação dialética entre o capital produtivo investido na cadeia agroalimentar e o mercado de ativos financeiros no controle cada vez maior sobre esse processo em âmbito mundial, e sobre a divisão da mais-valia global entre lucro, juros e renda fundiária, encerra a revisão e fundamentação para a análise do caso brasileiro e sua subordinação na divisão internacional do trabalho. Com isso, pretendemos sistematizar mais aspectos do estudo da questão agrária no século XXI, especificamente em suas nuances com relação à dependência e à afluência de capitais estrangeiros para a aquisição de terras nos países latino-americanos, sobretudo a partir da eclosão da crise capitalista mundial em 2008.

Para tanto, além dessa breve introdução, o próximo tópico do artigo trará uma revisão da questão agrária e da teoria da renda da terra em Karl Marx (2008), aclarando como o superlucro se transforma em renda fundiária na apropriação de parte da mais-valia criada pelo proprietário de terras no processo global de produção capitalista. Trataremos também da caracterização da questão agrária no capitalismo contemporâneo e suas especificidades condicionadas pelas relações de dependência. O terceiro tópico trará uma análise da questão agrária a partir da dinâmica

(Federal Reserve, Banco Central Europeu, Banco Central do Japão, entre outros) têm apostado em uma política monetária de redução contínua da taxa básica de juros e expansão da base monetária, como estímulo ao investimento e ao consumo. No entanto, além de não atingir os efeitos desejados, têm aprofundado ainda mais a crise na produção e no emprego de países na área do euro e dos próprios Estados Unidos da América (EUA). Os autores associam o aprofundamento da crise em parte pela expansão da esfera financeira e dos capitais fictícios no mercado mundial, e em parte pelo afluxo das aplicações do capital dinheiro para os países com maiores taxas de juros e lucros, como é o caso do Brasil (e de outros países latino-americanos).

concentradora e excludente da propriedade privada da terra, as mudanças nos marcos regulatórios do mercado de terras e na aquisição de terras por estrangeiros nas políticas neoliberais para os países da América Latina em geral e no caso específico do Brasil. E encerramos com as principais considerações.

Renda fundiária e crise capitalista

A questão agrária, na perspectiva de Marx (2008), deve ser entendida em seu sentido histórico, de um método de análise de como um modo de produção desenvolve a agricultura, as forças produtivas e as relações sociais de produção. Propicia, sobretudo, uma reflexão sobre suas ações e as contradições que criam. Estas últimas atuam em uma relação dialética de afirmação, e ao mesmo tempo de negação das leis gerais do próprio modo de produção, também em permanente movimento e transformação. Assim, a forma como se organiza a propriedade fundiária, a posse e o uso da terra e seus recursos naturais para a produção na agricultura em sua integração com a indústria e outros setores e atividades econômicas caracterizam a questão agrária em determinada sociedade em um certo período histórico.

O estudo da moderna forma de propriedade fundiária, realizado por Marx (2008), deve ser situado nas transformações das relações de produção e circulação dadas pelo desenvolvimento e pela generalização do modo de produção capitalista durante o século XIX. O autor expôs sua teoria sobre a conversão do lucro suplementar em renda fundiária, respondendo a uma necessidade de análise global do processo de acumulação ampliada do capital. Os pressupostos que estabeleceu foram em torno do modo de produção capitalista, de sua dominância em todas as esferas de produção da sociedade burguesa, incluindo a agricultura (sendo esta explorada por capitalistas, em maioria arrendatários na realidade analisada por Marx). Também considerou que o sistema capitalista exista em toda sua plenitude em termos de livre concorrência entre os capitais, do livre trânsito dos capitais entre os ramos e dos mecanismos atuantes para a equalização da taxa de lucro médio. Além disso, considerou também como a existência da propriedade privada capitalista, na qual o capital já tenha desapropriado o trabalhador das condições de produção, dos meios de produção e da terra, o tornou subordinado ao capitalista que explora a agricultura, subordinada e integrada à indústria e ao sistema financeiro capitalista.

Como forma específica deste modo de produção, a propriedade fundiária privada estabelece o monopólio da terra e de todos os recursos naturais nela disponíveis, subordinando a agricultura aos ditames do capital. É preciso deixar claro que o que importa não é a forma jurídica na qual aparece a propriedade privada, e sim sua "forma econômica adequada ao capitalismo" (Marx, 2008, p. 826). O foco do estudo de questão agrária passa, portanto, pelas transformações estruturais e qualitativas que o capitalismo cria na agricultura. Além disso, também passa pelo que há de específico ao capital investido na agricultura, que o diferencia da agricultura dos modos de produção anteriores, ou da indústria capitalista em geral.

O estudo da propriedade fundiária em Marx (2008) trata, portanto, da análise das mudanças na aplicação da ciência e tecnologia sob o predomínio do capital, da racionalização da agricultura nestas condições, do surgimento da figura do proprietário de terras, do capitalista arrendatário e sua correspondência com o capitalista industrial. Da transformação de servos camponeses em trabalhadores agrícolas "livres",[3] disponíveis ao ca-

[3] "Livres" no duplo sentido exposto por Marx (2008), livres das amarras feudais da servidão, mas também "livres" dos seus meios de produção e, portanto, obrigados a vender a única mercadoria que ainda lhes resta, sua capacidade de trabalhar.

pitalista arrendatário, a propriedade fundiária adquire sua forma puramente econômica, despindo-se dos ornamentos senhoriais e servis de vínculos políticos e sociais anteriores. A renda fundiária apresenta-se como a forma que se realiza economicamente e se valoriza a propriedade fundiária capitalista, paga ao proprietário com a finalidade de utilizar a terra como tal, seja virgem, seja cultivada.

Dessa forma, a renda fundiária se constitui como direito dado ao proprietário de terra, de se apropriar de parte da mais-valia gerada pelo emprego de capital na agricultura, sem em nada ter contribuído para tal. Marx (2008) expõe a partir disso o conflito existente entre os capitalistas arrendatários e os latifundiários na caracterização da questão agrária inglesa à época. Calcadas na tendência decrescente da taxa de lucro e na tendência crescente da renda fundiária, desenvolvem-se as contradições a partir de questões estabelecidas sobre os contratos, preços e prazos dos arrendamentos. Estas colocam o arrendatário capitalista em conflito de interesses com o latifundiário, sempre que este se veja prejudicado, a cada momento, em relação à renda do proprietário. A renda fundiária atua assim, ao mesmo tempo, para o desenvolvimento da forma puramente econômica da propriedade fundiária adequada ao capitalismo e para criar seus próprios obstáculos.

A lógica especulativa do capitalismo, imposta em suas últimas consequências, já era observada por Marx (2008) como um dos maiores obstáculos à racionalização sustentável da agricultura e do cultivo do solo a partir do uso da ciência e tecnologia. Na realidade que se apresentava, o arrendatário desejava explorar o terreno o máximo possível, estendendo o prazo do arrendamento o quanto pudesse, e com o menor aporte possível de investimento em capital constante, pois sabia que uma vez incorporado ao terreno, tudo ficaria para o proprietário. Por outro lado, o dono do terreno desejava encurtar ao máximo os prazos e aumentar ao máximo a renda que poderia obter dos contratos de arrendamento para se apropriar das benfeitorias e dos investimentos de capital constante aportados ao terreno. Sem em nada contribuir para isso, o proprietário da terra ainda recebia um aumento na renda fundiária, como fruto do aumento do capital constante empregado no terreno. Dessa forma, recebia triplamente: a renda fundiária, o juro relativo ao capital alheio aportado anteriormente, que nada lhe custou, obtendo ainda gratuitamente o aporte de capital alheio no fim do contrato atual.

Para Marx (2008), toda renda fundiária monetária pode ser capitalizada como juro de um capital imaginário qualquer. O autor estabelece, portanto, via a taxa de juros média praticada no mercado, uma relação entre a renda fundiária e o preço da terra. Pela capitalização da renda, explica como é possível transformar a terra em uma mercadoria e atribuir-lhe um preço, mesmo que ela não tenha valor, desde que não seja fruto do trabalho. O preço de compra, ou valor de troca, do solo, se patenteia na relação real de produção que oculta. Dessa forma, não é a partir do solo em si, mas sim a partir da renda fundiária, proporcionada pelo investimento capitalista e exploração do trabalho na agricultura, que se estabelece o preço da terra. Em razão inversa à taxa de juro vigente no mercado, o autor pressupõe, assim, a existência da renda para a formação do preço da terra, e não ao contrário como nos capitais em geral, nos quais se pressupõe o preço do capital para estabelecer seu rendimento a partir da taxa de juros vigente. A renda fundiária, então, é uma variável exógena e estabelecida pelos contratos de arrendamento na medida da incorporação de terras à agricultura capitalista, enquanto que o preço da terra é a variável endógena e que pode variar conforme a renda fundiária e a taxa de juro. Nesse sentido, deixa-se claro as especificidades do processo de mercantilização da terra, que definitivamente não pode ser considerada como capital.

Em seus estudos, Astarita (2010) retoma o debate em Marx sobre o preço da terra que, destacando que esse não entra na formação dos preços dos produtos agrícolas, o comprador compara o investimento na terra com um investimento em outro ativo financeiro qualquer. Porém, de um capital que só pode ser realizado por meio de sua venda, o título de propriedade aparece como um capital que rende uma taxa de juros. Assim, o investidor estabelece uma semelhança entre a lógica que rege a compra de terras com a de outro ativo financeiro qualquer – nos mercados financeiros e bolsas de valores –, ganhando tanto com a renda fundiária do proprietário, quanto com a especulação e a valorização do título de propriedade privada da terra e sua possibilidade de venda posterior.

Para Marx (2008), mantida constante a renda fundiária – considerando a tendência à queda da taxa de lucro no curso do desenvolvimento do capitalismo, e da consequente queda das taxas de juros com o aumento do capital dinheiro para empréstimos –, resulta em uma tendência crescente nos preços da terra, que se acelera nos momentos de crise. Independente da renda fundiária e do preço dos produtos agrícolas, a propriedade privada, segundo o autor, *passa por forma nobre de propriedade e, a compra dela, por investimento bastante seguro de capital* (Marx, 2008, p. 833, grifo nosso). Estabelecemos assim as bases teóricas para a nossa compreensão da especulação sobre o mercado de terras na crise atual do capitalismo global e como se desenvolve a forma de propriedade fundiária privada, e suas consequências para a questão agrária no que une as distintas experiências dos países dependentes da América Latina.

O juro se compara assim com a renda fundiária para a observância do preço de compra da terra, no entanto, não justifica a própria existência da renda fundiária. Esta não pode ser pela própria renda fundiária; ao contrário, deve ser pela sua análise como forma econômica específica, autônoma nos próprios termos de Marx (2008), de expressão da propriedade fundiária no sistema capitalista de produção. Segundo o autor, *importa observá-la pura, despojada de todos os adornos que a falseiam e dissimulam* (Marx, 2008, p. 834, grifo nosso).

A renda fundiária como categoria abstrata, diferencia-se, assim, do montante efetivamente pago pelo arrendatário como tributo pela permissão de explorar a terra. Em um plano mais concreto de análise, o preço dos arrendamentos pode incluir ou não a renda fundiária, assim como deduções nos lucros médios ou nos salários. Abre-se, dessa forma, a perspectiva de que mesmo os proprietários dos piores terrenos podem receber renda e influir sobre os preços do terreno. Tudo a depender da correlação de forças entre as classes em contradição. Marx (2008) acrescenta na renda fundiária o caráter específico da agricultura, que o diferencia de todos os ramos da indústria e é dado com as condições nas quais os produtos da agricultura se desenvolvem como valores. Com o desenvolvimento das mercadorias agrícolas se desenvolve o poder do latifundiário de se apropriar de porção crescente dos valores criados sem sua interferência, transformando porção crescente da mais-valia global em renda fundiária. O autor articula, assim, o poder dos proprietários de terra à sua influência nas políticas e leis nos países capitalistas desde o início do século XIX, caráter que retomaremos na análise dos marcos (des)regulatórios do mercado de terras no século XXI, para o caso do Brasil.

A renda fundiária capitalista manifesta-se ainda em múltiplas determinações, para Marx (2008), entre a renda absoluta e a renda diferencial, e desta entre o tipo I e o tipo II. A renda absoluta surge a partir das diferenças de composição orgânica média entre os ramos da agricultura e da indústria capitalista em geral, dada a condição de monopólio da propriedade privada e dos mercados de produtos agrícolas, podendo ser auferidas inclusive nos terrenos de pior tipo. A renda diferencial se estabelece a partir das diferenças de composição orgânica média dos terrenos cultivados no mesmo ramo agrícola, a partir da incorporação de capital em terrenos com piores condições de produção, que no pior caso nada recebem.

Fixando a hipótese de que os produtos que pagam a renda fundiária são vendidos a preços de produção, Marx (2008) consegue isolar a explicação da origem da renda fundiária nas condições de produção, e não de circulação. Encontramos a resposta na especificidade da formação do preço de produção na agricultura em relação à indústria em geral. Enquanto na indústria capitalista o preço de produção é formado a partir das condições médias de produção dadas em cada contexto histórico e social, na agricultura industrializada, o preço de produção é formado pelas condições de produção no pior tipo de terreno, embutindo nos preços de mercado da agricultura um *falso valor social* (Marx, 2008, p. 879). Isso explica, portanto, como a desigualdade na produtividade (na fertilidade, localização, benfeitorias entre outros capitais incorporados ao solo) dos terrenos cultivados aumenta a renda fundiária nos melhores terrenos, nos que possuem melhores condições de produção com a aplicação do mesmo capital, o que Marx chamou de renda diferencial. A renda diferencial surge, assim, pelos diferentes tipos de terrenos em cultivo.

No entanto, o que determina essa desigualdade da produção pelo investimento de capital nos diversos tipos de terrenos e como ela evolui ao longo do tempo, com o capital agrícola aplicado nos terrenos novos incorporados ao cultivo e dentro do mesmo terreno, é que o autor distinguirá como renda diferencial em dois subgrupos, do tipo I e do tipo II. Marx associa a renda diferencial de tipo I à necessidade de separar o que é das propriedades naturais do terreno, da terra crua, inculta (recursos naturais, relevo, localização); e como renda do tipo II, ao que é fruto dos investimentos de capital incorporados ao solo, alterando a fertilidade e as condições de logística dentre outros fatores.

Dessa forma, a renda fundiária diferencial pode aumentar com a incorporação de terras para cultivo, por exemplo, ampliando-se a desigualdade entre a produtividade nos diferentes terrenos. Ou mesmo se não aumentar a faixa de variação da produtividade, terrenos de pior tipo são incorporados em proporção relativamente maior àqueles de pior tipo e vice-versa. Essa variação, como já colocado, pode ser fruto também de investimentos de capital no solo em fertilizantes e outras tecnologias que aumentam sua fertilidade, assim como benfeitorias e estradas que melhorem as condições logísticas do terreno. Essas melhorias, frutos do capital aplicado na agricultura, podem igualmente aumentar a produtividade do pior tipo de terreno e diminuir a desigualdade, reduzindo por sua vez a renda fundiária diferencial, ou fazendo com que passem a auferir renda, sem nada alterar no preço dos produtos agrícolas ou no lucro médio. Esse mecanismo diferencial explica a incorporação de diferentes tipos de solo, independente da ordem, na produção agrícola e na variação que provoca sobre a renda fundiária total.

Por outro lado, nenhum proprietário aceita arrendar seu terreno de graça, forçando o pagamento de renda mesmo nos piores terrenos, como observado por Marx (2008) em sua elaboração da categoria de renda absoluta. É no poder de propriedade dado ao latifundiário de especular com a terra e com a volatilidade dos preços das *commodities* no mercado mundial, que se favorece a não correspondência entre os preços de mercado e os preços de produção, fato que levará Marx (2008) a elaborar o conceito de renda absoluta. Pelo comportamento especulador e a demanda de auferir renda a partir de sua propriedade fundiária, o proprietário do pior tipo de terreno só aceita arrendá-lo para cultivo no momento em que possa receber uma renda de propriedade. Para ele, mesmo que o preço do produto agrícola corresponda ao seu preço global de produção, não lhe interessa arrendar a terra para a exploração, visto que nessas condições não receberá renda alguma. Ao contrário do capitalista, para o qual basta auferir o lucro médio. Apenas quando o preço dos produtos agrícolas, por algum motivo, seja de demanda crescente ou de escassez na oferta, ultrapassa os preços de produção, é que o capitalista arrendatário poderá investir seu capital para cultivar as terras antes marginais e pagar renda fundiária para ter seu direito de uso, na renda absoluta para Marx. É claro que, para o proprietário que recebe a renda, não há diferença entre a parte que é absoluta ou a que se deve ao diferencial de produtividade de seu terreno, mesmo porque esses dois tipos de renda não se separam inteiramente na prática, como destaca Astarita (2010). Mesmo para obter a renda diferencial do tipo I, é preciso antes investir capital na agricultura, já que o solo por si nada produz sem investimento de trabalho. Sendo assim, a renda diferencial do tipo I é a base dada pela terra crua para o desenvolvimento da renda diferencial do tipo II.

Ao proprietário da terra – coronel, político e capitalista ao mesmo tempo –, interessa maximizar qualquer possível aplicação que faça seu terreno lhe gerar mais renda (seja do lucro, do arrendamento ou da venda de sua propriedade privada fundiária). No entanto, nem sempre as figuras que assumem o papel de capitalista agrário, do proprietário de terras e do banqueiro se separam na América Latina. Isso se complexifica ainda mais na tomada de decisão de investimento de capital na agricultura e as nuances na luta de classes, das contradições postas, e não postas, dentro da classe proprietária (que vive da renda fundiária, do juro e do lucro) e da classe trabalhadora (que vive do salário).

A questão agrária nos marcos da dependência

Os estudos sobre a questão agrária na América Latina em geral, e no Brasil em particular, assumem perspectivas bastante diferenciadas, algumas mais históricas, outras mais atuais, reflexões mais teóricas e outras análises mais empíricas.[4] No entanto, a maior parte deles faz referências à extrema concentração das terras desde a colonização e o batistério da propriedade privada da terra no continente. No Brasil, por exemplo, a Lei de Terras de 1850, Lei n. 601 de 18 de setembro de 1850 (Brasil, 18/9/1850), determinou aspectos estruturais no desenvolvimento do capitalismo agrário no país. Por outro lado, poucos estudos trazem a renda da terra como instrumento de análise da distribuição do valor produzido na agricultura e, portanto, de determinação da apropriação da riqueza produzida pelo uso da terra, e seus recursos naturais, e, em última instância, das condições de vida da classe trabalhadora do campo no continente.

Com relação a isso, vale destacar o estudo de José de Souza Martins (1986), realizado na perspectiva histórica da formação

4 Podemos citar, por exemplo, desde os trabalhos pioneiros de Caio Prado Jr. (1979), José de Souza Martins (1986), Ignácio Rangel (2000), aos trabalhos mais recentes de Graziano da Silva (1998), Ariovaldo Umbelino de Oliveira (2007), Guilherme Delgado (2010), Bernardo Mançano Fernandes (2013) e João Pedro Stedile (2013).

socioeconômica brasileira que traz a renda da terra como categoria central de análise. O autor apresenta suas reflexões sobre a gênese da renda da terra no Brasil e seus desdobramentos na questão agrária, durante a transição do trabalho escravizado ao assalariado. Analisando o ciclo do café em São Paulo, situado entre o processo de criminalização do tráfico de escravizados e a alforria no século XIX, o autor evidencia como a concentração de terras esteve na base de sustentação da formação da propriedade fundiária privada no Brasil.

No cativeiro da terra encontrava-se a base de sustentação para a "libertação" do trabalho escravizado na América Latina. A construção do trabalhador "livre" se deu, assim, pela grilagem e expulsão de milhares de ex-escravizados e camponeses (assim como indígenas, sertanejos, imigrantes, colonos europeus, entre outros) das terras, mesmo nas parcas porções marginais que ocupavam ou de expansão de fronteira agrícola. Pela análise de Martins (1986), a partir desse processo, a fazenda assume a forma puramente econômica da propriedade privada da terra, e passa a ser negociada como mercadoria, com seu preço determinado pela capitalização da renda fundiária auferida a partir da produção cafeeira de exportação. O "valor" da terra nos contratos hipotecários era então determinado pelo número de pés de café cultivados, e não mais pelo número de escravizados que possuía.

Estes são aspectos fundamentais para a compreensão da luta de classes nos países dependentes como o Brasil, nos quais as oligarquias latifundiárias dominantes se transformaram elas mesmas nos "homens de negócios" (Fernandes, 1972, p. 191), nos empresários capitalistas, na burguesia necessária para a manutenção do poder local frente aos ataques imperialistas e suas relações de dependência no mercado mundial. Seja na forma de lucros, seja na de juros ou de rendas fundiárias, a parte desses valores produzidos que fica no país são apropriados por essas classes dominantes, que em geral se encarnam nas mesmas famílias e no mesmo agente econômico do capitalismo dependente.

O subdesenvolvimento como categoria, para Fernandes (1972), assume um conteúdo em relação dialética com o próprio desenvolvimento capitalista, no qual as economias centrais mantêm sua hegemonia e autonomia pela reprodução da dependência e heteronomia das economias periféricas. A relação de dependência estabelece, assim, uma margem para a autorrealização do próprio agente econômico. Afirma a ideologia da sociedade burguesa, e ao mesmo tempo nega a própria liberdade, contida e submetida à condição de heteronomia, ao papel de servir aos interesses e necessidades do processo de acumulação das economias centrais.

Neste sentido, estabelecendo conexões com os autores associados à Teoria Marxista da Dependência (TMD),[5] Astarita (2010) traz contribuições importantes para elucidar as nuances da questão agrária nos países da América Latina. O autor retoma o mecanismo de determinação do preço da terra pela capitalização da renda fundiária para esclarecer a conexão entre a monopolização e mercantilização da terra e suas singularidades no capitalismo dependente latino-americano. As consequências da globalização e do desenvolvimento do capitalismo agrário em um país subdesenvolvido são examinadas por Astarita (2010) tendo como realidade a produção de cereais e oleaginosas na Argentina no século XXI, como manifestação do processo de aprofundamento das relações capitalistas na agricultura, da proletarização dos camponeses e da polarização das sociedades agrárias tradicionais.

[5] Referenciada nos trabalhos clássicos de Ruy Mauro Marini (1972), Theotonio dos Santos (2012), Vânia Bambirra (1972), dentre outros expoentes.

A expansão capitalista e da classe trabalhadora assalariada nos países subdesenvolvidos é discutida pelo autor, não como produto de uma ofensiva recolonizadora, nem pelo fortalecimento de uma velha oligarquia. Ao contrário, são compreendidas na própria expansão das relações capitalistas em âmbito mundial e no papel primário exportador dos países da América Latina na divisão internacional do trabalho. A expressão das relações de subordinação e dependência aparece pelo fluxo transnacional de capitais e o estoque de investimentos diretos estrangeiros (IDE), inclusive em aquisição de terras por empresas estrangeiras, que seguem em trajetória ascendente desde os anos 1980 na América Latina; e, em sua contrapartida, nas remessas de lucros e pagamento de juros que se dão na conta de capital do balanço de pagamentos, ampliando as transferências de valores nas trocas internacionais, como destaca Theotonio dos Santos (2012).

Submetidos à configuração da divisão internacional do trabalho para atender às demandas por matérias-primas e alimentos a baixos custos das economias hegemônicas, Marini (1972) caracteriza a evolução do capitalismo nesses países com base na ruptura do ciclo do capital no mercado interno, visto que a economia subordina-se a uma especialização produtiva voltada à exportação de *commodities*. Argumenta que essa especialização produtiva em produtos primários e de baixa tecnologia incorporada, voltados para o mercado externo, representa outra expressão das relações de dependência e cria as condições para o aprofundamento das desigualdades salariais internas e da própria superexploração dos trabalhadores na totalidade do sistema. Estabelecem-se assim mecanismos bastante eficientes de transferência de valores dos países dependentes ao centro hegemônico do capitalismo. O processo de desenvolvimento capitalista se dá, nessa perspectiva, de forma desigual e combinada, visando em última instância garantir a acumulação do capital do ponto de vista do sistema como um todo.

Desenvolvendo esse raciocínio, Bartra (2006) busca desvendar o mecanismo que leva a agricultura camponesa a ser, ao mesmo tempo, a base de sustentação da agricultura capitalista e sua maior contradição, em uma correlação de forças historicamente desfavorável para a primeira. Em suas análises sobre a questão agrária mexicana, o autor entende como a correlação de forças, dada na luta de classes em cada momento histórico, determina a quem caberá a apropriação do superlucro, criado pelas desigualdades entre as produtividades dos diferentes terrenos cultivados, na forma de renda fundiária diferencial. Ao estudar as relações entre o modo de produção capitalista e o campesinato, Bartra trouxe importantes reflexões sobre os desdobramentos do processo de transferência de valor no interior do ramo da agricultura. Com base na experiência mexicana, desde as lutas camponesas na revolução de 1910, na qual os camponeses conquistaram parte considerável do território com a ampla reforma agrária realizada, o autor elucida como, mesmo com o título da terra, o camponês mexicano se manteve como não proprietário, sem apropriação da renda fundiária, muitas vezes tampouco do lucro normal, ou mesmo do que produz sobre sua própria terra.

Estabelece-se assim o caráter de classe trabalhadora do campesinato no México, submetido a uma relação de exploração com a burguesia, seja ela local, em papel subordinado na aliança com a burguesia internacional, seja diretamente pelas empresas transnacionais. Bartra (2006) desenvolve nessas bases as transferências de riquezas produzidas, resultantes das distintas produtividades na agricultura camponesa para a capitalista, dos distintos investimentos aportados em capital em cada caso, assim como a correlação de forças com que cada um participa nos mercados locais e mundiais. A composição orgânica média de capital superior à agricultura camponesa corresponde, dessa forma, à agricultura capitalista em geral, e, além de monopolizar a propriedade dos melhores tipos de terrenos, beneficia-se do superlucro propiciado pela renda fundiária diferencial.

Além desse mecanismo dado pela transformação dos valores em preços de produção na agricultura, o autor evidencia ainda a transferência de valores produzidos pelas unidades camponesas na relação de troca de seus produtos nos mercados oligopolizados. A correlação de forças os obriga a vender suas mercadorias por preços inferiores aos correspondentes aos seus preços de produção. Isso é possível, segundo Bartra (2006), porque os camponeses, por sua vez, não seguem a lógica capitalista, apesar de serem obrigados a adotar um caráter mercantil à produção. Mas, na maioria das vezes, além de não se apropriarem do superlucro transformado em renda fundiária, abrem mão do lucro médio e do próprio trabalho necessário. Mesmo nessas condições, mantêm a reprodução da família camponesa como união entre unidade produtiva e unidade de consumo não produtivo, o que de forma alguma motivaria as decisões de investimento capitalistas na agricultura. Como propicia a redução do valor de troca a um montante inferior ao seu valor, o camponês transfere valor para a agricultura capitalista e para a sociedade em geral.

O produto excedente da exploração familiar é incorporado assim ao ciclo do capital mediante a troca desigual em prejuízo do camponês, que produz em geral nas piores condições e nos piores terrenos. Bartra, portanto, localiza a condição de exploração do camponês no capitalismo na forma como esse se insere na produção, que depende da existência de trabalho excedente não pago pelo capital. Os limites dessa taxa de exploração estão entre a reprodução restrita como classe ou a própria degradação do campesinato em trabalhadores rurais sem-terra. A apropriação, por outros setores, da mais-valia produzida pelo campesinato é ainda mantida por vários mecanismos de controle indireto da produção camponesa, como o crédito, o financiamento, a coletivização e integração forçadas, horizontal ou vertical, entre outros que passam a participar do valor excedente produzido pela agricultura camponesa, amarrando esta a pagamentos de rendas e juros. Bartra (2006) argumenta ainda sobre a divisão do trabalho no próprio ramo da agricultura, em que a produção camponesa é voltada para a produção de alimentos, enquanto a capitalista para a produção de matéria prima para a indústria, na forma de *commodities*, criando um mecanismo permanente de reforço das desigualdades entre as unidades de produção agrícolas, e submetendo as unidades camponesas aos piores terrenos, relegados ao acesso ínfimo a créditos e recursos, a cultivos menos racionalizados, com a subsunção real do trabalho camponês ao capital.

Por meio dessas múltiplas contradições, o autor esclarece a dupla função exercida pelos camponeses na articulação completa de sua exploração no capitalismo. Por um lado, a de produzir demanda para os produtos industriais. E por outro, produzir força de trabalho sobrante para os capitalistas agrários. O autor conclui que a exploração da força de trabalho camponesa pelos empresários agrícolas está condicionada duplamente à existência dos pequenos produtores. Primeiro, por obter destes a mais-valia absoluta na exploração direta de sua força de trabalho. E, segundo, pela apropriação da mais-valia relativa em forma de superlucro, na medida em que a baixa produtividade relativa do trabalho no setor camponês é o que estabelecerá o preço de produção na agricultura e a renda da terra.

Trazendo a análise para a atual fase do capitalismo, Bartra (2014) destaca a especulação como epicentro da atual crise do sistema financeiro mundial, bem como o avanço descomunal, que se dará em âmbito global, do grande capital sobre as terras e seus recursos naturais, já que as rendas são determinadas com base na posse dos recursos naturais. Assistimos a outro tipo de especulação, portanto, de um capitalismo rentista que ganha mais quanto mais escassos os recursos, e por isso a designação do autor de "*capitalismo del fin del mundo*". O aprofundamento das relações capitalistas na agricultura, assim como das desigualdades entre as empresas capitalistas agrícolas e as unidades de produção familiar camponesas, em última instância, levam à queda no preço dos produtos agrícolas pagos aos produtores familiares, em oposição à tendência de valorização dos preços das *commodities*, regulados pelos preços de produção nos piores terrenos. Essa queda também se verifica no preço de suas terras, gerando um processo de constante endividamento e expulsão dos camponeses de suas terras e a degradação do campesinato.

Dessa forma, a renda fundiária favorece o processo de concentração e centralização do capital e da terra na agricultura, e cria, ao mesmo tempo, os obstáculos para sua ampla realização, pela apropriação de parte crescente da mais-valia global na forma de renda fundiária. Em concomitância com a destruição ampliada da base material de produção de riqueza real e com o desenvolvimento das forças produtivas em um modelo depredador dos recursos naturais – e que contrata cada vez menos trabalhadores, aprofundando a superexploração no seio de suas contradições –, encerram-se as limitações impostas ao próprio sistema.

Os exemplos aparecem na carteira de investimentos de grandes empresas transnacionais, com atuação nos mercados de *commodities* agrícolas e minerais, de aquisições e fusões de empresas dos complexos agroalimentares, e de grandes fundos de investimentos em terras cultivadas nos países dependentes. Dessa forma, os grandes investidores internacionais estão comprando cada vez mais ativos físicos, de terras a refinarias, abundantes nos países da periferia do sistema, onde realizam parte de seus lucros. E outra parte, passa a ser realizada pela especulação nos mercados financeiros em derivativos da produção de *commodities* e outros ativos financeiros, o que por sua vez influi na própria determinação dos preços das *commodities*.

Para Astarita (2010), os capitalistas estrangeiros em aliança com as classes proprietárias internas pressionam pela desregulação das leis que restringem a aquisição de terras nos países dependentes. Dessa forma, organizam-se para eliminar qualquer barreira legal ao fluxo de capitais que rumam a estes investimentos, mesmo que aguçando, com isso, ainda mais as relações de dependência e subordinação, que levarão às últimas consequências as contradições inerentes ao desenvolvimento desigual e combinado. À medida que se desenvolve o capitalismo, aumenta também o nível médio de capital necessário para exploração da terra, que seria o nível mínimo abaixo do qual não é possível auferir lucros. Ao aprofundar a concorrência capitalista, os produtores mais débeis (normalmente os camponeses) são tirados do jogo, levando ao aumento da concentração de capital e terras. É sob essa perspectiva que pretendemos compreender, no caso do Brasil, o avanço dos grandes capitais internacionais, agrários e financeiros, sobre as terras.

Aquisição de terras por estrangeiros: o caso do Brasil

A política agrícola neoliberal para os países da América Latina continua priorizando o setor primário exportador, extremamente concentrado e sob o controle de grandes corporações e fundos financeiros de investimentos internacionais. O valor médio anual das exportações brasileiras cresceu para 200 bilhões de dólares no final dos anos 2000, com destaque para o aumento da participação dos produtos básicos de acordo com os dados do Ministério de Desenvolvimento, Indústria e Comércio Exterior (MDIC). Da pauta de exportações do agronegócio em 2010, 75% estava concentrada em apenas cinco complexos agroindustriais: soja e milho (22%), carnes (19%), eucalipto e outros monocultivos florestais (16%), sucroalcooleiro (11%) e café (7%). Acompanharam o ciclo expansivo dos preços das *commodities* nos mercados internacionais, o que ampliou ainda mais a orientação de investimentos aos setores primário-exportadores com a perspectiva de maiores lucros suplementares. O gráfico 1 evidencia o comportamento dos preços de algumas das principais *commodities* da pauta de exportações brasileira.

Gráfico 1 – Índice de preços ao produtor (2004-2006=100)

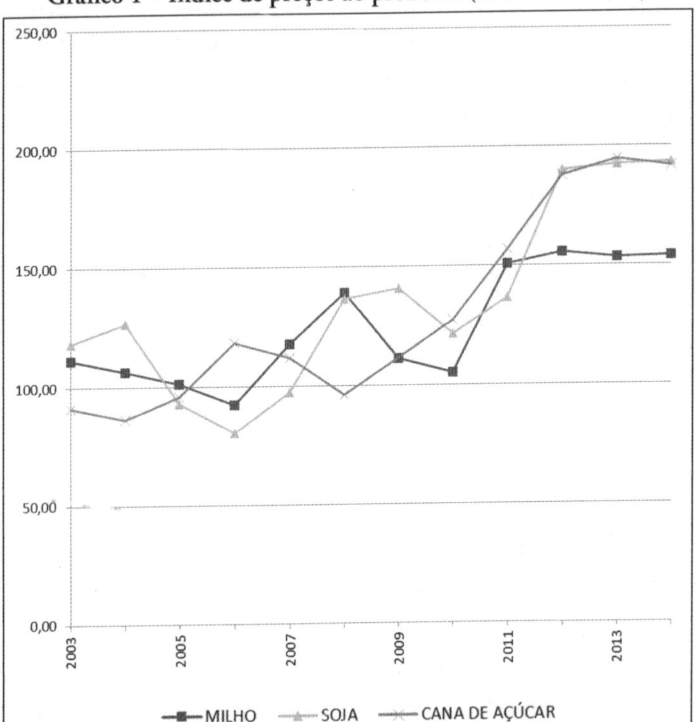

Fonte: Elaboração própria. Dados da Food and Agriculture Organization (FAO, 2006).

O gráfico 2 mostra o movimento dos preços das terras no Brasil, que acompanha a trajetória ascendente dos preços dos produtos agrícolas e se acelera após os anos de eclosão da crise entre 2008 e 2009. A dificuldade de encontrar séries públicas disponíveis sobre os preços e arrendamentos das terras no Brasil nos obrigou a usar os dados de São Paulo, divulgados pelo Instituto de Economia Agrícola (IEA), como referência. Consideramos o estado de São Paulo como um polo dinâmico do desenvolvimento capitalista no Brasil, expressivo como grupo de referência. No entanto, destacamos a maior valorização em média dos preços de suas terras em relação aos demais estados do país.

Abrindo a possibilidade de completar a série até 2012, percebemos um ponto de quebra na inclinação da trajetória, mo qual os preços das terras passam a acelerar ainda mais suas taxas de crescimento após o ano de 2010.

Gráfico 2 – Evolução do preço da terra (índice 2003=100)

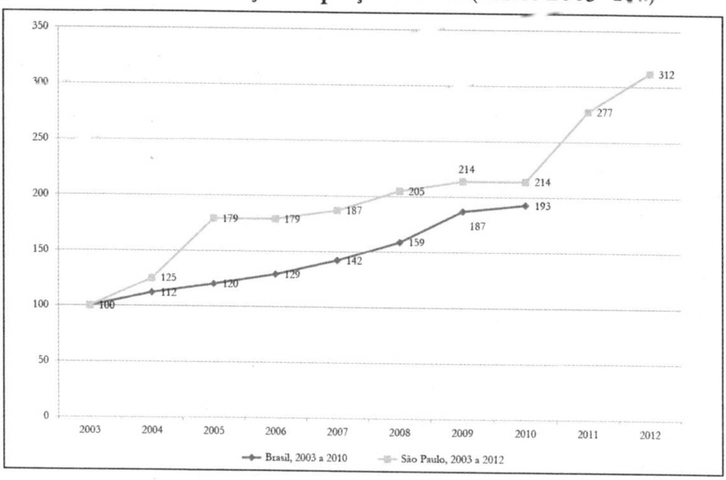

Fonte: Elaboração própria. Dados do IBGE/FGV; IEA (1) Agregado: Terras de Campo, primeira, segunda, pastagem e reflorestamento.

O aumento dos preços das terras acompanha, por um lado, o aumento da demanda por ativos físicos – sobretudo terras nos países dependentes –, dos grandes investidores internacionais, e associa-se tanto à demanda crescente por segurança jurídica dos investimentos em fuga com relação às instabilidades do sistema financeiro, quanto à expectativa de se apropriar do lucro e da renda fundiária dos investimentos de capital no setor agroexportador. Ele garante, ainda, a oferta de matérias-primas e alimentos necessária aos setores urbano-industriais de outros países.

Por outro lado, como vimos, o preço das terras é regulado diretamente pela capitalização da renda fundiária, que por sua vez, é influenciada pelas trajetórias dos preços das *commodities* agrícolas, inversamente proporcionais às taxas de juros vigentes. Como observado no gráfico 1, os preços dos produtos agrícolas sofrem uma baixa durante os momentos de crise – o milho e a soja quando eclodiu a crise dos alimentos em 2006, e todos os três, incluindo a cana-de-açúcar, na crise de 2008 e 2009. Mas recuperam seu caminho ascendente se estabilizando após 2011, em um patamar superior em relação aos preços em 2003, de 50% a mais para o milho e se aproximando de 100% a mais para a soja e a cana-de-açúcar, o que reforça a trajetória ascendente do preço das terras após 2010. Ao mesmo tempo, observa-se no gráfico 3 o movimento descendente da taxa básica de juros da economia brasileira, a taxa referencial do Sistema Especial de Liquidação e de Custódia (Selic),[6] oposto à valorização dos preços da terra.

O afluxo de investimentos diretos estrangeiros nos países dependentes da América Latina, e sobretudo no Brasil,

[6] A taxa Selic é utilizada como referência para o cálculo das demais taxas de juros cobradas pelo mercado e para definição da política monetária praticada pelo Governo Federal do Brasil no Sistema de Metas para a Inflação.

estabelece-se assim como eficiente mecanismo de compensação das quedas crescentes das taxas de lucro durante as crises do capitalismo global. A saída que o capitalismo encontra para a crise acarreta no aprofundamento da sua própria crise existencial. Seu efeito sobre os preços das terras no longo prazo é de valorização, tanto dos títulos de propriedade, quanto dos títulos vinculados à produção de *commodities* agrícolas.

Gráfico 3 – Série histórica da taxa de juros básica Selic

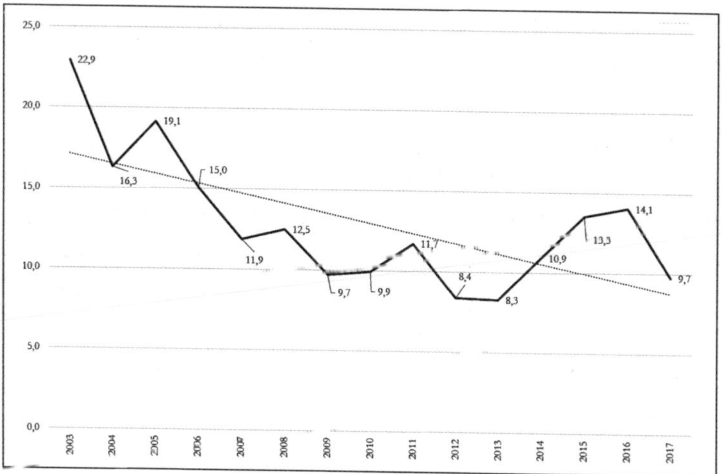

Fonte: Elaboração própria. Dados do Banco Central do Brasil.

É nessa perspectiva que compreendemos o movimento que vem se dando no Congresso Nacional em torno de medidas provisórias (MP) e projetos de lei (PL) subscritos pela Comissão de Agricultura que incidem sobre a regulação das terras e barreiras sobre a aquisição de terras por estrangeiros no país. Como exemplos, destacamos a MP 759 de 2016 (Brasil, 22/12/2016), aprovada recentemente como Lei n. 13.465 (Brasil, 11/7/2017), de regulamentação das terras devolutas e privatização das terras públicas, e do PL 4.059 de 2012 (Brasília, 13/6/2012), de regulamentação da aquisição de terras por estrangeiros no Brasil, já pronto para seguir para a Câmara dos Deputados para votação em plenário, como noticiado pelo *Valor Econômico* em 6 de abril de 2017. E ainda, dentre tantas aberrações derivadas do controle da bancada ruralista sobre a Comissão de Agricultura, o PL 4.059/2012 permite que uma empresa com apenas 0,1% de capital nacional seja considerada brasileira.

O aparato institucional que vai se estabelecendo desde que a terra é transformada em mercadoria tem como finalidade a legalização da apropriação e da concentração de terras e recursos naturais em larga escala nas mãos de poucas famílias ou oligopólios nacionais e internacionais. Com a primazia do agronegócio, carro-chefe da economia agroexportadora brasileira, as políticas e recursos públicos são apropriados crescentemente na forma de lucros e renda fundiária pelos grandes oligopólios das cadeias agroalimentares, viabilizando um mecanismo de apropriação crescente pela propriedade privada fundiária da mais-valia produzida. Lógica essa que orienta as decisões do sistema capitalista sobre os investimentos, e que pode levar a crise aos extremos da escassez de alimentos e recursos naturais e à própria destruição das condições de existência humana no planeta.

De acordo com dados do Instituto Nacional de Colonização e Reforma Agrária (Incra) publicados pelo *Valor Econômico* em 7 de março de 2017, a área rural total em território brasileiro registrada como ocupada por estrangeiros soma 2,81 milhões de hectares, o que representa 1% do total de terras ocupadas com atividades agropecuárias no país. Dessas terras, 31% se concentram na região de expansão da soja no cerrado do Centro-Oeste. No entanto, a maior parte dos investimentos de pessoas jurídicas estrangeiras em terras brasileiras encontra-se na região Sudeste, maior produtora de cana-de-açúcar, café e laranja do Brasil. Somam o total de 631 mil ha, representando 46% das terras controladas por estrangeiros na região. Quanto ao país de origem dos investidores, o estudo aponta que os portugueses detêm 25% das terras em mãos de estrangeiros, seguidos pelos japoneses, com 12,9%.[7]

Dados organizados e publicados pela Grain (2012), organização internacional que trabalha a questão das aquisições de terras em 80 países no mundo, evidenciam essa expansão da aquisição de terras por estrangeiros no Brasil. Pelo relatório, somaram um total de 2,9 milhões de ha de terras no Brasil adquiridos por pessoas jurídicas estrangeiras, mostrando como os dados do Incra, que ainda incorporam pessoas físicas, estão subestimados. Desse total, destaca-se que 30,9% estão nas mãos de empresas do setor financeiro, somando um total de 907 mil ha. Outros 65,4% estão controlados por empresas do agronegócio e agroindústria, evidenciando a imbricação entre os capitais financeiro e agrário.

Com relação ao país de origem dos capitais, destacam-se os Estados Unidos da América (EUA), controlando 35,4% das aquisições de terras agrícolas brasileiras por estrangeiros listadas no relatório, seguidos pela Argentina com 15,5%, a China com 13,6% e a França com 13,3%. A maior parte das inversões em terras, de fundos e empresas com sede nos EUA, advém do setor de agronegócios, apesar da maior aquisição em termos de área ter sido do fundo TIAA-CREF do setor de finanças citado. No setor de agronegócios, a maior aquisição foi de 320 mil ha de terras pela estadunidense Tiba Agro, criada por dois ex-executivos do Bank of America, hoje financiada por fundos de capitais privados da Europa e EUA num valor estimado em 300 milhões de dólares. Os 30% restantes são de propriedade de Francioni Brothers do grupo Golin Group do Brasil. Importantes proprietários brasileiros

---

7 Grande parte é resultado do Programa de Cooperação Nipo-brasileira para o Desenvolvimento dos Cerrados (Proceder) nos anos 1970.

entregaram suas terras à Tiba em troca de uma maior participação na empresa, passando a companhia a deter o controle, em 2010, de 320 mil ha no cerrado brasileiro. E, por fim, mas não menos importante, vale ressaltar o total de 400 mil ha de soja e algodão adquiridos pelos grupos chineses Chongqing Grain Group e Pengxin Group. O primeiro se destaca por ser uma das maiores estatais cerealistas da China, que anunciou em abril de 2017 um projeto de 300 milhões de dólares para soja na Bahia, incluindo a construção de infraestrutura. Segundo o gráfico 4, do banco de dados Dataluta, os EUA aparecem com o maior número de empresas de capital internacional na exploração de recursos naturais no Brasil.

Gráfico 4 – Brasil – Número de empresas de capital internacional de exploração de recursos naturais por país sede – 2013-2018

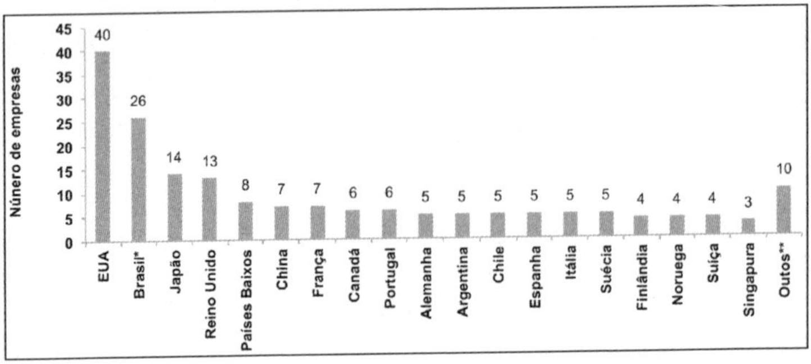

Fonte: Dataluta - Banco de dados da luta pela terra, 2018.

O gráfico 5 destaca os setores de grãos, sobretudo de soja e milho, seguido pelo setor sucroalcooleiro e o de monocultivo de árvores, eucalipto na maioria, como os que concentram o maior número de empresas de capital internacional que exploram os recursos naturais no Brasil. Por outro lado, quando observamos o gráfico 6, o número de propriedades de empresas do agronegócio de capital internacional de exploração de recursos naturais, a concentração é ainda maior nas empresas do setor de monocultivo de árvores, contabilizando 1.398 propriedades entre 2013 e 2018. Este coloca os grandes oligopólios transnacionais de papel e celulose com destaque na questão agrária nestes territórios.

Gráfico 5 – Brasil – Número de empresas do agronegócio de capital internacional de exploração de recursos naturais por commodity – 2013-2018

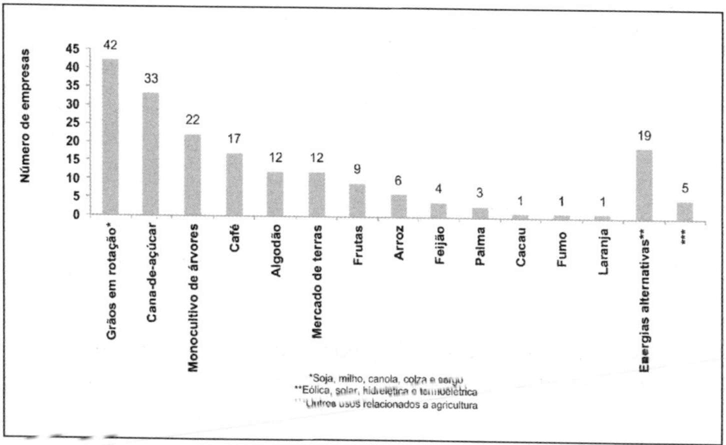

Fonte: Dataluta - Banco de dados da luta pela terra, 2018.

Gráfico 6 – Brasil – Número de propriedades de empresas do agronegócio de capital internacional de exploração de recursos naturais por commodity – 2013-2018

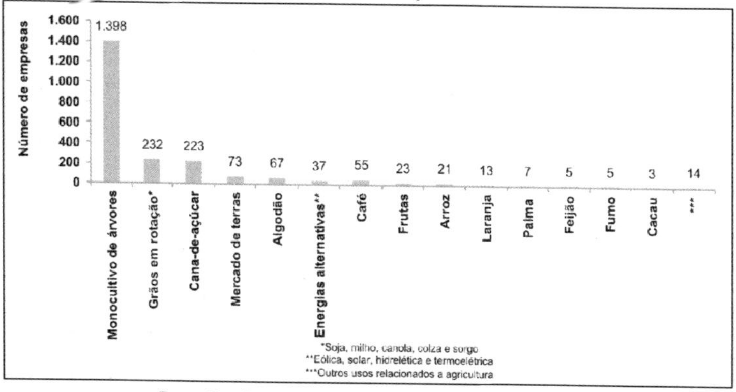

Fonte: Dataluta - Banco de dados da luta pela terra, 2018.

Explorando os dados destas empresas de capital estrangeiro, no gráfico 7, notamos que 597 são de propriedade da Veracel Celulose, 228 são da Cenibra, 176 da Klabin, e 153 da Fíbria (adquirida no fim de 2018 pela gigante Suzano). São muitos os exemplos de atuação dos instrumentos financeiros e de fundos de investimentos sobre o controle de terras e recursos naturais, de apropriação e remessa dos lucros do investimento direto estrangeiro em produção agrícola nessas terras, e da crescente apropriação da renda fundiária, no curso atual de desenvolvimento da crise estrutural do capital. Os resultados do estudo evidenciam a complexa relação entre os capitais financeiro e produtivo agrário. Ambos são entendidos como formas de existência do capital em geral, que se alternam entre os ciclos produtivos e as cirandas financeiras em busca de uma maior valorização.

Gráfico 7 – Brasil – Número de propriedades de empresas de capital internacional de exploração de recursos naturais – 2013-2018

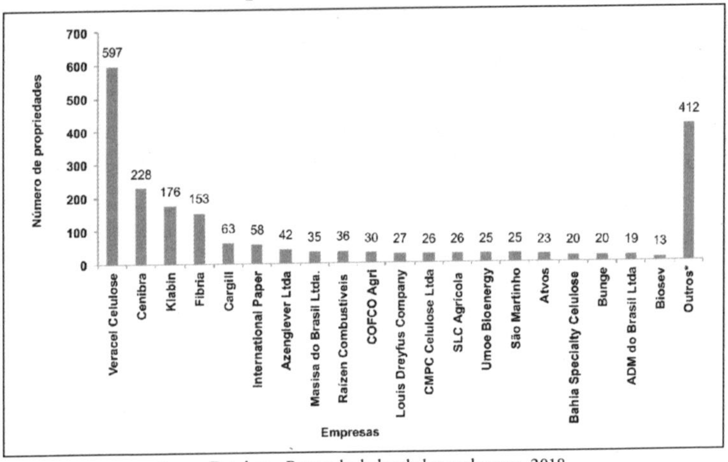

Fonte: Dataluta - Banco de dados da luta pela terra, 2018.

Fica clara essa imbricação nos exemplos apresentados, nos quais a carteira de investimentos das grandes empresas com atuação nos mercados financeiros de *commodities* agrícolas e minerais fazem aquisições significativas de terras agrícolas. Também deixam evidentes alguns mecanismos de transferência de valores em sua dupla articulação. A remessa permanente de riquezas aos países de origem dos capitais amplia o processo de valorização e apropriação crescente do lucro e do superlucro na forma de renda fundiária pela aquisição de terras e de seus recursos naturais.

Gráfico 8 – Principais empresas do agronegócio no Brasil, 2018

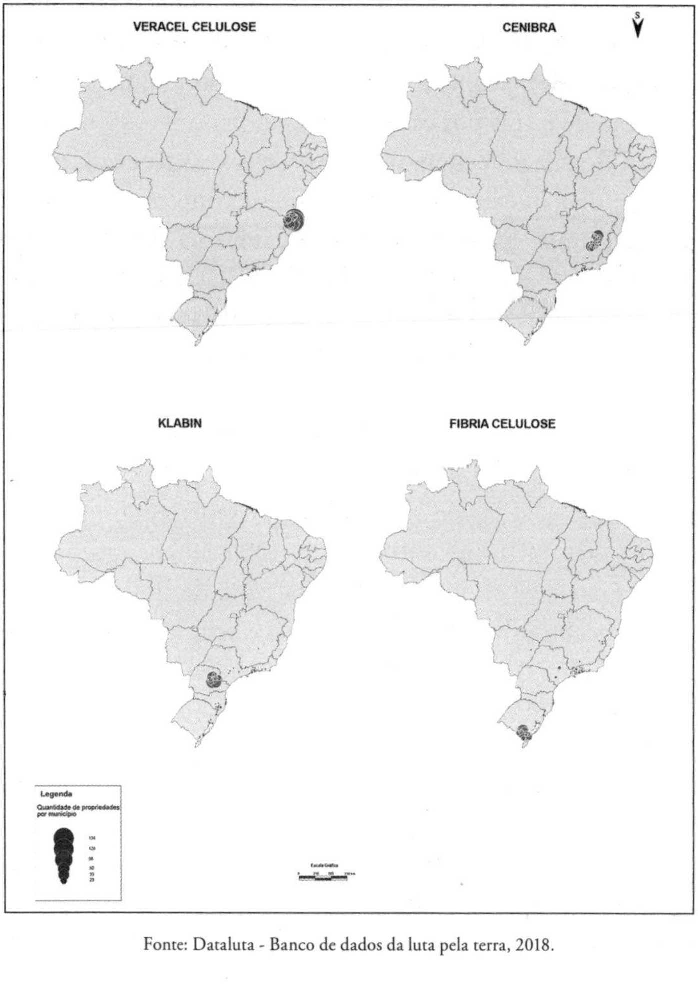

Fonte: Dataluta - Banco de dados da luta pela terra, 2018.

Quando observamos a territorialização desses capitais nos mapas do banco de dados Dataluta expostos acima no gráfico 8, a região Sudeste desponta na concentração das principais empresas do agronegócio da celulose com capital internacional. A Veracel está concentrada no extremo sul da Bahia; a Cenibra na Zona da Mata em Minas Gerais; a Klabin em São Paulo, Minas Gerais e região Sul, e a Fíbria no Espírito Santo, nordeste de São Paulo e Rio Grande do Sul. Entre essas grandes empresas, destacam-se as empresas brasileiras com presença de capital internacional, outra via importante que camufla a aquisição de terras por estrangeiros no país.

No Brasil, percebemos, pelos Censos Agropecuários de 2006 e 2016, que houve um processo de concentração das terras nos últimos dez anos. Enquanto a área total agrícola expandiu em 16.573.292 ha – de 333.680.037 ha para 350.253.329 ha (em um universo de 851.575.909 ha de área total do território brasileiro) –, o número de estabelecimentos reduziu em 103.484, passando de 5.175.636 para 5.072.152. Deste modo, a área média aumentou de 64 ha para 69 ha por estabelecimento.

Desse total, 350 milhões de ha – 21% – estão em estabelecimentos agrícolas de até 100 ha, que representam próximo de 90% do total. Outros 21%, entre 100 e 500 ha, que somam pouco mais de 7%. E os expressivos 58% das terras agrícolas estão concentradas em estabelecimentos acima de 500 ha, considerados por nós como latifúndios, e somam menos de 3% do total. Se separamos apenas os latifúndios acima de 1.000 ha visualizamos a concentração de quase 48% das terras agrícolas em 2016, ainda maior que 2006, quanto somavam 44%. Sobre o uso e a composição da produção no território, temos que 158.622.704,018 ha são usados como pastagens, o que representa 45% de toda terra agrícola ocupada, com um total declarado de 171.858.168 bovinos. Ou seja, uma produção extensiva, de baixa produtividade por ha, em média de 1,1 cabeça de gado por hectare. Em seguida, o destaque é para as matas e florestas (incluindo as monoculturas de eucalipto) que ocupam 101.627.797,75 ha, 29% do total. As lavouras representam o uso de apenas 18% das terras agrícolas, somando um total de 63.366.058,51 ha. Destes, a maior expansão foi registrada nas áreas de cultivo de soja, milho e cana, que ampliaram em 60 milhões de ha.

Em parte, essa expansão se deu pela incorporação de novas terras a estes cultivos, e parte sobre terras antes destinadas à produção de arroz, feijão e mandioca que perderam em área proporcional. Além disso, aumentou em 50% o número de tratores e em 17% o número de estabelecimentos que usam agrotóxicos, incorporando 168 mil novos estabelecimentos nos últimos dez anos ao pacote de venenos do *agrotech*. A tendência é aumentar aceleradamente se depender da atual ministra da Agricultura, Tereza Cristina Dias, que já conseguiu a aprovação e liberação de mais de 239 novos agrotóxicos pelo governo, e há mais 538 novos pedidos de registro em andamento.

Aprofundando a análise do total dos estabelecimentos, cerca de 17% não possuem energia elétrica e 23% se declaram produtores analfabetos. A população economicamente ativa desempregada engrossa a corrente migratória do êxodo rural, tendo como uma das causas a redução de 1,5 milhão de postos de trabalho na agricultura em dez anos, caindo de 16,57 milhões em 2006 para 15,04 milhões em 2016. Esses movimentos só fazem aprofundar a dependência estrutural de uma economia primário-exportadora. Neste sentido, o agronegócio incorpora a nova aparência de uma herança histórica que, em essência, nada mais é do que a combinação entre o latifúndio, a monocultura e/ou exploração depredatória de recursos naturais para exportação, e a superexploração da classe trabalhadora.

A título de conclusões

As classes dominantes internas se subordinam aos interesses dos países imperialistas e de suas grandes corporações transnacionais, que cada vez mais orientam seus investimentos rumo às nossas terras e recursos naturais nos momentos de crise do capitalismo e, sobretudo, de crise do seu sistema financeiro, dominantes na lógica de sua reprodução global. A terra como investimento seguro para o capital passa a ser ainda mais disputada neste cenário pelos capitais estrangeiros, em detrimento das políticas para a classe trabalhadora do campo e da cidade, a reforma agrária e a agricultura familiar.

Podemos notar o reflexo desta reorientação ainda mais dependente e subordinada ao imperialismo dos EUA na retirada de recursos e esvaziamento das políticas públicas para a reforma agrária e a agricultura familiar. Olhando para o Projeto de Lei Orçamentária Anual (Ploa) aprovado para 2020, percebemos o retrocesso deste governo e seu alinhamento com os setores mais conservadores da oligarquia rural pró-imperialista. Os cortes de recursos para a reforma agrária foram expressivos em todas as áreas, somando 71% de redução para aquisição de terras para reforma agrária, 63% para assistência técnica, 62% para promoção de educação do campo, 61% para monitoramento de conflitos agrários e pacificação no campo e 52% para fiscalização ambiental e prevenção e combate a incêndios florestais. Apenas na consolidação dos assentamentos rurais houve um aumento de 39% nos recursos, mas dentro da estratégia da "emancipação" e titulação pela nova lei de terras, Lei n. 13.465/2017 (Brasil, 11/7/2017). Aprofundando a tendência de privatização e concentração de terras no Brasil, o governo federal propõe "emancipar" os assentados do programa de reforma agrária, com a meta de titular 57,8 mil famílias em 2020. O Ploa do governo cumpre com todas as barbaridades que fica esbravejando pelas redes sociais.

Neste sentido, apesar das pautas de "costumes" - principal defesa da bancada evangélica, que representa 203 das 594 cadeiras do Congresso Nacional - encontrarem-se paralisadas em prioridade às reformas econômicas da previdência e tributária, os grupos fascistas que incorporam essas bandeiras ideológicas do governo Bolsonaro não deixam de avançar. Na sociedade, esses grupos polarizam o debate sobre a escola sem partido, o estatuto da família, restrições ao aborto hoje descriminalizadas, e o combate à dita "ideologia de gênero" segue no trabalho de base, sobretudo pelas igrejas neopentecostais que ganham cada vez mais fiéis. Fazem alianças necessárias ao bloco de centro-direita, liderado pelo ex-presidente da Câmara Rodrigo Maia, para os avanços do capital estrangeiro sobre nossos territórios e nosso povo, pois assim seguem na defesa da propriedade privada e do domínio da oligarquia rural que representa todos esses valores e costumes. No campo, a bancada ruralista (que chega a 200 votos no Congresso) já aprovou a flexibilização da posse de armas em propriedades rurais. O conflito se acirra no campo e na cidade, com o decreto público de extermínio e violência contra as mulheres, negras, indígenas, quilombolas, camponesas, Sem Terra, lésbicas, dentre as populações mais oprimidas do sistema.

Assim, a classe dominante brasileira, ao adotar esta estratégia de desregulamentação do mercado de terras visando atrair investidores ao país, subordina-se ainda mais aos interesses das classes hegemônicas dos países imperialistas centrais, aprofundando as próprias relações de dependência no curso desigual e combinado do desenvolvimento capitalista contemporâneo. Curso no qual a concentração e a renda da terra têm papel cada vez mais decisivo na expropriação da riqueza produzida pela classe trabalhadora rural.

Encerra-se assim o dilema da luta de classes no Brasil e sua relação na luta pela terra. Esta deixa de apresentar um caráter reformista das reformas agrárias clássicas implementadas nos processos de revolução burguesa, e passa a ter um forte caráter revolucionário de contraposição aos mecanismos de poder e exploração estabelecidos no capitalismo dependente. Frente à resistência sociopática a mudanças das classes dominantes no Brasil, os trabalhadores rurais que lutam pela terra assumem um papel de sujeitos revolucionários, na impossibilidade de fortalecer processos autônomos de desenvolvimento do capitalismo dependente culminando em revoluções dentro da ordem burguesa. Dado o desinteresse das classes dominantes de completarem esta via de mudanças, e de qualquer alteração do *status quo* em que se inserem de forma privilegiada, resta ainda a possibilidade de soluções do tipo socialistas. Para tanto, as transformações necessárias se dariam nos marcos da revolução contra a ordem, como estratégia e desafio para a classe trabalhadora, do campo e da cidade.

Referências

ASTARITA, Rolando. *Economía política de la dependência y el subdesarrollo; tipo de cambio y renta agraria em la Argentina.* Bernal: Universidad Nacional de Quilmes, 2010.

BAMBIRRA, Vânia. *El capitalismo dependiente latinoamericano.* Santiago do Chile: Prensa Latino-Americana, 1972.

BARTRA, Armando. *El capital en su laberinto:* de la renta de la tierra a la renta de la vida. México, D. F.: UACM-Itaca, 2006.

BARTRA, Armando. *El hombre de hierro: límites sociales y naturales del capital en la perspectiva de la gran crisis.* México, D. F.: UAM-UACM-Itaca, 2014.

DELGADO, Guilherme Costa. "Especialização primária como limite ao desenvolvimento". *Desenvolvimento em Debate*, v.1, n.2, p.111-125, jan./ago. 2010.

DOS SANTOS, T. *Imperialismo y Dependencia.* Caracas: Biblioteca Ayacucho de Clásicos Políticos da América Latina/Banco Central de Venezuela, 2012.

FAO, *Food and Agriculture Organization of the United Nations.* FAOSTAT: Food and Agriculture Data, 2016. Disponível em: http://www.fao.org/faostat/en/data/PI. Acesso em: 18 maio 2017.

FERNANDES, Florestan. *Sociedade de classes e subdesenvolvimento.* Rio de Janeiro: Zahar Editores, 1972.

FERNANDES, Bernardo Mançano. "Questão agrária: conflitualidade e desenvolvimento territorial". *In*: STÉDILE, João Pedro (Org.). *A Questão Agrária no Brasil:* o debate na década de 2000. SP: Expressão Popular, 2013. p. 173-238.

GRAZIANO DA SILVA, José. *A nova dinâmica da agricultura brasileira*. SP: Unicamp-IE, 1998.

GRAIN, *Acaparamiento de tierras.* GRAIN Organização Internacional, 2012.

MARINI, Ruy Mauro. "Dialéctica de la dependencia: la economía exportadora". *Sociedad y Desarollo*, n. 1, p. 35-51, 1972.

MARTINS, José de Souza. *O cativeiro da terra*. São Paulo: Ciências Humanas, 1986.

MARX, Karl. *O capital:* crítica da economia política. Livro primeiro: o processo de produção do capital. Tomo II. SP: Nova Cultural, 1996.

MARX, Karl. *O capital:* crítica da economia política. Livro terceiro: o processo global de produção capitalista. Volume VI. RJ: Civilização Brasileira, 2008.

OLIVEIRA, Ariovaldo Umbelino de. *Modo capitalista de produção, agricultura e reforma agrária*. SP: FFLCH/ Labour Edições, 2007.

PRADO JR, Caio. *A questão agrária*. São Paulo: Brasiliense, 1979.

RAMOS, Camila Souza. "Terras nas mãos de estrangeiros somam um estado de Alagoas". *Valor Econômico*, 07 de março de 2017.

RANGEL, Ignácio. Questão agrária, industrialização e crise urbana no Brasil. In: Graziano da Silva, José (Org.). *Coletânea de textos escritos entre 1962 e 1989*. Porto Alegre: Ed. Universidade/UFRGS, 2000.

STEDILE, João Pedro. *A questão agrária no Brasil:* o debate na década de 2000. São Paulo: Expressão Popular, 2013.

ZAIA, Cristiano. "Casa Civil quer venda de terras a estrangeiro sem limite de área". *Valor Econômico*, 06 de abril de 2017.

POLÍTICAS NEOLIBERAIS, DEPENDÊNCIA E REFORMA AGRÁRIA NO BRASIL

RENATA COUTO MOREIRA
MARINA DE ABREU QUEIROZ
MAÍSA MARIA BAPTISTA PRATES DO AMARAL
RAUL RISTOW KRAUSER
LARISSA CASTRO LOYOLA

Nos últimos vinte anos, a agenda neoliberal foi se estabelecendo sistematicamente nas ações dos governos latino-americanos com prioridade dada à sustentação dos ganhos do capital, seja via garantias de remessas das taxas de lucro, de pagamentos de juros, seja via apropriação dos territórios e da possível renda fundiária. A política de reforma agrária foi submetida à mesma lógica de dominância da ciranda financeira do Banco Mundial (BM) na determinação dos processos econômicos e sociais no campo. Segundo Pereira (2009), desde o início da década de 1990 o BM vem promovendo uma ofensiva no sentido de estimular a criação pelos governos nacionais de políticas agrárias que viabilizem a mercantilização do acesso à terra, do investimento privado na economia agrária e da integração subordinada de parte do campesinato aos grandes oligopólios internacionais do agronegócio.

Entretanto, o aprofundamento da pobreza rural e o aumento dos conflitos no campo, decorrentes das políticas de ajuste fiscal da ofensiva neoliberal, encontram aí seus limites para garantir a segurança do capital privado investido nos países da América Latina. Forçam a necessidade da manutenção de políticas de assistência e alívio da pobreza rural, porém da forma seletiva e condizente com a perspectiva do Estado neoliberal. A despolitização da questão agrária nos países latino-americanos, promovida pelo discurso oficial hegemônico dos organismos internacionais associados ao BM, aparece atualmente como central para enfraquecer os movimentos sociais do campo e o ideário de transformação social mais amplo ao qual se vinculam. Escondem, em essência, a liberalização promovida nos mercados fundiários, eliminando as barreiras nacionais à compra, venda e arrendamento de terras por investidores estrangeiros. Essas medidas aparecem correlacionadas com as necessidades apresentadas de elevação da produtividade agrícola como receita para resolver a crise em geral.

É nessa conjuntura que entendemos a política de reforma agrária do BM e suas linhas de ação como proposto por Pereira (2009), incidindo com prioridade por meio de arrendamentos, compra e venda de terras e privatização da propriedade das terras devolutas, públicas ou estatais. Buscamos analisar os últimos vinte anos da política de reforma agrária, tendo como estudo de caso o Brasil, que culmina, em 2017, com a alteração dos marcos regulatórios sobre as terras rurais e urbanas com a aprovação da nova Lei de Terras, n. 13.465 de 11 de julho de 2017 (Brasil, 11/7/2017). Partimos do entendimento de que, mesmo ainda vigente nas constituições federais dos países, existe em curso um golpe na reforma agrária com a implementação de importantes mecanismos em torno do modelo de reforma agrária de mercado, dentro da estratégia do BM.

Entre as alterações que promovem nos componentes constitucionais, estão a abertura e flexibilização para a desapropriação de terras e seleção de famílias para fim de criação e estabelecimento de assentamentos de reforma agrária. Passam a dar prioridade às relações de compra e venda como meio preferencial de acesso à terra pelo campesinato pobre. E negam o processo de desapropriação das terras e seleção das famílias para os programas de reforma agrária, com vistas à regularização e privatização de lotes nos assentamentos. Quanto à crítica ao Estado, a reforma agrária de mercado articulada pelo BM desqualifica os instrumentos constitucionais e as conquistas históricas dos movimentos sociais camponeses. Essas iniciativas não se baseiam mais na desapropriação compulsória das propriedades que não cumprem sua função social, mediante indenização pelo valor produtivo da terra. Continuam reconhecendo, porém, a importância da reforma agrária para desconcentrar a propriedade da terra em países marcados pela desigualdade e fortes tensões sociais no campo. Negam assim a ação desapropriacionista e redistributiva do Estado em privilégio aos mecanismos de mercado, como esclarece Pereira (2009).

A reforma agrária não pode se limitar a uma mera relação de compra e venda de terras entre agentes privados, financiada pelo Estado, pois dessa forma os proprietários são muito bem pagos, em dinheiro vivo, pelo preço de mercado ou acima, deixando aos trabalhadores integralmente os custos da transação, como propõem os documentos do BM. Na perspectiva construída pelos movimentos sociais camponeses,[1] por sua vez, e que se reflete nas conquistas em torno da reforma agrária, há um sentido mais amplo. Caracteriza-se numa ação do Estado em um curto espaço de tempo, que redistribui uma quantidade significativa de terras objetivando sua democratização. Pressupomos, assim, a reforma agrária como a transformação

---

[1] Aspectos sistematizados nos documentos do VI Congresso do MST (2014), do relatório "Las Luchas de La Vía Campesina por la Reforma Agraria, la defensa de la vida, la tierra y los territorios", da Via Campesina (2017), e do V Congresso de la Coordinadora Latinoamericana del Campo (Cloc) em Quito, Equador, de 8 a 16 de outubro de 2010.

da estrutura agrária de um país, e com ela as relações de poder econômico e político responsáveis pela concentração de terras.

Não tratamos, portanto, apenas da reforma agrária como o ato de redistribuição de terra, mas também de garantia da reprodução social das famílias e do modo de vida camponês. A reforma agrária precisa, portanto, incluir um substancial conjunto de recursos e políticas públicas de infraestrutura, educação, saúde e transporte, assim como uma política agrícola orientada a fortalecer a produção nos assentamentos rurais garantindo a oferta de crédito, assistência técnica e mercados. Nossa análise pretende discutir as contradições inerentes ao embate entre o projeto de reforma agrária popular, defendida pelos movimentos sociais camponeses, e a reforma agrária de mercado, implementada pelo BM na América Latina nos últimos 20 anos. O mercado de terras ganhou mais força no contexto neoliberal, incidindo em última instância como uma verdadeira contrarreforma agrária. O poder redistributivo do Estado frente ao monopólio privado da terra, ao contrário, refletiu um aumento da concentração de terras e renda nas economias, reforçou o êxodo rural e os conflitos contra os que resistem na terra.

Para abordarmos estes efeitos, organizamos esse capítulo debatendo o contexto geral da questão agrária na América Latina e sua relação com a reprodução da dependência. Pontuamos alguns elementos históricos cujo objetivo é compreender como a questão agrária tem profundas implicações na formação da dependência e, portanto, discuti-la é imprescindível para compreender a conjuntura. Aprofundamos o entendimento da diferença entre as perspectivas de reforma agrária, contrapondo a ideia clássica à sua apropriação pelo mercado a partir da implementação da revolução verde e também a contraofensiva popular dos movimentos sociais de trabalhadores rurais organizados. Penetramos para o estudo dos processos no Brasil com o golpe parlamentar de 2016, a aprovação da nova Lei de Terras, n. 13.465 de 2017 (Brasil, 11/7/2017), e as alterações que promove na Constituição. Finalizamos nossa reflexão com elementos da reforma agrária popular como projeto antiprivatista, anticapitalista e de afirmação da produção de alimentos saudáveis e da própria vida no campo e na cidade.

O método marxista, dependência e questão agrária na América Latina

Ao adentramos nos temas da *dependência* e da *questão agrária*, torna-se imprescindível firmarmos as raízes em torno de um método científico que nos permita compreender assuntos tão complexos como esses, de forma histórica, crítica e ampla. Para essa equipe de pesquisadores, o método materialista histórico-dialético é considerado o mais apropriado para entender a realidade e possibilita traçar horizontes de luta e de superação dessa realidade, pensando novas relações sociais de produção.

A herança deixada por Marx transcende o tempo histórico. Isso porque o método científico desenvolvido pelo filósofo alemão continua sendo elementar para compreender a interconexão dialética e contraditória entre a estrutura econômica e todas as superestruturas do sistema capitalista em sua totalidade. O principal objetivo do autor foi apreender os movimentos complexos das leis econômicas da sociedade burguesa moderna. Em seus escritos, Marx procurou analisar a essência das relações sociais e de produção estabelecidas no sistema capitalista, que resultam da contradição dialética entre capital e trabalho.

A oposição e ao mesmo tempo afirmação entre essas categorias é o cerne da teoria do valor de Marx, já que a partir dela podemos compreender o antagonismo de classes: por um lado os capitalistas detentores dos meios de produção e, por outro, a classe dos trabalhadores "livres"[2] para serem explorados. Assim, com o desenvolvimento do modo de produção capitalista se estabeleceu o mercado de trabalho, no qual o trabalhador dispõe somente da sua própria capacidade de trabalhar, ou seja, a mercadoria força de trabalho, para trocá-la por salários com os capitalistas e assim reproduzir a si e a sua família.

Contudo, a troca derivada do mercado de trabalho seria uma troca desigual mesmo se o preço correspondesse ao valor,[3] visto que o trabalhador recebe em forma de salário menos trabalho do que realmente produz, e, portanto, é explorado.[4] Da contradição entre capital e trabalho surge a exploração (e a consequente troca desigual) e a oposição de interesses entre as classes, e dela a luta de classes, o principal mecanismo de combate ao sistema capitalista. Assim, a desigualdade é condição *sine qua non* para o surgimento e desenvolvimento do modo de produção capitalista. A desigualdade (no mercado

---

[2] No sistema capitalista, os trabalhadores são "livres" para serem explorados, no duplo sentido, porque além de não possuírem os meios de produção, apenas dispõem da própria força de trabalho como mercadoria para garantir, a partir do salário (trabalho necessário), a compra de mercadorias necessárias para reprodução social.

[3] É importantíssimo destacar que para a teoria marxiana os preços e os valores não são necessariamente correspondentes: o preço gravita em torno do eixo central, o *valor*. Marx estabeleceu em diversas análises o pressuposto de que o preço seria igual ao valor para facilitar a investigação, contudo, o preço é a apropriação da riqueza do *valor* e pode se manter acima ou abaixo do valor, o que dependeria dos determinantes históricos, da concorrência, da oferta e da demanda no nível da aparência. No caso da mercadoria força de trabalho, independente dos preços serem equivalentes ao valor, a exploração do trabalhador continua prevalecendo nas relações mantidas entre capitalista e trabalhador.

[4] Na teoria de Marx, caso o trabalhador produza 100 mercadorias em 10 horas de trabalho (produz 10 mercadorias por hora) e a venda de 20 mercadorias (portanto 2 horas trabalho) já paga o seu salário (ou seja, trabalho pago), as outras 8 horas de trabalho são trabalho excedente, que é apropriado pelo capitalista sob a forma de mais-valia.

de trabalho, no mercado mundial, nas trocas de mercadorias entre os ramos das indústrias, na relação campo-cidade etc.) é o que alimenta o processo de acumulação capitalista. O sistema capitalista prevê a reprodução constante do capital no processo de produção da mercadoria, no qual a mais-valia se reproduz gerando mais capital, pressupondo a acumulação deste.

No entanto, é mister compreender que para o nascimento e a reprodução do capital foi necessária uma acumulação primitiva, ponto de partida no processo inicial do capitalismo, oriunda das relações antigas pré-capitalistas dos países que desenvolveram o capital pioneiramente e também das relações que estes países desenvolveram com os não capitalistas e que garantiram a maior parte do acúmulo primitivo de capital para a sua expansão (Mandel, 1985). Marx (2011) analisou que essa acumulação original, primitiva, proveio da separação entre os produtores imediatos e a propriedade das suas condições de trabalho, transformando os produtores em trabalhadores assalariados e a propriedade em meios de produção.

Dessa forma, as bases do modo de produção capitalista se originaram no século XV e nas primeiras décadas do século XVI por meio do *cercamento* dos campos ingleses, quando grande parte dos camponeses foram lançados no mercado de trabalho, como trabalhadores livres, "a expropriação da base fundiária do produtor rural, do camponês, forma a base de todo o processo" (Marx, 2011, p. 8).

De maneira dialética ao *cercamento* promovido na Inglaterra, ocorreu a expansão das relações comerciais por meio das grandes navegações, culminando na colonização da América Latina pelos europeus no início do século XVI e exercendo papel fundamental na acumulação primitiva de capital nas economias europeias. Marini (1973) iniciou seus estudos demonstrando que desde a colonização da América Latina, as colônias já deram as condições fundamentais para o estabelecimento da grande indústria e, portanto, do capitalismo industrial nascente no período da Revolução Industrial. As colônias forneciam matéria-prima para as indústrias e bens de subsistência para os novos operários das indústrias inglesas, de modo a contribuir para o êxodo rural nos países desenvolvidos e permitir a formação de uma nova classe nesses países. A colonização da América Latina permitiu uma expansão dos fluxos de pagamento e de mercadorias no comércio mundial, contribuindo para o desenvolvimento do capital comercial, industrial e bancário.

É importante recordarmos que Marx escreveu suas obras no século XIX, no contexto em que o capitalismo ainda era considerado de livre concorrência e que, no ciclo do capital industrial,[5] o capital produtivo dominava as outras formas de capitais. Assim, Marx não deixou em sua teoria uma análise mais aprofundada sobre a expansão do capitalismo em âmbito do mercado mundial e tampouco de como o capital "se desenvolve de maneira desigual em distintas regiões da economia mundial" (Carcanholo, 2017, p. 5, tradução nossa).

Todavia, a partir do legado de Marx – que perpassa desde análises filosóficas e históricas até um método científico, as leis abstratas econômicas e tendenciais de funcionamento da sociedade capitalista, a teoria do valor-trabalho etc. –, podemos aplicar esses estudos no entendimento das formas concretas e históricas do desenvolvimento desigual e combinado das nações na escala da economia mundial. Diversos autores têm realizado esses estudos firmados no método marxista com o

---

[5] Mesmo no período de livre concorrência do capitalismo, a intervenção estatal era fundamental para garantir a acumulação do capital e a gestão da força de trabalho para legitimar o modo de produção capitalista.

intuito de pesquisar acerca da realidade e das metamorfoses do modo de produção capitalista em sua reprodução ampliada e o impacto desse processo nas formações sociais e históricas dos países subdesenvolvidos.

Assim como Marini (1973), Mandel (1985) analisou que, ao longo das fases do capitalismo, a exploração das economias coloniais e semicoloniais pelas economias metropolitanas sempre ocorreu; contudo, mudou-se a forma de exploração, mas o conteúdo dessas relações seria o mesmo. A primeira fase do capitalismo, o capitalismo comercial ou mercantil, foi fundamental para gerar a acumulação primitiva necessária para a grande indústria; desse modo, as regiões recém-descobertas tiveram um papel essencial para o desenvolvimento do capital na Europa Ocidental. Na fase do capitalismo concorrencial ou industrial, já no século XIX, as colônias apareciam fornecendo matéria-prima barata para a recente indústria e alimentos para a nova classe operária da Europa.

Por conseguinte, é possível afirmar que as economias nas quais foi possível a acumulação original primordial, como a Inglaterra, mesmo que de forma coercitiva e exploratória, conseguiram desenvolver o capital mais rapidamente, criar e expandir grandes indústrias e, por isso, são chamadas de nações avançadas. As nações chamadas de atrasadas são as que não conseguiram uma acumulação suficiente para disputar a concorrência com as nações avançadas, e isso se deu pela história de exploração e apropriação de valor que estas sofreram por parte dos países desenvolvidos, a partir dos tempos da colonização americana e do interesse permanente dos países capitalistas, principalmente os da Europa Ocidental, de pretenderem "civilizar" outras sociedades de acordo com seus próprios benefícios. Dessa forma, o desenvolvimento das nações que se relacionavam nas esferas de produção e de circulação no mercado mundial, se deram de forma desigual, mas, combinada (Mandel, 1985; Trotsky, 1977).

O subdesenvolvimento e o desenvolvimento, portanto, são antagônicos e ao mesmo tempo complementares. Em razão de os dois fenômenos pertencerem à mesma lógica capitalista de acumulação de capital em âmbito mundial, o subdesenvolvimento de algumas regiões ou países resulta no determinante do desenvolvimento dos demais. O subdesenvolvimento, assim, é a forma de desenvolver o capitalismo.

Da mesma forma que, para Marx, os capitalistas apenas usufruem da mais-valia sob a forma de lucro por meio da exploração do trabalho, Marini (1973) considerou que o desenvolvimento do capitalismo industrial e as bases para a acumulação primitiva só foram possibilitadas com a exploração e a transferência de valor das colônias pelas nações europeias. Todavia, a categoria dependência se desenvolveria apenas com a independência política das antigas colônias latino-americanas.

Marini (1973) considerou que o desenvolvimento do capitalismo industrial e as bases para a acumulação primitiva só foram possibilitadas com a exploração e a transferência de valor das colônias subdesenvolvidas, visto que as relações de *dependência* expressam relações ainda mais fetichizadas e encobertas de exploração e de domínio. Enquanto Marini não analisou o colonialismo como uma fase da dependência, Dos Santos (1970) e Amaral (2012) dividiram a dependência em fases históricas, identificando que a primeira fase seria a dependência colonial, no qual o modelo econômico das colônias se baseava no agroexportador e exportavam bens agrícolas para as metrópoles. Já a segunda fase, consolidada principalmente no final do século XIX, foi denominada como "financeiro-industrial" e caracterizou-se pelo impulso do grande capital industrial nos centros hegemônicos. A terceira fase iniciou-se nas décadas de 1960 e de 1970, em uma contextualização de nascimento de um novo padrão de desenvolvimento das forças produtivas. Tal fase foi chamada de fase "tecnológico-industrial". Na contemporaneidade, Amaral (2012) analisou que vivemos na quarta fase da dependência, com o acirramento das relações de dependência nas quais os países latino-americanos estão inseridos, tendo em vista o período do sistema capitalista de globalização financeira, comercial e produtiva, das ofensivas neoliberais e da intensa mundialização e globalização do capital,[6] com ênfase a partir da década de 1990.

Assim, a história da colonização é a história da questão agrária na América Latina. Desde a colonização portuguesa e espanhola (possibilitada pelo capitalismo comercial nascente), a exploração da agricultura na América Latina foi fundamental para o estabelecimento da grande indústria na Europa, e, assim, para o nascimento do capital industrial, possibilitado pela Revolução Industrial. A materialização dessas relações de dependência e sua evolução no tempo tiveram peculiaridades nos diferentes países – pontuaremos aqui brevemente algumas marcas desse processo no Brasil.

Os portugueses que chegaram ao Brasil nos anos 1500 exploraram, além dos metais nobres, o solo rico e fértil do país, investindo no modelo de produção agroexportador. A forma como organizavam a produção era a *plantation*, isto é, grandes pedaços de terras com produção de monoculturas e trabalhadores predominantemente escravizados. Nesse ínterim, a propriedade da terra não era privada – a Coroa obtinha o monopólio do território e fazia concessões, chamadas de

6 Instituições como o FMI, o Banco Mundial e a OMC determinam diretrizes neoliberais para os países subdesenvolvidos seguirem, sendo o Consenso de Washington um exemplo, assim como o acordo do governo brasileiro com o FMI em 1999, que determinava o cumprimento do tripé macroeconômico – regime de metas de inflação, câmbio flutuante e superavit primário.

"concessões de uso" para capitalistas com intenções de investir dinheiro-capital e expandir as exportações da agricultura. Então, a Coroa concedia enormes porções de terras (sesmarias) para capitalistas-colonizadores realizarem inversões e aumentarem o fluxo das mercadorias exportadas, cuja concessão poderia ser hereditária, ou seja, passada de pai para filho.

A primeira lei de terras do Brasil foi promulgada em 1850,[7] mesmo ano do fim do tráfico negreiro no país. Essa lei deu origem à propriedade privada e, segundo Stedile (2011), impediria que os escravizados libertos tomassem posse de parcela das terras para que continuassem trabalhando para os senhores em diversas formas de relações sociais de trabalho. A partir da Lei de Terras (Brasil, 18/9/1850), portanto, se resolveram dois problemas. De um lado, restringiu-se as terras somente para quem tivesse capital para comprá-las (impossibilitando que os novos homens livres se apossassem dos terrenos) e, por outro, formou-se um mercado de trabalhadores assalariados de maneira a substituir os escravizados (com a vinda de imigrantes europeus). Os escravizados seriam substituídos por esses imigrantes europeus pobres (estimulados pelo Estado brasileiro), em um regime de colonato,[8] no qual os europeus "recebiam" porções de terras e precisavam pagar por elas.

O modelo agroexportador (principalmente de café) entrou em crise, e a consequência disso foi a queda da monarquia e o nascimento da República. Em 1930, após décadas de hegemonia da oligarquia rural café-com-leite, a burguesia industrial tomou o poder com o governo de Getúlio Vargas, e desde o seu primeiro mandato foi implantado um novo modelo de industrialização dependente, assim denominado por Florestan

[7] Lei n. 601, de 18 de setembro de 1850 (Brasil, 18/9/1850).

[8] Para aprofundar o conhecimento sobre o tema, consultar Martins, 1986.

Fernandes (1975) por conta da dependência econômica aos imperialistas. Entretanto, vale ressaltar que não houve rompimentos com a oligarquia rural, que seria a origem das novas classes dominantes nacionais.

Graziano da Silva (1980) escreveu que o período compreendido entre 1933-1955 marcou uma nova fase de transição da economia, na qual o setor industrial passou a se consolidar e o país foi deixando de ser "eminentemente agrícola". A industrialização nessa fase ocorreu a partir do processo de "substituição das importações", ou seja, um produto que antes era comprado no exterior passou a ter a sua produção fomentada pelo governo por meio de barreiras alfandegárias. Para isso, se tornou fundamental implantar a indústria pesada na América Latina e no Brasil, desde siderurgia, petroquímica, material elétrico, dentre outras, e isso foi realizado entre 1955-1961. Após a instalação de indústrias pesadas, Graziano analisou que a agenda do governo se concentrou para industrializar a agricultura, pois diversos setores agroindustriais dependiam da produção das indústrias pesadas para existirem:

> evidentemente a indústria de fertilizantes e defensivos químicos só poderia se instalar depois de constituída a indústria petroquímica; a indústria de tratores e equipamentos agrícolas, depois de implantada a siderurgia; e assim por diante. (Graziano da Silva, 1980, p. 11)

O capitalismo tardio (Mandel, 1985) trouxe consigo a ilusão de que os países subdesenvolvidos poderiam desenvolver suas indústrias e tornarem-se, assim, economias desenvolvidas. Pensava-se que, para a industrialização latino-americana ter êxito, era preciso uma agricultura moderna, capitalizada, que suprisse um aumento acentuado da produção, de modo a fornecer matérias-primas às indústrias nascentes e alimentos para a sociedade e, além disso, que o campo liberasse mão de obra para as novas indústrias. Caso a produção agrícola não correspondesse às demandas das indústrias e das cidades, nessa concepção, instaurar-se-ia uma crise agrícola. Especialmente entre 1961-1967, o governo se voltou para políticas públicas que favorecessem a industrialização da agricultura e o estímulo na produção de mercadorias voltadas para a exportação e não para produtos alimentícios no geral, como forma de mitigar os problemas oriundos da questão agrícola; contudo, acentuavam-se ainda mais os problemas da questão agrária.

Em razão da capitalização da agricultura, os mercados agrícolas e industriais se expandiram, e a divisão do trabalho se intensificou. A agricultura modernizada e capitalista transformara cada etapa de trabalho do agricultor em grandes setores, favorecendo os grandes capitais. A exemplo das sementes, dos venenos agrícolas, adubos, instrumentos de trabalho, das máquinas e das rações, remédios e anabolizantes para animais, que se transformam em grandes indústrias para atender à produção agrícola capitalista.

Surgem principalmente a partir do pós-guerra setores da indústria para atenderem às necessidades dos produtores agrícolas, como indústrias de insumos, máquinas e pesticidas.[9] A agroindústria e as empresas de beneficiamento das *commodities* agrícolas também se desenvolvem nesse período. Desse modo, surgiu uma nova burguesia agrária, que buscava a modernização capitalista da grande propriedade rural.

> [...] as elites políticas – a burguesia industrial, agora no poder – fazem uma aliança com a oligarquia rural, tomam seu poder, mas a mantém como classe social, por duas razões fundamentais: primeiro, porque a burguesia industrial brasileira tem origem na oligarquia rural, na acumulação das exportações do café e do açúcar, ao contrário dos processos históricos ocorridos na formação

[9] Consultar Delgado, 2001.

> do capitalismo na Europa e nos Estados Unidos. A segunda razão: o modelo industrial, como era dependente, precisava importar máquinas, e até operários, da Europa e dos Estados Unidos. E a importação dessas máquinas só era possível pela continuidade das exportações agrícolas, que geravam divisas para seu pagamento, fechando o ciclo da lógica da necessidade do capitalismo dependente. (Stedile, 2011, p. 28)

Como o modelo é de um capitalismo dependente, era necessário importar máquinas, e para isso, utilizava-se a agricultura como meio de gerar divisas para o pagamento das importações. A mecanização da produção e a industrialização da agricultura no Brasil no período da "modernização conservadora" levou milhares de trabalhadores rurais para as fronteiras agrícolas em busca de terras, ou para as cidades, cujo resultado foi um movimento forçado de êxodo rural.

A necessidade de uma reforma agrária foi acentuada a partir do processo de industrialização da agricultura. Para Delgado (2005), após a Segunda Guerra Mundial se iniciou a elaboração teórica e analítica dos autores defensores da reforma agrária, como Caio Prado Jr. e Alberto Guimarães. Na época existiam quatro centros de debate sobre os problemas agrários e soluções propostas: O Partido Comunista Brasileiro (PCB), setores reformistas da Igreja, a Comissão Econômica para a América Latina (Cepal) e os economistas conservadores. Alguns grupos, como a Cepal, analisavam que a concentrada estrutura fundiária seria um dos embargos para a industrialização das economias do continente e, segundo tal análise, também para a superação do subdesenvolvimento. O último grupo dos conservadores demonstrava o pensamento mais conservador em relação à reforma agrária, formado por economistas da Universidade de São Paulo (USP) e liderado pelo professor e depois ministro da Fazenda, Antônio Delfim Netto.

Os defensores da reforma agrária tinham ideias divergentes quanto ao modo como ela seria realizada, porém o consenso geral era a luta por melhores condições para o trabalhador rural, pela democratização do acesso à terra para o camponês, uma agricultura sem grandes impactos ambientais e sociais, e melhoria das condições econômicas para a sociedade – o que aconteceria com reformas consistentes em diversas áreas da política e economia do governo, e principalmente com a reforma agrária.

A solução para o grupo mais conservador, liderado por Delfim Netto, propunha uma "modernização sem reforma", e defendia essa ideia a partir das cinco "funções da agricultura no desenvolvimento econômico" propostas pelo funcionalismo estadunidense, e que, segundo ele, o Estado deveria trabalhar para garanti-las. São elas: a) liberalização de mão de obra para ser utilizada no setor industrial; b) geração de oferta adequada de alimentos; c) suprimento de matérias-primas para a indústria; d) elevação das exportações agrícolas,; e) transferência renda para o setor urbano (Delgado, 2005, p. 4). Essa proposta dos economistas conservadores desconsiderava as questões pertinentes às relações de trabalho e as estruturas fundiárias, considerando apenas a produtividade, de forma a ignorar os problemas sociais, econômicos e ambientais provenientes da organização fundiária como está posta até os dias atuais.

Conforme apontam Pereira e Alentejano (2014), no Brasil, no começo da década de 1960, existia um amplo movimento popular a favor da reforma agrária como parte das "reformas de base" que deveriam resolver o problema da industrialização do país. Eram grupos com concepções distintas mas que, impulsionados por fatores externos e internos, convergiam na crítica à grande propriedade de terras e na defesa da reforma agrária. Entre esses grupos, a Igreja Católica acreditava ser esta uma medida necessária para criar uma classe média rural e uma estabilidade política fundamental contra as ideologias radicais; o PCB que, por conta da sua visão etapista, acreditava ser indispensável quebrar o poder dos latifundiários, passo fundamental para o desenvolvimento do capitalismo como etapa para o socialismo; e as Ligas Camponesas,[10] que tinham a reforma agrária como uma medida revolucionária necessária para a transição para o socialismo (Pereira, Alentejano, 2014).

Assim, essas forças distintas, mais as diversas lutas camponesas ocorridas no período, impulsionaram os governos progressistas a reconhecer a reforma agrária como pauta. Em 1962, o então presidente do Brasil João Goulart (1961-1964) criou a Superintendência da Reforma Agrária (Supra) e regulamentou o sindicalismo rural, o que levou à proliferação de sindicatos, e em 1963 foi aprovado pelo Congresso Nacional o Estatuto do Trabalhador Rural, Lei n. 4.214 (Brasil, 2/3/1963), que estendia a legislação trabalhista aos trabalhadores do campo.

O processo de sindicalização do campo culminou com a criação da Confederação Nacional de Trabalhadores na Agricultura, a Contag, uma central sindical que passou a representar os trabalhadores rurais.[11] Além disso, no dia 13 de março de 1964, João Goulart proferiu seu famoso discurso da Central do Brasil, para cerca de 200 mil pessoas, no qual firmava um decreto que estabelecia para fins de reforma

[10] As Ligas Camponesas surgiram na década em 1950 em um contexto de precariedade de condições de vida e trabalho no meio rural. Simbolizaram não só a reação do trabalhador a essas condições como também representaram o surgimento do proletariado rural como uma categoria política nova (Maestri, 2012).

[11] "[...] categoria jurídica imposta pela legislação, a qual abarcava as diversas frações (colonos, meeiros, arrendatários, ocupantes, pequenos agricultores, assalariados temporários, entre outras) que constituíam o mundo camponês" (Pereira; Alentejano, 2014, p. 67, tradução nossa).

agrária a "expropriação das terras localizadas ao largo de 10 km nas margens das rodovias, ferrovias e represas construídas pelo governo federal" (Pereira, Alentejano, 2014, p. 67). Dois dias depois, em meio a uma intensa mobilização popular e sindical pelas "reformas de base", o presidente enviou uma mensagem ao Congresso propondo um conjunto de medidas, entre elas as mudanças legais para a viabilização da reforma agrária. Segundo Pereira e Alentejano (2014), essas medidas eram uma resposta moderada às mobilizações sociais que exigiam a reforma agrária, entretanto, foi o suficiente: dias depois veio o golpe que abriria uma sequência de golpes e ditaduras militares no continente.

Com o golpe se deu o fim das lutas populares, tanto na cidade como no campo, e a afirmação da hegemonia do capital monopolista internacional sobre as demais frações do capital (Pereira; Alentejano, 2014). Segundo Nakatani, Faleiros e Vargas (2012), com o governo militar uma série de reformas foi realizada, desde a implantação de planos de ação econômica dos governos militares, aos posteriores "milagres econômicos" promovidos pelo capital internacional. Esses eventos nos demonstram a plenitude conservadora da modernização imposta para a agricultura e que visava beneficiar os setores da nascente burguesia industrial.[12] Com o golpe militar veio também uma tentativa de reforma agrária com a criação do Estatuto da Terra. De fato, com o Estatuto da Terra (Brasil, 2/3/1963) veio a Lei n. 4.504/64 (Brasil, 30/11/1964) que definiu o conceito de "função social da terra", utilizado até

[12] Entre essas medidas que visavam a ampliação da acumulação de capitais podemos citar o arroxo salarial promovido no período. Segundo Nakatani, Faleiros e Vargas (2012), em 1960 o salário mínimo era de $ 100,30, tendo sido reduzido a $ 54,48 em 1974. Como apontam os autores, a ração básica essencial consumia 33,96% do salário mínimo em 1960 e 68,14% em 1974.

hoje, tendo sido transcrito integralmente no artigo 186 da Constituição Federal de 1988.[13]

Entretanto, a partir da ditadura militar reprimiu-se duramente a reforma agrária no continente (Maestri, 2012). Assim, apesar do Estatuto da Terra conter as bases para a realização da reforma agrária no Brasil, a ditadura acabou por promover uma modernização conservadora da agricultura sem a realização da reforma agrária, em consonância com as políticas propostas pelo BM para a América Latina e Caribe pela Cepal. Esta modernização se dava por meio da adoção de uma mecanização intensiva do campo, da adoção de fertilizantes químicos e de sementes selecionadas e concentrando a produção nas grandes propriedades (Pereira, Alentejano, 2012).

Além disso, um dos instrumentos utilizados como forma de tornar viável essa modernização foi a concessão de crédito subsidiado, concedido majoritariamente à agricultura patronal do Centro-Sul do país, que privilegiou os produtos destinados à exportação e vinculados a programas energéticos (como o Programa Nacional do Álcool – Proálcool – criado em 1973). O governo militar também financiou a pesquisa e o ensino técnico para a formação de profissionais da área, ampliou a concessão de incentivos fiscais e crédito subsidiado que estimularam a instalação de capitais privados nacionais e estrangeiros na região amazônica, e estimulou a compra de grandes extensões de terras no Nordeste e no Norte do país por empresários urbanos e, como se isso não bastasse, "impulsionou uma política de

[13] A função social é cumprida quando a propriedade rural atende, simultaneamente, segundo critérios e graus de exigência estabelecidos em lei, aos seguintes requisitos: I) aproveitamento racional e adequado; II) utilização adequada dos recursos naturais disponíveis e preservação do meio ambiente; III) observância das disposições que regulam as relações de trabalho; IV) exploração que favoreça o bem-estar dos proprietários e dos trabalhadores.

transferência massiva de terras públicas aos agentes privados por meio de licitações e leilões, cujas regras e dinâmica estavam montadas para beneficiar grandes proprietários de terras e grupos industriais e financeiros (Pereira; Alentejano, 2012)". Ao longo desse processo, foram subtraídos milhões de hectares que formavam parte do patrimônio nacional, tendo o Estado como protagonista.

Consideramos, portanto, que para a compreensão do "desenvolvimento" econômico brasileiro é necessário entendê-lo nas relações internacionais de dependência que se estabeleceram historicamente e que se reproduzem continuamente. E como tais relações têm no espaço agrário um dos eixos estruturantes da sociedade de classes no Brasil e da forma de inserção heterônoma e dependente da economia brasileira na divisão internacional do trabalho, favorecendo interesses de uma pequena elite em detrimento do conjunto da população.

Da reforma agrária clássica à reforma agrária de mercado no Brasil

Como vimos, o embate político na América Latina entre reforma agrária *versus* modernização sem reforma foi interrompido com os golpes militares e, por meio da repressão e da força militar, a "modernização conservadora" venceu e se impôs. Seguindo as já citadas funções clássicas da agricultura, essa modernização marcou o lançamento de um pacto entre o Estado, as oligarquias rurais e os setores agroindustriais, incluindo o capital estrangeiro e financeiro, na forma do pacote da "revolução verde". As políticas aplicadas para solução dos problemas agrícolas não resolveram as questões em relação à concentração da terra e da produção, e ao contrário, as acentuou. Delgado denominou esse processo de integração técnica-agricultura-indústria, pois além da mudança na base técnica dos meios de produção, com o aumento do uso de insumos industriais na agricultura (por exemplo fertilizantes, sementes e corretivos do solo) e de máquinas industriais, ocorreu do mesmo modo uma integração da produção primária de alimentos e matérias-primas com vários ramos industriais (papel, fumo, têxtil, bebidas) (Delgado, 2001, 164). As políticas agrícolas eram baseadas em liberação de crédito rural, desoneração dos riscos de produção e preços, incentivos fiscais (tais como desoneração do imposto de renda e imposto territorial rural) e gasto público direcionado ao fomento produtivo dos clientes das entidades criadas/recicladas. Os indicadores técnicos da modernização agropecuária melhoraram no período em todo continente, ocorreu aumento da produção e uma alteração no padrão técnico rural (Delgado, 2001, p. 165), mas notou-se o favorecimento dos latifundiários pela União.

Dessa forma, como argumentam Pereira e Alentejano (2012), a modernização conservadora da agricultura brasileira se deu em uma conjuntura internacional favorável por conta da alta demanda de exportações de produtos agrícolas e pela abundância de crédito barato no sistema financeiro internacional. Podemos afirmar que, em certo sentido é possível visualizar

> [...] um pacto agrário tecnicamente modernizante e socialmente conservador, que, em simultâneo à integração técnica da indústria com a agricultura, trouxe ainda para o seu abrigo as oligarquias rurais ligadas à grande propriedade territorial [...]. No período da 'modernização conservadora' estas oligarquias serão novamente assimiladas em programas e projetos especiais, os quais garantem ao latifúndio a obtenção de inúmeras linhas de apoio e defesa na nova estrutura de defesa fiscal e financeira do setor rural. A valorização extraordinária dos patrimônios territoriais, muito além do crescimento real da economia, é um sinal conservador desse projeto de modernização. (Delgado, 2005, p. 53-54)

Essa trajetória significou não só a ausência de uma reforma agrária, o aumento da concentração de terras no Brasil e o aumento da desigualdade no campo; significou também o aumento da entrada de capital estrangeiro na esfera produtiva com favorecimento aos capitais industriais e financeiros nas atividades do setor agrícola. Foi nesse ponto que o latifúndio sofreu uma reconfiguração: mantiveram-se as grandes propriedades de terra, a figura do coronel e dos jagunços, mas agora essas grandes propriedades passaram a constituir ativos monopolizados por grupos capitalistas altamente concentrados e cada vez mais ligados ao capital financeiro.

Seja na forma de lucros, juros ou de rendas fundiárias, a parte desses valores produzidos que ficam no país são apropriados pelas classes dominantes, que em geral se encarnam no mesmo agente econômico. No Brasil, Florestan Fernandes (1972) explica como o proprietário de terras historicamente se transformou no capitalista agrário a partir de uma necessidade concreta, como forma mesmo de viabilizar a empresa agrária subordinada à relação de dependência. Assim, de uma forma geral, as contradições entre essas parcelas de capital não se desenvolvem como na questão agrária nos países da Europa e EUA, que desencadearam amplos processos revolucionários liberais e as reformas agrárias clássicas. Ao contrário, encontram-se imbricadas em uma relação permanente de afirmação e negação, subordinadas ao comando imperialista desde fora.

Fernandes (1972) revela essa relação íntima entre a natureza do capitalismo agrário, a formação do capitalismo urbano-industrial e a sociedade de classes no Brasil e na América Latina em geral. O autor apresenta o capitalismo agrário como eixo estruturante e dinâmico na formação da sociedade de classes e de uma nova relação hegemônica entre cidade e campo, e países dependentes e nações imperialistas do capitalismo mundial. Essas novas relações de submissão criam as condições para a manutenção de uma dupla apropriação e transferência de excedente econômico gerado pela empresa rural, com a concentração da renda internamente nos núcleos urbanos, e externamente nos países hegemônicos do imperialismo.

Assim, entre as influências socioeconômicas estruturais da economia agrária no surgimento da economia nacional, capitalista e dependente, Fernandes (1972) destaca de forma direta a acumulação originária de capital, propiciada pela relação dialética estabelecida entre a constituição de uma classe assalariada urbana-industrial, e do trabalhador rural "semilivre", submetido a relações sociais de produção que reproduzem formas "pré-capitalistas" ou "subcapitalistas" de exploração do trabalho. Condicionada pelas leis gerais que regem o desenvolvimento desigual e combinado do sistema capitalista, o autor argumenta que a revolução urbana condena a revolução agrária nas economias dependentes, deprimindo sistematicamente o valor da força de trabalho e criando uma população volumosa que caracterizou como "despossuídos do sistema" (Fernandes, 1972, p. 187).

Destacamos ainda, a forma indireta como a economia agrária teve influência no surgimento do "homem de negócios", a partir da transformação nos papéis econômicos, políticos e sociais do antigo senhor de engenho e do fazendeiro de café. Estes passam a exercer atividades paralelas nos polos urbanos internos e internacionais, como mecanismos de compensação da espoliação sistemática da economia agrária, submetida a esta dupla articulação (à economia urbano-industrial interna e às nações imperialistas externas). Nessa perspectiva, a classe dominante das economias dependentes mantém o monopólio sobre a mudança social e estabelece vínculos com as classes dominantes das economias centrais, de modo a reproduzir o que reafirmamos em chamar de "dependência dentro da dependência" (Fernandes, 1972, p. 186). Esta se estabelece com bases em uma satelitização permanente nas economias dependentes para a viabilização dos núcleos urbanos, concentrados aos polos dinâmicos para garantir os privilégios relativos à classe proprietária de terras e do capital internacional, em detrimento ao pauperismo crescente de uma ampla massa de trabalhadores rurais.

A dependência, para Fernandes (1972), também assume um conteúdo em relação dialética com o próprio desenvolvimento capitalista global, em que as economias centrais mantêm sua hegemonia e autonomia pela reprodução da dependência e heteronomia nas economias periféricas do sistema. A relação de dependência estabelece, assim, uma margem para a autorrealização do próprio agente econômico. Afirma a ideologia da sociedade burguesa, e, ao mesmo tempo, nega a própria liberdade da burguesia, contida e submetida à condição de heteronomia, ao papel de "sócios menores" – de servir aos interesses e necessidades do processo de acumulação das economias centrais.

Portanto, sob a condição de dependência o autor apresenta a singularidade do padrão de estratificação social que se desenvolve e do dilema social intrínseco a ela. Por um lado, cria uma resistência sociopática a mudanças, controlada pelos interesses prevalecentes de uma aristocracia agrária dominante, transformada numa classe de "homens de negócios". Por outro, estrutura uma estratificação no meio rural em que passam a coexistir formas capitalistas de mercantilização e formas pré ou subcapitalistas de relações sociais de produção, conformadas pelas classes de trabalhadores semilivres ou livres, assalariadas ou semiassalariadas, e uma vasta maioria de excluídos parcialmente ou totalmente (de 50 a 70% da população rural), os "condenados do sistema", nos termos do próprio autor (Fernandes, 1972, p. 193).

Na conformação desse processo socioeconômico de estratificação social no campo e modernização conservadora da agricultura, a revolução verde teve papel determinante. Foi um processo de industrialização da agricultura no processo pós-Guerra Mundial a partir dos anos 1950, e foi imposta a diversos países, principalmente os dependentes da América Latina, os considerados "subdesenvolvidos", incluindo o Brasil. O discurso para a modernização da agricultura se baseava na solução da fome mundial, e para alcançar esse objetivo foi implantado um pacote tecnológico que industrializou a agricultura. Foram utilizadas sementes híbridas ou transgênicas produzidas em laboratório, insumos da indústria química, e alta irrigação e mecanização da produção, fazendo-se necessário sua produção de monocultura de larga escala em grandes extensões territoriais para dar viabilidade ao investimento do capital (Pereira, 2012).

Segundo o Inquérito Nacional sobre Insegurança Alimentar no Contexto da Pandemia da Covid-19 no Brasil realizado pela Rede Brasileira de Pesquisa em Soberania e Segurança Alimentar e Nutricional (Rede PENSSAN) em 2021[14], 55,2% dos domicílios brasileiros se encontravam em situação de Insegurança Alimentar; sendo que destes, 9% conviviam com a fome. Ou seja, estavam em situação de Insegurança Alimentar grave, e contraditoriamente sendo pior essa condição na área rural (12%). Em termos absolutos, o total de 116,8 milhões de brasileiros(as) conviviam com algum grau de Insegurança Alimentar. Destes, 43,4 milhões não tinham alimentos em quantidade adequada em termos nutricionais e 19 milhões enfrentavam a fome. É possível evidenciar o aumento de 15,6 milhões de brasileiros(as) em situação de fome desde 2017, quando no Brasil havia registrado 3,4 milhões (1,7% da população) em situação de insegurança

---

14 https://www.fao.org/family-farming/detail/fr/c/1392789/ Acesso em 03/03/2022.

alimentar grave (Esteve, 2017). Isso demonstra a inconsistência na prática do discurso da Revolução Verde. Diante a isso, fica nítido o objetivo real da Revolução Verde, que de acordo com Machado (2014), tratou-se de uma tática política do grande capital, gerando mais uma promissora fonte de reprodução de lucros e do próprio capital. E de fato, esse objetivo se concretizou.

O capital financeiro encontrou uma nova fonte de exploração que gera altos lucros, por meio da criação de empresas oligopolistas que detêm a patente da produção de sementes "melhoradas" em laboratórios, necessitando de insumos químicos como agrotóxicos, pesticidas, fertilizantes químicos e de um sistema mecanizado da alta tecnologia incorporada. Desse projeto de agricultura industrializada surgiu o hoje conhecido agronegócio. O conceito de agronegócio associou-se historicamente à noção de *agribusiness* utilizada nos anos 1950 pelos professores John Davis e Ray Goldberg (1957). Expressava a necessidade de ampliar a compreensão do setor agropecuário em suas articulações mercantis, financeiras e tecnológicas em transformação. No entanto, a preocupação restringiu-se a apontar a integração da agricultura com a indústria e a esconder as contradições importantes, portanto, sendo necessário analisá-las.

Para tanto, apoiamo-nos na compreensão do termo considerando suas articulações com as esferas financeira, política e social. O agronegócio caracteriza, nessa perspectiva crítica que adotamos, a "nova roupagem" do latifúndio, modelo que se desdobrou da revolução verde e que atualmente hegemoniza terras, rendas e recursos públicos. Revela, porém, suas contradições no que diz respeito à dependência ao pacote tecnológico das grandes corporações transnacionais, calcado no uso intensivo de venenos químicos e sementes geneticamente modificadas, sem estudos contundentes a respeito dos danos que trazem à saúde e ao ambiente. Demonstram nas estatísticas extrema insuficiência na geração de empregos e distribuição de renda, com a concentração da produção nos latifúndios monocultores mecanizados e orientada para a exportação de *commodities* e expropriação dos recursos naturais (Campos, 2011). Nessa conceituação, o termo "agronegócio" incorpora ainda o caráter dependente da aliança política entre as classes dominantes internas pró-imperialistas (latifundiários, industriais, comerciantes, banqueiros e rentistas) e externas imperialistas (dos países centrais e suas grandes corporações transnacionais), sob a hegemonia do sistema financeiro (Christoffoli, 2012).

Segundo Esteve (2017), as empresas Syngenta, Bayer, Basf, Dow Chemical, Monsanto e DuPont controlam 60% do mercado mundial. Essas empresas, além de serem produtoras de sementes "melhoradas", são as maiores produtoras de pesticidas e agroquímicos do mundo – ou seja, as mesmas empresas que vendem as sementes, vendem os insumos externos, criando dependência do consumidor e oligopolização do mercado. No Brasil, o mercado de agroquímicos movimentou, em 2016, US$ 9,56 bilhões, de acordo com a Associação Brasileira dos Defensivos Genéricos (Aenda). O Brasil consumiu 19% dos agrotóxicos comercializados no mundo, tornando-se o maior consumidor mundialmente. A população brasileira consome em média 5,2 litros por habitante de acordo com o volume de agrotóxicos utilizados nas últimas safras.

A revolução verde transformou as estruturas do campo. A partir da implementação do pacote tecnológico nas produções agrícolas, a dependência de insumos externos fez com que pequenos agricultores perdessem sua autonomia. Uma agricultura que antes era concebida a partir dos conhecimentos campesinos e respeitava o processo ecológico da natureza, utilizando biomassa vegetal para adubação do solo e um sistema de produção diverso, passou por uma reestruturação do sistema agrícola, pautado na monocultura latifundiária com utilização de insumos químicos. Temos assim a introdução do pacote tecnológico da revolução verde subsidiado pelo Estado, permitindo ao latifundiário e ao capitalista agrário o aumento de escala da produção, da produtividade da terra e do trabalho, e da composição orgânica de capital. Isso resulta numa renda diferencial crescente em relação à agricultura de pequeno porte. Esta, sem condições objetivas de aderir integralmente ao modelo, termina por falir, restando aos pequenos agricultores apenas as opções de migração para fronteira agrícola ou para as cidades. A agricultura capitalista necessita ampliar sempre suas terras, e para potencializar os lucros pressiona por vias econômicas, mas principalmente por vias físicas e violentas contra os pequenos agricultores, que são forçados a vender ou abandonar suas posses. Os dados da tabela 1 refletem a mudança estrutural da população do campo e da cidade a partir dos anos 1950, ou seja, no período de implementação da revolução verde no Brasil, de forma a demonstrar como foi imposto à população camponesa que deixassem o campo para ser mão de obra nas indústrias urbanas.

Tabela 1 – Variação da população rural-urbana brasileira no período de 1950-2010

	Ano			
População	**1950**	**2000**	**2010**	**Variação / %**
Total	51.944.397	169.590.093	190.755.799	+267,2
Urbana	18.782.891 (36,8%)	137.755.550 (81,2%)	160.925.792 (84,4%)	+756,8
Rural	33.101.506 (63,2%)	31.835.143 (18,8%)	29.830.007 (15,6%)	-9,9

Fonte: Dados primários, IBGE 2010.

A agricultura moderna, na figura do agronegócio, pautada nos interesses do capital financeiro, concentra cada vez mais capital na produção de *commodities* para exportação. Os dados do Censo Agrário de 2017 do Instituto Brasileiro de Geografia e Estatística (IBGE, 2017) demonstram que a safra de grãos de 2017 obteve uma produção de 241,6 milhões de toneladas, na qual milho, soja e arroz representam 93,8% da produção e utilizam 87,9% da área agrícola. Esses dados demonstram, ainda, como a produção de alimentos está padronizada no mundo, uma vez que atualmente 15 espécies respondem por 90% dos alimentos vegetais, enquanto quatro culturas – milho, trigo, arroz e soja – respondem por 70% da produção de consumo. A produção baseada na monocultura ocorre de forma tão exploratória e devastadora que, entre 1970 e 2008, houve redução em 30% da biodiversidade do mundo. Isso acarretou inúmeros impactos ambientais e sociais.

Enquanto a área agrícola total se reduziu nos últimos vinte anos, houve um aumento no número de estabelecimentos entre 1996 e 2016, levando à piora na concentração de terras em geral. Esses resultados evidenciam ambas as questões levantadas, a subdivisão dos minifúndios em lotes ainda menores, inviabilizando ainda mais a reprodução da vida camponesa e reforçando o movimento do êxodo rural; e a própria reconcentração de terras. Segundo o Instituto Nacional de Colonização e Reforma Agrária (Incra, 2010), a situação de extrema concentração aparece ainda pior. Nas informações publicadas em 2010, dos 568 milhões de hectares cadastrados pelo órgão, 229 milhões se caracterizavam como latifúndios improdutivos.

Podemos observar, dessa forma, a modificação da estrutura espacial no campo devido às grandes extensões territoriais para a produção monocultural de *commodities*. Consequentemente, houve maior concentração de terra e o aumento do número de tratores como resultado do processo de revolução verde, como pode ser visto desde os anos 1970. Conforme a tabela 2, em 2006 houve uma redução para 16.567.544 pessoas ocupadas no campo, em que 74,4% encontravam-se na agricultura familiar e apenas 25,6% na patronal. Importante ressaltar esse aspecto: não é o agronegócio que gera empregos no campo, e sim, a agricultura familiar. Foi esta última que sofreu a perda de terras registrada no censo de 2016-2017 (IBGE), em que o número de ocupados nestes estabelecimentos agrícolas caiu para 15,105 milhões de trabalhadores/as, reforçando ainda mais o movimento do êxodo rural já configurado.

Tabela 2 – Censos Agropecuários Brasil – 1970/2016

Censos Agropecuários							
Dados estruturais / ano	1970	1975	1980	1985	1995-1996	2006	2016-2017
Estabelecimentos	4.924.019	4.993.252	5.159.851	5.801.809	4.859.865	5.175.489	5.073.324
Área total (ha)	294.145.466	323.896.082	364.854.421	374.924.929	353.611.246	329.941.393	351.289.816
Utilização das terras (ha)							
Lavouras permanentes (1)	7.984.068	8.385.395	10.472.135	9.903.487	7.541.626	11.612.227	7.755.817
Lavouras temporárias (2)	25.999.728	31.615.963	38.632.128	42.244.221	34.252.829	48.234.391	55.642.060
Pastagens naturais	124.406.233	125.950.884	113.897.357	105.094.029	78.048.463	57.316.457	47.323.399
Pastagens plantadas (3)	29.732.296	39.701.366	60.602.284	74.094.402	99.652.009	101.437.409	112.174.148
Matas naturais (4)	56.222.957	67.857.631	83.151.990	83.016.973	88.897.582	93.982.304	92.711.613
Matas plantadas	1.658.225	2.864.298	5.015.713	5.966.626	5.396.016	4.497.324	8.658.850
Pessoal ocupado (total)	17.582.089	20.345.692	21.163.735	23.394.919	17.930.890	16.567.544	15.105.125
Tratores (por estabelecimentos)	165.870	323.113	545.205	665.280	803.742	820.673	734.280

Fonte: IBGE.

As lavouras ocupam apenas uma área de 63,4 milhões de ha, menos de 8% do território brasileiro. Do restante, 159,5 milhões de ha são usados como pastagens, mais de 45% do total, com destaque para o expressivo aumento das pastagens plantadas. As grandes propriedades somaram menos de 1% do total dos estabelecimentos rurais brasileiros, mas concentram 45% de toda a área rural do país. Por outro lado, os estabelecimentos com área inferior a 10 ha representam mais de 45% do total de estabelecimentos do país, mas ocupam menos de 3% da área total. Ainda neste sentido, quase 85% dos estabelecimentos rurais brasileiros são considerados agricultura familiar, e controlam menos de 25% do território ocupado no campo. Os outros 15% dos estabelecimentos estão sob o controle do latifúndio, ou de empresas multinacionais do agronegócio, e detêm mais de 75% das áreas ocupadas.

Fica visível, assim, como o agronegócio ocupa grandes extensões territoriais brasileiras. Por um lado, produz-se nessas terras majoritariamente quatro tipos de monoculturas de exportação: os complexos da soja, milho, sucroalcooleiro e papeleiras. Por outro lado, mesmo com pequenas extensões de terra e a escassez de incentivos como financiamento e crédito para produzir, a agricultura caracterizada como familiar produz mais de 70% dos alimentos consumidos no Brasil. Os pequenos estabelecimentos (de até 100 ha) são responsáveis pela produção de 87% da mandioca, 70% do feijão, 46% do milho, 34% do arroz, 58% do leite, 59% da carne suína e 50% das aves produzidas no campo brasileiro. Ou seja, produz a maior parte do alimento consumido no cotidiano do povo brasileiro, enquanto o agronegócio produz *commodities* para exportação.

Explorando ainda o Censo Agropecuário (IBGE, 2006), da produção agrícola total, o agronegócio produziu em 2006 o montante de 89 bilhões de reais, enquanto a agricultura familiar produziu 54 bilhões de reais. Ou seja, com menos de 25% da área agrícola total, a agricultura familiar contribui com quase 40% do total da produção da agricultura. Vale ainda ressaltar que conta com menos de 20% dos financiamentos governamentais, aprofundando ainda mais a desigualdade no acesso a políticas de crédito rural e recursos públicos. Dos R$ 21,5 bilhões obtidos em financiamentos pelos estabelecimentos, apenas R$ 3,9 milhões foram destinados ao público do Programa Nacional de Crédito para Agricultura Familiar (Pronaf). Pelo registro estatístico do Crédito Rural do Banco Central do Brasil, em 2013 o crédito rural somou um montante de R$ 99,9 bilhões (em valores correntes), sendo deste recurso a parte designada ao Pronaf um todo de R$ 19,2 bilhões (apenas 19,2% do total).

A participação dos estabelecimentos beneficiários da reforma agrária recenseados em 2006 somavam um número de 597.926, representando apenas 12% do total de unidades com atividade agropecuária no Brasil, o que indica a insuficiência no quesito de transformação da concentração da estrutura fundiária. Por outro lado, representam também as conquistas que as lutas e ocupações de terras promoveram no período, reformando um total de 29.474.389 de ha, 9% do total.

As regiões Nordeste e Norte sozinhas responderam por 66% dos estabelecimentos dos beneficiários da reforma agrária, 39% e 27% respectivamente, e de 63% de suas áreas, de 20% e 43% em ordem. O Centro-Oeste também somou montante expressivo de hectares para reforma agrária, 6.817.523 ha, 23% do total. Essas três regiões concentram 86% da área total dos estabelecimentos dos beneficiários de reforma agrária, o que destaca o caráter regionalizado que acompanha as condições de pobreza da população e de expansão das fronteiras agrícolas brasileiras. Da área total reformada, apenas 23.409.165 ha são aproveitáveis, descontando as reservas florestais, áreas de preservação permanente, entre outras (6.065.224 ha) e as terras degradadas que totalizam os expressivos 61.510 ha, representando um dos maiores passivos ambientais herdados pelos assentamentos do latifúndio.

Em relação à condição de trabalho e renda, percebemos que a agricultura familiar continua sendo a grande responsável para a fixação das famílias no campo. Pelo Censo Agropecuário (IBGE, 2006), em 2006, 79% das pessoas estavam ocupadas nos estabelecimentos de até 100 ha, enquanto apenas 5% nas grandes propriedades (acima de 1.000 ha). O valor total da produção em estabelecimentos de beneficiários da reforma agrária foi de R$ 9,446 bilhões, sendo o valor médio por estabelecimento de 15,8 mil reais em 2006, correspondente a 4,4 salários mínimos por mês, à época 300 reais, oscilando bastante entre regiões, porém ao contrário do número de estabelecimentos e área, maiores no Sudeste e menores no Nordeste e Norte.

Já os registros de salário médio dos trabalhadores rurais, pelos dados das Pesquisas Nacionais por Amostra de Domicílios (Pnad) de 2015, representavam apenas 49% do rendimento médio mensal urbano, de 648 reais e 1.319 reais respectivamente. Valor inferior aos 57% registrados por Astarita (2010) para a Argentina em 2008 e apontado como importante fator de expulsão do campo e concentração de terras. Além disso, dos 95 milhões de brasileiros em idade ativa (com mais de 10 anos de idade) ocupados, somente 14,1% estavam em atividades agrícolas, sendo que destes apenas 28,9% estavam na posição de empregados (muito inferior aos 54,7% apresentados para a Argentina em 2008). Expressivos 44,8% dos trabalhadores em atividades agrícolas estavam envolvidos em trabalhos na produção para consumo próprio e outras atividades não formais e não remuneradas. Isso fecha o ciclo de expropriação permanente, endividamento e expulsão das famílias camponesas de suas terras no Brasil.

Frente a esse processo de expropriação da agricultura camponesa e de avanço da agricultura capitalista, ocorrem continuadamente transformações e movimentos de luta social de resistência e enfrentamento. Tal processo encontra respaldo nos dados aqui colocados, que, apesar de todos os constrangimentos aos quais a agricultura camponesa e familiar está submetida, tem indicadores de produção que superam o agronegócio. Em se tratando do período priorizado, observamos que a luta por reforma agrária ganhou força e legitimidade em meio às contradições das práticas históricas de grilagem de terras pelos fazendeiros e os conflitos desencadeados por suas milícias armadas. Não à toa, os anos 1990 foram marcados pelas grandes ocupações de terra, marchas, mas também massacres que tomaram dimensões internacionais, como as chacinas promovidas nos acampamentos do MST de 1995 em Corumbiara e de 1996 em Eldorado do Carajás.

O aumento extraordinário das ocupações de terra como forma de luta pela reforma agrária e denúncia, por parte do MST, da violência paramilitar praticada por latifundiários teve seu auge nas tensões crescentes no Pontal do Paranapanema, em São Paulo. Pereira (2009) destaca estes elementos como centrais na construção de uma opinião pública internacional favorável à luta pela reforma agrária e ao MST. Atenta, também, ao efeito que a Marcha Nacional por Reforma Agrária, Emprego e Justiça teve por onde passou, em 1997. Chegando em Brasília em abril, um ano depois do massacre de Eldorado do Carajás, ampliou o diálogo com a população sobre o tema da reforma agrária e deu visibilidade pública internacional e nacional ao MST nos noticiários televisivos. No gráfico 1 pode ser visto esse aumento registrado no número de ocupações de terra entre os anos de 1997 e 1999, o que infelizmente vem acompanhado do aumento do número de conflitos pela terra no campo, bem como do número de assassinatos.

Gráfico 1 – Total de conflitos por terra e assassinatos no campo 1997-2016

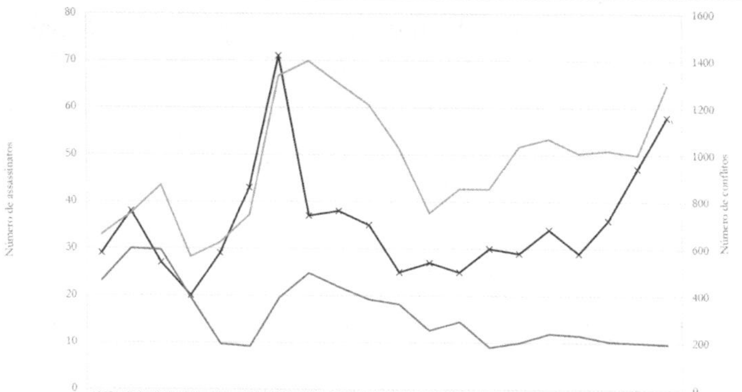

	1997	1998	1999	2000	2001	2002	2003	2004	2005	2006	2007	2008	2009	2010	2011	2012	2013	2014	2015	2016
assassinatos	29	38	27	20	29	43	71	37	38	35	25	27	25	30	29	34	29	36	47	58
ocupações	463	599	593	390	194	184	391	496	437	384	364	252	290	180	200	238	230	205	200	194
total conf. Terra	658	751	870	564	625	743	1335	1398	1304	1212	1027	751	854	853	1035	1067	1007	1018	998	1295

Fonte: Relatório Conflitos no Campo Brasil 2006 e 2016 da CPT

Em 1998, o número de pessoas envolvidas nos conflitos por terra chegou a 662,5 mil e em torno de 4,06 milhões de ha de terras, como pode ser evidenciado no gráfico 2. O acirramento das lutas, das contradições e as reações levaram a uma contraofensiva das classes dominantes articuladas com o governo federal no sentido de tentar neutralizar a ascensão política do MST. No governo de FHC, baixou-se uma série de medidas legais, grande parte delas provisórias, para reprimir as ocupações de terra promovidas pelos movimentos sociais (Medeiros, Leite, 2004). A rearticulação paralela da extrema-direita agrária associada ao acionamento da Polícia Federal para monitorar e coibir as ações dos movimentos sociais do campo levou ao acirramento dos conflitos, aos despejos e prisões políticas arbitrárias, chegando ao pico em 2003, envolvendo 1,127 milhões de pessoas, 3,831 milhões de ha e 71 assassinatos.

Por outro lado, essa situação culminou dialeticamente no crescimento das conquistas de assentamentos a partir do aumento e massificação das lutas e ocupações, chegando a alcançar, no ano de 1998, um total de 101.094 famílias assentadas, segundo números oficiais do governo apresentados no gráfico 3. Número expressivo em comparação aos outros anos do período que ficaram sempre abaixo, e muito superior ao total realizado até 1994. Uma exceção foram os anos de 2005 e 2006 do período também ascendente, já do primeiro governo de Luiz Inácio Lula da Silva, de 2003 a 2006, alcançando 136.358 assentamentos de trabalhadores e trabalhadoras rurais.

No entanto, com relação aos decretos desapropriatórios efetivando os mecanismos constitucionais de desapropriação para fins de reforma agrária, a concentração se dá nos anos de maior acirramento das lutas e ocupações de terras, 1997 e 1998. Em 1998 já se somava um total de 845 decretos, dos quais 325 localizados no Nordeste. A trajetória posterior de sucessivas quedas, com exceção novamente para o primeiro governo Lula, pode ser examinada no gráfico 4. As ocupações de terra tiveram nesses anos papel fundamental na correlação de forças da disputa por terras e nos marcos legais e decretos desapropriatórios com reflexos em todos os anos posteriores.

Gráfico 2 – Pessoas e áreas envolvidas nos conflitos por terra 1997-2016

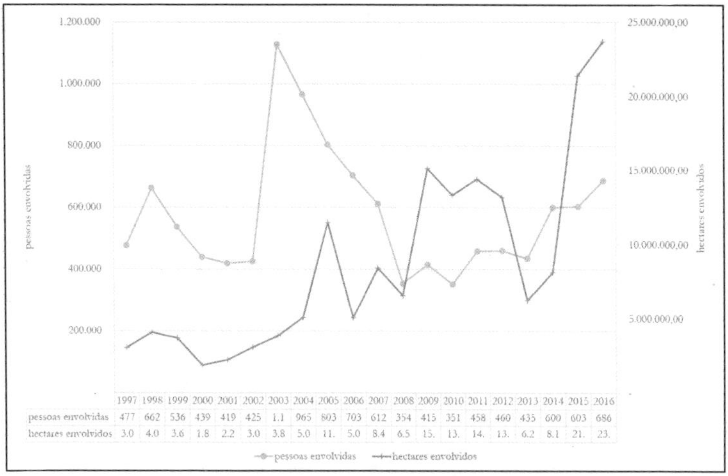

	1997	1998	1999	2000	2001	2002	2003	2004	2005	2006	2007	2008	2009	2010	2011	2012	2013	2014	2015	2016
pessoas envolvidas	477	662	536	439	419	425	1.1	965	803	703	612	354	415	351	458	460	435	600	603	686
hectares envolvidos	3.0	4.0	3.6	1.8	2.2	3.0	3.8	5.0	11.	5.0	8.4	6.5	15.	13.	14.	13.	6.2	8.1	21.	23.

Gráfico 3 – Total de assentamentos de trabalhadores(as) rurais

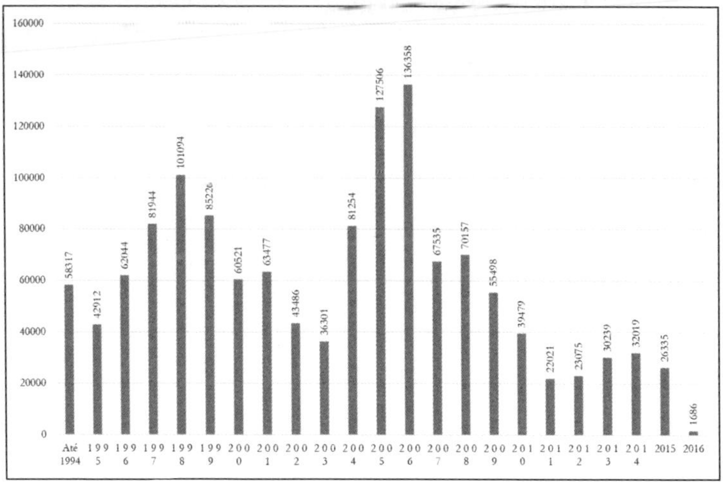

Fonte: DT/DTI-2 – Sipra Web 31/12/2016

Gráfico 4 – Decretos desapropriatórios emitidos por ano

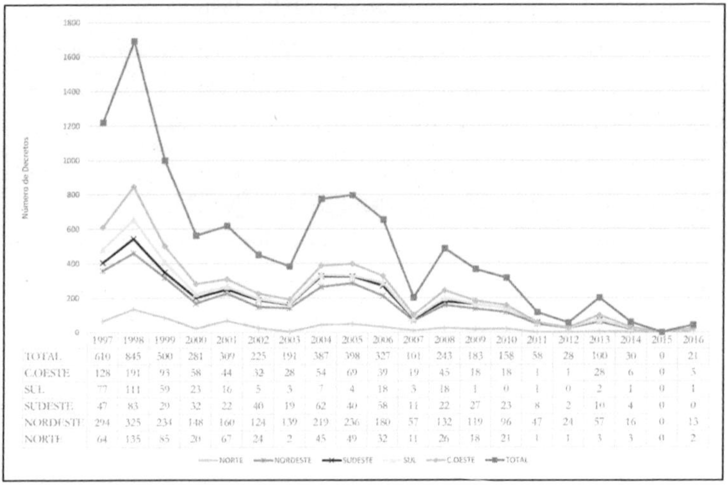

	1997	1998	1999	2000	2001	2002	2003	2004	2005	2006	2007	2008	2009	2010	2011	2012	2013	2014	2015	2016
TOTAL	610	845	500	281	309	225	191	387	398	327	101	243	183	158	58	28	100	30	0	21
C.OESTE	128	191	93	58	44	32	28	54	69	39	19	45	18	18	1	1	28	6	0	5
SUL	77	111	59	23	16	5	3	7	4	18	3	18	1	0	1	0	2	1	0	1
SUDESTE	47	83	29	32	22	40	19	62	40	58	11	22	27	23	8	2	10	4	0	0
NORDESTE	294	325	234	148	160	124	139	219	236	180	57	132	119	96	47	24	57	16	0	13
NORTE	64	135	85	20	67	24	2	45	49	32	11	26	18	21	1	1	3	3	0	2

Fonte: DT/Gab-Monitoria em 11/abr./2017

Gráfico 5 – Área dos imóveis desapropriados

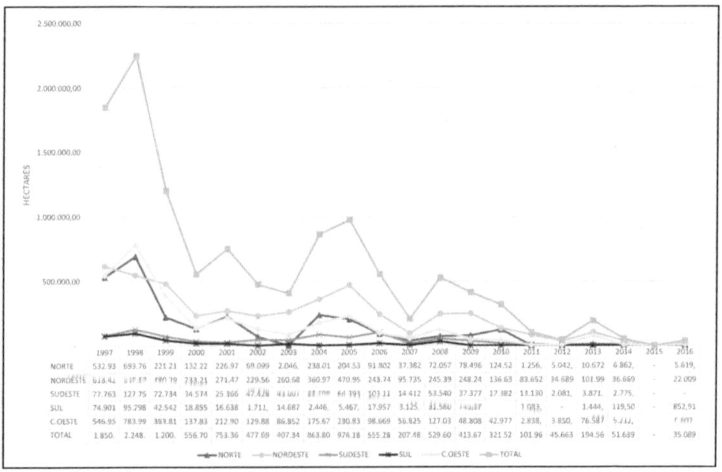

	1997	1998	1999	2000	2001	2002	2003	2004	2005	2006	2007	2008	2009	2010	2011	2012	2013	2014	2015	2016
NORTE	532.93	693.76	221.21	132.22	226.97	69.099	2.046,	238.01	204.53	91.802	37.382	72.057	78.496	124.52	1.256,	5.042,	10.672	6.862,	-	5.619,
NORDESTE	618.42	[illegible]	480.79	733.21	271.47	229.56	260.68	360.97	470.95	243.74	95.735	245.39	248.24	136.63	83.652	34.689	101.99	36.669	-	22.009
SUDESTE	77.763	127.75	72.734	34.574	25.366	47.428	[illegible]	[illegible]	[illegible]	103.11	14.412	53.540	37.377	17.382	13.130	2.081,	3.871,	2.775,	-	-
SUL	74.901	95.798	42.542	18.855	16.638	1.711,	14.687	2.446,	5.467,	17.957	3.125,	31.580	[illegible]		1.083,	-	1.444,	119,50	-	852,91
C.OESTE	546.95	783.99	383.81	137.83	212.90	129.88	86.852	175.67	230.83	98.669	56.825	127.03	48.808	42.977	2.838,	3.850,	[illegible]	[illegible]		[illegible]
TOTAL	1.850.	2.248.	1.200.	556.70	753.36	477.69	407.34	863.80	976.18	555.28	207.48	529.60	413.67	321.52	101.96	45.663	194.56	51.639	-	35.089

Fonte: DT/Gab-Monitoria em 11/abr./2017

O início do período de nosso estudo, entre os anos de 1997 e 1998, foram também os picos registrados em termos de área dos imóveis desapropriados, como pode ser visto no gráfico 5. Neste aspecto, a aparência criada pelos dados do total de assentamentos, quando incorporam a regularização de famílias em lotes de imóveis já desapropriados, é desfeita pela realidade degradante do total de hectares das áreas distribuídas na desconcentração mais ampla do monopólio da propriedade latifundiária e da estrutura fundiária como um todo.

O esgotamento das estratégicas ocupações massivas de terras após os anos 1990 e o desenvolvimento de armadilhas, cada vez mais refinadas e sutis, de criminalização e perseguição dos movimentos sociais, refletem-se nas conquistas e derrotas políticas até os dias atuais. O golpe na reforma agrária, segundo essa interpretação, é apenas mais um fato político dentre os inúmeros golpes de Estado, configurados permanentemente em desapropriação do que é público para fins de interesses privatistas de um grupo seleto da elite dominante. A introdução sutil da ideologia neoliberal e de programas que pretendem desconectar a ligação entre as ocupações e as desapropriações atinge seu auge na atual aprovação nos termos da Lei n. 13.465 de 2017 (Brasil, 11/7/2017). Entendida como um golpe na reforma agrária, os mecanismos legais que estabelece institucionalizam de vez os programas que até então apareciam de forma eventual, mas já com orientação dada pela lógica da reforma agrária de mercado.

É nesta perspectiva que compreendemos o movimento que vem se dando no Congresso Nacional em torno de medidas provisórias (MP) e projetos de lei (PL) subscritos pela Comissão de Agricultura, conhecida como a bancada ruralista, que incide sobre a regulação e aquisição de terras no país. Destacamos a Lei n. 13.465 (Brasil, 11/7/2017) de regulamentação das terras devolutas e privatização das terras públicas, que, como aprofundaremos a seguir, está orientada pela lógica da reforma agrária de mercado e de desqualificação de outro tipo de ação fundiária conduzida pelo Estado. Ao longo da história brasileira, a reforma agrária realizada pelas elites no poder resumiu-se à criação pontual de alguns assentamentos como pontos de alívio de situações específicas de extrema pobreza ou tensões sociais. Pouco se alterou a estrutura fundiária e de poder econômico e político do monopólio da propriedade da terra no Brasil, como discute Pereira (2009). Tampouco considerou-se o desenvolvimento da produção familiar e cooperativada dos assentamentos e o fortalecimento dos mercados internos, como pudemos destacar a partir dos censos, submetidos às relações internacionais de dependência.

O golpe na reforma agrária e a Lei n. 13.465 de 2017

A dinamização dos mercados fundiários preconizada pelo BM vem sendo introduzida no Brasil desde os anos 1990, tal como vimos discutindo, pela distribuição pontual e seletiva de terras para agricultores empobrecidos, aliviando seletivamente a pobreza rural reproduzida pelas políticas de ajuste estrutural pautadas pelo próprio BM (Banco Mundial, 1995, p. 13). Desde as resistências ao projeto piloto da Cédula da Terra em 1997, os mecanismos de financeirização da compra de terras vêm sendo implementados de maneira difusa e imperceptível desde então. Em 1998, o governo federal, em cumprimento ao acordo de empréstimo realizado junto ao BM, procurou nacionalizar o mecanismo de mercado com a criação do Banco da Terra (BT) no Congresso Nacional. Em fevereiro deste mesmo ano a bancada ruralista, apoiada pelos partidos de direita, aprovou a sua fundação, como sistematizado por Pereira (2009).

A Lei n. 13.465 (Brasil, 11/7/2017), de 11 de julho de 2017, reproduz, neste sentido, as mesmas diretrizes estabelecidas desde o segundo governo FHC (1999 a 2002) que dizem respeito à descentralização e desfederalização crescentes da operacionalização da política de reforma agrária, delegando aos estados e aos municípios a responsabilidade na sua execução. Isso significa o desmonte do aparato público federal pelas reformas liberais do Estado, viabilizando: as terceirizações e privatizações de grande parte dos serviços e atividades vinculadas; a implementação da titulação privada dos assentamentos com a cobrança do pagamento pela terra e redução das obrigações do Estado com os assentamentos; a redução da política de reforma agrária a uma política social seletiva, patriarcal e patrimonialista, que reproduz em última instância as relações de poder dos currais eleitorais, ressuscitando os antigos coronéis e reforçando os monopólios privados de terras; e, por fim, estrangulando os movimentos sociais e as ocupações de terras na privatização dos assentamentos e na seleção das famílias na criação descentralizada de novos assentamentos pela compra e venda de terras por meio do BT.

Soma-se a isso o declínio permanente no orçamento destinado aos programas agrários e aos órgãos responsáveis pela sua execução, como o Ministério de Desenvolvimento Agrário (MDA)[15] e o Incra, sobretudo no quesito das desapropriações e obtenção de terras, que esgotaram a capacidade de resistência e de organização de novas famílias em descontinuidade à massificação das ocupações evidenciadas. Essa tendência fica evidente quando analisamos a proposta do governo Temer de Projeto de Lei Orçamentária (Ploa) de 2018. Tendo como fonte o PLN n. 20, de 2017, enviado pelo Poder Executivo ao Congresso, os dados de 2018 podem ser comparados aos dados das dotações anteriores das Loas extraídos do Siop/Mpog nos anos anteriores. Os maiores penalizados de um ajuste fiscal, que mais reorganiza

---

[15] Extinto em 2016, durante o governo interino de Michel Temer, pela Lei n. 13.341 (Brasil, 29/9/2016), de 29 de setembro de 2016.

do que efetivamente reduz os gastos públicos, são os trabalhadores rurais pobres, principalmente do Nordeste, onde houve os maiores cortes orçamentários nos programas federais, como o de construção de cisternas. A primazia ainda maior dada à economia do agronegócio aprofunda mais a disputa por terras entre a produção de *commodities* para exportação e a produção de alimentos para a população e o desenvolvimento da agricultura familiar.

Os cortes no orçamento das políticas agrárias, que já seguiam uma tendência negativa, se aprofundaram de forma emblemática em 2017, com previsões de redução ainda maior para 2018. Especificamente a política de reforma agrária, como demonstram os números de criação de novos assentamentos, seguiu desde 2005 uma tendência de estagnação. O mesmo reflexo pode ser observado nos recursos designados para a obtenção de terra pelo Incra, que já vinham em uma queda de 800 milhões de reais em 2015, para 257 milhões em 2017, e entraram com apenas 34 milhões de reais na previsão do governo para 2018, um corte de 86,7%. O mesmo ocorreu com os programas de desenvolvimento dos assentamentos já criados, como a assistência técnica, que já vinha sofrendo cortes há anos, e não é mais suficiente para atender à demanda. Se no contexto do golpe já não havia perspectivas otimistas, na reforma agrária a tendência foi só de piora, de um orçamento executado em 2015 para assistência técnica e extensão rural de 355 milhões de reais; em 2017 havia restado apenas 85 milhões de reais e na previsão para 2018 esse montante foi reduzido para 12 milhões de reais, um corte absurdo na ordem de 85,2%. Das políticas de promoção da educação do campo nada de diferente pode se apresentar. O cenário de fechamento das escolas do campo e esvaziamento das políticas para a promoção do projeto de Educação do Campo, conquista histórica dos movimentos sociais do campo e da educação, se delineia como ainda pior. Os recursos federais executados em 2015 somavam R$ 32,55 milhões, mas apenas R$ 14,80 milhões foram executados em 2017, e a previsão para 2018 foi de R$ 2,05 milhões – outro expressivo corte de 86,1%. Para a infraestrutura, o corte foi de 69%, caindo de R$ 242,52 milhões executados em 2017 para R$ 75,35 milhões previstos em 2018.

Há uma conduta política que imprime grandes retrocessos para a reforma agrária, e não apenas isso, também para a demarcação de terras indígenas e quilombolas, e toda a agricultura familiar, questão que fica explícita na organização do orçamento público em detrimento a essas populações que arcam com toda a conta da crise do capital. Nas subvenções do governo federal para aquisição de produtos da agricultura familiar e formação de estoques, o orçamento caiu em 90,2%, de 204 milhões de reais para apenas 20 milhões. O importante programa de aquisição de alimentos, que institui compra direta entre governo e agricultores, teve orçamento reduzido em expressivos 99,8%, caindo de 318 milhões de reais em 2017 para 750 mil. Enquanto o orçamento para apoio ao desenvolvimento sustentável das comunidades quilombolas, povos indígenas e comunidades tradicionais, que se sustentava em pouco mais de R$ 1,27 milhão em 2017, foi simplesmente extinto no Ploa 2018.

Destacamos, assim, três linhas centrais de atuação do governo e que se instituem na Lei n. 13.465 (Brasil, 29/9/2016) de forma a garantir as diretrizes dadas pelo BM. A primeira linha, expressa no artigo 5, estabelece a criação de assentamentos por meio da compra e venda, e não da desapropriação por função social, como estabelece nossa Carta Magna. O pagamento também passa a poder ser feito em dinheiro, na forma estabelecida em regulamento, e não mais em títulos da dívida ativa (TDA), e o valor passa a poder ser fixado de acordo com os valores de mercado por sentença judicial. A implementação do

BT e do crédito fundiário nadam de braçadas, com o governo facilitando o assentamento via compra de terras e travando as conquistas pela desapropriação.

A segunda linha estabelece no artigo 17 a emancipação dos assentamentos que em 1º de junho de 2017 contavam com 15 anos ou mais de sua criação, independente do cumprimento dos requisitos, processos e etapas exigidos. Limita a um prazo de três anos a consolidação destes assentamentos com a liberação definitiva do título de domínio (TD) ou da Concessão de Direito Real de Uso (CDRU). Autorizada a cobrança da dívida na forma legal, os TD e as CDRU ficam inegociáveis pelo prazo de dez anos. A imposição arbitrária e massiva da titulação pelo governo cria nas famílias assentadas – que sofrem por anos com o descaso e desrespeito do governo – um fetiche em torno da propriedade privada. Por outro lado, anda de mãos dadas ao ajustamento fiscal do Estado, que ainda se desresponsabiliza dos compromissos com a reforma agrária e as famílias assentadas. Reduz drasticamente os recursos destinados às políticas agrárias e realimenta a dinâmica dos mercados ávidos por recuperar seus lucros. A titulação imposta dessa forma inviabiliza, no nosso entendimento, a emancipação de fato das famílias assentadas a partir do desenvolvimento da sua produção e das condições adequadas de saúde, educação, infraestrutura e habitação.

A terceira linha de ação altera os critérios do artigo 19 em relação à seleção das famílias a serem assentadas, estabelecendo uma ordem de preferência na distribuição dos lotes que em última instância privilegia os próprios latifundiários desapropriados em detrimento das famílias presentes em ocupações de terra. Assegura-se, em primeiro lugar, a preferência ao desapropriado em relação à parcela na qual se situa a sede do imóvel. Em seguida, a prioridade é dada em ordem decrescente, segundo os seguintes critérios: aos que trabalham no imóvel; aos trabalhadores rurais e aqueles de outras áreas de demarcação de terra indígena, quilombola ou de conservação; aos que se encontram em condição de vulnerabilidade social; às vítimas de trabalho em condição análoga à escravidão, posseiros, arrendatários, assalariados ou parceiros em outros imóveis rurais, e por fim ocupantes de parcelas inferiores à fração mínima considerada de parcelamento. A desconstrução da conquista da terra pela luta e pela ocupação promovida desmobiliza cada vez mais as famílias e aliena a perspectiva de transformação social da reforma agrária. Beneficia, em última instância, os grandes proprietários, a concentração ainda maior de terras e o grande capital internacional.

A Lei n. 13.465 (Brasil, 29/9/2016) institucionaliza, dessa forma, a negociação como único mecanismo de fazer reforma agrária, criando mais uma alternativa de lucros ao agronegócio pela especulação sobre os preços da terra nos mercados. Ela aprofunda o processo de criminalização dos movimentos sociais pelo enfraquecimento das ocupações e desarticulação da luta pelas desapropriações de terras. A Lei n. 13.465 desconsidera as mais de 120 mil famílias acampadas em luta, que se encontram embaixo das lonas pretas por todo o Brasil. Ela também impõe a privatização dos assentamentos, negando qualquer possibilidade de sua emancipação e de direitos às políticas públicas específicas da reforma agrária, conquistadas ao longo de muitos anos. E, com isso, promove a individualização dos processos de assentamento e das lutas como eixos que reforçam ideologicamente as soluções de mercado como as únicas vias possíveis. A tendência geral que vislumbramos pela análise, é de reprodução das condições de dependência, extrema concentração fundiária e êxodo rural juntamente com o crescimento do endividamento das famílias assentadas. É nesse sentido que o golpe na reforma agrária representa a execução de mais um passo na contrarreforma agrária em curso no país, desde os tempos da colonização.

O produto excedente produzido na exploração familiar é incorporado assim ao ciclo do capital mediante a troca em prejuízo do camponês, que produz em geral nas piores condições e nos piores terrenos. Na forma como se insere na circulação, encontra-se a condição de exploração do camponês no capitalismo, que depende da existência de trabalho excedente não pago pelo capital. Os limites dessa taxa de exploração estão entre a reprodução restrita como classe ou a própria degradação do campesinato em trabalhadores rurais sem terra. A apropriação por outros setores da mais-valia produzida pelo campesinato é ainda mantida por vários mecanismos de controle indireto da produção camponesa, mediante o crédito, o financiamento, a coletivização e a integração forçada, horizontal ou vertical, entre outros que passam a participar do valor excedente produzido pela agricultura camponesa, amarrando esta a pagamentos de rendas e juros.

Bartra (2006) argumenta sobre o aprofundamento dessa exploração com a divisão do trabalho no próprio ramo da agricultura, em que a produção camponesa é voltada para a produção de alimentos, enquanto a capitalista, para a produção de matérias-primas para a indústria, na forma de *commodities*. Isso cria, para o autor, um mecanismo permanente de reforço das desigualdades entre as unidades de produção agrícolas, submetendo as unidades camponesas aos piores terrenos, relegados ao acesso ínfimo a créditos e recursos, a cultivos menos racionalizados, levando por fim à subsunção do trabalho camponês ao capital. Por meio dessas múltiplas contradições, o autor esclarece a dupla função exercida pelos camponeses na articulação completa de sua exploração no capitalismo. Por um lado, de produzir a demanda para os produtos industriais; e, por outro, de produzir força de trabalho sobrante para os capitalistas agrários. O autor conclui que a exploração da força de trabalho camponesa pelos empresários agrícolas está condicionada duplamente à existência dos pequenos produtores: primeiro, por obter destes a mais-valia absoluta na exploração direta de sua força de trabalho; e, segundo, pela apropriação da mais-valia relativa em forma de superlucro, na medida que a baixa produtividade relativa do trabalho no setor camponês é que estabelecerá o preço de produção na agricultura, aumentando as desigualdades e a renda da terra.

Trazendo a análise para a atual fase do capitalismo, Bartra (2014) destaca a especulação como epicentro da atual crise do sistema financeiro mundial, e o avanço descomunal que se dará, em âmbito global do grande capital sobre as terras e seus recursos naturais, associando as rendas com base na posse destes. Assistimos a outro tipo de especulação, portanto, de um capitalismo rentista que ganha mais quanto mais escassos os recursos e, por isso, a designação, segundo esse autor, de "*capitalismo del fin del mundo*". O aprofundamento das relações capitalistas na agricultura, assim como das desigualdades e as contradições inerentes entre as empresas capitalistas agrícolas e as unidades de produção familiar camponesas, em última instância, levam à queda no preço dos produtos agrícolas pagos aos produtores familiares. Regulados pelos preços de produção nos piores terrenos, essa queda também se verifica no preço das terras, a partir de um processo de constante endividamento e expulsão dos camponeses de suas terras e degradação do campesinato.

Dessa forma, a renda fundiária favorece o processo de concentração e centralização do capital e da terra na agricultura, criando ao mesmo tempo os obstáculos para sua ampla realização, por meio da apropriação de parte crescente da mais-valia global. E isto ocorre em concomitância com a destruição ampliada da base material de produção de riqueza real, com o desenvolvimento das forças produtivas em um modelo depredador dos recursos naturais, contratando cada vez menos trabalhadores e aprofundando a superexploração. Desse modo, engendram limitações impostas ao próprio sistema, que atuam e desenvolvem a importância do capital financeiro na produção agropecuária, fazendo com que tais atividades não se desenvolvam da mesma forma que as contradições fundamentais das formas de manifestação do capital em geral. Concordando ainda com as ideias de Astarita (2010), tais capitais financeiros se nutrem da mais-valia produzida e se alternam entre o ciclo de rotação do capital produtivo e os circuitos financeiros, estando de fato imbricados entre si. No entanto, nem sempre as figuras que assumem o papel de capitalista agrário, do proprietário de terras e do produtor direto se separam na América Latina, como analisamos para o caso do Brasil. Isso torna ainda mais complexa a tomada de decisão de investimento de capital na agricultura e as nuances próprias da luta de classes: das contradições postas entre as classes proprietárias (dos que vivem da renda fundiária, do juro e do lucro), e destas com a classe trabalhadora (dos que vivem do salário e do próprio trabalho).

A reforma agrária popular e a transformação social

O aparato institucional, que vai se estabelecendo a partir do fato da transformação da terra em mercadoria, tem por finalidade a legalização da apropriação e da concentração de terras e dos recursos naturais em larga escala nas mãos de poucas famílias ou oligopólios, nacionais e internacionais. Com a primazia do agronegócio, como carro-chefe da economia agroexportadora brasileira, as políticas e recursos públicos são apropriados crescentemente na forma de lucros e de renda fundiária pelos grandes oligopólios das cadeias agroalimentares, viabilizando assim um mecanismo de apropriação crescente pela propriedade privada fundiária da mais-valia produzida. Essa lógica orienta as decisões do sistema capitalista sobre os investimentos, e que pode levar a crise aos extremos da escassez de alimentos na diversidade necessária (que não se baseia apenas em derivados de soja e milho, mas considera também verduras, legumes etc.), e também dos recursos naturais e da própria destruição das condições de existência humana.

Assim, a classe dominante brasileira, ao adotar essa estratégia de privatização e desregulamentação do mercado de terras, visando atrair investidores ao país, subordina-se ainda mais aos interesses das classes hegemônicas dos países imperialistas centrais, aprofundando as próprias relações de dependência no curso desigual e combinado do desenvolvimento capitalista contemporâneo. Curso no qual a concentração de terras e a renda da terra tem papel cada vez mais decisivo na expropriação da riqueza capitalista produzida pela classe trabalhadora rural.

É nessa perspectiva que a reforma agrária popular surge na agenda de lutas do MST, rompendo com o projeto de reforma agrária clássica pautado nos debates dos anos 1950 e 1960. Simultaneamente temos outras organizações, sobretudo as vinculadas à Via Campesina, que também tem apontado proposições nessa mesma lógica, a exemplo da Plataforma Operária e Camponesa de Energia (MAB), do Plano Camponês (MPA), bem como proposições do Movimento de Mulheres Camponesas (MMC), povos indígenas e comunidades quilombolas.

Diante da transformação do capitalismo no século XXI e da dominância do sistema financeiro, há uma necessidade de mudança das estratégias e bandeiras de luta dos movimentos da classe trabalhadora. O esgotamento da defesa de um programa de reforma agrária para o desenvolvimento da agricultura e da indústria, por ela apoiada com os desdobramentos da revolução verde, se estabeleceu com a modernização conservadora da produção agrícola de *commodities* sem a necessária reforma agrária. No entanto, a negligência com as questões sociais e ambientais levou a racionalidade do capital a uma crise estrutural. Desse modo, a alternativa dos movimentos sociais populares deve contemplar um projeto que se contraponha a todo o sistema, que seja anticapitalista e, portanto, antipropriedade privada, como já afirmado. Deve-se propor caminhos para viabilizar a produção de alimentos saudáveis a toda população, de modo economicamente viável às famílias do campo, socialmente justo, politicamente radical, democrático e ambientalmente sustentável.

Com isso, a luta pela reforma agrária mudou e, assim, sua natureza e conteúdo passaram a se sustentar em pilares do que vem sendo discutido como o projeto da reforma agrária popular (MST, 2014). Ela inclui explicitamente em sua proposta a contraposição ao modelo do capital na agricultura – o agronegócio – propõe um novo modelo de agricultura, com o objetivo principal de produzir alimentos saudáveis que abasteçam toda a população. Esse modelo atua sobre a disputa do controle social sobre os bens da natureza e sua preservação (territórios, terras, águas, biodiversidade). Ademais, ele aponta para a necessidade de uma nova matriz tecnológica que construa em outro patamar o uso e a posse das terras, das forças produtivas, das relações sociais de produção, da função social da terra e da natureza. A reapropriação social dos bens da natureza e a defesa do seu uso comum, por si só, já se estabelecem como a própria negação da propriedade privada, alienada da natureza, e ao mesmo tempo afirmam o socialismo como projeto de transição societária. A agroecologia e os saberes tradicionais são evocados para a construção de um modelo de agricultura popular e camponesa que possa garantir todas as dimensões em jogo. Nesta proposta, a reforma agrária volta a exercer sua função mais ampla de transformação social, em que os últimos vinte anos de luta pela terra no Brasil e o desenvolvimento das contradições do capitalismo mundial apresentam novas questões e desafios para os movimentos sociais. E isso apesar de conservarem a concentração como uma questão ainda histórica a ser solucionada.

Encerra-se assim o dilema da luta de classes no Brasil e sua relação com a luta pela terra, pois esta deixa de apresentar um caráter reformista, conforme as reformas agrárias clássicas implementadas nos processos de revolução burguesa, e passa a ter um forte caráter revolucionário de contraposição aos mecanismos de poder e de exploração estabelecidos no capitalismo dependente. Frente à resistência caracterizada por Florestan Fernandes (1972) como sociopática e às mudanças das classes dominantes no Brasil, os trabalhadores rurais que lutam pela terra assumem um papel de sujeitos revolucionários. Na impossibilidade de fortalecer processos autônomos de desenvolvimento do capitalismo dependente, que acabam por se configurar em revoluções dentro da ordem burguesa, dado o desinteresse das classes dominantes de completarem esta via de mudanças ou de qualquer outra alteração do *status quo* em que se inserem de forma privilegiada, resta ainda a possibilidade de soluções do tipo socialista. Para tanto, as transformações necessárias se dariam, ainda segundo o autor, nos marcos da "revolução contra a ordem", como estratégia e desafio para a classe trabalhadora, do campo e da cidade.

Referências

AMARAL, Marisa Silva. *Teorias do imperialismo e da dependência:* a atualização necessária ante a financeirização do capitalismo. Tese de doutorado – Faculdade de Economia, Administração e Contabilidade, Universidade de São Paulo, SP: 2012.

ASTARITA, Rolando. *Economía política de la dependencia y el subdesarrollo:* tipo de cambio y renta agraria en la Argentina. Bernal: Universidad Nacional de Quilmes, 2010.

BARTRA, Armando. *El capital en su laberinto:* de la renta de la tierra a la renta de la vida. México, D. F.: UACM-Itaca, 2006.

BARTRA, Armando. *El hombre de hierro: límites sociales y naturales del capital en la perspectiva de la gran crisis.* México, D. F.: UAM-UACM-Itaca, 2014.

CAMPOS, Christiane Senhorinha Soares. *A face feminina da pobreza em meio à riqueza do agronegócio:* trabalho e pobreza das mulheres em territórios do agronegócio no Brasil – o caso de Cruz Alta/RS. Buenos Aires: CLACSO, 2011.

CARCANHOLO, Marcelo Dias. *Dependencia, superexplotación del trabajo y crisis: una interpretación desde Marx.* Maia, 2017.

CHRISTOFFOLI, Pedro Ivan. "Verbete de Agroindústria". *In*: CALDART, Roseli Salete; PEREIRA, Isabel Brasil; ALENTEJANO, Paulo; FRIGOTTO, Gaudêncio (Orgs.). *Dicionário da educação do campo.* Rio de Janeiro, São Paulo: Escola Politécnica de Saúde Joaquim Venâncio, Expressão Popular, 2012.

DELGADO, Guilherme Costa. "A questão agrária no Brasil, 1950-2003". *In*: JACCOUD, Luciana. *Questão social e políticas sociais no Brasil contemporâneo.* Brasília: Ipea, 2005, p. 51-90.

DELGADO, Guilherme Costa. "Expansão e modernização do setor agropecuário no pós-guerra: um estudo da reflexão agrária". *Estudos Avançados*, São Paulo, v. 15, n. 43, p. 157-172, dez. 2001.

DAVIS, John.; GOLDBERG, Ray. *A Concept of Agribusiness.* Boston: Harvard University, 1957.

DOS SANTOS, Theotonio. *Imperialismo y dependencia.* Caracas: Biblioteca Ayacucho de Clásicos Políticos da América Latina/Banco Central de Venezuela, 2012.

ESTEVE, Esther Vivas. *O negócio da comida: quem controla nossa alimentação?* São Paulo, Expressão Popular, 2017.

FERNANDES, Florestan. *Sociedade de classes e subdesenvolvimento.* Rio de Janeiro: Zahar Editores, 1972.

FERNANDES, Florestan. *A revolução burguesa no Brasil* São Paulo: Editora Globo, 2005.

GRAZIANO DA SILVA, José. *O que é Questão Agrária.* Coleção Primeiros Passos. SP: Brasiliense, 1980.

IBGE. Censo agrário 2017. Disponível em: https://www.ibge.gov.br/estatisticas/economicas/agricultura-e-pecuaria/9827-censo-agropecuario.html?t=destaques. IBGE. Censos agropecuários 2016-2017.

IBGE. Censo agrário 2006. Disponível em: https://www.ibge.gov.br/estatisticas/economicas/agricultura-e-pecuaria/9827-censo-agropecuario.html?t=destaques. IBGE. Censos agropecuários 2006.

INCRA. "Área ocupada por estrangeiros em zonas rurais brasileiras, 2010". *In*: RAMOS, Camila Souza. Terras nas mãos de estrangeiros somam um Estado de Alagoas. *Valor Econômico,* 07 de março de 2017.

MACHADO, Luiz; FILHO, Luiz Machado. *A dialética da Agroecologia:* contribuição para um mundo com alimentos sem veneno. São Paulo, Expressão Popular, 2014.

MAESTRI, Mauro. "A aldeia ausente: índios, caboclos, cativos, moradores e imigrantes na formação da classe camponesa brasileira". *In*: STEDILE, João Pedro. (Org.), ESTEVAM, Douglas. (assistente de pesquisa). *A questão agrária do Brasil:* o debate na década na esquerda – 1960-1982. São Paulo: Expressão Popular, 2012. p. 217-275.

MANDEL, Ernest. *O capitalismo tardio.* São Paulo: Abril Cultural, 1982.

MARINI, R. M. Dialéctica de la dependencia: la economía exportadora. *Sociedad y Desarollo*, n. 1, p. 35-51, 1972.

MARTINS, José de Souza. *O cativeiro da terra*. São Paulo: Ciências Humanas, 1986.

MARX, Karl. *O Capital:* crítica da economia política - O processo de produção do capital. Livro I. RJ: Bertrand Brasil, 1996.

MARX, Karl. *O Capital:* crítica da economia política - O processo global de produção capitalista. Livro II, v. VI. Rio de Janeiro: Civilização Brasileira, 2008.

MST. *Programa Agrário do MST.* SP: Secretaria Nacional do MST, 2014.

NAKATANI, Paulo; FALEIROS, Rogério Naques; VARGAS, Neide César. "Histórico e os limites da reforma agrária na contemporaneidade brasileira". *Ser. Soc. Soc.*, São Paulo, n. 110, p. 213-240, abr./jun. 2012.

PEREIRA, Mônica Cox de Britto. "Revolução Verde". *In*: CALDART, *Dicionário da educação do campo.* Rio de Janeiro, São Paulo: Escola Politécnica de Saúde Joaquim Venâncio, Expressão Popular, 2012.

PEREIRA, João Márcio Mendes; ALENTEJANO, Paulo. "El agro brasileño: de la modernización conservadora a la hegemonia del agronegócio". *In*: ALMEYRA, Guillermo *et al. Capitalismo:* tierra y poder en América Latina (1982-2012). Buenos Aires: Ediciones Continente; México: Universidad Autónoma Metropolitana, 2014, p. 64-136.

PEREIRA, João Márcio Mendes. "Neoliberalismo e lutas camponesas no Brasil: contestação e resistência à reforma agrária de mercado do Banco Mundial durante o governo FHC". *In*: FERNANDES, Bernardo Mançano; MEDEIROS, Leonilde Servolo de; PAULILO, Maria Ignez (Orgs.). *Lutas camponesas contemporâneas:* condições, dilemas e conquistas, v2. São Paulo: UNESP; DF: Núcleo de Estudos Agrários e Desenvolvimento Rural, 2009.

PNAD. *Pesquisas Nacionais por Amostra de Domicílios*. DF: Instituto Brasileiro de Geografia e Estatísticas (IBGE), 2015.

STEDILE, João Pedro (Org.). *A questão agrária no Brasil:* o debate tradicional –. 1500-19603. São Paulo: Expressão Popular, 2011.

TROTSKY, León. *História da Revolução Russa*. 2ª edição. Rio de Janeiro: Paz e Terra, 1977.

VIA CAMPESINA. *Las luchas de la Vía Campesina por la reforma agraria, la defensa de la vida, la tierra y los territorios, ya disponible!*. Zimbabwe: Via Campesina, 2017.

MULHERES SEM TERRA E FEMINISMO CAMPONÊS POPULAR NA AMÉRICA LATINA

RENATA COUTO MOREIRA
MAÍSA MARIA BAPTISTA PRATES DO AMARAL

Introdução

A condição da trabalhadora no meio rural brasileiro é permeada por uma série de relações contraditórias, tendo como base a questão da terra, centro da expropriação das riquezas e da subjugação da mulher na América Latina ontem e hoje. Partimos, assim, da conformação do agronegócio e do grande latifúndio como o cerne da questão agrária no Brasil, que, aliada à superexploração do trabalho, categoria fundamental para entendermos a inserção dos países periféricos na divisão internacional do trabalho, dão os contornos da situação da classe trabalhadora no campo brasileiro. Se, ao tratarmos da classe trabalhadora em geral, as categorias que nos norteiam são a questão agrária e a superexploração e a dependência para compreendermos a situação da trabalhadora rural no capitalismo dependente, precisamos tratar também das relações patriarcais de gênero, de classe e raça/etnia. Ou seja, a condição de vida e trabalho das mulheres do campo no Brasil é permeada por uma série de questões que não se descolam da realidade latino-americana.

Diante disso, temos como objetivo discutir a construção do feminismo camponês popular que vem sendo protagonizada pelas mulheres organizadas nos movimentos camponeses populares da América Latina. Como uma contraproposta ao modelo do capital, esse feminismo tem como horizonte um novo modo de produção e reprodução da vida, dos alimentos, de novas relações sociais e, numa perspectiva mais ampla, de uma nova sociedade. Nesse sentido, trazemos como exemplo concreto de construção do feminismo camponês popular as formas de luta e resistências das mulheres Sem Terra. Dos coletivos de mulheres nos assentamentos de reforma agrária à participação das mulheres na coordenação e setores, debatemos a partir de suas vivências no Movimento do Trabalhadores Rurais Sem Terra (MST). Como objetivos específicos, discutimos sobre o lugar da trabalhadora no meio rural brasileiro no processo atual da questão agrária, sobre as opressões e relações patriarcais de poder às quais estão submetidas e o papel dos coletivos de mulheres estimulados pelo Setor de Gênero no MST para a construção de força real e substantiva de um feminismo que se materialize no modo de vida camponês e popular.

Partimos da compreensão da condição de existência e vida da mulher no meio rural brasileiro. Determinadas pelo patriarcado e pelo capitalismo, se expressam nas opressões de gênero e na hierarquização da divisão sexual do trabalho. São reforçadas pelo latifúndio e o agronegócio, que, subordinados aos interesses das grandes corporações internacionais, oligopolizam as terras junto aos complexos agroalimentares globais. A articulação coloca em evidência, no polo extremo da contradição com o capital, a trabalhadora rural em sua identidade de mulher, camponesa, e Sem Terra, de classe trabalhadora em si, e para si, em sua história de luta por mudanças sociais no Brasil, e na América Latina.

Tendo como referência um grupo de intelectuais como Heleieth Saffioti, Vânia Bambirra, Theotonio dos Santos, Ruy

Mauro Marini e Florestan Fernandes, problematizamos a ideia de que nos países dependentes latino-americanos, em geral, a necessidade de gerar cada vez maiores excedentes, articulada às transferências de valores ao exterior e à garantia dos lucros e rendas das classes dominantes – externas imperialistas e internas pró-imperialistas –, aparece combinada com a superexploração da força de trabalho. O avanço do uso de tecnologias na América Latina se materializa com a reprodução de relações sociais de produção, pautadas na superexploração dos trabalhadores em geral, e das trabalhadoras rurais em especial. Esse enfoque traz, portanto, contribuições importantes para a formulação da teoria da dependência e para a compreensão e transformação da condição de trabalho e vida das camponesas e da economia agrária no processo de desenvolvimento capitalista na América Latina.

O Setor de Gênero, criado no Encontro Nacional do MST em 2000, é fruto das históricas reivindicações por maior participação das próprias mulheres nas instâncias políticas e na construção de novas relações sociais de produção, com maior equilíbrio nas relações de poder entre sexos. Evidenciamos como as relações sociais patriarcais e capitalistas se reproduzem e podem ser transformadas no próprio Movimento, nos acampamentos, assentamentos, setores e na sociedade como um todo. Encerramos o debate com uma reflexão sobre os coletivos e o Setor de Gênero do MST como práxis organizativa constituinte da construção do feminismo camponês popular.

Dependência e superexploração da classe trabalhadora rural latino-americana

Com o fim da Segunda Guerra Mundial, há uma reconfiguração da divisão internacional do trabalho, decorrente da polarização mundial e das demandas dos países que se estabeleciam como potências imperialistas, com destaque aos Estados Unidos da América. Com papéis bastante específicos, as mudanças propostas pelos órgãos internacionais instituídos com a Organização das Nações Unidas (ONU), a Organização Mundial do Comércio (OMC), o Banco Mundial (BM), entre outras, foram adotadas pelos governos ditatoriais estabelecidos na América Latina, que deveriam se "modernizar", passando de economias predominantemente agrárias para economias industriais, e de uma população predominantemente rural para uma urbanizada. Tal intenção, vale notar, se efetivou de forma acelerada a ponto de inverter a distribuição de habitantes entre meio urbano e rural em apenas duas décadas. No Brasil, por exemplo, em 1950, quase 64% da população residia em áreas rurais, e, em 1970, apenas 44% permanecia no campo pelos censos demográficos do Instituto Brasileiro de Geografia e Estatística (IBGE). Desde então o processo só se intensificou: em 2010, menos de 16% da população recenseada estava nas zonas rurais.

Por um lado, os estudos da Comissão Econômica para América Latina e Caribe (Cepal), constituída pela ONU em 1948 para pensar as questões do subdesenvolvimento na América Latina, compreendiam que o desenvolvimento econômico desigual entre países estava relacionado com sua posição no centro ou na periferia da divisão internacional do trabalho no mercado mundial. Na leitura dos seus principais autores dos anos 1960,[1] os problemas do atraso dos países denominados

---

1 Destacam-se o argentino Raúl Prebisch (1964, 2000) e o brasileiro Celso Furtado (1961, 1968). Esse último, especificamente, desenvolveu suas reflexões envolvido em intensa atividade política e administrativa no governo de João Goulart, durante a implantação dos planos de desenvolvimento do Nordeste, pelas reformas da Sudene. Com o golpe militar em 1964, o autor foi exilado e teve os direitos políticos cassados. Sua obra em debate então, *Desenvolvimento e subdesenvolvimento*, não pôde mais ser publicada no Brasil depois de 1965, quando estava na quarta edição (Bielschowsky, 2000).

periféricos e subdesenvolvidos os colocariam em prejuízo nas relações econômicas internacionais com outros países mais avançados e desenvolvidos e, portanto, centrais no sistema. Os primeiros estariam constantemente em desvantagem econômica pela falta de industrialização e diversificação das suas economias, o que refletiria na pauta de exportações.

Prebisch associa, em suas reflexões durante a Conferência das Nações Unidas sobre Comércio e Desenvolvimento, realizada em Nova York no ano de 1964, três grandes problemas derivados, na época, da especialização em exportações de produtos primários nos países subdesenvolvidos, a saber: a questão da deterioração nos termos de troca em relação aos preços dos produtos manufaturados importados, com alto nível de tecnologia incorporada; a questão do acesso propriamente dito aos mercados dos países industrializados e a utilização dos excedentes agrícolas nas políticas de desenvolvimento. O diagnóstico, portanto, dava-se pela tendência histórica do desenvolvimento econômico desigual entre centro e periferia, em razão da crescente assimetria nos preços dos produtos exportados nas relações comerciais entre países com distintos avanços tecnológicos.

Assim, para superar o subdesenvolvimento, era necessário superar a lógica centro-periferia (Furtado, 1961). As receitas para os planos de desenvolvimento giravam em torno da necessidade de industrialização (sinônimo de modernização) dos países latino-americanos para uma maior diversificação de seus setores produtivos e de suas exportações. A apropriação dos avanços do progresso técnico, dos quais as nações do centro, mais "avançadas" ou "adiantadas" já desfrutariam, também era ponto da agenda desenvolvimentista cepalina. Os planos associavam-se com a necessária ampliação do mercado interno e a industrialização substitutiva de importações, propostas pela escola, dirigindo um conjunto de políticas de desenvolvimento e a implantação desses processos em vários países da América Latina nos anos posteriores.

Nessa perspectiva, o Estado recebe papel central de promotor do desenvolvimento, via políticas governamentais de investimentos na industrialização e de distribuição de renda para a formação do mercado nacional. A redução da desigualdade e superação do subdesenvolvimento viriam como consequências desses projetos, que ficariam conhecidos como projetos nacional-desenvolvimentistas, como os dos governos dos militares. No entanto, mesmo avançando a industrialização nos países da América Latina, a questão da dependência e do subdesenvolvimento não se resolveu, contrariando amplas expectativas, como reconhece em uma autocrítica o próprio Furtado (1974) em sua obra *O mito do desenvolvimento econômico*.

O avanço dos projetos do capital nos países periféricos e dependentes gerou, e ainda gera, mais dependência e subdesenvolvimento. Condicionados internamente pelas suas estruturas socioeconômicas historicamente constituídas, o desenvolvimento do capitalismo nesses países os colocou e ainda os mantém necessariamente em uma condição subordinada e dependente na divisão internacional do trabalho. Essa tendência se acirra nos momentos de crise do capitalismo, polarizando as contradições e marginalizando cada vez mais sociedades inteiras dos processos produtivos e do acesso aos recursos naturais e bens necessários à reprodução da própria existência como humanidade.

Para Marini (2011, p. 141), a dependência se apresenta "como uma relação de subordinação entre nações formalmente independentes, em cujo marco as relações de produção das nações subordinadas são modificadas ou recriadas para assegurar a reprodução ampliada da dependência". O marco da dependência latino-americana, portanto, se dá após a independência formal das colônias espanholas e portuguesa no continente. Independência formal que se explicita na dependência real desses novos Estados-nação em relação à Inglaterra, potência mundial do imperialismo que dava a tônica do nosso desenvolvimento.

Desde a colônia, nossas economias estavam voltadas para o fornecimento de matérias-primas e alimentos para as demandas da metrópole (historicamente temos a exploração de pau-brasil, cana-de-açúcar, ouro e café utilizando mão de obra escravizada). Essa dinâmica foi fundamental para a acumulação primitiva que possibilitou a revolução industrial e a passagem do capitalismo para uma nova fase, com as independências do século XIX. Nesse sentido, com o fim do trabalho escravizado nas ex-colônias, a superexploração da força de trabalho aparece nas novas relações sociais de produção, na transformação do trabalho escravizado em "trabalho livre". Esse se estabelece como uma categoria fundamental para compreensão da dinâmica do capitalismo mundial e as diferenças entre as economias do centro e da periferia. Segundo Carcanholo (2017), a dependência se dá porque uma parte do mais-valor produzido nas economias dependentes é apropriado pelas economias centrais e passa a integrar a dinâmica da acumulação destas e não daquelas. Esse mecanismo, denominado pelos teóricos da dependência nos anos 1960 como troca desigual, é o que dá a tônica da superexploração da força de trabalho das economias periféricas.

Dialogando no campo da sociologia com Florestan Fernandes (1972), destacamos reflexões pertinentes acerca da relação estreita entre a dependência e o capitalismo agrário no processo de formação da sociedade de classes no Brasil. O autor defende a ideia de que a economia agrária está submetida a uma condição de "dependência dentro da dependência", para destacar além de sua submissão externa diretamente às economias centrais, também sua submissão interna aos polos urbano-industriais. É estabelecida, dessa forma, uma relação de espoliação sistemática da economia agrária.

Destacamos a submissão da agricultura à indústria e do campo à cidade, que reproduziu historicamente a relação centro-periferia entre ramos de atividade e regiões especializadas. No Brasil, isso acompanhou a dinamização da região Sudeste, intensificada após os anos 1930, como polo urbano-industrial dominante. A partir da desagregação da economia escravizadocrata, demarcou-se a relação de dependência indireta às economias centrais. Para Florestan Fernandes (1972), foi nesse momento que houve a formação do mercado de trabalho no Brasil e se dinamizaram as relações econômicas a partir de dentro, além das já dadas a partir de fora, construindo-se novos laços de dependência.

Fernandes (1972) discute ainda a importância de mecanismos que criam e perpetuam ambas as condições, objetivas e subjetivas, para sustentar as relações de dominação e dependência. Por meio de uma inversão intencional da realidade nas relações sociais, em que a ideologia da sociedade metropolitana passa a ser difundida como modelo de desenvolvimento e "modernidade" a ser perseguido, o processo de desenvolvimento deve necessariamente negar a economia agrária, tendo esta como sinônimo de um "atraso" que deve ser superado. Por meio da generalização dessas ideias, segundo o autor, as economias periféricas se submetem à reprodução da economia central. Estas, ao afirmarem o que consideram ser "suas ideias modernas", na essência alimentam o ciclo de acumulação e desenvolvimento da economia dominante, e os próprios vínculos de dependência e subordinação.

Nega-se, dessa forma, a liberdade própria do burguês, que se restringirá a uma margem de autorrealização dentro de uma "liberdade contida" (Fernandes, 1972). Esse modelo carrega a contradição do desenvolvimento dependente do capitalismo agrário, que, ao afirmar-se como tal, nega seus próprios interesses, servindo de instrumento dos países centrais, no plano internacional, e dos polos urbano-industriais, no plano nacional. As condições objetivas exigem que a empresa agrícola se estabeleça com base em formas arcaicas pré-capitalistas ou subcapitalistas de exploração da força de trabalho. Mesmo na forma de trabalho "livre", a relação do tipo assalariada capitalista como estabelecida nos países centrais não se viabilizou no Brasil. Nos marcos da dependência, uma série de contradições criam barreiras a compensar a sua condição de heteronomia da economia.

O caráter de dependência dentro da dependência da economia agrária brasileira, fruto da hegemonia econômica externa, e dos polos urbanos industriais internos, exerce, então, influência direta e indireta na conformação de sua condição de periferia na economia mundial e na formação das classes sociais que perpetuam essa condição no Brasil. Para Fernandes (1972), a economia agrária insere-se de forma estrutural entre os fatores que tornam possível o desenvolvimento do ciclo de acumulação do capitalismo no Brasil, e cria uma massa de trabalhadores rurais não pagos ou muito desvalorizados. A função de acumulação originária e permanente de capital estabelece diretamente entre a existência do trabalhador "livre" no espaço urbano, a subexistência do trabalhador "semilivre" no meio rural, numa relação dialética que se perpetua. Nas palavras do autor:

> [...] para que o capital possa reproduzir na economia urbana o trabalhador assalariado, é necessário que exista na economia agrária o capital que reproduz o trabalhador semilivre. Do mesmo modo, o despossuído, que não logra sequer a proletarização na economia agrária, está na raiz das possibilidades de trabalho assalariado do operário urbano. (Fernandes, 1972, p. 191)

Isso leva a uma reflexão mais geral da funcionalidade da existência da massa de trabalhadoras e trabalhadores despossuídos no campo. Ou seja, dos sem-terras e sem meios de produção, para a reprodução e acumulação de capital no Brasil. As elites reforçam a ideia da inviabilidade de uma reforma agrária, mesmo no sentido clássico, em prol do desenvolvimento das forças produtivas dentro da ordem burguesa, e a ideia burguesa da modernização afirma o esgotamento dessa pauta na América Latina desde o fim do século XX e início do século XXI. Nesse sentido, Fernandes (1972) afirma que a revolução urbana condenou a revolução agrícola, mesmo dentro da ordem capitalista, com a conformação de um "subcapitalismo agrário".

Na perspectiva das classes dominantes, a dependência aparece como um mal necessário, com características naturalizadas e benéficas. Estas se beneficiam da subcapitalização da economia agrária pela intensificação do desenvolvimento da economia urbana (Fernandes, 1972). O capitalismo dependente condena, assim, a revolução agrícola nas forças produtivas e relações sociais de produção, e causa contraditoriamente o próprio esvaziamento do capitalismo agrário. As armadilhas e os limites impostos à economia dependente criam um dilema social com tensões latentes, em que o desenvolvimento do capitalismo é estrutural e historicamente incapaz de se resolver.

Na perspectiva de Fernandes (1972), a vasta proporção da população condenada do sistema associa-se a essa impossibilidade de justiça social e revolução dentro da ordem burguesa nas economias submetidas à dependência. Se, por um lado, reforça o interesse das elites em manter o *status quo* e sua condição de privilegiados, por outro, mantém a reprodução social do trabalho sob formas que nem sequer chegam a se transformar na mercadoria força de trabalho ou, quando o fazem, se transformam em mercadoria desvalorizada. Esses estudos são fundamentais para compreender a questão que nos colocamos sobre quais os reflexos específicos dessa estrutura da dependência no desenvolvimento capitalista e suas contradições para a classe trabalhadora latino-americana e sobretudo para as trabalhadoras rurais.

A trabalhadora rural na resistência camponesa latino-americana

As mulheres do MST historicamente abriram a defesa da importância de sua participação em todas as instâncias de decisão da organização, nas associações, cooperativas e movimentos sociais em geral. Assim, são vários os exemplos de lutas e vários os estudos realizados por essas camponesas em movimento que nos levam a refletir sobre a construção do feminismo popular camponês e a sua importância para a superação das relações de produção e reprodução impostas pelo atual estágio da luta de classes.

Para tanto, partimos dos estudos sobre classes sociais de Marx (1976) em sua compreensão do movimento de "classe em si" a "classe para si". As condições econômicas transformam, em um primeiro momento, a massa da população do país em proletários. O domínio do capital cria, para essa massa, uma situação comum e interesses comuns. Assim, ela já se constitui em uma classe em si para o capital, mas ainda não é uma classe para si mesma. Na luta, essa massa que se une, passará a constituir uma classe para si somente quando os interesses que defende se converterem em interesses de classe (Marx, 1976, p. 164).

Em um plano mais concreto de análise, a tomada de consciência de classe para si, porém, se apresenta de forma bastante desafiadora por se tratar de um todo diverso e heterogêneo. A classe trabalhadora, na sua expressão concreta, exibe fissuras e tensões internas, que devem ser evidenciadas para a compreensão da luta de classes e a marginalização da trabalhadora rural na vida econômica e social, por meio de formas institucionalizadas de opressão. Além de considerarmos, neste enfoque, o âmbito da participação das trabalhadoras rurais no mercado de trabalho, discutimos a predominância no campo do pensamento patriarcal conservador, com a naturalização do trabalho doméstico como dever das mulheres (Saffioti, 1976).

Vânia Bambirra (1971) faz apontamentos importantes sobre a condição da mulher no capitalismo dependente em um estudo sobre as trabalhadoras do Chile. Após uma crítica ao tratamento secundário e compartimentado dado aos problemas que enfrentavam as mulheres no processo de transformações sociais que estavam vivenciando no governo Allende, a autora desenvolve oportunas reflexões sobre a centralidade das pautas e das mulheres na luta de classes em sua base objetiva da superexploração.

Estabelecemos, a partir dessa perspectiva, as bases econômicas nas quais se assenta a exploração da mulher na sociedade capitalista. Destacamos alguns aspectos fundamentais para isso, entre eles: i) o *status* inferior ao homem no qual se encontram as mulheres, tanto do ponto de vista econômico como político e social; ii) a subordinação ao trabalho doméstico, ao matrimônio e à maternidade como base de definição do próprio "ser mulher"; e iii) o reconhecimento de sua participação inferiorizada e desvalorizada na esfera da produção, em trabalhos temporários, com contratos transitórios, salários desvalorizados e condições precárias. A mulher, em suas relações em uma sociedade patriarcal capitalista, está plenamente condicionada à atenção às necessidades da família, do marido e, em última instância, do movimento cíclico do próprio capital.

Bambirra (1971, p. 3) considera a família monogâmica uma instituição altamente funcional ao capitalismo. Instituída sobre relações patriarcais de gênero, em que a mulher é criada *para* e *com* uma relação direta de dependência econômica e emocional do "marido-pai". Acabam então atuando como um "massivo exército industrial de reserva", assumindo, nos momentos em que trabalham fora de casa, uma jornada dupla, ou mesmo tripla. A autora sustenta que a relação de superexploração a que a mulher se encontra submetida estabelece-se em ambos os lócus do trabalho feminino – no ambiente privado e público. Dentro de casa, no trabalho doméstico não pago para a reprodução da força de trabalho como classe em si, disponível para o capital, e fora de casa nas mais deprimentes condições que enfrenta em empregos mal remunerados, temporários e insalubres.

A dependência econômica e psicológica da esposa e dos filhos ao marido-pai é colocada como central pela autora na reprodução da superexploração e das opressões de gênero, raça/etnia e classe. A atualidade desse debate é corroborada pelos dados censitários da população brasileira. Nas áreas rurais, apenas 18% das mulheres se autodeclararam chefes de família, enquanto nas áreas urbanas os números superam os 36% (IBGE, 2009). Em 2009, as mulheres compunham apenas 38% da população economicamente ativa (PEA)[2] rural e correspondiam a mais de 66% dos inativos (entre os quais se contabilizam as donas de casa e estudantes, entre outras categorias que não entram na PEA).

---

2 A população economicamente ativa é contabilizada sobre o número de pessoas em idade ativa (PIA), entre 14 e 65 anos, que estão ocupadas ou em busca de ocupação ou emprego num determinado período de referência. Não são contabilizadas na PEA as mulheres donas de casa, aposentadas, estudantes, as que não estão à procura de emprego ou que, por algum motivo, são consideradas inabilitadas ao trabalho (IBGE).

O enfoque de gênero é central para desconstruir a naturalização da opressão do homem sobre a mulher, pois questiona a ideia do determinismo biológico para a explicação das desigualdades sociais. Como discute Campos (2011), essa lente desvenda o mecanismo de subjugação historicamente imposto às mulheres que as condena a serem "cidadãs de segunda categoria" por meio de forças que se manifestam em variadas dimensões. Apesar de não negar as diferenças biológicas de fato existentes, enfatizamos o caráter social de construção e reprodução das relações desiguais e patriarcais de gênero.

Faria e Nobre (2003) apontam também para a necessidade da articulação das categorias de classe, gênero e etnia. Argumentam que as desigualdades se expressam de forma diferenciada para homens e mulheres. E, mesmo entre estas, também se expressam determinações de classe e raça entre outras formas de opressão. Assim, apesar de a mulher participar cada vez mais do mercado de trabalho, com uma taxa de atividade que saltou de aproximadamente 33% em 1991,[3] para mais de 50% em 2011, sua inserção ainda se dá de forma precária e desigual. Julgamos relevante destacar dois aspectos que consideramos centrais: o primeiro com relação aos postos de trabalho que ocupam e às relações de trabalho a que se submetem; o segundo, por sua vez, relaciona-se às duplas ou triplas jornadas que enfrentam com o acúmulo dos cuidados domésticos e com familiares, necessários à reprodução da mercadoria força de trabalho, as tarefas domésticas continuam muito enraizadas em

[3] A taxa de atividade é a proporção entre o número de pessoas economicamente ativas (PEA) e o número de pessoas em idade ativa (PIA) num determinado período de referência. Os resultados foram obtidos a partir de dados dos censos demográficos (1991) e das Pesquisas Nacionais de Amostra por Domicílios (2001, 2009 e 2011) do Instituto Brasileiro de Geografia e Estatística (IBGE, 1991, 2001, 2011).

nossa sociedade, em geral, sob sua responsabilidade na forma de trabalho compulsório não pago.

Com relação ao primeiro aspecto, os postos de trabalho que ocupam são predominantemente associados a profissões que são quase uma extensão de suas atividades domésticas, e assim como estas, menos valorizadas socialmente e que auferem menores remunerações – tais como professora, enfermeira, empregada doméstica, assistente social, entre outras. Já profissões como médico, engenheiro, tecnólogo, juiz, entre outras mais valorizadas e remuneradas socialmente, continuam ocupadas hegemonicamente pelos homens, o que reforça a condição de desigualdade a partir dos papéis masculino e feminino socialmente estabelecidos e subordinados à divisão sexual do trabalho.

Segundo os dados das Pesquisas Nacionais de Amostra por Domicílios (PNADS) do IBGE para o ano de 2009, as mulheres ocupavam predominantemente as atividades de serviços domésticos (19%), educação, saúde e serviço social (16%) e comércio e reparação (16%), totalizando 51% das mulheres ocupadas. Para as ocupadas em atividades agrícolas, menos de 17% estabeleciam uma relação de trabalho permanente, enquanto quase 31% exerciam trabalho não remunerado. As mulheres já somavam 35% das pessoas de referência da família. No entanto, a taxa de desemprego aberto é maior entre as mulheres (7% contra menos de 2% entre os homens), e os salários médios mensais menores (de 780,51 reais para as mulheres contra 1.317,19 reais para os homens).

Observando em especial as mulheres não brancas – negras, índias, pardas e amarelas –, o salário médio cai para 557,76 reais, o que evidencia a discriminação de gênero enlaçada à de raça/etnia. Das mulheres que eram pessoas de referência na família, o expressivo montante de 53% ocupava postos de trabalho informais. Destas, para o grupo de atividade de serviços domésticos, a renda média mensal cai para 403,50 reais. A análise dos dados, portanto, reforça a atualidade do debate sobre a superexploração da classe no capitalismo dependente a partir da lente de gênero, raça e etnia. Visibilizamos a mulher, a camponesa, a trabalhadora rural, a indígena, a quilombola, a preta, entre tantas outras, para compreendermos o processo de subordinação e opressão em que se sustentam as relações de dependência e os grupos que se organizam na constituição de forças reais para a revolução do sistema.

As trabalhadoras rurais, em especial, enfrentam as desigualdades ainda mais gritantes e historicamente estruturadas em relação às mulheres trabalhadoras urbanas. Enquanto a proporção dos rendimentos médios femininos em relação aos masculinos representa 56% no mundo urbano, no mundo rural esse valor cai para 51%. Aproximadamente 78% das trabalhadoras ocupadas em atividades agrícolas viviam sem rendimentos em 2009, menos de 10% recebiam até meio salário mínimo, 7% auferiam de meio a um salário mínimo e apenas 4% recebiam de um a dois salários mínimos. Em contraposição aos percentuais masculinos, em que 26% nada recebiam, pouco mais de 20% recebiam até meio salário mínimo, 25% de meio a um salário e 19% de um a dois salários.

Apesar da situação dos homens ocupados em atividades agrícolas já ser precária (17% encontram-se em condição de empregado temporário, 32% por conta própria, 14% produzem para o autoconsumo e 11% exercem trabalho não remunerado), a das mulheres é ainda pior (47% encontram-se na produção para autoconsumo, 31% exercem trabalho não remunerado, 11% estão em atividades por conta própria e apenas 6% conseguiram algum emprego temporário).

Com relação ao segundo aspecto, continuam sendo entendidos como responsabilidade das mulheres o trabalho doméstico, como a limpeza, o preparo dos alimentos, os cuidados com os filhos, os cuidados com doentes e idosos, entre outros associados à esfera reprodutiva da força de trabalho familiar. Essas ocupações, de âmbito privado, são invisíveis e se caracterizam como mais uma jornada de trabalho não paga. O Estado, por sua vez, não consegue fazer cumprir a Constituição no sentido de socialização desses cuidados sociais e oferecimento de serviços de educação, creche, refeitórios e saúde de qualidade na quantidade demandada (Nogueira, 2006). Tampouco podem ser adquiridos na cesta de consumo dos trabalhadores com os baixos salários que recebem, sobretudo no contexto da dependência e superexploração. Nogueira (2006) defende que o conjunto de bens e serviços socialmente necessários para a reprodução da força de trabalho nas condições médias dadas constitui, portanto, parte do valor da força de trabalho que estaria sendo sistematicamente expropriada pelo capitalista, caracterizando uma relação de superexploração.

Assim, as mulheres se tornam reféns de uma armadilha circular: ou são obrigadas a se assalariar pela própria condição de pobreza e aceitam as jornadas duplas, ou triplas – estas por sua vez inviabilizam que tenham bons empregos, já que seu tempo fica submetido à necessidade de conciliar as múltiplas tarefas –; ou quando trabalham no âmbito privado doméstico, submetem-se ainda mais à opressão e à violência (Saffioti, 1976). Tais contradições colocam a mulher na sociedade capitalista como uma mola de amortecimento final de todo o processo de superexploração sobre a classe trabalhadora.

Embora o patriarcado seja anterior ao capitalismo, este soube se apropriar de suas relações para aprofundar seu processo de exploração e acumulação de riquezas por meio da redução dos custos com a reprodução da força de trabalho (sobretudo deixando de pagar parte do trabalho socialmente necessário, naturalizando-o como obrigação da mulher). Nessa perspectiva, o capitalismo beneficia-se do patriarcado e reproduz a manutenção da divisão e competição de interesses e privilégios dentro da classe trabalhadora. Saffioti (1976) discute como a assimilação do patriarcado pela ideologia burguesa, ao naturalizar a relação de opressão no âmago da família nuclear monogâmica, dificulta a tomada de consciência sobre a opressão da classe em si. Isso reforça que a condição de gênero no seio da classe trabalhadora restringe o acesso a recursos materiais e sociais, sendo estruturante para a reprodução das opressões nas relações de produção capitalistas em geral e na agricultura em particular.

Essas reflexões são bastante pertinentes para compreendermos os dias atuais, principalmente em se tratando de como se organizam as forças produtivas e as relações sociais no mundo rural, portanto, se apresentam como fundamentais para nossa análise sobre a inserção das mulheres na luta por soberania alimentar do MST e suas estratégias de enfrentamento de todo o processo brutal de espoliação e expropriação de riquezas pelos grandes oligopólios transnacionais, que concentram e centralizam de forma crescente e globalizada o controle sobre as cadeias agroalimentares. Assim como as mulheres nos movimentos sociais camponeses na América Latina sustentam a base material de construção de forças revolucionárias na organização do feminismo camponês popular.

As mulheres do MST e o feminismo camponês e popular

Nesse contexto, as mulheres aparecem no MST como protagonistas tanto nos processos de luta pela terra e resistência no campo como na produção de alimentos saudáveis e reprodução de práticas agroecológicas. Em um primeiro momento, é no enfrentamento ao pauperismo que essas mulheres se colocam em luta pela conquista da terra, e depois para viver nela com sua família na construção do modelo de agricultura camponesa, em busca de vida digna no campo. Entendemos a reforma agrária em um sentido mais amplo, pois "a luta não para quando se conquista o chão", como dizia o poeta e cantor do MST Zé Pinto: é preciso também viabilizar a condição de produção e reprodução da vida nos assentamentos e no campo.

Pensar essa condição é importante para a compreensão de qual tipo de camponesa estamos falando, assentada da reforma agrária, que se põe em movimento e se auto-organiza em grupos para a superação coletiva das dificuldades econômicas e sociais. Não é uma camponesa em geral, portanto, que esse estudo pretendeu colocar em foco. É particularmente aquela que se pôs em movimento na luta pela terra como integrantes do MST antes mesmo de ser, e depois, como feminista. O papel do movimento na formação da consciência de classe dessas trabalhadoras rurais não pode ser subestimado, pois dirigem suas ações pela própria organização produtiva e política de coletivos de mulheres proposta nos documentos e cartilhas de orientação do movimento. A auto-organização das mulheres aparece desde as primeiras cartilhas do Setor de Gênero no MST. Do programa à práxis, porém, encontram-se imensos obstáculos e contradições que somente uma análise da realidade objetiva concreta desses coletivos de auto-organização pode desvendar.

O MST atua nessa perspectiva como instrumento de potencialização dos coletivos de mulheres nos assentamentos e acampamentos como importante forma de luta, resistência e produção (Campos, 2005). A auto-organização das mulheres é fomentada nos assentamentos pelas militantes na busca coletiva pela superação dos problemas cotidianos, econômicos e sociais. A discriminação de gênero também se reproduz nas relações entre mulheres e homens no campo, no assentamento e no próprio movimento social. Porém, nem todos entendem a luta das mulheres do MST nessa dimensão mais ampla. O próprio Setor de Gênero, apesar de prever a participação de homens e mulheres desde sua criação, é um setor que ainda incomoda ao desvelar e lutar contra as práticas machistas e opressoras, e ao propor novas relações sociais para além dos laços patriarcais.

O histórico da criação do Setor de Gênero do MST explicita a forma como a auto-organização das mulheres foi uma conquista e uma forma de luta e de resistência das trabalhadoras rurais frente à superexploração da sua força de trabalho e das relações patriarcais que a permeiam, como a divisão sexual do trabalho, que invisibiliza o trabalho feminino tanto dentro de casa quanto fora. Assim, desde o início do MST, as mulheres estiveram presentes na luta pela terra, nas ocupações, nos acampamentos e nos assentamentos, mas, contraditoriamente, nem sempre estiveram/estão presentes nas tomadas de decisões e nos espaços políticos e deliberativos. Conforme aponta James Petras (MST, 1998), "No momento em que a luta se torna mais intensa, mais aguda, com maiores confrontos, também aumenta a incorporação da mulher nas fileiras de combate" – sendo esse o momento em que as mulheres combatem lado a lado com os homens. Entretanto, quando a luta passa para a fase das negociações, a tendência é a mulher retornar aos padrões anteriores. É justamente por conta dessa tendência e da violência de gênero, da divisão sexual do trabalho e do patriarcado (oriundos da sociedade e, portanto presentes nas organizações do Movimento), que as mulheres passaram a se organizar e a lutar pela superação dessas questões dentro do próprio Movimento e na sociedade como um todo.

Os coletivos de auto-organização representam um dos princípios do MST, visto que seu objetivo último é a construção de uma nova sociedade, conforme nos mostra este trecho retirado da cartilha de preparação para o VI Congresso Nacional e que apresenta a reforma agrária popular e as orientações para a produção no MST:

> Toda produção será desenvolvida com o controle dos trabalhadores sobre o resultado de seu trabalho. As relações sociais de produção devem abolir a exploração, a opressão e a alienação:
>
> a) assegurar que a prioridade seja a produção de alimentos saudáveis, em condições ambientalmente sustentáveis, para todo povo brasileiro e para as necessidades de outros povos;
>
> b) considerar que os alimentos são um direito humano, de todos os cidadãos e não podem estar submetidos à lógica do lucro;
>
> c) utilizar técnicas agroecológicas, abolindo o uso de agrotóxicos e sementes transgênicas;
>
> d) usar máquinas agrícolas apropriadas e adaptadas a cada contexto socioambiental, visando o aumento da produtividade das áreas agrícolas, do trabalho e da renda, em equilíbrio com a natureza;
>
> e) *promover as diversas formas de cooperação agrícola, para desenvolver as forças produtivas e as relações sociais;*
>
> f) *instalar agroindústrias no campo* sob controle dos camponeses e demais trabalhadores, gerando alternativas de trabalho e renda, *em especial para a juventude e as mulheres*. (MST, 2014, p. 36, grifo nosso)

Como podemos verificar nessa passagem, os coletivos se apresentam como uma alternativa à forma convencional da agricultura capitalista, já que tal modelo de agricultura prioriza a retirada de lucro e de renda da terra em detrimento da produção de alimentos saudáveis e da manutenção da mão de obra camponesa no campo. Não obstante a isso, os coletivos representam também uma estratégia de luta, de resistência e de transformação para todo o Movimento – e uma estratégia de enfrentamento contra o machismo e as condições de vida no campo às quais as mulheres em geral estão submetidas. Portanto, como forma de entender o desenvolvimento do debate de gênero no Movimento e sua importância para a construção do feminismo camponês popular, nos propomos a fazer um apanhado histórico do debate de gênero no MST. Assim, reunimos algumas publicações com a temática de gênero do *Jornal Sem Terra*, da *Revista Sem Terra* e materiais de estudo publicados pelo próprio Setor de Gênero na forma de cartilhas e de cadernos de estudo ao longo dos anos, tendo como objetivo entender como essa temática vem sendo desenvolvida no Movimento.

São várias publicações que nos permitem visualizar a forma como a discussão em torno da temática tem sido construída no movimento: o caderno de formação número 2, de 1999, intitulado *Mulher Sem Terra*; o caderno de formação número 15, intitulado *A mulher nas diferentes sociedades*, de 1988; *A questão da mulher no MST*, publicada em 1996; o caderno de estudos *Compreender e construir novas relações de gênero*; e a *Cartilha de Gênero*, publicada em 2005 e que representou um maior esforço teórico acerca da questão de gênero em si. É importante destacar que essas publicações, assim como as outras diversas cartilhas e cadernos de estudo publicados pelo Movimento, são fruto de uma das grandes preocupações do MST com o acesso à educação dos seus participantes, tanto a formal quanto a não formal, buscando políticas públicas que permitam o acesso à educação formal, mas também propiciando espaços de formação desenvolvidos pelo próprio Movimento, cujos objetivos são a construção de valores como a igualdade e o companheirismo, a solidariedade, o cuidado com a terra etc. Assim, essas cartilhas de gênero trazem sistematizações dos estudos realizados durante encontros, propostas de estudos e de reuniões nos acampamentos e nos assentamentos e formulações teóricas realizadas ao longo dos anos sobre essa temática. Esse material, junto com matérias publicadas pelo *Jornal Sem Terra* e as lutas organizadas nas comemorações do dia 8 de março – dia internacional de luta das mulheres trabalhadoras – mostram que desde a sua criação, o Setor de Gênero não deixou de organizar discussões e lutas das mulheres e para as mulheres dentro e fora do MST.

Importante destacar as diferenças entre os materiais analisados. As cartilhas de formação possuem um caráter mais de orientação para a ação, geralmente sobre a linha política de gênero do Movimento, ou orientam as mulheres à organização e à auto-organização, sendo, portanto, um material menos denso. Já os cadernos de formação são documentos mais elaborados no sentido de apresentarem um conteúdo maior, geralmente de caráter mais teórico sobre determinados temas. As matérias do *Jornal Sem Terra* mostram os avanços da questão de gênero no Movimento e nas lutas organizadas nos 8 de março e de outras ações das mulheres organizadas e dos coletivos.

A primeira cartilha analisada é o caderno de formação *Mulher Sem Terra*, que traz a proposta da auto-organização de oito encontros das mulheres dos assentamentos e acampamentos com as seguintes temáticas: a mulher e a luta de classes, relações de gênero, educar sem discriminar, cultura e lazer nos assentamentos e acampamentos, mulher e saúde, as mulheres e a construção do projeto popular e as mulheres e a reforma agrária. É interessante apontar que essa cartilha apresenta uma série de orientações gerais sobre a organização das mulheres; entre elas destacamos: garantir que o convite para a participação do espaço auto-organizado seja feito a todas as mulheres, discutir o horário que fica melhor para todas participarem, preparar o encontro com antecedência e com simplicidade de forma a garantir que seja um ambiente acolhedor, fazer a divisão das tarefas da reunião (mística, animação, coordenação), preparação da ciranda infantil e a criação de dinâmicas que garantam a participação das mulheres na reunião e que melhorem o dia a dia dos assentamentos e dos acampamentos (seja no aspecto da produção, da formação ou da participação das mulheres). Assim, o que essa cartilha propõe são reuniões que debatam não só as origens da divisão sexual do trabalho e o lugar das mulheres na luta de classes, mas que também discutam o papel da educação na construção das relações de gênero, a luta por uma saúde pública de qualidade e que atenda também às demandas das mulheres, o papel da mulher na reforma agrária e os apontamentos da linha política do MST sobre a participação das mulheres no próprio Movimento e na construção da reforma agrária.

As linhas políticas do Movimento em relação às mulheres apresentadas nessa cartilha são:

1. que as mulheres, junto com os homens e jovens devem participar dos núcleos de base, das coordenações dos assentamentos, das cooperativas, do partido, do sindicato. E diz mais: que na coordenação dos acampamentos e assentamentos seja 50% homens e 50% mulheres (ou seja, deve ter um coordenador e uma coordenadora);
2. que no trabalho da produção (roça, leite, horta, suínos, agroindústria), as mulheres participem não só do trabalho, mas que se envolvam no planejamento, na execução, na administração, na distribuição dos resultados e na hora em que o técnico [do Incra] vem fazer explicação ou dar curso, também as mulheres estejam aí para aprender;
3. que os cursos de formação não são só para homens e jovens, as mulheres devem buscar participar, pois só dirige quem sabe;
4. que na luta pela terra, ocupação, acampamento, mobilizações, participa toda a família, portanto, a conquista

da terra é uma conquista da família, nada mais justo que quando o Incra vem fazer o cadastro, este seja feito no nome dos dois. A mesma coisa podemos pensar dos financiamentos dos projetos. É muito importante que os projetos de financiamento todos sejam discutidos por todos os membros das famílias que já trabalham e que o projeto seja assinado pela mulher e pelo homem. Pois na hora de pagar a dívida todos terão que se organizar;

5. como educar nossas crianças – meninos e meninas – para que sejam pessoas mais felizes? Esta não é uma tarefa só da mãe, mas também do pai e da comunidade, e das lideranças e o exemplo é a nossa melhor escola. Estudar e conversar entre nós ajudará a encontrar os melhores caminhos para educar os filhos;
6. como a mulher poderá participar da organização do MST, do assentamento, na produção, nos cursos, na Frente de Massas, na Cooperativa, quem ficará com as crianças? *As cirandas infantis que poderemos criar serão uma das ferramentas para que a mulher possa participar mais do MST e das organizações dos trabalhadores.* A ciranda infantil não é um luxo, *mas uma necessidade para que as mulheres possam participar e um espaço para que as crianças possam formar a sua personalidade de forma criativa, com responsabilidade.* Desde pequeno se tornar sujeitos de sua história, ficando mais próximos dos pais;
7. que em todos os cursos, reuniões, [...] seminários regionais, estaduais ou nacionais, o MST deve garantir a Ciranda Infantil;
8. *nos assentamentos e acampamentos é importante que se crie os coletivos de mulheres (jovens e adultas) onde elas*

se encontrem para estudar, discutir seus problemas e se preparar para participar das questões maiores do acampamento, assentamento e do MST;

9. é importante também irmos criando espaços onde se encontram mulheres e homens para discutir sobre as questões de gênero, sexualidade, afetividade, novas relações entre homens e mulheres (MST, 1999, p. 47, grifo nosso).

Essas linhas políticas são indicações da forma como o Movimento entende que deve ser a participação das mulheres, tanto nos espaços políticos como nos de formação, compondo os cargos de direção e de coordenação em igualdade com os homens, e tendo papel ativo nas decisões a respeito da produção. Além disso, é possível perceber a preocupação acerca do debate ser realizado por homens e mulheres sobre gênero e a construção de novas relações sociais.[4] E também, conforme destacamos, a Ciranda Infantil é um instrumento que viabiliza a participação das mulheres nas várias instâncias políticas e de formação do Movimento. Como sabemos, culturalmente, a responsabilidade de cuidar dos filhos recai, na maioria das vezes, sobre a mulher, o que quase sempre impede a sua participação em várias atividades para as quais os homens estão liberados. Nesse sentido, a criação de um espaço de cuidado das crianças durante essas atividades permite que as mulheres, assim como os homens, estejam liberadas para participarem das atividades do Movimento. Além disso, é necessário destacar,

[4] Vale destacar que nos anos iniciais do Setor de Gênero no MST os espaços de discussão de gênero eram feitos em conjunto com homens e mulheres. Apenas mais tarde o Setor amadureceu o debate e entendeu a importância de se ter espaços auto-organizados de mulheres para se discutir questões que se tornavam praticamente impossíveis com a presença dos homens, como, por exemplo, a violência doméstica.

a Ciranda Infantil é um espaço de construção da identidade Sem Terra junto às crianças e de experiências de participação e organização coletiva delas desde pequenas, segundo os princípios organizativos e valores do MST.

Já no caderno de formação número 15, intitulado *A mulher nas diferentes sociedades*, é levantada a questão das bases da divisão sexual do trabalho. Publicado em 1988, ele faz um apanhado da história da mulher dividindo os diferentes períodos históricos em quatro modos de produção: o primitivo, o escravista, o feudalista e o capitalista, trazendo também os apontamentos para a construção de uma nova sociedade e uma nova divisão sexual do trabalho. É importante destacar que essa divisão em distintos modos de produção tende a homogeneizar diferentes sociedades com distintas formas de organização econômica, social, política e cultural, e, portanto, comete uma série de anacronismos. Entretanto, esse caderno de formação tem como objetivo trazer a desconstrução da opressão da mulher e a desnaturalização da divisão sexual do trabalho, apontando também para a possibilidade de se construir novas relações de gênero e, nesse sentido, ao trazer os diferentes modos de produção, desnaturalizar o capitalismo e a divisão sexual do trabalho à luz do método marxista e das possibilidades de transformação, por isso consideramos um importante estudo.

A cartilha *A questão da mulher no MST* foi publicada no ano de 1996, fruto do Encontro Nacional de Mulheres Militantes do MST realizado de 25 a 28 de maio do mesmo ano. Assim, além de trazer apontamentos sobre a evolução do debate de gênero no Movimento, essa cartilha propõe uma série de desafios a serem superados nos assentamentos e nos acampamentos como um todo e nas demais instâncias do MST. Entre esses desafios é apontada a diferença entre a teoria e prática do MST, o papel secundário do trabalho realizado pelas mulheres, e a falta de representatividade das lutas femininas. Ao reconhecer esses problemas, a cartilha aponta como causas: a sociedade (por conta do preconceito histórico e do atraso das relações sociais do campo), o próprio MST (pela falta de entendimento dessa questão como um problema, falta de incentivo e da criação de mecanismos para a participação das mulheres, e a falta de formação dos seus membros) e das próprias mulheres (por medo de enfrentarem os problemas). Além de explicitar o que Movimento entendia como problemas enfrentados pelas mulheres e as causas destes, também destaca os avanços conquistados pelas mulheres, entre eles a preocupação do MST em debater essa questão e o próprio reconhecimento de que há um problema.

Além disso, essa cartilha destaca também a evolução das linhas políticas de gênero no MST, trazendo os avanços conquistados pelas mulheres nos principais documentos do Movimento publicados até então: as Normas Gerais, de 1989, o Documento Básico, de 1993, e o Programa Agrário, de 1995. As Normas Gerais apontavam para o estímulo da participação da mulher em todos os níveis, para a criação de comissões de mulheres nos acampamentos e nos assentamentos para discutir problemas específicos, para a criação de uma equipe nacional de mulheres e, além disso, para a participação das mulheres do MST em outros movimentos. Já o Documento Básico e o Programa Agrário são documentos que reconhecem a condição da mulher no campo, a falta de remuneração e a necessidade de participação em todos os níveis políticos e na cooperação agrícola, um dos princípios do MST. Reconhecem também a situação da mulher no campo:

> Entre as pessoas que vivem no campo, as que mais sofrem com as péssimas condições de vida são, sem dúvida, as mulheres e as crianças. As mulheres realizam uma dupla jornada de trabalho,

> dedicando-se às atividades domésticas e ao trabalho na produção. A maioria não recebe nada pelo seu trabalho. Não participa das decisões da economia familiar. São as mulheres quem mais sofrem com a falta de atendimento de saúde para si e para os seus filhos. (MST, 1998, p. 6 *apud* MST, 1995, p. 16)

Ou seja, essa cartilha e esses documentos demonstram que a questão da participação política, econômica e as questões sociais da mulher vêm sendo debatidas ao longo de todo o desenvolvimento do MST, assim como vêm sendo criadas formas de garantir que essas questões sejam superadas. Podemos afirmar que o problema da dupla jornada, da não remuneração e da falta de serviços básicos, como saúde, ainda são questões que afetam as mulheres do campo como um todo e as do MST em específico. Entretanto, podemos afirmar também que ao longo dessa história foram sendo criadas saídas coletivas para enfrentar essa realidade. A auto-organização é uma delas, assim como a Ciranda Infantil.

Outro documento que demonstra a continuidade da luta dessas mulheres e o desenvolvimento desse debate no Movimento é o caderno de formação *Compreender e construir novas relações de gênero*, publicado em 1998, que reúne uma coletânea de textos que tratam de diversas temáticas, como luta de gênero e classe, a participação das mulheres nos cargos de direção, o papel da educação na construção da identidade de gênero, a mulher e o trabalho, as relações de gênero e a divisão sexual do trabalho, entre outros.[5] Além disso, o último texto, intitulado *A questão das mulheres no MST*, de autoria do Coletivo

---

[5] Os textos são: "Luta de gênero e classe" de Lígia Mendonça, "Uma revolução dentro da revolução" de James Petras, "Educar para não discriminar" da Rede Mulher, "Mulher e trabalho" de Isabel Grein, "O que é ser mulher? O que é ser homem? Subsídios para uma discussão das relações de gênero" de Mirian da Silva Pacheco Nobre e Nalu Faria Silva e "A questão das mulheres no MST" do Coletivo Nacional de Mulheres do MST.

Nacional de Mulheres do MST (hoje Setor de Gênero), traz logo na introdução que "A libertação da humanidade só será possível com a libertação completa da mulher" (MST, 1998, p. 48), assinalando que a busca pela igualdade de gênero segue junto com a luta pela libertação da classe trabalhadora. Sendo assim, assinala uma preocupação com a participação feminina na militância do Movimento e nas instâncias de poder, fazendo uma crítica acerca da chamada "masculinização da militância" e da atuação nessas instâncias, prática essa que dificulta que se seja militante, mãe e mulher ao mesmo tempo.

Consideramos esse texto fundamental para compreender que a problemática da participação igualitária dos homens e das mulheres, que ainda está em vias de discussão e implementação, vem sendo discutida há décadas, sempre tendo como ponto de partida as questões concretas dessas mulheres. Um exemplo disso é a forma como esse texto, após identificar que um dos problemas da falta de participação das mulheres nas instâncias de poder é a masculinização desses espaços, propõe que a solução para essa questão se dê por meio do reconhecimento da situação da mulher no campo, apresentando assim uma metodologia de trabalho que envolve desde a participação das Direções Estaduais (com a implementação de discussões de gênero nas formações do MST e com a criação de condições para que a mulher possa estar integrada nas atividades), até a realização de reuniões específicas nos assentamentos e acampamentos, sempre partindo da realidade concreta:

Realizar reuniões específicas nos assentamentos e acampamentos, levando em conta que:

- o método tem que partir das necessidades concretas das mulheres;
- buscar entender a importância da sua participação na luta;

- discutir problemas e encontrar saídas conjuntas que possibilitem sua participação.

A nível de base e dos setores do MST:

- *no acampamento (cabe ao setor de frente de massa fazer):*
- impulsionar a participação das mulheres nas reuniões de base, de preparação das ocupações, ir toda a família;
- nos acampamentos exigir participação em todas as assembleias;
- nos núcleos de base, integrá-las em todas as atividades;
- realizar reuniões específicas e criar dinâmicas e mecanismos para que todas participem;
- criar espaço para momentos culturais e de lazer. (MST, 1998, p. 51-52, grifo do autor)

Outra cartilha por nós analisada é a *Cartilha de Gênero*, publicada originalmente em 2003 e reimpressa em 2005 e que, assim como o caderno de formação *Compreender e construir novas relações de gênero*, traz uma coletânea de textos sobre o tema. Essa cartilha foi resultado de vários debates realizados ao longo dos anos dentro do Movimento, e inclusive apresenta na sua introdução um histórico da luta das mulheres por maior participação, reconhecendo também que:

> Dentro do MST a luta de gênero tem contribuído para ampliar a participação feminina na luta de classes, porque as mulheres e homens vão aprendendo que junto com a luta contra o capitalismo temos que ir lutando contra o machismo, o racismo... porque se não rompermos também estas cercas não podemos construir uma sociedade realmente socialista. (MST, 2005, p. 3)

Assim, são várias as temáticas abordadas pelos textos selecionados, desde a questão de gênero em si até a participação política das mulheres no MST, passando também pela discussão acerca do que é gênero e a origem da opressão da mulher e como ela foi apropriada pelo capitalismo. Além disso, traz as linhas políticas de gênero que mostram, de forma geral, como se dá o enfrentamento em relação às questões de acesso à terra, de acesso às políticas públicas voltadas para mulheres, ao trabalho doméstico, à violência e à participação política nas instâncias do Movimento. São elas:

Linhas políticas de gênero no MST

1. garantir que o cadastro e o documento de concessão de uso da terra seja em nome do homem e da mulher;
2. assegurar que os recursos e projetos da organização sejam discutidos por toda a família (homem, mulher e filhos que trabalham), e que os documentos sejam assinados e a execução e controle também sejam realizados pelo conjunto da família;
3. *incentivar a efetiva participação das mulheres no planejamento das linhas de produção, na execução do trabalho produtivo, na administração das atividades e no controle dos resultados;*
4. em todas as atividades de formação e capacitação, de todos os setores do MST, assegurar que haja 50% de participação de homens e 50% de mulheres;
5. garantir que em todos os núcleos de acampamentos e assentamentos tenham um coordenador e uma coordenadora que, de fato, coordenem as discussões, estudos e encaminhamentos do núcleo, e que participem de todas as atividades como representantes da instância;
6. garantir que em todas as atividades do MST, de todos os setores e instâncias, tenha ciranda infantil para possibilitar a efetiva participação da família (homem e mulher);
7. *assegurar a realização de atividades de formação sobre o tema gênero e classe em todos os setores e instâncias do MST,* desde o núcleo de base até a direção nacional;

8. *garantir a participação das mulheres em todos os setores do MST, principalmente na Frente de Massa e Setor de Produção, Cooperação e Meio Ambiente*, para incentivar as mulheres a irem para o acampamento, participarem do processo de luta pela terra, e serem ativas nos assentamentos;
9. realizar a discussão de cooperação de forma ampla, procurando estimular mecanismos que liberam a família de penosos trabalhos domésticos cotidianos, como refeitórios, lavanderias comunitárias etc.;
10. *garantir que as mulheres sejam sócias de cooperativas e associações* com igualdade na remuneração das horas trabalhadas, na administração, planejamento e na discussão política e econômica;
11. combater todas as formas de violência, particularmente contra as mulheres e crianças que são as maiores vítimas de violência no capitalismo. (MST, 2005, p. 19, grifos nossos)

É possível perceber, analisando a construção das linhas políticas do Setor de Gênero, os avanços na discussão e na teorização sobre gênero no Movimento, bem como o avanço na participação da mulher, tanto nas formações políticas quanto nas formações técnicas, que são um importante instrumento de transformação social na medida em que possibilitam a participação feminina em espaços que historicamente lhe foram negados. Destacamos também que nessas linhas políticas aparece a questão da participação das mulheres na produção, no seu planejamento e manejo quanto nas cooperativas. Historicamente, esses espaços são ocupados por homens, portanto, a percepção dessa realidade e a busca pela sua superação demonstram o comprometimento do Movimento com a igualdade de participação das mulheres em todas as suas instâncias.

Ou seja, desde fins da década de 1980, as mulheres do MST vêm construindo debates e lutas para a superação dessas questões, e buscando não só uma maior participação nas esferas políticas e de decisão dentro do Movimento, mas também a superação da divisão sexual do trabalho, como já pontuado. Além disso, ao analisar o último caderno de formação publicado pelo Setor de Gênero, de 2018 intitulado *A conspiração dos gêneros: elementos para o trabalho de base*, é possível perceber o avanço da discussão para outras pautas importantes e que contribuem para o aprofundamento da luta contra todas as formas de opressão patriarcais, trazendo à tona temas como o aborto, as pautas LGBT, além de uma proposta de reformulação das linhas gerais do Movimento, buscando a centralidade do feminismo camponês popular para a luta contra o grande latifúndio, o agronegócio e a superação dessa sociedade.

Na edição comemorativa de VI Congresso e 30 anos do MST, do *Jornal Sem Terra*, foi publicada uma matéria que mostra um pouco da história da luta das mulheres pela conquista de espaço no Movimento e também as diretrizes e políticas de gênero construídas ao longo dos anos. Assim, além de reconhecer que desde a sua criação o MST entende como um desafio a participação de toda a família no processo de luta pela terra, reconhece também que, é a partir da participação das mulheres no Movimento, como protagonistas, que se criam as condições necessárias para a transformação social. Como a matéria destaca, foram várias as conquistas das mulheres no âmbito do debate de gênero, como a criação do Setor de Gênero do MST no Encontro Nacional em 2000, as lutas que foram protagonizadas pelas mulheres ao longo dos anos, a construção dos 8 de março etc. Destacamos a auto-organização como uma das conquistas mais significativas das mulheres do MST, não só porque os coletivos de auto-organização, sejam eles de saúde, educação ou de produção, cumprem objetivos práticos e, no caso do de produção, permite a independência financeira dessas mulheres, mas também como expressão de um protagonismo que vem sendo por elas construído.

Conforme aponta Nogueira (2011, p. 37), a luta das mulheres:

> não é contra os homens, mas contra a manutenção da organização patriarcal que todos (inclusive parcela de mulheres) produzem e reproduzem, tanto no espaço produtivo como no reprodutivo e que atendem diretamente aos interesses da lógica do capital. Mas, não é por acaso que a luta das mulheres do MST e da Via Campesina no Brasil, em direção à *igualdade substantiva*, ganha ainda mais radicalidade quando se conforma no confronto direto ao capital, majoritariamente contra o agronegócio.

Nesse sentido, desde 2001 as mulheres do MST vêm se organizando para, nos 8 de março, denunciarem as discriminações de gênero e a utilização de agrotóxicos e de transgênicos e a monocultura (Nogueira, 2011). Conforme destacamos, o histórico de construção, tanto dos debates em torno da participação a mulher e da questão de gênero, quanto das lutas das mulheres contra o agronegócio, nos mostra a busca pela construção de novas formas de viver no campo.

Como Nogueira evidencia, há muitos feminismos com distintas perspectivas, como o feminismo liberal burguês e o feminismo revolucionário das trabalhadoras comunistas. Nesse sentido, destacamos que o feminismo ao qual estamos nos referindo é o feminismo camponês popular, como uma proposta das camponesas para o mundo, fruto da construção do debate que as mulheres camponesas de toda a América Latina vêm discutindo a partir da sua realidade em distintos países e realidades no campo. Essa construção se dá com o diagnóstico de que o feminismo camponês popular se distingue dos demais por ser uma proposta coletiva construída pelas camponesas que não se restringe à conquista de melhorias na condição de vida da mulher no campo, mas que se caracteriza por ser uma proposta das camponesas para toda a classe trabalhadora, e, portanto, para a consciência da classe para si.

A práxis transformadora dos coletivos de mulheres no MST

Os coletivos de auto-organização das mulheres do MST se apresentam, então, não como uma conquista e um avanço da luta das mulheres apenas do Movimento, mas como parte da construção de um movimento mais amplo que envolve diversas frentes de luta em todo o mundo. Nesse sentido, a construção do feminismo camponês popular do Movimento é uma práxis que se expressa nas várias instâncias em que a construção do feminismo aparece na forma dos princípios de organização, formação e produção. Se a superexploração é uma categoria atual na análise da condição de pobreza no capitalismo dependente latino-americano contemporâneo, quando a análise foca as trabalhadoras e jovens rurais, as desigualdades tomam proporções alarmantes.

Os coletivos de mulheres do MST nos apresentam elementos da sua práxis transformadora. Compreendemos que ao qualificarem sua intervenção nas associações, escolas, assentamentos e acampamentos em que atuam, as mulheres ampliam suas possibilidades de produção e geração de renda, de participação e envolvimento nas decisões, de conquista dos seus direitos e de acesso às políticas públicas, entre outros direitos considerados fundamentais para o processo de emancipação humana. O protagonismo das mulheres do MST na formação da consciência de classe das trabalhadoras rurais apresenta-se nos processos de luta pela terra e resistência no campo, na produção de alimentos saudáveis e reprodução de práticas agroecológicas, na superação das opressões de classe, raça e do patriarcado nos assentamentos e nas instâncias da organização, na elaboração das linhas políticas, nos documentos e folhetos, nos coletivos de mulheres nos assentamentos e acampamentos, na cooperação e busca coletiva pela superação dos problemas cotidianos, econômicos e sociais, e na formação mais ampla de uma classe para si na necessária revolução latino-americana.

Referências

BAMBIRRA, Vânia. "La mujer chilena en la transición al socialismo". *Punto Final*, v. 133, 1971.

BIELSCHOWSKY, Ricardo. Cinquenta anos de pensamento na CEPAL. Rio de Janeiro: Record/CEPAL, 2000.

CAMPOS, Christiane Senhorinha Soares. "As relações de gênero e o MST". *In*: *Construindo novas relações de gênero: desafiando relações de poder*. Setor Nacional de Gênero - MST, SP: ANCA, 2005, p.11-30.

CAMPOS, Christiane Senhorinha Soares. *A face feminina da pobreza em meio à riqueza do agronegócio:* trabalho e pobreza das mulheres em territórios do agronegócio no Brasil – o caso de Cruz Alta/RS. Buenos Aires: CLACSO, 2011.

CARCANHOLO, Marcelo Dias. *Dependencia, superexplotación del trabajo y crisis:* una interpretación desde Marx. Madri: Maia Ediciones, 2017.

FARIA, Nalu; NOBRE, Miriam. *A produção do viver:* ensaios de economia feminista. São Paulo: Sempreviva Organização Feminista, 2003.

FERNANDES, Florestan. *Sociedade de classes e subdesenvolvimento*. Rio de Janeiro: Zahar Editores, 1972.

FURTADO, Celso. *Desenvolvimento e subdesenvolvimento*. São Paulo: Centro Celso Furtado, 1961.

FURTADO, Celso. *Subdesenvolvimento e estagnação na América Latina*. Rio de Janeiro: Civilização Brasileira, 1968.

FURTADO, Celso. *O mito do desenvolvimento econômico*. São Paulo: Paz e Terra, 1974.

Instituto Brasileiro de Geografia e Estatística (IBGE). *Pesquisa Nacional por Amostra de Domicílios 2008*. Rio de Janeiro: IBGE, 2009.

MARINI, Ruy Mauro. "Dialética da dependência". *In*: TRASPADINI, Roberta S.; STEDILE, João Pedro. *Ruy Mauro Marini:* vida e obra. São Paulo: Expressão Popular, 2005, p. 137-180.

MARX, Karl. *Miséria da filosofia*. São Paulo: Grijalbo, 1976.

MST. *Caderno de Formação n. 15*: A mulher nas diferentes sociedades. Coletivo Nacional de Mulheres do MST, 1988.

MST. *A questão da mulher no MST*. Coletivo Nacional de Mulheres do MST, 1996.

MST. *Caderno de formação n. 30:* Gênese e desenvolvimento do MST, 1998a.

MST. *Compreender e construir novas relações de gênero.* Coletivo Nacional de Mulheres do MST, 1998b.

MST. *Caderno de formação n. 2*: Mulher Sem Terra. Coletivo Nacional de Gênero MST, 1999.

MST. *Cartilha de Gênero.* Setor de Gênero, MST, 2005.

MST. *Programa agrário do MST* – texto em construção para o VI Congresso Nacional. São Paulo: Secretaria Nacional do MST, 2013.

MST. *Caderno de Formação Setor de Gênero:* a conspiração dos gêneros. Setor de Gênero, 2018.

NOGUEIRA, Claúdia Silva Mazzei. O trabalho feminino e as desigualdades no mundo produtivo do Brasil. *Apud*: SILVA, Maria Ozamira e YASBECK, Maria Carmelita. *Políticas públicas de trabalho e renda no Brasil contemporâneo.* São Luis: FAPEMA, 2006.

NOGUEIRA, Claúdia Silva Mazzei. "Anotações sobre a auto-organização das mulheres: o exemplo da Via Campesina no Brasil e do MST". *Revista Pegada*, vol. 12, n. 1, jun/2011.

PREBISCH, Raúl. "Hacia una nueva política comercial en pro del desarrollo". Informe del Secretario General de la Conferencia de las Naciones Unidas sobre Comercio y Desarrollo. Nova York: Nações Unidas, 1964.

PREBISCH, Raúl. "O desenvolvimento econômico da América Latina e alguns de seus problemas principais". *In*: BIELSCHOWSKY, Ricardo (Org.). Cinquenta anos de pensamento da CEPAL. Rio de Janeiro: Record, 2000.

SAFFIOTI, Heleieth. *A mulher na sociedade de classes*: mito e realidade. Petrópolis: Vozes, 1976.

POLÍTICAS SOCIAIS NO CHILE: UMA PERSPECTIVA HISTÓRICA DAS POLÍTICAS LIBERAIS E SEUS LIMITES

LUIZ JORGE V. P. MENDONÇA

Introdução

Este texto trata das políticas sociais chilenas a partir dos anos 1990. Mais do que uma avaliação teórica ou comparativa em relação a algum modelo/ideal preconcebido, procuramos avaliar/descrever as políticas sociais tal como se desenvolveram e se concretizaram ao longo do tempo. A evolução dessas políticas é apresentada a partir dos principais programas dos governos ao longo dos anos 1990 e 2000, procurando verificar o desenvolvimento concreto da atuação do Estado e de sua importância para os estratos sociais mais desfavorecidos. Se o neoliberalismo econômico conhece um avanço considerável a partir dos anos 1990, diversos programas sociais surgem na década seguinte como reposta ao desequilíbrio e precarização das condições de trabalho e emprego. Cabe observar que esse período também coincide com o retorno da democracia no país e com mudanças estruturais nas formas de regulação capitalista em geral.

O agravamento dos problemas sociais neste período, dada a heterogeneidade dos salários e rendas e as dificuldades de manutenção das mesmas taxas de crescimento econômico, constitui nosso ponto de partida. Além disso, consideramos também a alteração no contexto econômico mundial, provocando um conjunto de alterações na forma de atuação do Estado, em particular no que diz respeito às questões sociais que se agravaram consideravelmente. As políticas sociais tanto ganharam uma relevância inquestionável frente às demais políticas públicas, quanto, também, conheceram mudanças significativas na década seguinte em termos de importância política e participação nos gastos públicos. Elas se tornaram a principal resposta ao contexto neoliberal, de precarização das condições de trabalho e emprego.

No entanto, diferente do restante da América Latina, a especificidade chilena é justamente já ter adotado o liberalismo em meados dos anos 1970. Já nesse período disseminava-se a privatização dos serviços sociais e desenhava-se um conjunto de entidades privadas que nas décadas seguintes configurariam as políticas sociais ditas focalizadas. Estas foram conformadas tendo como meta um sistema baseado quase que exclusivamente na iniciativa privada, com a lógica do mercado expandindo-se a todos os serviços sociais. Por exemplo, o sistema nacional de saúde se constituiu e se desenvolveu com base em financiamentos públicos para entidades privadas, com o objetivo explícito de fomentar a concorrência entre as empresas. O mesmo ocorreu com a educação e com o setor de construção de moradias. Em suma, o caso chileno apresenta a singularidade de adotar e desenvolver os princípios das políticas sociais neoliberais e focalizadas a partir do golpe de estado na década de 1970, portanto, constituindo-se como precursor desse modelo no continente. Esse caso torna-se interessante justamente na medida em que demonstra que o neoliberalismo, mais do que uma tendência histórica inexorável, é seguramente resultado de opções políticas internas a cada país, sendo o Chile, em certa medida, o precursor desta opção. Isto é, o ordenamento econômico, político e social, característico do neoliberalismo em geral, não pode ser considerado, a partir deste exemplo, uma evolução natural das formas de sociabilidade mais gerais. Ao contrário, ela é deliberadamente resultado de opções políticas que necessariamente implicam efeitos distributivos para a sociedade. Ou seja, por meio de suas políticas econômicas e sociais, o Estado necessariamente privilegia em maior ou menor grau o interesse do capital em detrimento do mundo do trabalho.

O texto está dividido em três partes, além desta introdução. Na primeira delas, tratamos do contexto econômico e político mais geral da América Latina, a partir do qual caracterizamos sua especificidade em termos sociais e considerando a divisão internacional do trabalho. Procuramos chamar a atenção para o fato de que esse continente é marcado pela dependência à lógica de acumulação determinada a partir dos países centrais de forma subordinada, mas com a desigualdade social sendo prioritariamente resultado de opções políticas internas. As alterações no âmbito internacional, quaisquer que sejam, impõem ajustes econômicos que muitas vezes, internamente, são compensados por meio do agravamento dos problemas sociais.

Na segunda parte, tratamos especificamente das políticas sociais chilenas dos anos 1990 demonstrando que, já sob um contexto mundial liberal, a democratização do país e os sucessivos governos dessa década apresentaram avanços em termos de alguns resultados obtidos com melhoria das condições de vida dos estratos sociais mais pobres. No entanto, isso é explicado principalmente pelo alto preço do cobre naquele momento, que possibilitou o aumento das despesas sociais sem comprometer os interesses e o desenvolvimento do setor privado. Em tais circunstâncias, e dado o elevadíssimo *deficit* social em decorrência dos anos da ditadura, as políticas sociais obtiveram alguns resultados positivos. Contudo, a privatização dos serviços básicos e a focalização dos grupos beneficiados, em fins de 1970 e início de 1980, permaneceram e se aprofundaram nas décadas subsequentes.

Na terceira e última parte, verificamos como essa trajetória se consolida e apresenta avanços quantitativos nos anos 2000. A própria criação do Ministério de Desenvolvimento Social, em 2011, comprova o argumento de que a questão social tendeu a ganhar importância e autonomia ao longo do século XXI, tendo ocorrido uma mudança na natureza/função das políticas sociais nesse período. No entanto, essa mudança ocorreu sem que as raízes da concentração de renda e pauperização dos estratos sociais mais desfavorecidos fossem efetivamente solucionadas. O objetivo passou a ser o de desenvolver políticas e programas diversos e focalizados como resposta a um contexto em que o nível de emprego, de renda e as condições de trabalho fossem suficientes para assegurar condições de vida dignas à maior parte da população. A multiplicação dos programas e diversos benefícios surgem como alternativa para contornar a construção de uma sociedade mais igualitária e baseada na solidariedade social. Tais políticas evoluíram prioritariamente no sentido de assegurar a rentabilidade do capital a despeito das já deterioradas condições de trabalho e emprego. Nesse sentido, a terceirização dos serviços prestados constituiu-se de fato como atividades sem risco em termos do lucro previsto, ao mesmo tempo que significaram novos espaços de valorização do capital.

O contexto geral da América Latina e a particularidade chilena

Em termos gerais, pode-se dizer que as políticas sociais na América Latina têm adquirido uma grande importância e conhecido alterações contínuas nos diversos programas que as compõem, tanto em termos quantitativos, quanto qualitativos.

Todos os países do continente tiveram, a partir da década de 1990, um aumento e uma diversificação crescente nas formas de intervenção da esfera pública sobre as condições de reprodução material das camadas socialmente mais desfavorecidas. É importante frisar que tais alterações se relacionam diretamente com o contexto econômico, cuja forma de reprodução conhece na década de 1990 profundas modificações a fim de promover deliberadamente um padrão de acumulação sobre bases excludentes, conforme preconizado pelo ideário neoliberal.

Portanto, os países latino-americanos adotaram políticas de liberalização financeira e comercial em diferentes graus e ritmos de implantação, mas sempre com o objetivo de alterar significativamente o padrão de acumulação em prol do capital. A liberalização comercial e financeira, as privatizações, a desregulamentação e a flexibilização no mercado de trabalho foram os principais aspectos desse movimento. No entanto, persistiram e se agravaram no continente altos níveis de pobreza, de concentração de renda e baixas taxas de crescimento econômico. Nesse contexto, foi necessário desenvolver novos princípios e formas de atuação do Estado frente aos problemas sociais. As políticas sociais desenvolveram-se e adquiriram autonomia face à economia, consolidando-se em um sistema de instituições e programas cuja natureza tornara-se cada vez mais focalizada como forma de gerir os problemas sociais acarretados pela liberalização e desmonte da institucionalidade criada no pós-Guerra Mundial.

Assim, o avanço do neoliberalismo no continente, a partir dos anos 1990, coloca questões importantes. Por um lado, há aqueles para quem a melhoria e a eficácia das políticas sociais seriam funções de um desenvolvimento no sistema institucional que perpassa a prática dos atores envolvidos. Tal objetivo seria alcançado por um conjunto de regras claras e uma gestão dos recursos mais eficaz, e não necessariamente por meio do aumento dos gastos. Por outro lado, há que se reconhecer que a questão se complica quando consideramos que no continente latino-americano a heterogeneidade no mercado de trabalho, nos salários e rendas sempre teve como principal consequência o aumento da desigualdade, mesmo que em períodos de crescimento. Nesse sentido, o avanço do neoliberalismo no continente a partir dos anos 1990 agrava essa situação por representar justamente o avanço dos interesses do capital frente a um modelo caracterizado por baixos níveis de crescimento e emprego. Mantém-se, portanto, o círculo vicioso de crescimento econômico sem melhoria efetiva das condições de vida e trabalho das classes e segmentos sociais mais desfavorecidos.

Essa evolução torna o caso do Chile um dos mais interessantes, por ser o país onde a mudança foi mais radical e precoce, com as políticas liberais sendo adotadas já a partir do golpe militar de Pinochet em 1973, como já mencionado. Trata-se de um país onde os preceitos liberais foram adotados antes mesmo da onda neoliberal iniciada pela Inglaterra e EUA na década de 1980 e imposta, em seguida, aos demais países latino-americanos.

No Chile o enfoque monetarista já pautava a política econômica desde os anos 1970. A regulação econômica, em vez de atuar incentivando e orientando o investimento e diversificação produtiva, limitava-se ao controle da emissão monetária de acordo com a expansão/contração das atividades econômicas. Esta era determinada quase que exclusivamente a partir da exportação de cobre. Adotou-se um regime de livre importação com tarifas homogêneas de 10% e intenso endividamento externo para a manutenção desse padrão de acumulação, a despeito das necessidades e possibilidades de diversificação da estrutura produtiva que se consubstanciasse em melhoria das condições sociais em geral. O alto nível dos preços do cobre e/ou o aumento da sua produção/exportação sustentava esse padrão de acumulação.

A especialização produtiva e a pouca produção interna de bens de consumo geravam baixo nível de emprego ou postos de trabalho em condições precárias e de baixa remuneração, acarretando fortes efeitos distributivos. Nesse período, o Estado atuava principalmente como regulador e supervisor, ou em poucas atividades em que não havia a presença/interesse da iniciativa privada. Desse modo, a focalização das políticas sociais era então uma consequência natural de um modelo em que o sistema educacional, a saúde e a previdência eram serviços descentralizados e a cargo principalmente do setor privado. Nesse contexto, segundo dados do Ministério de Desenvolvimento Social, 44,6% da população encontrava-se na condição de pobreza e 16% em indigência.

Em linhas gerais, podemos dizer que os serviços sociais foram descentralizados, e a lógica do mercado foi conformando o desenvolvimento das políticas sociais. No caso chileno, a alteração na forma de prover esses serviços já trazia consigo todos os elementos que determinariam as políticas sociais latino-americanas nos anos 1990 e 2000. Por exemplo, a reforma no sistema de previdência em 1981 criou as administradoras de fundos de pensão privados, com a possibilidade dos clientes transferirem os fundos do antigo sistema para essas administradoras. A aposentadoria dos trabalhadores não só passa a ficar sob a responsabilidade das instituições privadas, mas também a cargo exclusivamente do trabalhador, uma vez que neste modelo não há contribuição da classe patronal, e o Governo diminuiu os benefícios/pagamentos por ele efetuados a fim de incentivar a migração e o crescimento de tais instituições financeiras. Isto é, tal deterioração das condições de reprodução da classe trabalhadora implica necessariamente aumento da exploração da força de trabalho, configurando-se superexploração na medida em que ficam solapadas as condições de produção e reprodução da força de trabalho.

É importante destacar neste ponto que a aposentadoria nada mais significa do que salário diferido no tempo. O salário dos trabalhadores que saem. Outro exemplo é o sistema nacional de saúde que, já em fins dos anos 1970 e início dos anos 1980, era composto por 27 serviços regionais com financiamento às instituições privadas de acordo com a quantidade dos serviços prestados. Isso tanto fomentava a concorrência entre as instituições, quanto limitava a cobertura efetiva, pois o serviço prestado era condicionado ao aporte de verba previamente obtido. Quanto à educação, data também dessa época a municipalização do ensino básico e, em muitos casos, a transferência de recursos e subsídios para escolas privadas. O mesmo processo se reproduziu em termos de ensino superior.

Desse modo, o que de fato ocorreu foi uma privatização dos serviços sociais, fazendo com que as empresas privadas passassem a dispor de novas frentes de valorização e expansão de suas atividades. Como resultado desse processo, o gasto público social caiu de um índice de 100 em 1970 para um índice de 92 em 1989. Em nome de uma modernização, promoveu-se um sistema baseado na iniciativa privada com fortes subsídios e incentivos para a implantação e expansão dessas atividades. Tal situação era conveniente para esse setor, uma vez que o ambiente econômico se caracterizava por escassas oportunidades de valorização do capital. Quanto à população carente, nesse mesmo período, a proporção de famílias cuja renda não era suficiente para satisfazer as necessidades básicas cresceu de 17% para 38% em 1987 (Vergara, 1993).

Políticas sociais no Chile durante os anos 1990

As desigualdades eram então muito intensas, e as políticas sociais, já na década de 1980, eram pautadas pela lógica da focalização, consubstanciando-se em programas e instrumentos tais como o subsídio único familiar e os subsídios habitacionais e escolares. Isto é, o modelo econômico adotado já excluía de antemão preocupações sociais e intervenções que fossem de encontro aos objetivos e princípios econômicos liberais em vigor. Durante todo esse período, a existência e a dimensão dos problemas sociais eram relegadas para segundo plano, tendo ocorrido uma privatização de diversos serviços. Contudo, a democratização nos anos 1990 modifica um pouco esse quadro. O governo de Patricio Aylwin (1990-1993) realizou um aumento substancial do gasto público, em especial da parcela destinada ao gasto público social, implementou reformas nas políticas sociais e estabeleceu um acordo nacional para aumentar o salário mínimo em 28%; a partir daí os aumentos tomaram como referência ganhos de produtividade. Data dessa época, também, a criação das instituições responsáveis pelas políticas sociais, em especial a Oficina Nacional de Planificacíon em 1990, que dará origem ao Mideplan e, posteriormente, ao Ministério de Desenvolvimento Social.

Houve um aporte fiscal para as políticas sociais da ordem de 17,4% e uma descentralização das intervenções. A característica principal desse período foi a de priorizar a melhora da qualidade dos serviços disponíveis, aumentando a especialização segundo os diferentes grupos alvos e aprimorar a rede de serviços disponíveis. Podemos dizer que esse período representou um avanço relativo, dado que o índice de pobreza caiu de 45%, em 1987, para 21% ao final do governo Aylwin. No entanto, esse resultado não significou uma mudança na natureza das intervenções no campo social ou das condições de vida da população alvo. A melhoria dos dados estatísticos deve-se mais pelo estado inicial de penúria nessa época do que a uma mudança qualitativa e estrutural, não significando uma melhoria com condições de manter-se ou criar uma nova dinâmica.

Portanto, em plena democratização da sociedade se observou mais um aumento dos gastos sociais, em razão de um nível de deterioração que se agravava e tinha de ser administrado, do que uma alteração mais substantiva na distribuição funcional da renda. A superexploração da força trabalhadora chilena, mesmo sob condições mais democráticas, não foi interrompida nesse contexto, pois tratava-se o problema apenas como se fosse algo resultante da política do governo anterior, e não uma condição estruturante das relações do processo de produção e reprodução econômica sob a égide dos interesses do capital internacional. Ou seja, a produção e distribuição de riqueza manter-se-ia sob os mesmos princípios, sendo necessário, apenas, políticas de compensação dada a ameaça de agravamento das consequências sobre o nível de vida da classe trabalhadora. Desse modo, esse governo também reafirma claramente que as políticas sociais continuariam subordinadas às metas econômicas. A reforma tributária de 1990 é um bom exemplo: a partir dela aumentou-se os gastos sociais por meio do Fundo de Solidariedade e Investimento Social (Fosis), contudo, mantendo-se a focalização em grupos em situação de extrema pobreza.

Isto é, em primeiro lugar o que ocorreu foi apenas uma necessária atualização dos salários há muitos anos defasados. Em segundo, foi o crescimento econômico que possibilitou essa evolução, e não a adoção de novos princípios para reger as políticas sociais e o perfil da distribuição de renda do país. Assim, nesse período, se manteve e aprofundou a estrutura das instituições com base na economia de mercado. Por exemplo, o sistema nacional de saúde estava constituído por 27 serviços regionais, cujo financiamento se organizava em função dos serviços prestados. Essa lógica de livre mercado e de concorrência entre as instituições privadas, instaurada em fins da década de 1970, permaneceu mesmo depois da democratização do país. Definiu-se para as políticas sociais a constituição de diversas instituições com base nos padrões de concorrência liberais. Um bom exemplo encontra-se na educação, como já citado, cujo sistema estava até então baseado na municipalização do ensino, no entanto, podendo ocorrer e até sendo incentivada a transferência dessa função para entidades privadas.

É importante frisar que o aumento do gasto público, em particular o social, só foi possível por conta da melhoria circunstancial das atividades econômicas nesse período: aumento do preço do cobre no mercado internacional; melhorias no ambiente econômico em razão da diminuição da evasão fiscal; e aumento da receita em razão da melhor eficiência na arrecadação do sistema. No entanto, tais fatores são ganhos pontuais de períodos determinados, e que por definição não podem sustentar uma expansão dos gastos públicos a longo prazo. Desse modo, as questões sociais decorrentes do baixo nível de salários e de emprego tornavam-se mais evidentes à medida que o neoliberalismo se impunha e se renovava em âmbito mundial. Isto é, já em meados do governo de Eduardo Frei (1994-1998), a crise econômica internacional (a partir de 1997) produziu um ajuste recessivo em meio a um contexto em que a questão social agravara-se, o que demonstrou claramente os limites da abertura democrática em termos de desenvolvimento e adoção de um modelo verdadeiramente baseado na justiça social. Desse modo, a evolução da renda nessa década caracterizou-se pelo seu aspecto regressivo, dado o contexto recessivo e as reformas estruturais de liberalização e privatização. A renda *per capita* dos mais ricos cresceu, embora o crescimento da renda total no mesmo período tenha diminuído de 5% para 4% (Vergara, 1996).

Tal situação exigia novas formas de atuação. Observou-se então a criação e desenvolvimento de diversos programas sociais. Um deles foi o Fundo Social de Investimento e Solidariedade (Fosis), criado pelo governo de Eduardo Frei. Sua função não era a de atuar diretamente sobre a pobreza e a precariedade presentes nos estratos sociais mais desfavorecidos. Sua atuação efetuava-se por intermédio de Organizações Não Governamentais (ONGs) e com base nos princípios de capital humano. Isto é, o objetivo era preparar, incentivar, aprimorar e apoiar iniciativas individuais para possibilitar a inserção social via formação de pequenas empresas, trabalho autônomo etc. Procurava-se, ao mesmo tempo, promover o crescimento econômico com equidade, conforme propugnado pela Cepal. No entanto, a desigualdade permanecia em decorrência da heterogeneidade dos salários e empregos. Um bom exemplo é o crescimento do trabalho autônomo nesse período, funcionando como um espaço de reserva e caracterizado por atividades de baixa produtividade. A evolução da distribuição de renda e da desigualdade social não se limita aos aspectos de crescimento econômico e renda, mas principalmente ao nível dos salários, do crescimento e condições de emprego, que sofreram deterioração nessa época. Desse modo, cada vez mais as políticas sociais passavam a ser consideradas como a forma de diminuir a vulnerabilidade social em um contexto de crise. Acreditava-se que elas proporcionariam uma distribuição mais equitativa dos custos para assegurar a estabilidade social, sem criar, no entanto, as condições e uma dinâmica que superassem de fato a pobreza. Na realidade, as condições de vida de amplos segmentos da população de trabalhadores deterioravam-se para além do razoável em termos de valor necessário para a produção e reprodução da força de trabalho.

Os recursos no período demonstravam-se insuficientes para fazer face aos problemas sociais. O modelo de intervenção e assistência social focalizado não produzia mais os mesmos efeitos. Pouco a pouco, surgiam mesmo no governo progressista de Frei dificuldades para responder às necessidades sociais. Isso demonstra os limites do modelo adotado, além de que tais efeitos positivos não se repetiriam em um contexto de baixo crescimento econômico. O ambiente econômico adverso teve como efeito o retorno da concentração de renda, demonstrando que as políticas adotadas não davam conta de forma satisfatória e duradoura da questão social. De certa forma, a primazia do capital sobre o trabalho permaneceu incontestável, mesmo que sob a égide de um governo progressista. As medidas adotadas demonstraram-se incapazes de enfrentar de fato a desigualdade social.

Embora o Chile já estivesse perfilado com o liberalismo desde a década de 1970, o ambiente econômico alterou-se e tornou a corrente política ainda mais preponderante com o processo de globalização da década seguinte. Como resultado, observou-se nos anos 1990, segundo Sunkel e Infante (2009), o agravamento dos problemas sociais: desemprego em nível elevado (taxa de 8%), alto nível de informalidade e concentração dos gastos nas famílias de renda mais alta. Os dados a seguir demonstram o grau da desigualdade existente: 58,4% do consumo total concentrava-se nas famílias de renda alta, enquanto as famílias de renda média participavam de um total de 30,4%, e a participação dos gastos das famílias de baixa renda atingia apenas 11,2% do total dos gastos com consumo. No mundo do trabalho, a heterogeneidade em termos de empregos e salários também aumentou: os salários nas empresas de alta produtividade correspondiam a cerca de 64,1% do total dos salários, e o emprego gerado equivalia apenas a 23,6% do total.

Nesse contexto, há uma alteração mais acentuada do enfoque das políticas sociais, priorizando os estratos em condições mais precárias por meio de ações e intervenções específicas para cada caso. O objetivo é o de criar oportunidades para os grupos em condições vulneráveis, de modo a adequar as ações e os programas com as condições concretas e específicas a serem suplantadas. Nesse sentido, o gasto social na década de 1990 cresceu 7% em proporção ao PIB, tendo ocorrido, segundo o *Informe de Desarrollo Social* de 2014, uma diminuição considerável dos índices de pobreza a partir de então, de 38,6% em 1990 para 11,5% em 2009. No entanto, tais resultados não significam uma alteração na dinâmica da acumulação capitalista periférica. Isto é, demonstram o quanto o processo de produção e reprodução econômico e social chileno produziu desigualdades em níveis alarmantes e, além disso, também mostram o quanto os problemas sociais mencionados foram enfrentados de modo a não comprometer os interesses econômicos em vigor.

Portanto, o caso chileno é representativo justamente por não se tratar da adoção de novos preceitos econômicos que gerassem ou fossem substancialmente limitados pelas necessidades postas pela questão social. Nesse país, o liberalismo foi adotado desde 1973 e já trazia consigo políticas sociais focalizadas e regidas pela lógica liberal, isto é, baseadas em subsídios e transferências direcionadas a grupos específicos, tais como: subsídio por incapacidade mental, subsídios escolares e subsídios habitacionais. Os princípios que regem esse tipo de intervenção por si só revelam o quanto do fundamento desse tipo de sociabilidade, ou seja, a base concreta de intervenção para se alcançar melhoria não foi modificada. Em que pese, portanto, a democratização do país e a inegável evolução que isso representou em termos políticos, é interessante avaliar em que medida houve avanços na trajetória de suas políticas sociais ou se houve apenas modernização e expansão no campo social dos velhos preceitos nos limites impostos por esse modelo liberalizante, que mantêm degradadas as condições de produção e reprodução da força de trabalho.

Em que medida se poderia, ao contrário, considerar que as novas políticas sociais representam um avanço/forma de resistência ao neoliberalismo? Nesse sentido, podemos afirmar que, por um lado, a democratização do país foi acompanhada por um conjunto de restrições e alterações econômicas que tornaram as políticas focalizadas o eixo central de ação política nos países latino-americanos; por outro lado, o avanço quantitativo e qualitativo dos programas e as formas de assistência das políticas sociais parecem indicar uma alteração do papel e da importância destas para o desenvolvimento político e social. Isto é, poder-se-ia entender a focalização das políticas sociais como forma precária de compensar os efeitos perniciosos das políticas liberais. Contudo, frente a um padrão econômico de acumulação neoliberal e altamente excludente, a expansão das políticas sociais passou a constituir uma alternativa de construção e intervenção. Elas conformam um sistema pautado sobre a solidariedade social de modo a ampliar seu alcance em benefício dos estratos sociais mais prejudicados. À dinâmica econômica altamente excludente do neoliberalismo contrapõe-se a atuação do governo junto aos estratos sociais mais pobres, com o sistema político-social solidário não tendo mais o mercado de trabalho como principal eixo de intervenção. Dessa forma, naturaliza-se a desigualdade social, que deixa de ser um problema a ser erradicado, para constituir-se como algo passível de administração.

Os anos 2000: ampliação dos programas e equidade social

Se a focalização permaneceu durante a década de 1990 tendo como principal preocupação aumentar a eficiência do sistema, no início dos anos 2000, procurou-se evoluir em direção a um sistema mais amplo. A ênfase foi dada à equidade e à criação de oportunidades sociais, no entanto ainda com o Estado cujo papel é compensatório ao do mercado. Nesse processo, a nova política social se configura e ganha espaço com a adoção de diversos outros critérios, tais como solidariedade, equidade, integralidade e participação. As estratégias de proteção social passam a constituir o principal eixo da política social, o que equivale a uma concepção de atuação da esfera pública principalmente em termos de ampliação e melhoria dos serviços de atendimento às populações carentes.

O programa Chile Solidário durante o governo de Lagos, em 2002, é um bom exemplo. Ele assegurava um bônus de proteção para as famílias, garantia dos subsídios anteriormente definidos, acesso preferencial aos demais programas e apoio psicossocial. A partir dele, a rede institucional criada ampliou-se devido ao objetivo de incorporação de uma maior parcela da população pela política social. Inicialmente, esse programa caracterizava-se também pela necessidade de melhorar a coordenação das diversas iniciativas e programas sociais, tais como: programa Chile Barrio (intervenções em assentamentos), Fundação para Promoção e Desenvolvimento da Mulher, Fundação para a Superação da Pobreza, Instituto Nacional da Juventude, Junta Nacional de Auxílio Escolar e Bolsas. Criou-se também o programa Puente, em 2004, com o objetivo de combater diretamente um núcleo de pobreza persistente.

As políticas sociais a partir dessa época foram sendo construídas pouco a pouco, com a modernização e ampliação dos preceitos e orientações em vigor, porém, sem que houvesse alteração substancial de seu princípio de atuação direta e focalizada apenas sobre a pobreza extrema. Elas se constituíram em uma série de programas baseados em transferências de renda condicionadas, tais como os programas Jefes e Jefas de Hogar, a Asignacíon Familiar y Maternal, o Subsídio Familiar e o Subsídio de Água Potável. Essa multiplicação de programas e subsídios específicos justifica-se como meio de assegurar, por intermédio de ações concretas e específicas, um patamar mínimo de subsistência para os beneficiados, pressupondo que as demais necessidades seriam atendidas segundo as leis de mercado. A preocupação, então, volta-se aos aspectos demográficos e sociais como meio de subsidiar a elaboração e acompanhamento dos programas e ações governamentais para garantir esse patamar a todos os que nele se encontram.

Em relação ao crescimento demográfico, a população do Chile é de 17.889 milhões de habitantes e com um crescimento previsto até 2030 não muito significativo. O maior percentual por grupo de idade é o de jovens de 0 a 14 e de 15 a 34 anos, atingindo respectivamente uma participação no total de 27,8% e 32,3% da população no ano de 2000. A projeção para o ano de 2030 é de que os percentuais crescerão nas faixas mais altas de idade, porém sem configurar um desequilíbrio importante: 17,4% para os jovens de 0 a 14 anos; 25,8% para a faixa de 15 a 34 anos; 21,3% para a faixa de 35 a 49 anos e por fim 17,9% para a faixa de idade de 50 a 64 anos. Portanto, não se configura uma pressão demográfica, seja por envelhecimento, seja por ter uma população excessivamente jovem.

Em relação à ocupação da população por atividade econômica, observa-se que ela é predominantemente dedicada ao setor terciário: de 62,2%, em 2000, passou-se a 66,1%, em 2013, enquanto a parcela dedicada à agricultura passou de 13% para 9,2%, e a população ocupada na indústria variou no mesmo período de 24,5% para 24,0%. Essa evolução indica um processo de urbanização e alteração na estrutura do mercado de trabalho, aspecto agravado quando se observa que a geração de emprego deveu-se a setores caracterizados por maior rotatividade.

Nesse contexto, podemos considerar a multiplicação dos programas segundo necessidades específicas da população alvo, como o reconhecimento de que a dinâmica econômica não era capaz de absorver parcela substancial da população. Um bom indicador é a participação dos salários em relação ao PIB, que foi de apenas 34,5% em 2009 (Informe Social, 2014). Essa evolução dos programas sociais também decorre da desigualdade de acesso aos serviços segundo as condições dos diferentes estratos sociais: desigualdade de gênero, de idade, de etnia e de acesso ao emprego. Isso é claramente observado com a criação e a atuação do Ministério de Desenvolvimento Social, em 2011, que explicitou em seu informe uma série de ações e programas para combater a pobreza. Dentre os principais instrumentos utilizados encontram-se as transferências monetárias (ingresso ético familiar, criado em 2012) e o bônus de trabalho para a mulher. A necessidade de geração de emprego, embora seja um aspecto importante em razão da evolução econômica e social com o recrudescimento do neoliberalismo e as alterações no mercado de trabalho, não se encontra especificada no relatório, embora seja mencionada. Desse modo, enfrentou-se o problema a partir de uma concepção que não alteraria de forma alguma a condição precária de vida, aquém do razoável em termos de direitos básicos aos segmentos sociais em questão.

Há ainda a atenção para a educação por meio de incentivos à melhoria da qualidade de ensino, como os estímulos para inscrição em cursos de pedagogia, para fortalecer a carreira docente. A política ministerial nesse aspecto baseia-se claramente no princípio do capital humano por meio, unicamente, do aumento da eficiência com programas específicos. Desse modo, o modelo de planificação nacional foi sendo substituído por um modelo de planejamento setorial, com os governos regionais assumindo mais incumbências. Da mesma forma, os demais ministérios, tais como o Ministério do Trabalho, do Interior e da Justiça, também ofereceram diversos programas na área social.

A ideia subjacente nessa evolução é de que a focalização é considerada uma medida necessária para melhorar a implementação, o acompanhamento e a eficácia dos recursos despendidos nos diversos programas. Em termos de gastos executados, em 2012 encontram-se no informe do Ministério de Desenvolvimento Social (2012) os seguintes dados: os gastos com pobreza atingiram US$ 359.816 milhões, correspondendo a 54% do total; com o tema vulnerabilidade o gasto foi de US$ 160.813 milhões, 24% do total; e US$ 150.259 milhões com pobreza extrema, o equivalente a 22% do total. Quando consideramos o gasto público social por setor, observa-se que a seguridade social e a previdência absorvem em média 47,31% dos recursos totais despendidos no período de 2000 a 2014, enquanto educação e saúde absorvem respectivamente 27,7% e 22,51%. O gasto social com moradia e outros itens absorvem apenas 1,94% do gasto público social total.

Essa focalização expressa o fato de que o ideal do clássico sistema de proteção social, cujo princípio é o de universalidade, foi substituído por políticas sociais cada vez mais específicas. O atendimento de segmentos/estratos sociais determinados e o aprimoramento destas formas de intervenção substituíram as políticas de inclusão via geração de emprego e renda, e o sistema de proteção social passa a se identificar com seus diversos programas e instrumentos de atuação. Com essa orientação criou-se, em 2006, a ficha de proteção social, cuja cobertura atinge atualmente 65% da população nacional, constituindo--se como uma das principais formas de acompanhamento das políticas sociais.

Desse modo, os gastos públicos sociais no Chile sofreram uma adequação por conta das restrições impostas ao padrão de acumulação baseado na geração de emprego e renda. As formas de focalização no que diz respeito às políticas sociais passaram a ser primordiais, tanto por meio de um aumento quantitativo dos programas quanto da procura por uma maior eficiência na aplicação dos recursos despendidos. É inegável a multiplicação desses programas a partir do primeiro governo de Bachelet, o que resultou em diminuição da pobreza e principalmente da pobreza extrema. Apesar desse resultado, a redução da desigualdade foi muito pouco significativa. A própria focalização dos programas existentes explica esse resultado, na medida em que se caracteriza justamente como uma assistência pontual, que não cria uma nova dinâmica para o extrato social envolvido. Desse modo, apesar da melhora substancial da forma de aplicação das políticas sociais e de como elas são combinadas com as políticas contributivas, a diminuição da pobreza não foi da mesma magnitude.

Um aspecto importante que acompanhou o maior gasto social entre 2002 e 2012 foi a melhora nas taxas de emprego e de salários. Houve também uma modificação na natureza das políticas de combate à pobreza e à vulnerabilidade social, que passam a ser distintas das políticas de acesso ao emprego e moradia. O mesmo ocorre com o sistema de seguridade social e de pensões, mas a forma de aplicá-las podem levar a mudanças significativas (Cechin *et al.*, 2014). Segundo estatísticas da Cepal (Cepalstat), o nível de indigência apresentou uma queda de 5,6 em 2000 para 2,5 em 2013. Além disso, essa queda ocorreu tanto na área urbana, de 5,1%, em 2000, para 2,5%, em 2013, quanto na área rural, de 8,4% para 2,8%, no mesmo período. Essa evolução parece ser explicada principalmente em razão da multiplicação dos programas para garantir assistência mínima por meio das políticas públicas.

As políticas sociais converteram-se ao longo dessa trajetória no principal pilar das políticas públicas. A própria criação do Ministério de Desenvolvimento Social, em 2011, substituindo o Mideplan para aumentar o grau de eficiência na implementação e gestão das formas de intervenção social, demonstra a importância dessas políticas como principal meio de enfrentar a baixa geração de emprego e renda. No mesmo sentido, podemos entender a maior articulação de diversos ministérios (Ministério da Saúde, da Educação, do Trabalho e do Urbanismo) a partir da criação da Secretaria Executiva de Proteção Social, ligada ao novo Ministério de Desenvolvimento Social, para aprimorar e aumentar a eficiência dos instrumentos para intervenções focalizadas.

No entanto, desigualdades nos salários e rendas em decorrência da heterogeneidade do mercado de trabalho e da assimetria entre a remuneração do capital e do trabalho colocam claros limites a esse modelo. Em termos políticos isso não significa a adoção passiva, pura e simples da focalização, pois embora essa evolução tenha ocorrido inicialmente em um contexto liberal, ela deu início a uma série de novas controvérsias a respeito do novo papel do Estado frente ao mercado e à comunidade por parte dos setores mais progressistas. As instâncias governamentais têm de assumir o papel de assegurar e ampliar os direitos dos cidadãos. Isso significou concretamente a construção de um sistema de pensões solidárias e patamares mínimos de bem-estar direcionados à velhice e invalidez. Em 2008, foi criado por lei o sistema solidário de pensões: pensão básica solidária, pensão contributiva para os casos de vulnerabilidade social, aporte provisional para aqueles cuja cotização não foi suficiente para assegurar uma pensão mínima. Apesar da manutenção do sistema de capitalização para a previdência, foram criados programas para prover alguns elementos de solidariedade, tais como: criação de pensão básica solidária para maiores de 65 anos, bônus por filho no caso de mulheres, seguro por invalidez a cargo do empregador, dentre outros. Cabe destacar aqui a criação, em 2009, de dois programas, Chile Solidário e Chile Cresce Contigo, por meio da Lei n. 20.379 de 2009. A importância desses programas justifica-se pelo fato de permitir um acompanhamento mais eficiente e contínuo dos extratos mais vulneráveis da sociedade. Em termos esquemáticos e segundo o *Informe de Desarrollo Social* de 2014, o sistema de proteção social é constituído por programas específicos para os diferentes segmentos em situação de vulnerabilidade social: primeira infância; infância e adolescência; juventude (voltado para a formação técnica); adultos (programas de capacitação e de apoio a microempresas); velhice (com a pensão e assistência básica solidária); e a família (com o programa Chile Solidário e subsídios a serviços básicos e moradia).

O gasto público social cresceu no período de 1990-2009 a uma taxa média de 7,6% ao ano, sendo que em termos *per capita* a evolução deste gasto apresentou, segundo Serrano *et al.* (ano), um aumento de 308 de dólares, em 1990, para US$ 891,78 em 2009, correspondendo a uma taxa média de crescimento de 6,1% ao ano. De acordo com os dados do Midiplan, essa evolução teve como resultado a diminuição da população abaixo da linha da pobreza de 38,6%, em 1990, para 20,6%, em 2000, enquanto a porção da população classificada na faixa de extrema pobreza mostrou, nesse mesmo período, uma queda de 12,9% para 5,7% da população, queda significativa e comprovação da eficácia do programa Chile Solidário.

Com esse desenho institucional observamos, segundo dados da Cepal (Cepalstat), uma evolução dos gastos sociais bastante estável no período 2000-2013. O gasto público social total em relação ao PIB nesse período variou de 15%, em 2000, a 14,7%, em 2013, sendo o valor mínimo alcançado de 12,1%, em 2006, e o valor máximo de 15,2%, em 2001 e 2002. Ou seja, pode-se afirmar que essa trajetória, além de estável, apresenta valores que demonstram a importância que as políticas sociais passaram a possuir em termos das políticas públicas. Essa interpretação é reforçada quando observamos que gastos sociais totais representaram nesse mesmo período uma parcela significativa, próximo de 70% do gasto público total, cujo valor máximo observado foi 68,8%, em 2000, e o mínimo de 66,3%, em 2007, com uma recuperação nos anos subsequentes, de 67,9%, em 2013. No entanto, não podemos afirmar que a tendência seja de melhoria substantiva das condições de produção e reprodução da classe trabalhadora. Ao contrário, tais medidas foram adotadas para mitigar o problema cuja origem está nas relações de produção, baseadas em princípios neoliberais e consequentemente não criando condições materiais concretas para atender as necessidades de parte significativa da população.

Quando consideramos os gastos públicos em educação em relação ao gasto público social total do governo, observamos também que há uma tendência de aumento desse percentual, de 25,83%, em 2000, para 30,25%, em 2013. Cabe ressaltar que em relação aos demais gastos o maior dispêndio é com a seguridade social e previdência, embora sua participação tenha diminuído de 52,8%, em 2000, para 41,3%, em 2013. A saúde, assim como a educação, também apresentou um aumento de sua participação nos gastos públicos sociais, de 18,93%, em 2000, para 25,91%, em 2013.

No entanto, como já afirmamos, não podemos avaliar positivamente a evolução das políticas sociais chilenas em termos de criação de programas e de medidas que visam a melhoria do acesso a serviços públicos e de melhor qualidade. Por um lado, a atuação do Estado em termos de transferência de renda e assistência conheceu incremento substancial ao longo dos anos 2000. Por outro, o baixo percentual da massa salarial em relação ao PIB, de apenas 34,55% em 2009, aponta claramente a ocorrência de superexploração da força de trabalho, nos termos da teoria da dependência. Isto é, o nível de salários e, portanto, do custo de produção e reprodução da força de trabalho, fica aquém do preço do salário, e tal situação permanece como condição estrutural e não apenas como algo conjuntural que seria solucionado num futuro próximo.

Essa evolução, portanto, novamente nos demonstra os limites das políticas sociais focalizadas na medida em que não lograram criar uma dinâmica própria de desenvolvimento social, mantendo-se a superexploração do trabalho como categoria estruturante e insuperável no processo de produção e reprodução chileno. Além disso, a evolução observada em termos de criação de programas e tipos de assistência não conseguiu se apresentar como uma solução duradoura e eficaz para suplantar os graves problemas de pobreza e desigualdade social. A flexibilidade no mercado de trabalho, a privatização dos diversos serviços públicos e a terceirização com garantia prévia de lucratividade mínima por parte do Estado apenas asseguraram, de fato, novas frentes de valorização do capital privado. Desse modo, uma política de redistribuição de renda por meio de medidas que atuem diretamente sobre o nível do salário e sobre as condições de trabalho seriam fundamentais para suplantar as desigualdades sociais e econômicas vigentes, superando as condições de produção e reprodução da superexploração do trabalho.

Referências

CECHIN, Simone; FILGUEIRA, Fernando; ROBLES, Claudia. "Sistemas de proteccíon social en América Latina y el Caribe: una perspectiva comparada". *Série Políticas Sociales*, n. 202, jun. 2014.

INFANTE, Ricardo B.; SUNKEL, Osvaldo. "Chile, para um desenvolvimento inclusivo". *Revista Cepal*, mar. 2009. Disponível em: https://repositorio.cepal.org/handle/11362/11276. Acesso em: 2 jul. 2021.

MACHINEA, José Luis; CRUCES, Guilhermo. "Instituciones de la política social: objetivos, princípios y atributos". CEPAL. *Informes y estúdios especiales,* n. 17, jul. 2006. Disponível em: https://repositorio.cepal.org/handle/11362/7862. Acesso em: 2 jul. 2021.

MALDONADO VALERA, Carlos F.; ROCO PALMA, Andrea. "Pactos sociales para una proteccíon más inclusiva". Série seminários y conferencias. Chile, 2013. http://repositorio.cepal.org.

MASCAREÑO, Aldo. "Coordinación social mediante políticas públicas: el caso chileno Programa Chile Solidário – Mideplan". *Revista Cepal*, 2010. Disponível em: https://www.cepal.org/pt-br/node/18821. Acesso em: 2 jul. 2021.

MINISTERIO DE DESARROLLO SOCIAL. Relatório: Informe de Desarrollo Social 2014. Santiago, Chile. Disponível em: https://www.desarrollosocialyfamilia.gob.cl/.

MINISTERIO DE DESARROLLO SOCIAL. Relatório: Informe Política Social 2013. Santiago, Chile. Disponível em: www.ministeriodesarrrollosocial.gob.cl.

ROBLES, Claudia. "El sistema de protección social de Chile: una mirada desde la igualdad". *Documentos de Proyectos*, Cepal, n. 428, set. 2011. Disponível em: https://repositorio.cepal.org/handle/11362/3907. Acesso em: 2 jul. 2021.

ROBLES, Claudia. Sistemas de protección social em America Latina y el Caribe: Chile. Santiago do Chile, Cepal, jan. 2013. Disponível em: http: https://repositorio.cepal.org/bitstream/handle/11362/4046/1/S2013036_es.pdf. Acesso em: 2 jul. 2021.

VERGARA, Pilar. "Ruptura y continuidad en la política social del gobierno democrático". *Estudios sociales,* FLACSO, Santiago/Chile n. 78, trimestre 4, 1993.

VERGARA, Pilar. "In Pursuit of 'Growth With Equity': the limits of Chile's free-market social reforms". *International Journal of Health Services*, v. n. 27, n. 2, p. 207-215, 1 abr. 1997.

ARQUIPÉLAGOS DE POLITIZAÇÃO NA AMÉRICA LATINA: O ZAPATISMO MEXICANO E SUAS RESSONÂNCIAS

MÁRGARA MILLÁN

Indagarmos sobre a luta atual para transformar o sistema local e global do capitalismo implica o reconhecimento de uma situação em seus vários sentidos. Urgência de mudanças dada a devastação natural e humana porque o modelo de reprodução capitalista é trágico; urgente também por conta da demanda cada vez mais clara dos movimentos insurgentes por uma transformação radical do sistema. Neste contexto, o zapatismo tem sido um elemento-chave e ator importante.

O zapatismo surgiu numa rebelião armada contra o governo, tornando-se público ao ocupar várias cidades do estado de Chiapas, no sudeste mexicano, sob lema *Já Basta!* De uma rebelião armada contra o governo, tornou-se em poucos dias um importante e criativo foco que retomava a crítica ao capitalismo neoliberal, que até aquele momento aparecia como a única peça do jogo, convertendo-se em um poderoso movimento social global.

Entendo os movimentos sociais como espaços que alteram a cultura política ao desenvolverem polícias culturais. Espaços nos quais se disputam distintas representações sociais e imaginários políticos. Os movimentos sociais são espaços propícios para a transformação das subjetividades, pois neles reinventamos o mundo, tensionando as "verdades" que ordenam o tempo rotineiro do cotidiano. Além disso, o zapatismo é o caso de um movimento que recupera um território. A apropriação territorial lhe confere uma potência de governo, por si só, inédita no México e na América Latina.

Desse modo, o Exército Zapatista de Libertação Nacional (EZLN) institui a "terra liberada", tornando-a um foco de politização com certa estabilidade e continuidade. Neste ensaio darei conta de duas fases distintas do movimento insurgente e sua relação com o Estado mexicano. A primeira desembocou na transformação do Estado (1994-2001), configurando-se em mudanças constitucionais que posteriormente surtiram efeitos em outros países da América Latina, mas que não prosperaram no México. A segunda fase, de 2003 até o presente, é constituída pela construção da autonomia interna e pela irradiação de uma série de iniciativas e eventos que possibilitam a propagação de uma política anticapitalista, anticolonial e antipatriarcal.

O Exército Zapatista de Libertação Nacional tem suas raízes, como seu próprio nome diz, na interação de legados políticos diversos, inclusive contraditórios. Por um lado, a experiência armada de guerrilha, de tradição maoísta, que chega aos calcanhares de Chiapas. Por outro, a tradição maia mesoamericana de organização comunitária, cultura coletiva e concepção que confere uma forma de ser e estar no mundo bastante distinta do que propõe a modernidade capitalista: a luta agrária e camponesa, com forte tradição na região durante os anos 1970 e 1980; as centrais agrárias e organizações produtivas e, finalmente, a "palavra de deus", isto é, a prática eclesiástica de eleição para os pobres que implica um forte processo de "aculturação" no mundo indígena. Esses são os "quatro caminhos" que se unem e se intercruzam, resultando no EZLN e em suas bases de apoio. Desse modo, distingue-se de uma "guerrilha de esquerda transloucada", como os setores da direita ilustrada inicialmente quiseram considerar, para manifestar-se como um movimento profundo de transformação social.[1]

A visão de alguns analistas sensíveis à "novidade" do que estava em curso é elucidativa ao referir-se a ela como um grande laboratório social, em que mesclavam-se tradições políticas, pelo menos cinco idiomas, e diversas crenças religiosas, configurando um cosmopolitismo indígena inédito. Saltam aos olhos outras duas vertentes que se mesclam na experiência e no discurso do EZLN. A primeira é a da Coordenadora Dioceseana de Mulheres, a Codimuj, constituindo-se na organização das mulheres das Dioceses de São Cristovão, que incorporam a perspectiva de gênero em sua interpretação dos livros sagrados. A segunda são as ONGs de mulheres feministas, que desde os anos 1970 implementaram o acompanhamento das mulheres indígenas de Chiapas.[2] O México aderia ao Tratado de Livre Comércio, em pleno "neoliberalismo social" do Partido Revolucionário Institucional (PRI), e reformara a constituição de 1992, modificando o artigo 3, a fim de reconhecer a base plurinacional do Estado mexicano, e reconhecendo os direitos e as culturas dos povos originários. No entanto, ao mesmo tempo reformava o artigo constitucional 27, revogando o direito às terras comuns e possibilitando a privatização delas. Desse modo, por um lado, há a retórica de reconhecimento e, por outro lado, a permissão para devastar os "fundamentos materiais da diferença cultural", ou seja, o controle coletivo da terra.

Carlos Fuentes (2010) denomina o (neo)zapatismo como o primeiro movimento social "pós-comunista". O escritor se refe-

1 Como uma sociedade em movimento, segundo Zibecci (apud Tapia, 2002), recuperando a peculiaridade de "abigarramiento social latinoamericano y la existencia de sociedades multisocietales para referirnos a las prácticas y formas de vida de los pueblos originarios". Sobre o conceito de condição societal, em Luis Tapia, 2002.

2 Cf: Jan de Vos, 1999. Sobre a Codimuj, ver o livro de Pilar R. Gil Tebar, 1999.

re a questões substanciais: à capacidade que o sistema conseguiu gerar em termos de globalização a partir das "redes sociais" e ao fato de ter ocupado um espaço político-discursivo que parecia esvaziado após a queda do "socialismo real". O Subcomandante Marcos e as imagens de homens, mulheres e crianças com gorros e lenços cobrindo seus rostos tornaram-se famosas, assim como o lema "por um mundo onde caibam muitos mundos"; "nunca mais um México sem nós"; "para todos tudo, para nós nada"; "mandar obedecendo". Assim, convertia-se em uma referência mundial de outro tipo de política: aquela que coloca a participação coletiva no centro a partir da ideia de uma "vanguarda revolucionária".

O zapatismo preencheu um vazio discursivo ao propor uma reinvenção da emancipação e da luta para transformar a modernidade capitalista ao colocar o "tempo indígena" no centro: uma temporalidade societária distinta da urbana; outra relação com a natureza e o cosmo; uma desestabilização da noção de "progresso" e de "desenvolvimento". As reivindicações étnicas e de classe não podem ser incorporadas à perspectiva desenvolvimentista de esquerda. Logo de início aparece um traço descolonizante que indica uma visão intrassistêmica, articulando diversos atores sociais, os de "cima" e os de "baixo", e configurando uma nova geografia de opostos. Inicialmente foi muito centrado no indígena, nos moldes como o poder racista e classista da nação tematizavam a questão. Contudo, esse discurso resultou rapidamente em outros tipos de diversidade, que também eram precarizadas pelo sistema. O papel preponderante das mulheres, dos jovens, das crianças e dos idosos no discurso zapatista é uma das suas peculiaridades e convicção para a compreensão do político.

O zapatismo é, dentre outras coisas, um acontecimento discursivo. Uma intervenção que volta a colocar a necessidade e a possibilidade de transformação radical, para a qual novas palavras são necessárias. Dentre elas, conhecemos uma que transita no limite e talvez anuncie uma renovação do espírito crítico do que temos conhecido como "esquerda".[3] O zapatismo e seus comunicados vão revelando a crise de um modelo civilizatório: a modernidade como industrialização produtivista e sua narrativa e propaganda de progressismo linear, seu clamor em favor do capital, do colonialismo e da relação instrumental com a natureza, a reificação do consumo, o individualismo, o racismo, a subordinação de gênero e os limites da política "de fato existente".

Os tempos do zapatismo

Em sua primeira fase (1994-2003), o EZLN e o movimento que ensejou caracterizaram-se pela sua grande presença midiática e a atenção de uma ampla e diversa gama de setores. Nessa época o zapatismo foi um dos principais núcleos, senão o principal, de uma nova rede de movimentos e ativismos que se caracterizam pelo seu caráter, conformando a globalização da insurgência. Fatos como o Primeiro Encontro Intercontinental pela Humanidade e contra o Neoliberalismo, o Primeiro Encontro Intergaláctico, os encontros continentais e os encontros entre os povos zapatistas e os povos do

---

3 Ver Susan Buck-Morss, 2008. Concordo com a tese da autora no sentido de que a queda do socialismo "concretamente existente" foi momentaneamente interpretada como "o fim das ideologias", e o triunfo do capitalismo como única realidade possível. De fato, o que veríamos posteriormente aos anos de turbulência, após a queda do muro e o suposto fim da "Guerra Fria", corresponderia ao fim; porém, veríamos depois dos anos de perplexidade o início do colapso da narrativa da "modernidade". Bolívar Echeverría (2006) defende, por outro lado, que somente a existência do socialismo "realmente existente" possibilitou que durante grande parte do século XX não se visse claramente a crise civilizatória da modernidade na sua configuração capitalista do mundo.

mundo, inauguraram um espaço em que se construíam redes regionais e globais. Não poderíamos compreender a reconfiguração das alianças e das redes, e nem o reposicionamento do discurso crítico em âmbito mundial, sem a intervenção do zapatismo. É ele que consegue criar uma confluência tanto de personalidades reconhecidas mundialmente na política e na cultura, quanto de amplos setores da população civil de diversos países.[4]

No contexto nacional, o zapatismo consolidava-se territorialmente nos Municípios Autônomos Rebeldes – "os Marez". Estes impulsionavam uma política poderosa de transformação do Estado mexicano, iniciada com os diálogos pela reconciliação e pela paz. Tal transformação inicia-se a partir dos diálogos pela reconciliação e pela paz: a Convenção Nacional, em agosto de 1994, com a clara intenção de formar uma nova Constituinte, e os Acordos de San Andrés, assinados pelo governo mexicano, pois seriam levados ao Congresso. Em 1999 realiza-se em todo o país a Consulta Nacional sobre os Direitos e as Culturas Indígenas.[5]

Na configuração política mexicana, o zapatismo foi um elemento central para a denominada "transição democrática".

---

4 Eduardo Galeano, Yvon Lebot, Danielle Mitterand, Alain Touraine, José Saramago, Susan Sontag, Oliver Stone, John Berger, dentre outros, passaram pelo espaço de interlocução zapatista.

5 Na Consulta Nacional sobre os Direitos e as Culturas Indígenas foi acrescentada uma sexta questão, às cinco questões sobre os direitos das culturas indígenas, por iniciativa da proposta da feminista Marcela Lagarde, para garantir a igualdade política de gênero: "Deve-se garantir a presença e participação equitativa das mulheres em todos os postos de representação e responsabilidade nos organismos civis e no governo?" (Lagarde, 1995). Palestra de Marcela Lagarde na Convenção Nacional de Mulheres no Fórum de Consulta pela Paz e pela Democracia, convocada pelo EZLN, em 27 de agosto de 1995, na Cidade do México.

A hegemonia do Partido Revolucionário Institucional (PRI)[6] estivera no poder durante setenta anos. Nas eleições de 2000 vence o Partido Ação Nacional (PAN), de centro-direita,[7] com um candidato empresário que assume comprometendo-se a transitar rumo à reforma democrática do Estado e solucionar "o problema de Chiapas".

Os resultados foram bem distintos do esperado. Os acordos não foram cumpridos pelo governo e o EZLN retornou à Cidade do México em março de 2001 com a Marcha da Cor da Terra: uma grande mobilização em que 1.111 zapatistas, metade homens e metade mulheres, visitaram todos os estados do país e chegaram à capital. Nesse momento, a Comandanta Esther pronunciou um histórico discurso, conjugando o fato de ser mulher indígena com o clamor ao Estado de que os zapatistas se sentem parte.[8] Esse foi o último gesto de interlocução do EZLN com o Estado mexicano.

Da reforma do Estado à autonomia anticapitalista

Se a construção da autonomia já era um horizonte do movimento rebelde, após a resposta do Estado mexicano o caminho a seguir ficou ainda mais claro. Em 2003, os dirigentes do movimento dão um passo fundamental. A prioridade passa

---

6 É preciso lembrar a singularidade do bloco de poder que decorre do processo de estabilização política após a revolução (1911-1917), que a partir do mandato de Lázaro Cárdenas, na década de 1930, conseguiu instituir um partido que dominou até o ano 2000, com um aparato estatal corporativo, patrocínio político e a política de cooptação/repressão como base.

7 Parte da esquerda ou das "forças progressistas" optou naquela ocasião pelo "voto útil", ou seja, votar na direita, que tinha mais chances de vencer, para tirar o PRI do poder.

8 "Mi nombre es Esther, pero eso no importa ahora. Soy zapatista, pero eso tampoco importa en ese momento. Soy indígena y soy mujer, y eso es lo único que importa ahora" (Comandanta Esther, 2001).

a ser a condução de um governo autônomo e protagonizado pela população civil, e estipula-se a participação paritárias das mulheres em todas as instâncias de decisão do governo. Até esse momento os municípios tinham sua sede nos chamados *Aguas calientes*: centros políticos que homenageavam o estado de mesmo nome, que em 1914 fora cenário da Convenção revolucionária soberana e agrupara as forças mais radicais da revolução: os magonistas, os villistas e os zapatistas.

Alterou-se a partir de então a denominação para Los Caracoles, sede das Juntas do Bom Governo, que operam desde 2013.[9] O território autônomo é formado por cinco Caracoles, que em seu conjunto controlam uma extensão de quase metade do estado, onde a densidade da população indígena é mais concentrada. Em muitas comunidades a população está dividida e, com exceção de focos vermelhos em que há a atuação de paramilitares indígenas, o resto da região não apresenta conflito por conta dessa pluralidade política. Comunidades fraturadas, inclusive por problemas relacionados principalmente à posse

[9] Caracol de la Realidad, "madre de los caracoles del mar de nuestros sueños", el caracol de Oventik, "corazón céntrico de los zapatistas delante del mundo", el caracol de la Garrucha: "el camino del futuro" el caracol de Morelia, "corazón del arcoiris de la esperanza" y el caracol de Roberto Barrios, "nueva semilla que va a producir". Según se explica en la Sexta Declaración de la Selva Lacandona en el 2005: "Así fue como se nacieron las Juntas de Buen Gobierno, en agosto de 2003, y con ellas se continuó con el autoaprendizaje y ejercicio del "mandar obedeciendo". Desde entonces y hasta la mitad de 2005, la dirección del EZLN ya no se metió a dar órdenes en los asuntos civiles, pero acompañó y apoyó a las autoridades elegidas democráticamente por los pueblos, y, además, vigiló que se informara bien a los pueblos y a la sociedad civil nacional e internacional de los apoyos recibidos y en qué se utilizaron. Y ahora estamos pasando el trabajo de vigilancia del buen gobierno a las bases de apoyo zapatistas, con cargos temporales que se rotan, de modo que todos y todas aprendan y realicen esa labor. Porque nosotros pensamos que un pueblo que no vigila a sus gobernantes, está condenado a ser esclavo, y nosotros peleamos por ser libres, no por cambiar de amo cada seis años."(Sexta Declaración de la Selva Lacandona, 2005)

da terra, que são resolvidos de melhor forma pelas autoridades zapatistas do que pelas autoridades municipais. O mesmo ocorre em relação à violência contra as mulheres.

Os Caracoles são os centros políticos e de gestão do zapatismo civil administrados pelas bases de apoio das comunidades. As "Juntas" do Bom Governo dirimem todos os conflitos do Caracol em questão, e muitas vezes também do restante do município. Os municípios rebeldes elegem os membros da "Junta", que exercem o cargo por três anos. O trabalho nas "Juntas" é rotativo: dos 12 membros, seis ficam na sede durante quinze dias e depois assumem os outros seis. A participação na "Junta" é considerada um serviço comunitário, não havendo pagamento por esse trabalho. Com esse tipo de organização político-administrativa, o zapatismo reatualiza as formas de organização comunitária, projetando-as para uma escala maior. Os gastos necessários de viagem e alimentação das autoridades para que o sistema opere são garantidos a partir de contribuições em espécie das comunidades.

Desse modo iniciava-se um processo de construção de autogoverno, em que o zapatismo civil assume as tarefas da justiça, da educação e saúde. As "Juntas" do Bom Governo configuram-se na estrutura de "mandar obedecendo". Além disso, são paritárias, rotativas e representam as comunidades zapatistas. O zapatismo, por meio de um texto do Subcomandante Marcos, denominado "Para ver um vídeo", estabelece dois eixos em que o movimento ainda não estaria configurado de forma exitosa: um é que o mandato deve ser do zapatismo civil e não do exército, do comando militar. O exército passaria a respaldar o zapatismo civil. O segundo eixo, em que não se obteve avanços, é o papel e o reconhecimento das mulheres e seus direitos. Em ambos os posicionamentos, o zapatismo aprofunda a política antivanguarda e de gênero. Isto é, tem de ser a partir e para as mulheres.

A construção da autonomia em território rebelde marcou uma reviravolta para dentro – daí a denominação de Caracol – mas também de um caminhar lento e de construção do fortalecimento civil, como foi assinalado metaforicamente. Os "quadros" que o zapatismo gerou até hoje já perfazem várias gerações. Jovens indígenas, moças e rapazes, que cresceram nos territórios autônomos, foram educados com os valores rebeldes, anticapitalistas e antipatriarcais. Durante esses anos, sobretudo depois de 2006, após a última incursão dos dirigentes em todo o país, na denominada *La Otra Campaña*, o zapatismo manteve-se silencioso, o que fez muitos pensarem que o movimento não existia mais.

Na realidade, como no velho monte, ia-se construindo uma complexa trama de memória histórica, de saberes e de atualização dos fazeres. *La Otra Campaña* anunciada na Sexta Declaração da Selva de Lacandona, quando o movimento adotou explicitamente um posicionamento anticapitalista, é um gesto antieleitoral, de desfetichização das eleições. A partir de então o zapatismo considera que as mudanças no governo são inócuas se a sociedade não estiver organizada. A análise que fazem da quarta guerra mundial estabelece um cenário no qual o domínio é global e, como afirmara polemicamente o comunicado de 2018 quando Morena assumiu o partido: "Pode-se trocar o cacique, mas o *finquero* continua o mesmo".[10] O ano de 2006 marcou a ruptura do movimento em que confluía o trabalhismo de López e o zapatismo. Muitos tiveram que escolher em que ala militariam. López Obrador acusou o zapatismo

[10] Andrés Manuel López Obrador, que do PRI se movimentou à esquerda, fundando o PRD e, posteriormente, Movimiento de Regeneración Nacional, Morena, que o levaria ao poder com uma grande maioria de votantes fartos da classe política dominante, caracterizada por López Obrador como "a máfia no poder", apoiado por uma boa parte da esquerda.

de ter contribuído para que ele não ganhasse nesse momento, dada a posição da outra campanha que muitos consideraram antieleitoral. Na verdade, as diferenças entre os dirigentes zapatistas e López Obrador surgiram a partir do fato de que os Acordos de San Andrés não foram honrados pelo congresso, com a coparticipação de todos os partidos políticos.

Os zapatistas voltam a ser governo em um ato emblemático que realizam em dezembro de 2012, em um cenário triunfalista de volta do PRI ao poder, após uma campanha cheia de irregularidades e compra obscena de votos. Em 21 de dezembro, dia da "nova era" na tradição maia, sob uma numerosa marcha silenciosa de indígenas que tomaram quase todas as cidades de Chiapas, subiram para propagar o seguinte comunicado do EZLN:

> Escutaram? É o som do mundo ruindo. É o som do nosso mundo ressurgindo. O dia que se foi era noite. E a noite será um dia que será o dia" (¿Escucharon? Es el sonido de su mundo derrumbándose. Es el del nuestro resurgiendo. El día que fue, era noche. Y noche será el día que será el día)

Em janeiro de 2103 o comando fala com a voz do Subcomandante Moisés, que anuncia a abertura da "Escuelita Zapatista".[11] Inicia-se assim um novo ciclo de indagações do movimento à sociedade mexicana e internacional. O zapatismo nos surpreende com a morte cênica do Subcomandante Marcos, que num comunicado lido em homenagem ao mestre Galeano, assinado na véspera, enfatiza o fato de ter sido apenas um personagem do movimento, assinalando a importância em seus

---

[11] Através de seu organismo oficial, o Enlace Zapatista emite a convocatória para todos os interesados em estudar nas comunidades no primeiro ciclo de estudos, aberto em agosto e dezembro de 2013 e janeiro de 2014. A convocatória mobiliza um total de seis mil pessoa (duas mil por ciclo escolar) que estudam nas comunidades ou na Universidad de la Tierra, em San Cristóbal de las Casas.

vários sentidos: de classe, de raça, e de pensamento.[12] Embora o Subcomandante Galeano não tenha deixado de participar, é claramente uma tentativa para situar a direção indígena e promover uma participação ampla das bases zapatistas, com o objetivo de desenvolver as bases de outra política.

Políticas distintas: construção de redes, de conhecimento e escuta

Os principais gestos que o zapatismo realizou em territórios autônomos consistiram em ações que clamam pelo pensamento coletivo, pelo intercâmbio interclasses, interétnico e intergeracional. Trata-se de uma série de seminários de reflexão crítica, que debateram temas particulares, tendo alguns deles sido compilados em livros que circulam livremente. A própria Escola Zapatista gerou um material valioso sobre como se pensa e se vive em território autônomo. Nos últimos anos, tem havido uma política de incentivo às artes e à ciência por meio de festivais que agrupam participantes nacionais, internacionais, homens e mulheres da comunidade. O *ComCiências* e *ComArte* abriram novas perspectivas para artistas e cientistas, gerando um grau distinto de interculturialidade e descolonização. Em 2018, convocou-se dois eventos importantes: em março, o Encontro Nacional e Internacional Político, Cultural e Desportivo de Mulheres que lutam, e também o Festival de Cinema Puy ta Cuxlejaltic.

Há um esforço para propiciar a interação do zapatismo – compreendido como militantes de base e membros comunitários (homens e mulheres) – com os artistas, cientistas e especifica-

---

[12] Marcos faz um balanço dos 20 anos do zapatismo, do que foi aprendido e das decisões tomadas a partir do "mandar obedecendo". É importante ressaltar que o contexto das autonomias zapatistas foi e segue sendo de guerra suja do governo contra ele, com a promoção de paramilitares e mediante políticas sociais clientelistas.

mente com cineastas para que se conheçam e ofereçam uns aos outros instrumentos e cursos. Desse modo, semeando em ambos os lados o interesse pela construção da autonomia e a aprendizagem para os jovens rebeldes em diferentes habilidades. Assim, o zapatismo mostra-se nessas ações como um propagador de sinergias, aprendizagem mútua e diálogos interculturais. Canalizador também de subjetividades urbanas e rurais que se nutrem umas com as outras, numa espécie de cosmopolitismo "de baixo e à esquerda". Nesses encontros elaboram-se acordos, projetam-se mais ações conjuntas, e envolve-se a "sociedade civil" no projeto zapatista. O zapatismo desde seu início não deixou de ser essa fábrica de possibilidades de formação, criação e reflexão. E isto fora do âmbito institucional, das escolas e universidades. Desse modo, é uma espécie de sombra "do possível", na qual simplesmente por vontade própria se experimenta uma criação intersocial. Pode-se tematizar sobre as consequências que tais espaços abertos estão produzindo no interior do sistema, contudo, não há dúvida de que funcionam como um espaço formador de consciência de classe, de práticas e de conhecimento. Isto é, de outro mundo e, de alguma forma, de intercâmbio de saberes e experiências. Se observarmos as áreas privilegiadas pelo zapatismo, encontraremos as artes, as ciências e a reflexão política e social. O movimento zapatista, ao contrário do que geralmente se pensa, não é um movimento de reconhecimento cultural indígena, mas sim um movimento que se fundamenta na potência emancipatória da politização do sujeito coletivo. Uma modernidade que privilegia a qualidade concreta da vida coletiva, e que a partir disso se abre para outras lutas.

A revolução da mulheres

Outra área, presente desde o início do movimento, refere-se à transformação das relações de gênero e o reconhecimento das mulheres como protagonistas da luta e da criação do mundo. A aurora zapatista surpreendeu com a presença das mulheres em todos os níveis do movimento: como parte do Comitê Clandestino Revolucionário Indígena na figura das comandantes, mulheres indígenas mais velhas que compartilham a direção política com os comandantes; das insurgentes, mulheres jovens que fazem parte do Exército, como capitãs ou major combatente; e por fim, por meio de um terceiro nível de participação/visibilização das mulheres indígenas, o das mulheres "de base" que vivem nas comunidades zapatistas e serão um dos focos deste artigo.

Duas ações marcam a particularidade do movimento zapatista em torno das mulheres: ter promulgado, junto com as demais "leis revolucionárias" em janeiro de 1994, a Lei Revolucionária das Mulheres;[13] e promover a política de participa-

[13] Lei Revolucionária das Mulheres: "Em sua luta justa pela libertação de nosso povo, a EZLN incorpora as mulheres na luta revolucionária sem importar sua raça, credo, cor ou filiação política, com o único requesito de tornar como suas as demandas do povo explorado e seu compromisso de cumprir e fazer cumprir as leis e regulamentos da revolução. Além disso, levar em consideração a situação da mulher trabalhadora no México incorporando-se suas demandas justas por igualdade e justiça na Lei Revolucionária das Mulheres: Primeira – As mulheres, sem importar a raça, credo ou filiação política têm direito de participar na luta revolucionária no lugar e posto que sua vontade e capacidade determinar. Segunda – As mulheres têm direito de trabalhar e receber um salário justo. Terceira – As mulheres têm o direito de decidir o número de filhos que podem ter e cuidar. Quarta – As mulheres têm direito a participar em assuntos da comunidade e manter o cargo se forem eleitas livre e democraticamente. Quinta – As mulheres e seus filhos têm o direito à atenção primária em saúde e alimentação. Sexta – As mulheres têm direito à educação. Sétima – As mulheres têm direito a escolher seu par e não obrigadas por força a contrair matrimônio. Oitava – Nenhuma mulher poderá ser golpeada ou maltratada fisicamente por familiares ou estranhos. Os delitos de tentativa de violação serão castigados severamente. Nona – As mulheres poderão ocupar cargos de direção da organização e ter patentes militares nas forças armadas revolucionárias. Décima – As mulheres terão todos os direitos e obrigações assinalados nas leis e regulamentos revolucionários." (Lei das Mulheres Zapatistas, 1993).

ção paritária das mulheres indígenas nas distintas estruturas do movimento. Isso me permite afirmar que esse movimento desenvolve uma política cultural de gênero desde cima, isto é, como uma política que se decide e se implementa a partir da direção. De onde surge essa necessidade? É difícil rastrear a genealogia que obrigou que a política de subversão da ordem dominante tomasse a premissa discursiva das mulheres como elemento das práticas de paridade participativa de gênero. A lei se dirige a três interlocutores: o Estado-nação (governo mexicano), as estruturas comunitárias e seus "costumes" e a organização política (EZLN). Essa tripla dimensão nos indica que o sujeito que se expressa por meio dessa lei reconhece sua própria subordinação em relação às três esferas de pertencimento. A lei menciona um "dever ser" ao mesmo tempo que possibilita também entrever uma correlação de forças no interior do movimento, a partir da qual a "questão das mulheres" inseriu-se como dimensão política do próprio movimento. Em testemunhos e entrevistas divulgadas na imprensa mexicana é possível termos uma ideia da dinâmica mediante a qual essa lei se encontra. O primeiro que fala dela é o Subcomandante Marcos, em um comunicado para a imprensa em 26 de janeiro de 1994, no qual se refere à elaboração desta lei como a primeira sublevação/rebelião do EZLN.[14]

Quando iniciei uma pesquisa em 1996 sobre "os direitos das mulheres" em uma comunidade "tojolabal" zapatista, tive que apresentar meus objetivos a uma assembleia na qual os

---

14 Ver completo em: Subcomandante Marcos, 1994. Algum tempo depois tive a oportunidade de conhecer Susana; fazia parte de uma delegação de sete comandantes. Ela confirmou sua participação na consulta que deu lugar à Lei, falou mais ou menos como era cumprida nas comunidades, que ainda havia violência contra as mulheres e que a participação na organização foi obtida pelo compromisso e desempenho militar das insurgentes.

assistentes eram majoritariamente homens. Ao mencionar a Lei das Mulheres, vários deles afirmaram que "sim, as mulheres já tinham direitos". Meu pedido era o de visitar a comunidade e entrevistá-las. Concederam, mas fizeram um pedido, pois sabiam que os "direitos das mulheres" não tinham uma tradução para o "tojolabal" da Lei Revolucionária das Mulheres. A respeito da forma como se elaborou a lei, pude constatar que nessa comunidade – e seguramente em tantas outras – recorreu-se ao envio de uma fita gravada com os pontos centrais da lei para que a discutissem. Posteriormente havia a visita de alguma das comandantes (a encarregada da zona) para discutir e aprimorar o conteúdo. Essas práticas deram fundamento ao que posteriormente consolidou-se na Lei Revolucionária das Mulheres.[15]

O horizonte emancipatório atingiu um sentido profundo que também o obrigou, e segue obrigando, a revolucionar e tensionar os poderes articulados na estrutura inter e intragênero, fundamento esse seguido tanto por homens quanto por mulheres, que afirmam que "o homem é, tal qual o esposo é, portanto tal como é o patrão". Isto manifesta o reconhecimento dessa mesma estrutura de violência a qual se recorre em uma cadeia de articulações.

O princípio de autodeterminação sobre o corpo, a vontade e a capacidade de decisão se prefiguram e adquirem consistência em um mundo que também afirma o pertencimento à comunidade, e ao mesmo tempo à autodeterminação do corpo comunitário. Isso é o que realiza "os direitos das mulheres", como são compreendidos e recriados por essas mulheres indí-

---

[15] As leis se difundem por meio do *El Despertador Mexicano*, Órgão informativo da EZLN, México, n. 1, dezembro 1993, junto com a "Declaración de la Selva Lacandona ¡Hoy decimos Basta!". As leis são: Lei dos Impostos de Guerra e Lei dos Direitos e Obrigações dos Povos em Luta.

genas zapatistas a partir de uma perspectiva liberal-urbana. Não pretendem homologar ou assimilar uma ideia universal de emancipação, tal como compreendido pelo direito liberal – o feminismo liberal. O que se pretende ao enfatizar que "as mulheres têm direitos" é uma transformação social nas comunidades, na organização política e no Estado. É uma autoafirmação de que a "justiça de gênero" não está desvinculada do "coletivo". E, talvez, também sugira que as violências estruturais e as de gênero estão imbricadas e se alimentam entre si.

As tarefas da organização para as mulheres implicam que se formem como promotoras de educação, direitos humanos e saúde. Esses são os âmbitos de autoconstituição do zapatismo indígena como sujeito social autônomo. Constituem as tarefas do autogoverno. O movimento zapatista implica a abertura e legitimidade de novas práticas para os jovens, e particularmente para as mulheres. São educadoras, promotoras de saúde, promotoras de direitos humanos e de medicina tradicional, novos saberes dotados de prestígio e reconhecimento nas comunidades zapatistas. De maneira mais clara, a partir de 2003 agregam-se a essas responsabilidades a experiência da justiça, por meio da participação como representantes na Junta do Bom Governo. Ampliam-se as possibilidades de fazer, sempre vinculadas com as necessidades do *komon* (comunidade).

Organizar esses âmbitos com as estruturas e práticas tradicionais da comunidade é um dos processos mais interessantes da aventura zapatista contemporânea, já que tem a ver com a extensão da autonomia do espaço comunitário passo a passo com a autonomia do sujeito. Comunidade e subjetividade esforçam-se na transformação societária proposta pelo movimento, em que há intercessão entre a construção da autodeterminação da comunidade frente ao Estado e aos patrões, e a autodeterminação das mulheres da comunidade como parte da luta.

Autodeterminação inserida na comunidade como instância a partir da qual a individualidade se constrói.

Nesse sentido, ela é distinta e distante da individualidade não comunitária, inclusive daquela que recria outro tipo de comunidade que sempre tem como ponto de partida uma "liberdade" individual radical. O caminho dessa autodeterminação nos conduz ao "centrismo do eu", à liberdade do "construir-se" como pessoa, até mesmo a uma individualidade atravessada pela obrigação com o comum. É a partir daí que as novas subjetividades das mulheres indígenas questionam e renegociam, ordenam e rechaçam tanto as estruturas de gênero, quanto seu lugar na nação, procurando atualizar essas duas instâncias de forma a representar um imaginário idealizado de ordenamento horizontal.

Se a política das mulheres e a partir das mulheres zapatistas já havia tido impacto nos movimentos feministas e nas mulheres da região, com a convocatória para o Primeiro Encontro Nacional e Internacional Político, Artístico Desportivo e Cultural das Mulheres que Lutam, em março de 2018, isso ficou ainda mais claro. Participaram desse encontro cerca de nove mil mulheres de diversos países: a convocação foi para participar de oficinas, debates apresentações artísticas e competições desportivas. Durante três dias houve uma enorme interação e convivência entre uma diversidade significativa de mulheres. As quase duas mil zapatistas que organizavam o encontro conseguiram estar presente e registrar todas as apresentações. A conclusão é interessante:

> Agradecemos a audição de vocês, seus olhares, suas palavras, suas oficinas, suas palestras, suas artes, seus vídeos, suas músicas, suas poesias, seus contos, seus teatros, suas danças e bailes, suas pinturas, e suas coisas raras que sequer sabíamos que existiam, e tudo o que nos trouxeram para conhecermos e aprendermos sobre a luta de vocês.

> Consideramos tudo como um presente muito valioso que vamos cuidar e tornar maior, já que vamos levar para nossas comunidades e povoados a fim de que mais mulheres zapatistas compartilhem conosco o presente que nos deram.
>
> Nós o recebemos com respeito e carinho porque todas vocês fizeram um grande esforço para viajar de seus espaços de luta, de seus hábitos e costumes, de suas realidades, e chegar neste encontro que ainda não sabemos se foi bom ou ruim.
>
> [...] Como já vimos e escutamos que nem todas são contra o sistema capitalista patriarcal, então respeitaremos isso para então propormos que estudemos e discutamos em nossos coletivos se é correto que o sistema que nos impõem é o responsável pelos nossos males.
>
> Se sair algo que é correto então, irmãs e companheiras, obteremos em seguida o acordo pelo qual lutamos contra o patriarcado capitalista e qualquer outro patriarcado.
>
> E é claro que se falamos contra qualquer outro patriarcado, não importa que conteúdo tenha, não importa qual seja a cor de sua bandeira. Isso porque nós pensamos que não há um patriarcado bom e um mau, e sim que são o mesmo contra nós como mulheres que somos.[16]

Os movimentos e manifestações de mulheres nos últimos anos têm se demonstrado como uma práxis interseccional. Isto é, uma convergência e cruzamento de classes, raças, culturas, gerações e diversidade sexual para um movimento comum anticapitalista e antipatriarcal. Como tal, é o único espaço no mundo no qual ocorre tal confluência. O que motiva o protesto e sua expressão é a violência transversal que atualmente as mulheres vivenciam – violência que também é interseccional. O encontro de mulheres que atenderam à convocação das zapatistas concluiu que há um feminismo ou uma motivação

---

16 Pronunciamento das mulheres zapatistas durante o primeiro Encontro Internacional, Político. Artístico, Esportivo e Cultural de Mulheres que Lutam no Caracol zapatista da zona Tzotz choj, em 10 de março de 2018.

para lutar mais antipatriarcal do que anticapitalista. De fato, se prestarmos atenção à série de manifestações que têm surgido na Europa, na América Latina e nos Estados Unidos, o movimento não é só antipatriarcal, mas também claramente anticapitalista, inclusive antipatriarcal.

Trata-se de um processo em que há uma nova perspectiva antissistêmica, que a partir das mulheres abre um novo campo de luta que poderíamos considerar como uma luta de classes no seu sentido mais amplo, um espaço a mais na formação da classe. A retomada da greve e a paralisação,[17] instrumentos do sindicalismo combatente, recentemente foram substituídos pelos movimentos das mulheres na Argentina e na Polônia. Os encontros, muito tradicionais na Argentina, propagam-se para o México com o *slogan* "mulheres que lutam", clara alusão à luta zapatista. A Marcha Mundial das Mulheres (MMM), em 2018 e 2019, congregou uma diversidade que vai desde uma posição antirracista, contrárias às políticas migratórias, anticapitalista, anti-imperialista e anticolonização. A passeata das mulheres indígenas convocada no Brasil e a convocação para a assembleia plurinacional das mulheres indígenas do Cone Sul indicam a virada do movimento das mulheres em direção a uma posição claramente antissistêmica. A série de manifestos e divulgação que esses movimentos têm produzido correspondem a uma nova teoria de transformação social. Nesta, o feminismo passa pela apropriação do próprio corpo e pela reivindicação de seus direitos, "colocando" o corpo para deter o sistema global.

Embora não possamos sustentar que tudo isso seja parte do zapatismo e de sua expansão como forma de resistência que se

[17] Ver *Feminismo para os 99%: um manifesto,* de Cinzia Arruzza, Tithi Bhattacharya e Nancy Fraser, 2019. Esse manifesto termina conclamando todos os movimentos sociais radicais a unirem-se em uma insurreição anticapitalista.

desenvolve horizontalmente, a recuperação da autodeterminação e a insistência na prática de que outros mundos são possíveis dentro deste mundo tiveram uma contribuição inegável para a reformulação da política a partir da sociedade organizada.

Por uma repolitização do social. A partir dos movimentos das mulheres?

Que tipo de crise estávamos vivenciando? Tudo indica que a crise atual seja uma crise que "coloca em risco as formas que organizam e tornam possível a própria vida social". Essa visão de Bolívar Echeverria enquadra a crise como uma transição em que há uma espécie de "morte anunciada" de certas formas que se concretizaram e que procuram sobreviver com "adaptações readaptativas".[18] Vivemos uma etapa de transição superadora que ao mesmo tempo é uma incerteza. Tudo está em jogo, trata-se de uma transição cujo desenvolvimento não está demarcado. Uma crise que requer uma transição na qual dificilmente poderemos sair incólumes. Uma crise que requer uma transição superadora do capitalismo e do patriarcado, um ajuste de contas que descolonize os pressupostos a partir dos quais a modernidade tem funcionado: progresso, desenvolvimento, fraternidade e igualdade. Trata-se, portanto, de uma crise integral que requer uma resposta total, isto é, uma práxis. Para o autor, "o segredo dessa modernidade", chave para seu êxito ou seu fracasso, tem sido o capitalismo.

O capitalismo como dispositivo que permite aproveitar melhor os efeitos da revolução das forças produtivas, que consiste em fazer da exploração de uns pelos outros algo que esta exploração nunca foi: uma espécie de "condição técnica de segunda ordem" indispensável para o funcionamento dessas

[18] Bolívar Echeverría, 2006, p. 11 e ss.

forças produtivas. Isto é, que ocorra e se garanta o espaço para a conjunção propriamente técnica do trabalho com os meios de produção. Esse segredo que tem sustentado o êxito da modernidade em sua versão capitalista esbarra em cada vez mais dificuldades para realizar-se. A exploração como "condição técnica de segunda ordem" necessita do barateamento de todas as condições do processo produtivo. Portanto, necessita de "superexploração do trabalho, do barateamento dos elementos centrais do processo produtivo".[19] A reprodução do sujeito social encontra-se sempre desvalorizada em benefício de/e submetida pela produção e seu *telos*: produzir para acumular valor que se valoriza ainda mais. Isso cria uma maioria da população precarizada, desempregada, desalojada de suas terras. Migrantes que compõem a força de trabalho barata e, ao mesmo tempo, impondo a crise como condição do próprio processo de produção-reprodução.

Essa multiplicidade de sujeitos transgressores e vulneráveis atualmente é o potencial da revolta, materializando a afirmação de Walter Benjamin de que somente por meio das multidões sem esperança é que nos é dada a esperança. A radicalidade da transformação ocorre na revolução social que está em curso, que se desenvolve a longo prazo e tem sido enfrentada e controlada de diversas maneiras, mas que hoje em dia não encontra um ponto de estabilidade. Por isso é o momento *do político*. O político entendido como capacidade que subsiste no sujeito para moldar-se e, no sentido estrito, para transformar o modo de produção que atualmente o determina. O político se distinguiria da política no sentido de que esta última tem se

[19] Ver Jasson W. Moore (2016, 2017). "El fin de la naturaleza barata: o cómo aprendí a dejar de preocuparme por 'el' medioambiente y amar la crisis del capitalismo", *Revista Relaciones Internacionales*, n. 33, out. 2016 – jan. 2017. Grupo de Estudios de Relaciones Internacionales (Geri) – UAM.

configurado historicamente na modernidade capitalista com um certo horizonte e no âmbito do Estado-nação (ou nação do Estado, como colocado por Bolívar Echeverria). Atualmente é evidente que a política moderna é antidemocrática, que seu sentido é justamente delimitar e conter a democracia possível. Os golpes financeiros, jurídicos e midiáticos nos últimos dez anos têm colocado abaixo propostas e soluções que se opunham minimamente ao mandato do capital global para impor governos e soluções cada vez mais autoritárias e conservadoras na América Latina e em outras partes do mundo.

É cada vez mais compreensível, para o movimento anticapitalista e antipatriarcal, que a forma Estado-nação deve ser ao mesmo tempo tomada e subvertida. Será um longo processo de mediações e reconfigurações locais, regionais e globais, cujo surgimento seja ao mesmo tempo conquista e subversão, acompanhado por um profundo processo de politização social em prol de formas de autodeterminação a partir de baixo e da esquerda. Qualquer incidência no Estado, a partir dos movimentos sociais, teria de incentivar as forças anticapitalistas, isto é, a favor do poder popular. Um Estado que em vez de atacar vestígios da "vida comunitária efetiva" os incentivem e generalizem. Formas de governo orientadas pelo social popular político, anticapitalista e antipatriarcal. Concluímos com a seguinte citação de Rita Segato que inicia a reflexão e imaginação das formas de autodeterminação centradas na reprodução da diversidade da vida:

> Um mundo plural é um mundo provavelmente não republicano, mas sim democrático. Necessitamos recuperar o que restou e existe em nossas paisagens depois do grande naufrágio, para retirar dali o formato do novo estilo de política para o futuro. Ao fazê-lo, teremos que ir compondo sua retórica, isto é, as palavras que denominam e conferem valor discursivo a esse projeto feminino e comunitário. Com sua própria história e suas tecnologias de socia-

bilidade, pois somente este discurso de valor poderá defender-nos de uma retórica tão poderosa quanto é a do valor dos bens e da coisificação da vida. (Segato, 2018, p. 224)

Referências

ÁLVAREZ, Sonia E.; ESCOBAR, Arturo e DAGNINO, Evelina (ed.). *Política cultural y cultura política*. Una nueva mirada sobre los movimientos sociales latinoamericanos. Bogotá: Taurus-ICANH, 2001.

ARRUZZA, Cinzia; BHATTACHARYA, Tithi y FRASER, Nancy *Manifiesto de un feminismo para el 99%*. Barcelona: Herder. 2019.

BUCK-MORSS, Susan. "Theorizing Today: The Post-Soviet Condition". Log, n. 11, p. 23-31, 2008. Disponível em: http://falcon.arts.cornell.edu/sbm5/Documents/theorizing%20today.pdf. Acesso em: 2 jul. 2021.

DE VOS, Jan. "Cuatro caminos". *Revista Este País*, n. 100, México, Julio 1999.

DECLARACIÓN INTERNACIONAL DE LA MARCHA DE LAS MUJERES 2018. Disponível em: https://tribunafeminista.elplural.com/2018/03/declaracion-internacional-de-la-marcha-mundial-de-las-mujeres/. Acesso em: 2 jul. 2021.

DISCURSO COMANDANTA ESTHER FRENTE AL CONGRESO NACIONAL EN MÉXICO. Disponível em: http://palabra.ezln.org.mx/comunicados/2001/2001_03_28_a.htm. Acesso em: 2 jul. 2021.

ECHEVERÍA, Bolívar. *Las ilusiones de la modernidad*. México: Editorial El Equilibrista-Unam. 1995.

ECHEVERÍA , Bolívar. *Vuelta de Siglo*. México: Editorial ERA, 2006.

El Primer Alzamiento del EZLN. Disponível em: http://www.bibliotecas.tv/chiapas/ene94/26ene94.html. Acesso em: 2 jul. 2021.

EXÉRCITO ZAPATISTA DE LIBERTAÇÃO NACIONAL (EZLN) Sexta Declaración de la Selva Lacandona en el 2005.

FUENTES, Carlos. *In:* VITAL, Alberto y PÉREZ, Alejando. *Memoria y representación simbólica tras la matanza de Acteal 2010*. Disponível em: http://journals.openedition.org/amerika/1576 pág 5

GIL TEBAR, Pilar R. *Caminando en un solo corazón:* las mujeres indígenas de Chiapas. Málaga, Espanha: Universidad de Málaga, 1999.

LA LEY REVOLUCIONARIA DE LAS MUJERES. *El despertador Mexicano*, Órgano Informativo del EZLN, México, No.1, diciembre 1993. Disponível em: http://mujeresylasextaorg.wordpress.com/ley-revolucionaria-de-mujeres--zapatistas/. Acesso em: 2 jul. 2021.

MANIFIESTO 8M 2018. Disponível em: http://hacialahuelgafeminista.org/manifiesto-8m/. Acesso em: 2 jul. 2021.

MOORE, Jasson W. "El fin de la naturaleza barata: o cómo aprendí a dejar de preocuparme por 'el' medioambiente y amar la crisis del capitalismo". *Revista*

Relaciones Internacionales, n. 33, oct. 2016 – jan. 2017. Grupo de Estudios de Relaciones Internacionales (GERI) – UAM.

PALABRAS DE CLAUSURA DEL PRIMER ENCUENTRO INTERNACIONAL POLÍTICO, CULTURAL, ARTÍSTICO Y DEPORTIVO DE MUJERES QUE LUCHAN. Disponível em: https://enlacezapatista.ezln.org.mx/2018/03/10/palabras-de-las-mujeres-zapatistas-en-la-clausura-del-primer-encuentro-internacional/.Acesso em: 2 jul. 2021.

SEGATO, Rita. "Manifiesto en cuatro temas". *Critical Times,* v. 1, n. 1, p. 212-225, abr. 2018. Disponível em: https://doi.org/10.1215/26410478-1.1.21. Acesso em: 2 jul. 2021.

SUBCOMANDANTE MARCOS. *Entre la luz y la sombra*. Disponível em: http://enlacezapatista.ezln.org.mx/2014/05/25/entre-la-luz-y-la-sombra/. Acesso em: 2 jul. 2021.

TAPIAS, Luis. *La condición multisocietal.* La Paz: Cides-UMSA; Muela del Diablo editores, 2002.

SOBRE OS AUTORES

Aline Faé Stocco
Doutora em Política Social pela Universidade Federal do Espírito Santo (Ufes). Atualmente é professora do Bacharelado Interdisciplinar em Ciências Humanas e do Programa de Pós-graduação em Ciências Humanas da Universidade Federal dos Vales do Jequitinhonha e Mucuri. E-mail: aline.stocco@ufvjm.edu.br.

Camilla dos Santos Nogueira
Bacharel em Ciências Econômicas pela Universidade Federal do Espírito Santo. Mestre em Estudos Latino-americanos pela Universidad Nacional de San Martin/Argentina. Doutora em Política Social na Universidade Federal do Espírito Santo. Coordenadora do projeto de pesquisa "Desenvolvimento regional e alternativas de sustentabilidade econômica para comunidades tradicionais pesqueiras e marisqueiras atingidas pelo desastre da barragem do Fundão/MG: o caso da produção de aroeira na zona costeira de São Mateus-ES" Edital FAPES/CNPq Nº 11/2019 - Programa de Desenvolvimento Científico e Tecnológico Regional – PDCTR. E-mail: camilladossantosnogueira@gmail.com

Larissa Castro Loyola
Graduada em Geografia na Ufes. Membro do Grupo de Estudos Marxistas da Dependência Coletivo Anatália de Melo. E-mail: larissaloyola@outlook.com.

Luiz Jorge V. P. Mendonça
Professor titular do Departamento de Economia da Universidade Federal do Espírito Santo (Ufes). E-mail: ljvpmendonca@gmail.com

Maísa Maria Baptista Prates do Amaral
Graduada em História pela Ufes. Mestre em Política Social pela Universidade Federal do Espírito Santo. Doutoranda em Política Social pela Universidade Federal do Espírito Santo. Membro do Grupo de Estudos Marxistas da Dependência Coletivo Anatália de Melo. E-mail: maisa_baptista@hotmail.com

Márgara Millán
Socióloga e antropóloga social, professora da Facultad de Ciencias Políticas y Sociales da Universidade Autônoma do México (Unam), onde atua como pesquisadora do Centro de Estudios Latinoamericanos. E-mail: margara.millan@gmail.com

Marina de Abreu Queiroz
Economista e mestre da Pós-graduação em Política Social da Ufes. Membro do Grupo de Estudos Marxistas da Dependência Coletivo Anatália de Melo. E-mail: marinaabreu_queiroz@hotmail.com.

Marisa Silva Amaral
Bacharel e mestre em Economia pela Universidade Federal de Uberlândia. Doutora em Economia do Desenvolvimento pela Universidade de São Paulo (USP). Professora do Instituto de Economia e Relações Internacionais da Universidade Federal de Uberlândia (UFU). Atualmente é diretora da Sociedade Brasileira de Economia Política, na qual coordena o Grupo de Trabalho Teoria Marxista da Dependência, e pesquisadora do

GT Crisis y Economía Mundial do Consejo Latinoamericano de Ciencias Sociales. E-mail: marisaamaral@gmail.com.

Pollyanna Paganoto Moura
Doutoranda em Economia do Desenvolvimento pela UFRGS. Bolsista pela Coordenação de Aperfeiçoamento de Pessoal de Nível Superior – Capes. Atualmente é professora substituta do Departamento de Economia da Ufes.
E-mail: pollyannapaganoto@hotmail.com.

Raul Ristow Krauser
Economista e mestre da pós-graduação em Política Social da Ufes. Membro do Grupo de Estudos Marxistas da Dependência Coletivo Anatália de Melo. E-mail: raulrkrauser@gmail.com.

Renata Couto Moreira
Professora do Departamento de Economia e da pós-graduação em Política Social da Ufes. Coordenadora do Grupo de Estudos Marxistas da Dependência – Coletivo Anatália de Melo (registrado no diretório de grupos do CNPq e vinculado ao grupo de trabalho da TMD da Sociedade Brasileira de Economia Política – SEP). E-mail: renatamendoim@gmail.com

Rodrigo Emmanuel Santana Borges
Doutor em Economia Internacional e Desenvolvimento pela Universidad Complutense de Madri. Bolsista de pós-doutorado (Edital Fapesp/Capes n. 10/2018 – Profix 2018) no Programa de Pós-Graduação em Política Social (PPGPS) da Ufes. E-mail: rodrigo@borges.net.br

Vinícius Vieira Pereira
Professor adjunto do Departamento de Economia da Ufes e tutor do Programa de Educação Tutorial – PET Economia/ Ufes. E-mail: vinieco2016@gmail.com